海珠年鉴

(2012)

海珠年鉴编纂委员会 编

HAIZHU YEARBOOK

廣東省出版集團
广东经济出版社

越
秀
区
海
珠
番
禺
区
东风中路
东风东路
中山一立交
市人大
市政府
越秀区政府
省人大
广东省委
省政府
市政协
海珠区委
区政府
中山大学(南校区)
东山湖公园
二沙岛
海心沙
珠江
滨江中路
滨江东路
江南大道
工业大道
新港西路
环城高速公路
华南快速干线
新洲
瑞宝
石溪
南石头
南洲街办
凤阳街办
素社街办
新港街办
海幢街办
南华西街办
江南中街办
赤岗街办
沙园街办
昌岗街办
龙凤街办
南石头街办
瑞宝街办
琶洲
仑头
大塘
官洲
杨箕村
五羊新城
寺右村
竹丝村
共和新村
广州美术学院
广州国际会展中心
晓港公园
海珠广场
洛溪岛
洛溪大桥
丫髻沙
南浦
沙溪
康乐
鹭江
上涌
龙潭
黄埔古港
新滘
芳华花园
丽江花园
南天名苑
海天花园
洛湖居
祈福新邨
山
市
广州美国国际学校
中大码头
金沙路
洪德路
宝岗大道
昌岗中路
江南西路
前进路
石榴岗路
敦和路
盈丰路
广州大桥
海印桥
江湾大桥
海珠桥
人民桥
解放大桥
洛溪桥

海珠区地图

海珠区简介

海珠区位于广州市中部，面积90.40平方公里，常住人口156.63万，是一个为珠江前后航道环绕的绿色岛区，被誉为“海上明珠”。

海珠区历史悠久、人杰地灵，孕育了岭南画派奠基人居廉、居巢，民族英雄邓世昌等名人才俊和民族英贤。区内有海上丝绸之路发源地黄埔古港、孙中山大元帅府等众多历史建筑，见证了海珠深厚的历史文化底蕴。如今的海珠，高校和科研院所林立，文化名人汇集，人文气息浓厚。

海珠区自然环境优越，生态优势明显。区内47公里的环岛岸线风光旖旎，总长130公里的74条河涌纵横交错，万亩果园郁郁葱葱，海珠湖碧波荡漾，构成了海珠的“绿心蓝脉”，形成了中心城区不可多得的“江、涌、湖、园、林”于一体的江岛生态系统。正如古诗所云：“海珠南岸好停舟，树色波光相映浮”。

近年来，随着广州市“中调”、“南拓”战略的深入实施以及琶洲、新中轴线南段、白鹅潭三大现代服务业功能区的规划确立，海珠区作为中心城区的区位优势愈加突出，特别是广州国际会展中心和亚洲第一高的广州塔坐落于此，海珠更是成为展示广州国家中心城市形象的重要窗口。未来五年，海珠区将全面建设国际展都、广州绿心、文化名区、幸福海珠，建成既有国际都市气息又有自然生态魅力、既有现代时尚潮流又有岭南文化特色的现代化中心城区。

比例 1：40000

编辑说明

一、《海珠年鉴》是中共广州市海珠区委、区人民政府主办，区地方志办公室承办的资料性工具书，创办于2001年，尔后逐年出版，国内外公开发行。其宗旨是力求全面、系统、准确地记载海珠区的基本面貌和发展情况，为社会各界和海内外人士了解和研究海珠提供基本资料。

二、《海珠年鉴(2012)》采用分类编辑法，以篇目部类、分目、条目组成框架的主体部分。条目是本年鉴反映情况的主要形式，用黑体标题加【】表示。全书前有目录，后设主题索引，方便读者检索。

三、《海珠年鉴(2012)》主要载录海珠区2011年经济社会发展情况，设有14个篇目：特载、大事记、海珠概况、党政机关、群众团体、政法、地方军事、财政税收、经济建设与管理、城市建设与管理、教科文卫体、街道、社会生活、社会经济统计资料。为适应信息化时代的需要，本年鉴出版多媒体光盘，随书发行。

四、本年鉴将篇目、分目标题与页码标于书眉，以便查阅。

五、本年鉴所称的省、市、区分别指广东省、广州市、海珠区。

六、本年鉴所采用的全区性统计数据以区统计局发布的统计资料为准，其他数据则以各部门、单位核定的数据为准。

七、本年鉴的编纂出版得到各撰稿单位及各方面的热情关怀和支持，在此深表谢意。对本年鉴中的错漏及不足之处，敬请各界批评指正，以便我们改进工作。

《海珠年鉴》编辑部

2012年11月

海珠年鉴编纂委员会

《海珠年鉴（2012）》编辑部

《海珠年鉴（2012）》撰稿人员

（以内文先后为序）

2011年8月14日上午，中共中央总书记、国家主席、中央军委主席胡锦涛视察广州T.I.T纺织创意园，鼓励年轻人积极创新设计思路，打造自己的品牌服装。
（省档案馆供稿）

2011年1月2日，中共中央政治局常委李长春（前排右三）到孙中山大元帅府视察。（王长春摄）

2011年1月5日，中共中央政治局委员、省委书记汪洋（左一），省委副书记、省长黄华华（右一）等省、市领导到海珠区视察绿道和小洲驿站建设情况。（廖小华摄）

2011年2月2日除夕，副区长刘捷（右一）到海珠花市慰问环卫工人。（区城管局供稿）

2011年4月12日，常务副区长苏小澎（中）到龙凤街检查公租房情况。（李政广摄）

2011年5月11日，省委副书记、纪委书记朱明国（前中）到海珠区江南中街视察楼宇党支部建设情况。（余文豪摄）

2011年5月13日，国土资源部副部长王世元（右二）到海珠区视察万亩果园湿地保护情况。（林文摄）

2011年6月4日，市委常委、宣传部部长王晓玲（左二）到黄埔古村参观。（区更新改造办供稿）

2011年7月11日，市委书记张广宁（前排右三）出席广州万亩果园湿地规划设计方案国际竞赛专家评审会。（市国土房管局海珠区分局供稿）

2011年8月11日，副区长方锦群（右三）在官洲街综治维稳中心接待来访群众。（肖芳摄）

2011年8月19日，区委书记姚奕生（前排右二），区委副书记、代区长徐咏虹（前排左二）到广州联合交易园区、珠江国际纺织城进行产业转型升级调研。（凤阳街供稿）

2011年8月25日，省名村名镇检查组到黄埔古村进行实地考察。（琶洲街供稿）

2011年11月3日，区长徐咏虹（右四）、副区长刘捷（右三）、黄信仪（左二）、罗光华（左一）到官洲街调研。

（肖 芳摄）

2011年11月30日，市委书记张广宁（右一）、市长万庆良（右三）到黄埔古村参观。（区更新改造办供稿）

2011年12月13日，商务部副部长王超在2011广州（海珠·琶洲）会展经济论坛上发言。（郑海翔摄）

2011年1月1日，广东“春游绿道·万家同乐”系列活动启动仪式暨“新年·新人·新路”集体婚礼活动在琶洲会展公园隆重举行。（张晓薇摄）

2011年1月19日，副区长罗光华（左一）代表区委、区政府领取市委、市政府、市警备区颁发给海珠区“双拥标兵区”奖牌。（区民政局供稿）

2011年1月30日，广州亚运会亚残运会暨治水工作海珠区总结表彰大会召开。（张晓薇摄）

2011年2月12日，海珠区举办2011年“海珠之春”中外名曲交响音乐会。（张晓薇摄）

2011年2月25日，海珠区在化州市体育中心广场举行促进化州市劳动力转移就业专场招聘会。（区人社局供稿）

2011年3月4日，区直属机关工会组织区机关工会会员于白云山开展“庆三八”登山活动。（刘泳摄）

2011年3月15日，市工商局海珠分局在丽影广场举办“海珠区2011年‘3·15’国际消费者权益日”活动。

（市工商局海珠分局供稿）

2011年3月25日，海珠区2011年春季义务植树活动在海珠湖举行，区五套班子领导、区各单位代表、部队官兵等约450人参加活动。

（廖小华摄）

2011年3月28日，在市委、市政府召开的精神文明建设表彰暨创建全国文明城市动员大会上，区长姚奕生（中）代表海珠区领取“广州市文明城区”奖牌。

（黄嘉俊摄）

2011年5月5日，常务副区长苏小澎（左二）代表海珠区领取广州市“2010年度绿道网建设工作金奖”。

（邹珣摄）

2011年5月16日，海珠区社会管理服务改革创新试点工作总结大会召开。（张晓薇摄）

2011年5月24日，海珠区举办促进从化市温泉镇劳动力转移就业专场招聘会。（区人社局摄）

2011年5月27日，省创先争优先进事迹报告团在省委礼堂举行首场报告会，区信访局局长黄素平（右一）作为全省信访系统的唯一代表，被省创先争优领导小组推荐为“广东省创先争优先进事迹报告团”成员。（陈英闻摄）

2011年6月12日，在广州市国际龙舟邀请赛上，区南洲街东风经济联社上涌村龙舟队在传统龙比赛和彩龙竞艳中取得好成绩。（孙晓江摄）

2011年6月30日，区召开纪念中国共产党成立90周年大会。（张晓薇摄）

2011年7月1日，区国资局举办2010年度海珠区国资经营“诚信守约单位”表彰大会暨广东广州扶贫慈善社会捐赠动员会。（区国资局供稿）

2011年7月16日，海珠区组织方队参加横渡珠江活动。（孙晓江摄）

2011年7月28日，区委十届十一次全体（扩大）会议召开。（张晓薇摄）

2011年9月13日，区政协举行纪念辛亥革命一百周年大型专题展览。（李丽纯摄）

2011年9月16日，区科协在南华西街抗英纪念广场举办“倡导科学生活 共建文明海珠”——2011年全国科普日活动启动仪式暨大型科普嘉年华。（郭新发摄）

2011年9月26日，中国共产党广州市海珠区第十一次代表大会召开。（张晓薇摄）

2011年9月30日，全国唯一一座孙中山戎装雕像在海珠区落成。（区文广新局供稿）

2011年11月10日，区政协召开十四届一次会议闭幕大会。（区档案局供稿）

2011年11月11日，在区十五届人大一次会议上，邓伟强（右一）祝贺姚奕生（左一）当选为区人大常委会主任。（柳永烈摄）

2011年11月24日，第十五届全国二十城市中级人民法院刑事审判研讨会闭幕式在海珠区法院举行。（赵斌摄）

2011年12月4日，区"12·4"全国法制宣传日暨法治广东宣传教育周活动启动大会召开。（苏正佚摄）

2011年12月29日，海珠区接待韩国光州市议会代表团一行。（区侨务外事办供稿）

2011年3月23日，市政府研究室副主任谢博能（左四）与珠三角规划纲要考核组（第二组）成员到海珠区考核《珠三角改革发展规划纲要》实施情况。 （区发改局供稿）

2011年4月8日，区国税局与北区稽查局联合区地税局、区协税办等单位在琶洲吉盛伟邦广场举办大型户外税收宣传咨询活动。 （许荣耀摄）

2011年4月13日，区食品药品监督管理局与区卫生局举行餐饮服务食品安全监督管理职能交接仪式。 （郭伟明摄）

2011年4月18日，由区政府主办，区科信局、广州医药工业研究院承办的“海珠检测与认证产业联盟成立大会暨海珠检测与认证产业发展研讨会”在海珠区珠江帝景酒店召开。

（吴小莹摄）

2011年5月25日，区贸促会属下海珠区进口葡萄酒商盟专业委员会成立大会在广交会琶洲展馆举行。

（梁赐宏摄）

2011年6月30日，广州市第二个实现地铁、公交、长途客运、出租车、社会车辆等多种交通方式无缝接驳、“零”距离换乘的智能化综合交通换乘枢纽——海珠交通换乘枢纽落成。

（南洲街供稿）

2011年8月10日，区统计局召开2011年海珠区基本单位调查工作会议。
（王子健摄）

2011年10月13日，海珠区质量强区工作动员大会召开。（曾光摄）

2011年9月30日，位于海珠区、湖心区面积1422.6亩的海珠湖举行盛大开园仪式。这是解放后广州市继麓湖、流花湖、东山湖、荔湾湖之后建成的第五个人工湖，也是目前广州中心城区已建成的最大人工湖。(张晓薇摄)

2011年12月21日，中山大学领导班子和知名教授参观海珠湖、黄埔古村，对海珠区的生态建设、文化建设等给予高度赞扬。

（区更新改造办供稿）

2011年12月13日，广州（海珠·琶洲）会展经济论坛、2011年度中国会展经济研讨会在广交会威斯汀酒店举行。

（张晓薇摄）

2011年12月19－21日，海珠区参加在中国进出口商品交易会展馆举办的第十四届中国留学人员广州科技交流会。

（梁演雄摄）

2011年1月14日，市工商局海珠分局召开食品安全示范店授牌仪式暨节前食品安全监管工作会议。（市工商局海珠分局供稿）

2011年10月30日，海珠区官洲岛华侨安置房工程举行建设开工仪式。（赖天柱摄）

2011年1月24日，副区长罗光华（右二）慰问新港街特困党员家庭。（范慧义摄）

2011年1月28日，新港街召开社区“两委”换届选举工作动员大会。（范慧义摄）

2011年3月20日，南石头街第十五期“爱心家教”开课。（郭丽琴摄）

2011年3月28日，海珠区公安分局南华西街派出所将破获外国人被盗窃案的赃物归还原主。（黎振轩摄）

2011年4月18日，瑞宝街北约社区居民符四妹（左）领取中央文明办授予的“中国好人榜”荣誉证书。（瑞宝街供稿）

2011年4月20日，区人大代表到区社会福利院视察。
（区民政局供稿）

2011年4月26日，涉及76户、历时20年的省属国有企业拆迁安置问题得到妥善化解，群众向区委、区政府、区信访局送上锦旗。（黄炎标摄）

2011年5月11日，南华西街在海珠创意产业园为外来青工举办“玫瑰之约”牵手活动。（丘珮摄）

2011年5月17日，“智慧城市、科学生活、幸福海珠”——海珠区2011年科技活动周主题日活动在大元帅府广场举行。

（吴小莹摄）

2011年6月20—29日，区举办计生家庭育婴员培训班，免费为低保、低收入计生育龄妇女和流动人口贫困家庭妇女进行育婴培训。（张静摄）

2011年6月27日，广州市首个街道关爱老年人主题服务站——福星馨苑在海幢街建立。

（吴嘉雯摄）

2011年8月8日，副市长贡儿珍（前左五）到素社街社区卫生服务中心视察。

（区卫生局供稿）

2011年8月11日，“人文风情游戏棋暨垃圾分类文明宣传志愿服务集市”在海幢街宏宇广场举行。

（沈宇峰摄）

2011年8月24日，由世界宣明会、团区委联合举办的关爱外来务工人员子女“小雁子”项目在区辖内康乐小学启动。

（团区委供稿）

2011年8月26日，华洲街召开党员代表会议。
（俞乐摄）

2

区第

2011年8月31日，区总工会开展金秋关爱职工大行动，组织困难职工参观广州塔。（区总工会供稿）

2011年9月8日，华洲街开展区人大代表换届选举工作。（梁嫦允摄）

街残

2011年10月27日，区城管执法分局联合华洲街对小洲村违法建设进行清拆。（张秋霞摄）

2011年10月19日，区在区内38家餐饮企业开展餐饮业油烟综合整治试点工作。（莫蔚莹摄）

2011年7月28日，建成后的华洲街流动商贩疏导区。（区城管局供稿）

2011年6月3日，庆端午佳节，“文化艺术进社区，书画挥毫颂党恩”活动在仑头文化广场开展。（区文联供稿）

2011年6月26日，“聚焦新环岛万人游海珠”活动暨“新海珠新江南”海珠十大新名片评选启动仪式在大元帅府广场举行。

（李啟东摄）

2011年11月1日，纪念梁诚座谈会在海珠区黄埔村文堦冯公祠召开。

（区侨务外事办供稿）

2011年12月8日，副区长罗光华（左二）到滨江水上居民民俗博物馆调研。该馆是广州市第一间街道级反映水上居民历史和文化的博物馆，以文字、照片和实物的形式反映广州解放前至现在这一历史时期水上居民劳动、生活和风俗习惯，自2009年1月起对外开放。（滨江街供稿）

2011年12月28日，第25届广州（国际）美食节海珠区分会场开幕式在华南（国际）鞋业展贸中心举行。（区文广新局供稿）

2011年，石榴岗河清涟园被市命名为廉政文化进社区示范点，正式挂牌广州市廉政文化示范单位（点），成为区廉政文化建设品牌亮点。（余明杰摄）

2011年6月26日，“新海珠　新江南”海珠十大新名片评选活动正式启动，约78万人次参与网络投票和景点实地投票，经过网上征名、专家论证和文艺界代表认同，12月19日，海珠十大新名片在珠江·琶醍啤酒文化创意艺术区正式公布：双塔辉映（广州塔、赤岗塔）、漱珠朝斗（纯阳观）、珠漪琶醍（珠江·琶醍啤酒文化创意艺术区）、古港丝路（黄埔古港古村历史文化景区）、太古听涛（太古仓）、岭南画源（十香园纪念馆）、帅府高风（孙中山大元帅府）、珠湖叠翠（万亩果林，包括小洲村、海珠湖两个核心景点）、琶洲展都（琶洲国际会展中心）、绿轴霓裳（T.I.T创意园）。

双塔辉映

（拍摄时间：2010年10月17日，区文广新局供稿）

广州塔（别名小蛮腰）矗立在广州城市新中轴线与珠江景观线的交汇处，是一座集旅游观光、餐饮、文化娱乐和环保科普教育等多功能于一体，并集合了当代工程设计和施工最新技术的标志性建筑。塔身高约450米，天线桅杆高150米，以总高度600米成为世界第一至高电视塔。

赤岗塔兴建于明代万历四十七年（1616年），是楼阁式表砖塔，平面呈八角形，外观九级，内膛分十七层高50余米，塔基八角镶有中世纪晚期西方人像的托塔力士，是广州明代石雕佳作，曾以其沧桑、雄峻的风姿，成为清代羊城八景之一。

漱珠朝斗

（拍摄时间：2011年2月4日，区文广新局供稿）

纯阳观建于清道光四年（1824年），1963年被市政府列为第一批文物保护单位，是集自然风景、岭南园林、文物保护、历史人物和宗教文化于一体的道教活动场所。该观坐北向南，依山构造，高踞岗顶，石径幽深，多怪石青松，占地一万余平方米。现仅存山门、灵官殿、大殿、拜房、斗台及李明彻墓。其中朝斗台为李明彻观测天象之地，是广州现仅存的古观象台。山门前的门额“纯阳观”三字为清朝两广总督阮元所书。

古港丝路　　（拍摄时间：2011年2月28日，区文广新局供稿）

黄埔古村古港是十七、十八世纪中国海上贸易黄金时期的一个窗口，也是中西方经济、文化交流的枢纽，见证了“海上丝绸之路”的繁荣，素有“粤海第一关”之称。黄埔古村是广州重要的历史文化遗产，是广州辉煌海贸史的见证，至今在黄埔村还保存着古港口、古宗祠、古庙宇、古民居及名人故居等众多遗迹。

珠漪琶醍　　（拍摄时间：2011年4月12日，区文广新局供稿）

珠江·琶醍啤酒文化创意艺术区是以珠江—英博国际啤酒博物馆为依托，集观赏性、娱乐性、教育性、艺术性、开放性、国际化啤酒文化于一体的创意艺术园区，包括啤酒主题公园、工业雕塑公园、艺术长廊、私人典藏馆、艺术展览馆、奢侈品展览馆；配套啤酒体验区、红酒艺术画廊区、雪茄品鉴区、餐饮美食区等具欧陆风情的元素和功能，同时已建好游艇码头，可供珠江日夜游游船停泊。

绿轴霓裳 （拍摄时间：2011年12月20日，区文广新局供稿）

广州T.I.T纺织服装创意园前身原为广州纺织机械厂，占地面积约为9.34万平方米，现已改造成为集服饰、时尚、文化、艺术、商业、旅游体验于一体的时尚创意园地。

帅府高风 （拍摄时间：2011年6月10日，区文广新局供稿）

孙中山大元帅府是市旅游局推出的“珠江沿岸文化史迹游”和“先烈路近代革命史迹游”的主要游览景点之一，同时也是广东省爱国主义教育基地。占地面积为8020平方米，由南北两座主体大楼、东、西广场和门楼等组成；两座主体大楼为三层券拱的西式建筑，南楼设“百年帅府”复原陈列，北楼设有“孙中山在广州三次建立革命政权”的基本史料陈列和专题展览。

太古听涛

太古仓码头是广州近、现代对外贸易和港口运输的重要历史遗迹，是民国时期外资进入广州港口运输及仓储行业的历
贸、餐饮、休闲、娱乐、游艇俱乐部等商贸、娱乐休闲项目，是珠江后航道的时尚商业和景观亮点。

岭南画源

（拍摄时间：2011年12月15日，区文广新局供稿）

十香园建于1856年前后，面积约640平方米，是晚清著名花鸟画家居巢、居廉的故居及作画授徒之所，园内有今夕庵、啸月琴馆、紫梨花馆等建筑，并植素馨、瑞香、夜来香、鹰爪、茉莉、夜合、珠兰、鱼子兰、白兰、含笑等十种香花，故名“十香园”。居廉在此设帐授徒，培养了高剑父、陈树人等一批近代美术人才，被誉为“岭南画派的摇篮”。2007年，十香园纪念馆依托十香园旧址成立，总占地面积达3800多平方米。包括今夕庵、啸月琴馆、紫梨花馆、主体展馆及艺术家交流厅，及园林水榭等配套设施。

（拍摄时间：2010年10月10日，区文广新局供稿）

，又是中国古代海上丝绸之路历史文化和近代十三行对外贸易历史文化的延续。现时的太古仓码头集聚了创意商品、展

珠湖叠翠

①（拍摄时间：2010年3月26日，何勇当供稿）

②（拍摄时间：2008年8月30日，区文广新局供稿）

万亩果园位于海珠区东南部，占地约1200公顷（即1.8万亩），是广州市的“南肺”保护区，对于维护城市生态、保护市容环境起着十分重要的作用，主要由上涌（瑞宝）果树公园、龙潭果树公园、瀛洲生态公园、海珠湖及石榴岗河等组成。

小洲村是广州城区内发现的最具岭南水乡特色的古村寨，已被列为广州市首批14个历史文化保护区之一，并被评为广东省生态示范村。

海珠湖是集雨洪调蓄、雨洪利用、引水补水、生态景观、休闲功能于一体的大型生态休闲湖区，占地面积2248.3亩，湖水面积约有1500亩，是广州第二大人工湖，也是广州市唯一的城市中心湿地生态公园，“一湖六脉”的水网体系，构成独特的岭南水乡景色，犹如被珠江前后航道环绕的一颗明珠，被誉为广州的中轴绿心。

琶洲展都

（拍摄时间：2008年8月25日，龙建平供稿）

琶洲国际会展中心占地面积82万平方米，建筑面积超过100万平方米，在展览面积上已成为“世界第一展”。展馆采用波浪型流线设计，与珠江水飘逸相连，又与18.6万平方米会展公园秀色相依，成为珠江南岸的独特风景线。

目 录

特载

2011年大事记

海珠概况

党政机关

群众团体

政法

地方军事

财政税收

经济建设与管理

城市建设与管理

教科文卫体

街道

社会生活

社会经济统计资料

特载

在中共海珠区委十一届二次全会上的报告

（2012 年 1 月 13 日）

海珠区委书记　姚奕生

同志们：

这次全会的主要任务是，深入贯彻党的十七届六中全会、中央经济工作会议、省委十届十一次全会和市第十次党代会精神，总结我区去年工作，研究部署今年工作。下面，我受区委常委会委托向全会作报告，请予审议。

一、去年工作回顾

2011 年，在市委、市政府的正确领导下，我们坚持以科学发展为主题，以加快转变发展方式为主线，团结带领全区党员干部群众真抓实干，各项工作取得新成效，实现了“十二五”良好开局。

（一）经济发展质量和数量实现双丰收

深入贯彻落实《珠江三角洲地区改革发展规划纲要》，稳步推进琶洲会展总部功能区、城市新中轴线南段高端服务业功能区、白鹅潭现代商贸功能区建设，产业呈现集聚化、高端化、融合化发展趋势。全年完成地区生产总值 872.12 亿元，同比增长 12.2%；区财政一般预算收入 35.54 亿元，同比增长 23.3%；三次产业比例调整为 0.4∶17.6∶82.0。会展经济加快发展，国际照明展、国际汽车展等知名展会进一步做大做强，琶洲地区举办展会 138 场，展览面积 673.6 万平方米，分别增长 19% 和 25.9%，成为全国会展商务活动最集中、最活跃的区域之一。琶洲五星级酒店初步形成集聚态势。我区总部企业达 85 家，其中珠啤、龙沙等 25 家企业被认定为市级总部企业，总部企业数居全市第三名。“退二进三”取得新突破，95 家“退二”企业已关停或迁出 68 家。胡锦涛总书记、李长春常委分别视察了广州纺织服装创意园、太古仓创意园和海珠湖，中央、省、市领导充分肯定我区转型升级和城区建设工作。我区被评为市实施珠三角规划纲要优秀单位。大力培育金域、和藤等民营科技龙头企业。引导成立华南地区首家区域性检测与认证产业联盟——海珠检测与认证产业联盟。推动传统批发市场向现代展贸型市场转型升级，建成珠江国际纺织城等大型现代展贸市场。

（二）城区建设和管理水平实现双提升

进一步加强城区建设和管理，圆满完成“创文”工作任务，城区面貌不断改善，我区成为展示广州国家中心城市形象的重要窗口。一是基础设施更加完善。建成逸景路、双塔路等道路，继续推进环岛路建设和水浸街治理，城区市政设施更加完善。二是人居环境更加优美。扎实推进绿道建设，我区获市绿道网建设工作金奖。探索保护利用万亩果园工作取得实质性进展。海珠湖建成开放，成为广州新的景观名片和市民生态休闲的好去处。加强全区河涌日常维护管理和调水补水，河涌水质继续好转。扎实推进“三旧”改造，南华西旧城改造地块一期回迁房已竣工，成为市旧城改造的范例。琶洲村安置复建房建设顺利推进，沥滘村改造方案通过市的审批。黄埔古村保护工程一期完成，成为城中村改造的典范，黄埔村成为广州市实施名镇名村工程重点推进的4个名村之一。三是城区管理更加科学。坚持不懈进行交通秩序综合整治，打压非法营运的空间。建成4个疏导点，引导流动商贩有序经营。坚持以铁腕开展整治违法建设等行动。

（三）民生福祉显著改善

以群众的幸福指数作为我们工作的检验标准，坚持民生事业与经济建设同步发展，不断加大财政投入，切实保障和改善民生，使发展成果惠及广大居民。强化创业带动就业功能，充分就业社区增至189个，实现“就业就在家门口”。全年新增就业岗位5.48万个，“零就业家庭”实现100%就业。“五大”险种参保人数达177.95万人次，同比增长10.25%。按时完成1500套保障性住房筹集任务，2.06万户低收入住房困难家庭全部纳入住房保障体系，保障户数和覆盖面位于全市前列。大力发展残疾人事业，为3500名贫困残疾人增发补助金。对口帮扶化州市和从化温泉镇工作取得阶段性成效。组织开展“真情齐暖困难群众、爱心共筑幸福海珠”大型扶贫济困活动，加大对困难群众、困难职工、困难党员的帮扶力度。继续推进义务教育规范化学校建设，促进教育均衡优质发展，顺利通过市规范化学校终期督导验收。我区公办完全中学100%通过高中教学水平优秀等级评估，中考成绩继续位居全市前列，高考成绩实现新突破。稳步推进基层医疗机构综合改革和基本公共卫生服务均等化，以社区卫生服务为基础的新型基层医疗卫生服务体系初步形成。大力推进幸福家庭促进计划和优生促进工程，出生人口素质不断提高。扎实做好科普工作，连续四次荣获全国科普示范城区称号，区科协被评为省科学素质工作先进集体。加强十香园、大元帅府等遗迹保护和利用。成功举办首届广东社区文化艺术节闭幕式和首届广东岭南古琴音乐会，我区荣获中国民间文化艺术之乡称号。开展“万人游海珠”推介会和海珠十大新名片评选活动，海珠旅游成为广州都市旅游新亮点。

（四）社会管理服务工作进一步加强

扎实开展街道社区服务管理改革创新工作，我区试点街道探索的“一队三中心”模式和政府购买社会服务等做法为市全面推进改革创新工作提供了借鉴，各街道“一队三中心”已经全部挂牌。加大对街道、社区人财物的投入，有效发挥街道和社区就近管理、便民服务的职能作用。南华西街被评为全国社区服务、全国城市社会工作示范街道。创新实有人口管理机制，加强出租屋和外来人口管理。构建网格化社会面整体防控布局，重拳打击违法犯罪，暴力犯罪、“两抢”案件数量继续下降，群众安全感进一步增强。推进劳动保障监察网格化和网络化建设，劳动争议案件和重大劳动纠纷群体性突发事件分别同比下降32%、44%。注重创新信访渠道和解决信访积案，率先在全省建立“网络信访大厅”，成功化解历史积案19宗。完善重大事项决策前的风险评估机制，落实重点时期、重点人员的排查制度。妥善处置各类突发群体性事件，有效化解社会矛盾，全区社会大局保持和谐稳定。进一步完善人民调解与司法调解衔接机制，率先在全市启动诉前联调工作。全年调解矛盾纠纷2591宗，成功率达97.9%。

（五）民主法制建设取得新成绩

加强和改进党对人大、政协工作的领导，强化人大监督职能，支持人大代表对重大事项工作开展监督。深入贯彻《中共广州市委政治协商规程》，进一步落实区党政主要领导牵头督办政协重点提案制度。做好“简政强区”事权下放承接工作，稳步推进事业单位分类改革。率先在全市建立公证法律援助、司法鉴定法律援助机制。顺利完成经济联社、社区“两委”换届工作，依法加强对联社、经济社的管理，实施财务电算化，进一步推动社务、财务、党务“三公开”。充分发挥统一战线在我区现代化建设中的凝心聚力作用，进一步加强了中国共产党领导的多党合作和政治协商制度建设，民族、宗教、侨务外事、对台等工作取得新成绩。工会、共青团、妇联等人民团体联系群众的桥梁纽带作用进一步增强。人民武装工作迈上新台阶，区人武部被评为省标兵人武部，我区第6次荣获省双拥模范区，连续8次荣获市双拥标兵区称号。区检察院被评为全国先进基层检察院，南洲司法所获全国先进司法所称号。

（六）党的建设科学化水平不断提高

顺利完成了区委、人大、政府、政协、纪委领导班子换届工作，为我区经济社会新一轮发展奠定了坚强的组织基础。深入开展创先争优和纪念建党90周年系列活动，注重培育、树立和宣传先进典型。继续加强干部培训和推进学习型党组织建设，举办现代服务业（会展专题）德国高级研修班，以国际视野谋划推动发展。大力加强基层党建工作，推进党代表任期制建设。全区建立21个党代表工作室，实现区域全覆盖和党代表全参与。南洲街成立全市首个新广州人党支部，探索出流动党员管理服务新模式。非公有制经济组织、新社会组织党组织组建工作实现两个100%。加强干部的培养和管理，倡导鼓励干部在海珠湖建设、“创文”等急难险重工作中锻炼成长。切实做好老干部工作。认真落实党风廉政建设责任制，严格“三公”费用报批手续和程序，扎实开展公务用车问题和庆典、研讨会、论坛活动等专项整治工作。健全廉政风险预警防范机制，充分发挥派驻纪检组的作用，分线分片加强对重点单位、重大工作项目的监督。建成清竹园等廉政文化教育基地，多形式开展廉政文化建设。反腐保持高压态势，依法严肃查处违法违纪案件。

在充分肯定成绩的同时，我们要清醒看到面临的困难和问题，主要有：一是经济总量偏小，发展质量不高，加快发展和调整产业结构、提高发展质量的任务十分艰巨；二是区域发展不协调，城中村问题仍较突出，基础工作仍较薄弱，联社、经济社管理和服务不到位；三是社会管理、城区管理精细化水平有待提高，常态化管理机制有待进一步完善。我们要高度重视这些问题，采取有力措施认真加以解决。

二、今年的主要工作任务

今年是我区换届后的第一年，下半年党将召开第十八次全国代表大会，5月省将召开第十一次党代会。做好今年各项工作，保持经济社会又好又快发展，意义十分重大。站在新的历史起点上，我们要有一种时不我待的紧迫感和不进则退、慢进也是退的危机感，敢于担当的使命感。当前，海珠迎来新一轮发展机遇。一是市委、市政府琶洲开发建设现场会提出，今后十年市将把城市建设重心转移到琶洲地区，以一流的开发定位、一流的规划引领、一流的建设品质推进琶洲开发建设，把琶洲打造成广州下一个十年率先加快转型升级的亮丽新名片，这是推动我区产业转型升级的强大动力；二是万亩果园保护利用工作取得重大突破，市正在统筹解决万亩果园问题，这是推动我区区域协调发展的强大动力；三是成功创建全国文明城市以及亚运效应持续释放，这是推动我区城区管理上新台阶的强大动力；四是中央、省、市加强和创新社会管理的部署和政策，这是推动我区社会建设转型升级的强大动力。我们要善于抓住机遇，充分调动全区干部群众的工作积极性，凝心聚力、鼓足干劲，奋力开启海珠科学发展的新征程，以经济社会发展的优异成绩迎接党的十八大和省第十一次党代会胜利召开。

党的十七届六中全会作出了《关于深化文化体制改革，推动社会主义文化大发展大繁荣若干重大问题的决定》。中央经济工作会议提出了稳增长、控物价、调结构、惠民生、抓改革、促和谐的要求，并确定今年经济工作总基调为“稳中求进”。省委十届十一次全会强调今年要围绕“加快转型升级、建设幸福广东”核心任务，努力保持经济平稳健康可持续增长、着力提高发展质量，矢志不渝推进科学发展和加快转变经济发展方式。市第十次党代会提出“12338”的工作思路：一个目标任务——全面建设国家中心城市和“率先转型升级、建设幸福广州”，两个战略重点——建设国际商贸中心和世界文化名城，三个发展理念——坚持低碳经济、智慧城市、幸福广州的城市发展理念，全力推进三个重大突破——战略性基础设施、战略性主导产业、战略性发展平台建设实现重大突破，重点实施八项工程——产业提升、科技创新、城乡一体、生态环保、文化引领、人才集聚、民生幸福、党建创新工程。我们要深入贯彻中央、省、市有关会议精神，尤其要紧紧围绕市委“12338”的决策部署，抓好落实。我区今年工作的总体要求是：深入贯彻落实科学发展观，加快转型升级，调结构、强管理、惠民生、促和谐，重点推进“一馆一塔一园一村”四大工程，建设国际展都、广州绿心、文化名区、幸福海珠。

（一）以琶洲开发建设为动力，加快推进产业转型升级

市委、市政府琶洲现场会的召开，吹响了琶洲开发建设的号角。要坚持以琶洲地区和会展经济为龙头，以总部经济为重点，大力发展高端产业，大力淘汰低端产业，切实提高经济发展质量和效益，加快建设国际展都，确保经济平稳健康可持续发展。

1. **优布局搭平台**。认真贯彻市委、市政府即将出台的《关于推进实现“三个重大突破”，率先转型升级建设幸福广州的实施意见》，进一步优化空间布局，搭建产业发展平台，重点推进“一轴两区”建设。擦亮中国第一馆——琶洲会展中心的品牌，按照万庆良书记提出的“三个一流”要求，全力推进琶洲会展总部功能区建设，发挥琶洲在广州市建设国际商贸中心战略中的门户作用，带动全区产业转型升级。积极配合市做好琶洲地区土地收储工作，挖掘潜在招商对象，促进高端聚集发展。加快筹备成立琶洲会展总部功能区管理委员会，统筹开展琶洲产业规划引导、土地整理、配套服务、招商引资等工作。提高全国第一高塔——广州塔的知名度和影响力，推动广州塔南广场地下商城等建设，大力发展旅游观光、文化创意等产业，形成新的经济增长点。尽快启动大干围安置区，推进南中轴线核心区建设。加快推进太古仓、大阪仓商业文化景区建设，把白鹅潭功能区打造成海珠西部创意休闲新天地。

2. **抓项目强后劲**。要抓好重大项目建设，切实发挥投资对经济的拉动效应。积极做好重大项目招商和跟踪服务工作，努力形成重大项目“在建一批、前期储备一批、规划一批”的滚动发展链条。据摸查，鼎尚等14家总部企业已在琶洲地区拍下土地，其中有9家企业已办理用地手续，但尚未动工。最近，我们将原区党政班子领导联系重点企业调整为区一级班子领导联系重点企业。各级领导、有关单位要主动联系和服务企业，协调帮助解决落户中的实际困难，促进项目尽快落地、尽快开工。大力培育金域等重点企业，扶持广州联合交易园等骨干项目，打造一批“退二进三”转型升级的亮点。升级改造一批传统专业市场项目，促进从摊位经济向席位经济转变，从传统专业市场向展贸型市场转变，从现金现货交易向网上交易、电子商务转变。加强科技园区建设，把区科技产业基地建成现代化的高新技术创业和产业化基地。

3. **优服务促发展**。加快完善我区招商引资和项目引进相关政策指引，提高土地集约使用程度。加强对重点行业、重点企业和市场情况的动态分析，掌握重点企业运行情况。注重对企业的引导和服务，引导企业在“进三”中适当引入社会力量和资金合作开发，提升项目的竞争力。大力发展民营经济，在项目扶持、融资担保、市场开拓等方面加强支持。积极推动区内企业转制上市。组织开展打击欺行霸市、打击制假售假、打击商业贿赂，建设社会信用体系、建设市场监管体系的“三打两建”行动，为市场主体创造公平竞争的良好环境。

（二）以巩固创文成果为抓手，全面提升城区发展质量

经过近年来迎办亚运城区建设大提速，目前我区已进入建管并重的后亚运时期。要积极实施生态环保和城乡一体工程，按照走新型城市化发展道路的要求，营造宜居宜业的城区环境，建成具有“江、涌、湖、园、林”特色的生态示范区，把海珠打造成广州的“中心花园”，打响“广州绿心”品牌。

1. **加强城区精细化管理**。广州成功迈入全国文明城市行列，要按照“文明无止境，创建不停步”的要求，把突击性创建转为经常性工作，全面加强城区管理，不断巩固发展“大变”和“创文”成果。建立长效机制，注重管理的常态化、精细化，实现城区管理从突击整治向长效治理转变，从管治模式向服务模式转变。建立健全城市管理快速反应网络，及时发现、解决问题。积极做好“简政强区”事权下放后的衔接，确保接得住、干得好。积极探索后亚运时期城区管理新模式，加强市政设施的管养、维护。以铁的手腕坚决及时查处违法用地、违法建设、环境污染、非法营运等问题。切实做好市容环境卫生工作，加强垃圾分类管理。

2. **提升城区建设水平**。根据广州建设花城、绿城、水城的要求，加强水环境、空气环境等综合整治，持续改善环境质量。全力争取万亩果园保护利用的政策、土地和资金落地，积极做好万亩果园的规划、征地、建设工作，将万亩果园与海珠湖、石榴岗河连成一片进行整体保护开发，努力打造国家级生态湿地公园。大力推进全区绿化升级改造和绿道管理。做好海珠湖绿化景观升级改造，加快推进海珠湖二期配套项目建设，用更完善的配套设施、更周到的便民服务、更优美的生态环境迎接游客。加强对河涌沿线违法排污企业的清理整治工作，强化水环境监测。加快琶洲地区建设，进一步完善琶洲路网、绿网、河网，带动全区基础设施建设。继续推进环岛路建设，进一步完善道路排水、环卫、消防等市政设施，大力整治水浸街问题。探索绿色生态社区建设新模式，调动街道、社区、居民的积极性，推进社区综合整治，完善社区道路、绿化、活动场所，打造人居环境新亮点。

3. **加快“三旧”改造**。坚持以经济联社为主体，加快推进琶洲村改造，全面启动沥滘村改造，加快推进一批城中村改造项目规划方案的编制、报批和落地。做好完善历史用地手续工作，统筹解决原村社留用地遗留问题。坚持政府主导与企业化运作相结合，改善居民生活环境与保护文化相结合，推进旧城改造，使老城区焕发新的生机与活力。调动企业的积极性，抓住“退二进三”和“三旧”改造政策的有利时机，加快推进旧厂房改造，进一步拓展城区发展空间。

（三）以建设文化名区为目标，精心打造文化发展高地

认真贯彻落实党的十七届六中全会精神，抓住省、市建设文化强省和世界文化名城的大好时机，积极实施文化引领工程，将我区建成广州世界文化名城的示范区。

1. **提升文化惠民水平**。抓好基层文化阵地和图书馆、博物馆、文化馆（站）等公益性文化设施建设。推进海珠体育中心二期等文体活动基础设施建设，打造特色社区文化室，建设普惠型、全覆盖的公共文化设施网络体系。积极开展有特色的群众文体活动，培育区域文体品牌。加强理想信念教育，以增强诚信意识为重点，扎实推进社会公德、职业道德、家庭美德、个人品德和未成年人思想道德建设，塑造良好社会心态，倡导健康的幸福文化。加强文明社区建设，扎实做好科普工作，大力提升公民科学文化素养。

2. **提升城区文化品位**。注重挖掘和宣传结合，保护与利用并重，全面整合我区历史文化资源，大力促进历史文化与现代文明交相辉映，打造近代革命策源地、海上丝绸之路发祥地、岭南文化汇集地、都市滨水休闲地的“四地”文化品牌。加快广东第一古村落——黄埔古村保护开发，打造岭南文化聚集地、展示地、体验地，使城区更有内涵、更有品位。加快黄埔古村绿化景观升级改造、南城河综合整治、古建筑修缮等工作。结合规划方案抓紧做好黄埔村内商业、旅游配套设施布点，引导特色餐饮和商贸企业进驻，做到有得吃有得看有得玩。积极利用赤岗塔和琶洲塔管理权下放的机遇，充分发挥双塔的影响力，宣传推广我区历史文化品牌。推进海幢寺、纯阳观等宗教场所建设，挖掘宗教优秀文化资源。继续发掘和保护岭南古琴、咸水歌等非物质文化遗产，扶持广绣、广彩等传统民间工艺发展。

3. **提升文化产业发展水平**。大力促进文化与经济融合。以广州电视台、广州广播电台、广州日报社“两台一报”落户海珠，以及珠影、广州纺织服装创意园等重大项目发展为契机，促进传媒、出版、影视、广告、娱乐等文化产业聚集发展。优化文化产业发展环境，推动文化市场健康有序发展。加强“海珠十大新名片”宣传推广和旅游配套设施建设，认真做好黄埔古港古村历史文化景区和海珠湖景区创建5A级景区工作，促进文化旅游业发展。

（四）以社会管理服务创新为契机，努力建设民生幸福工程

幸福生活是城区发展的终极目标。要坚持立党为公、执政为民，加强和创新社会管理，继续加大对民生的投入，切实保障和改善民生，加快建设幸福海珠。

1. **全力加快各项社会事业发展**。保障和改善民生是建设幸福海珠的根本出发点和落脚点，要用真感情，花大力气，努力做好“三个民生”。第一，做实“基本民生”，加快推进基本公共服务均等化；第二，保障“底线民生”，更加关心困难群众的生产生活，积极发展残疾人事业、社会福利和慈善事业；第三，解决“热点民生”，着力解决群众反映强烈的热点难点问题。全面落实就业工作目标责任制，推进创建充分就业社区活动。完善社会保障体系，提高统筹层次和保障水平。积极配合市推进保障性住房建设，抓好保障型住房等工作的落实。扎实做好化州和从化温泉镇扶贫工作，确保按时保质完成任务。认真做好迎接“广东省推进教育现代化先进区”评估验收，大力推进我区教育现代化进程。加快推进学前教育三年行动计划，提升普惠性学前教育服务水平。进一步深化医药卫生体制改革，着力提高全区医疗服务水平。深入开展幸福家庭促进计划和出生缺陷干预工程，完善计划生育利益导向政策体系，促进人口长期均衡发展。

2. **全力维护社会和谐稳定。**发展是第一要务，稳定是第一责任。要认真履行“一岗双责”，切实做到一手抓经济促发展，一手抓稳定促和谐。落实好中央、省、市关于加强和创新社会管理各项部署，妥善解决群众合法合理诉求，坚决纠正损害群众利益的行为。加强社会治安综合治理，继续严厉打击“两抢”、“两盗”等多发性犯罪，切实保障人民生命财产安全，不断提高群众安全感。加强安全生产、交通、消防、食品药品安全等领域监管，健全预防预警和应急处置体系，坚决杜绝各类重大事故发生。完善信访制度，积极探索用群众工作统揽信访工作的新思路。发挥综治信访维稳三级平台作用，进一步完善诉前联调工作机制，从源头上防范和减少社会矛盾。落实重点时期、重点人员的排查制度，加大信息收集和研判。全面落实区重大事项社会稳定风险评估实施办法，并把重大事项社会风险评估工作纳入维稳综治考核体系。在发生重大事故和突发事件时，要做到“三个第一时间”：第一时间，主要领导要到现场处置；第一时间，组织媒体发布政府的权威信息，进行客观准确报道；第一时间，向上级报告。

3. **全力提高社区服务管理水平。**认真落实市委、市政府《关于全面推进街道、社区服务管理改革创新的意见》，切实提高基层社会服务管理水平，打造一批社区服务管理亮点。目前各街道“一队三中心”都已经挂牌，但离市的要求、离群众的需求还有一定的差距。各街道要深入贯彻市、区有关精神，迅速行动起来，理顺各种关系、完善运行机制，使“一队三中心”真正发挥作用，努力把社区建设成为管理有序、服务完善、文明祥和、安居乐业的幸福家园。深入调研摸清辖区群众的服务需求，为居民提供最需要的社区服务。大力培育和规范社会组织，加大力度推进政府购买社会服务。加强流动人口服务管理，促进流动人口更好地融入海珠生活。提高联社、经济社自治管理水平，积极探索联社、经济社更有效的发展新模式。

（五）加强和改进党的建设，确保圆满完成各项任务

积极实施党建创新和人才集聚工程，推进党建工作重心下移，着力提高党的建设科学化水平。充分发挥各级党组织的战斗堡垒作用和党员的先锋模范作用，打造一支作风过硬、执行力强的干部队伍，确保各项工作得到有效落实。

1. **加强领导班子建设。**省委十届十一次全会审议通过《省委关于加强领导班子建设若干问题的决定》，从坚定理想信念、树立正确的执政导向、贯彻民主集中制等六个方面提出加强领导班子建设的具体举措。我们要认真贯彻省委的部署，树立正确的为“官”理念。要为了做事而做“官”，把做“官”看作是做更多事的条件、更加广阔的天地，切实用好党和人民给予的权力，扎扎实实、善始善终地做事。要先做人后做“官”，力求成为广大干部群众的标杆和表率。始终为了人民依靠人民去做事，一任班子的政绩，最终要看发展的成果如何让群众有更多的幸福感。要善于团结合作去做事，打造团结、高效、有战斗力的坚强核心。正确对待和处理好“承前”与“启后”的关系，一任接着一任干，任任都有新发展，任任都有新贡献。

2. **加强作风建设。**大力加强党的宗旨教育和党性锤炼，使全体党员干部牢固树立“以人为本，执政为民”理念，把民生幸福作为最高追求，不断增强为群众谋利益、增福祉的自觉性和主动性。进一步加强对干部的培养管理和考核奖惩工作，大力弘扬敢于负责、敢于碰硬、敢破难题、敢担风险的“四敢”精神，倡导鼓励干部在急难险重工作中锻炼成长。按照职能分工，理顺部门与街道的关系，不能相互推诿。切实增强责任意识、合作意识，在工作上做到“多沟通、多理解、多支持”，“不猜疑、不责难、不等靠”，努力在思想上求共识、在感情上求共融、在工作上求共进。按照“为民、务实、清廉”的要求，以过硬的作风、过硬的本领、过硬的措施，完成各项工作任务。

3. **加强基层党组织建设。**党的基层组织是党全部工作和战斗力的基础。要增强党建“主业”意识，切实加强社区、联社、经济社、非公有制经济组织和新社会组织等基层党组织建设，进一步加强党务公开工作，充分发挥基层党组织推动发展、服务群众、凝聚人心、促进和谐的作用。加强党代表工作室建设工作，充分发挥楼宇党支部的作用，建立基层党组织联系和服务群众的桥梁。实行党员社区登记亮牌和结对帮扶困难群众制度，发动广大党员带头参与志愿服务。加强流动党员管理，充分发挥流动党员在流动人口服务管理中的作用。深入开展创先争优活动，不断创新基层党组织活动方式，提高党组织生活质量。完善党内激励、关怀、帮扶机制，做好关爱党员工作。

4. **加强党风廉政建设。**认真贯彻胡锦涛总书记在十七届中纪委第七次全会上的重要讲话精神，切实做好保持党的纯洁性各项工作，自觉做到依法用权、依职用权、为民用权。认真落实党风廉政建设责任制，把党风廉政建设作为一项关系全局的大事常抓不懈，做到防微杜渐、警钟长鸣。健全拒腐防变教育长效机制、反腐倡廉制度体系、权力运行监控机制，坚持用制度管权管事管人。把廉政教育列入干部教育培训规划，有针对性地开展示范教育、警示教育、岗位廉政教育。各级领导干部要牢固树立职业风险意识，时刻认清自己的身份，检点自己的言行，珍惜自己的政治生命。不断提高鉴别力，加大自控力，增强免疫力，明白什么事情可以做，什么事情不可以做，牢牢守住思想防线、党纪政纪法纪红线和从政底线。完善派驻机构管理机制，充分发挥派驻纪检组的作用，分线分片加强对重点单位、重大项目的监督。开展加强联社、经济社管理专题研究，加强“三公开”工作，探索实施下管一级财务等措施，促进联社、经济社负责人廉洁履行职责。坚决纠正损害群众利益的不正之风，加大查办违纪违法案件工作力度，依法严惩腐败分子。

同志们，站在新的历史起点上，推动海珠新一轮大发展，使命光荣，责任重大。我们要团结一心，振奋精神，锐意进取，扎实工作，为全面建设现代化中心城区而努力奋斗！

政府工作报告

——2012年3月6日在海珠区第十五届人民代表大会第二次会议上

海珠区人民政府区长 徐咏虹

各位代表：

我代表海珠区人民政府向大会作工作报告，请予审议，并请政协委员和其他列席人员提出意见。

一、2011年工作回顾

过去一年，区政府在市委、市政府和区委的正确领导下，在区人大及其常委会和区政协的监督支持下，坚持以科学发展观统领全局，推动经济社会全面协调可持续发展，全面完成各项目标任务，实现了“十二五”规划的良好开局。

（一）经济发展水平进一步提升

深入实施《珠江三角洲地区改革发展规划纲要》，推进“三个重大突破”，经济实现平稳较快发展。实现地区生产总值872.12亿元，同比（下同）增长12.2%；税收收入121.56亿元，增长13.2%；财政一般预算收入35.54亿元，增长23.3%；全社会固定资产投资428.61亿元，增长10.8%；商品销售总额2372.86亿元，增长33.9%；社会消费品零售总额559.98亿元，增长16.5%；海关出口总值15.42亿美元，增长17.9%；实际利用外资1.46亿美元，增长12.7%。结构调整步伐加快，三次产业结构调整为0.4∶17.6∶82.0，现代服务业占地区生产总值的51.7%。完成68家“退二”工业企业关停或搬迁工作，为现代服务业发展腾出空间。全区会展业实现增加值37.27亿元，增长16.3%；全年举办展会138场、展览面积673.6万平方米，分别增长19%和25.9%，其中10万平方米以上大型展会达12场，约占全国的1/4，会展经济龙头效应凸显。广交会威斯汀酒店开业，会展商务配套不断完善。新引进12家总部企业，重点总部企业达85家，税收贡献占全区总额的37.8%。25家企业成为市首批总部企业。珠江国际纺织城纺织品展贸中心试业，杰赛科技、梦芭莎、金域医学检验等创新品牌迅速壮大，逐步成为行业领军企业。规模以上高新技术产值占工业总产值的33.4%。出台《加快推进重点项目建设的实施意见》、《关于开展质量强区活动的意见》等一系列政策，借助“新广州·新商机”系列推介会和2011广州（海珠·琶洲）会展经济论坛平台招商引资，签约28个重点项目，总投资额达760.6亿元。引导成立海珠检测与认证产业联盟。成立区金融办，扶持成立小额贷款公司。强化税收征管和国有资产管理，取缔无证照经营1977户，关闭清理“五小”店档776户。全区万元生产总值综合能耗下降4.5%以上，超额完成市下达的节能减排目标任务。

（二）社会和谐程度进一步提升

区财政投入民生和各项公共事业资金占一般预算支出的77.7%，增长31.1%。2011年区政府承诺的十件民生实事全部兑现。全区189个社区创建成为充分就业社区。新增就业岗位5.48万个，城镇登记失业人员就业率达71.6%，“零就业家庭”实现100%就业。区内登记失业的应届高校毕业生就业率达91.5%。健全社会保障体系，“五大险种”参保人数达177.95万人次，增长10.3%。累计接收社会化管理退休人员15.87万人。社会救助体系进一步完善，为5382户低保户（13843人）发放低保金3805万元，为低保、低收入、重度残疾人、优抚对象等困难群众办理医保8955人次。实施2153例残疾人康复救助补助，提高户籍贫困残疾人专项补助金发放标准。加快社会化养老服务体系建设，支持社会力量参与养老事业。进一步扩大长寿保健金发放范围和发放标准。按时完成1500套保障性住房筹集任务，2.06万户低收入住房困难家庭全部纳入住房保障体系。顺利通过市义务教育规范化学校终期督导验收。我区公办完全中学100%通过高中教学水平优秀等级评估。为5.25万名外来务工子女提供义务教育学位。完成校车安全性能检测并开展网上实时监控，校园安保进一步强化。以社区卫生服务为基础的新型基层医疗卫生服务体系初步形成，基本公共卫生服务绩效考核连续四年荣获全市第一。全面实施优生促进工程，为6109人提供免费婚检，为1.2万人次提供免费产前出生缺陷医学筛查，出生人口素质不断提高。开展“传承亚运、和谐共享”特色体育活动，海珠体育中心室内设施正式开放，新建、维护126条全民健身路径。对口帮扶新疆疏附县、广东化州市和从化温泉镇工作成效明显，完成从化温泉镇灌村中学升级改造等各项任务。开展大型扶贫济困活动，加大对困难群众的救助帮扶力度。双拥工作取得新成绩，我区第6次荣获省双拥模范区、连续8次荣获市双拥标兵区称号。

（三）“两个适宜”环境进一步提升

圆满完成“创文”工作任务，充分展示了中心城区的良好形象。基本建成逸景路、新港东路延长线，新建南洲路与大干围交界路口等3座人行天桥，南洲路振海片区等4项水浸街治理项目基本完成。南华西旧城改造一期回迁房已竣工，成为市旧城改造的范例；琶洲村安置复建房已完成15%建设量；沥滘村改造方案通过市审批。海珠湖一期建成对外免费开放，成为广州新的景观名片，已接待游客200多万人次。新建绿道54公里，我区获市绿道网建设工作金奖。清理违法排污小作坊168家，全区河涌水质同期综合污染指数下降66%。城市管理水平不断提升。“12319”城市管理投诉案件回访满意率达98.5%。建成5个流动商贩疏导区。集中整治500家不符合环保要求的餐饮企业，对200家100餐位以上的餐饮企业安装油烟远程监控系统。以南华西街和沙园街为试点，开展“三线”整治工程，先行推广垃圾分类处理和垃圾不落地收运试点。建成全区首座餐厨垃圾处理站。新增一星级卫生街道、二星级卫生街道各9个。新增停车场53个、停车位5960个，增设13条城中村中小巴公交专线，完成8299盏城中村路灯安装及改造。加强“五类车”整治，严格查控违法建设，清拆各类违法建设6.19万平方米，城市管理专项整治成效明显。

（四）城区文化实力进一步提升

顺利通过第3次全国文化馆（站）评估定级和省第9次文化站评估定级检查。区文化馆保持国家一级馆称号，各街道文化站全部达到省一级站以上标准。区图书馆被评为市社会科学普及基地。全面完成《海珠区志（1991—2000）》编撰工作。文化品牌打造和遗产保护成效良好。成功举办首届广东岭南古琴音乐会，我区获中国民间文化艺术之乡称号。在全市率先开展“非物质文化遗产进校园”传习活动。“古琴艺术（岭南派）”被评为联合国科教文组织“优秀实践名册”项目。十香园二期工程全部完工，广东岭南古琴艺术馆、黄埔古村人文历史展览馆建成开放。广东现代广告创意中心落户广州美术学院，广州国际媒体港落户广州塔商圈，成为我区文化创意产业发展新动力。开展“聚焦新环岛·万人游海珠”及“新海珠·新江南”海珠十大新名片评选活动，全面推介海珠旅游新形象。黄埔古村保护建设工程一期基本完工，完善邓世昌纪念馆、潘鹤雕塑艺术园等景区配套服务设施，文化旅游发展环境进一步优化。

（五）社会管理水平进一步提升

扎实开展街道社区服务管理改革创新工作，沙园街、江南中街、华洲街等试点街道探索的“一队三中心”模式和政府购买社会服务的做法，为市全面推进改革创新工作提供了示范。18个街道的“一队三中心”全部挂牌。对街道、社区的投入进一步加大，街道和社区就近管理、便民服务的职能作用得到有效发挥。劳动保障群体性突发事件和劳动争议案件分别下降34%、32%。完成社区再生资源网络体系建设。构建网格化社会面整体防控布局，建立围院式小区523个、治保会组织258个。重拳打击违法犯罪，深入开展“粤安11”、“亮剑”等专项行动，破获各类案件6717宗，八类暴力案件数量继续下降，群众安全感进一步增强。推行流动人员居住证制度，在全市率先完成全年任务。注重疏通信访渠道和解决信访积案，在全省率先建立“网上信访大厅”，实现“足不出户可信访”；成功化解涉及民生、影响稳定的历史积案19宗。在全市率先启动诉前联调工作，调解、调处各种矛盾纠纷3033宗，成功率达97%。生产、消防、交通、食品药品等安全管理效能增强。应急管理基础工作进一步强化，实施风险隐患排查评估和化解控制，排查整改风险隐患600多项，依法、及时、妥善地处置各类突发事件。

（六）依法行政能力进一步提升

坚持向区人大及其常委会报告工作，认真执行区人大及其常委会的决议和决定。坚持向区政协通报情况，积极为政协委员履行职能创造条件。自觉接受区人大及其常委会和政协、各民主党派及社会各方面的监督。办理人大代表议案、建议、意见43件，政协委员提案81件，办复率、满意和基本满意率均达100%。简政强区事权改革顺利推进，完成政府机构改革工作，确保了事权顺利下放，各部门职能分工更加合理高效。全面推进法治政府建设，制定实施《广州市海珠区重大行政决策合法性审查规定》、《广州市海珠区行政决策责任追究办法》。积极推进区政务服务中心大楼、电子政务云计算平台和社区服务管理信息化建设，优化政务服务环境。推进农村集体经济组织财务电算化，规范和指导各集体经济组织实行社务公开。严格控制党政机关公务经费支出，实现“五个零增长”。加强反腐倡廉建设，依法严查职务犯罪。加大审计监督力度，强化对部门财政预算、干部履职的监督，确保资金管理使用安全和干部廉洁安全。大力精简会议、文件，机关作风明显转变，行政效能进一步提高。

此外，武装、民防、民族宗教、保密、档案、侨务外事、对台事务、工会、共青团、妇女儿童等工作都取得了较好成绩。

各位代表，过去一年，我区经济社会发展取得的成绩，是市委、市政府和区委正确领导的结果，是全区人民共同努力和全体人大代表、政协委员以及社会各方面的关心支持帮助的结果。在此，我谨代表海珠区人民政府，向全区人民、驻区解放军和武警部队官兵、各民主党派、人民团体以及社会各界人士表示崇高的敬意！向关心和支持我区建设的港澳台同胞、海外侨胞表示衷心的感谢！

在看到成绩的同时，我们也清醒地认识到发展中存在的问题，主要是：经济总量偏小，优化产业结构、提高发展质量的步伐需进一步加快；区域协调发展仍需加强，改善城中村环境的力度仍待加大；城区管理精细化水平有待提升，常态化管理机制需进一步完善；社会事业均衡发展有待加强，改善民生与居民群众的期望还存在一定差距。对这些问题，我们必须采取措施认真加以解决。

二、2012年工作安排

今年是新一届政府的开局之年。我区迎来了难得的发展机遇，琶洲会展总部功能区列入市重大战略性发展平台；海珠生态城建设成为市新型城市化发展道路重大战略部署；加快推进万亩果园湿地保护建设，打造具有岭南水乡特色的生态城市示范区和花城水城绿城样板区；城市新中轴线（南段）高端服务功能区和白鹅潭现代商贸功能区优化开发建设。这些对于进一步改善城区环境，提升海珠区的竞争力和影响力具有重大意义。我们必须坚定信心，把握机遇，乘势而上，开创海珠发展新局面。

今年政府工作的总体要求是：深入贯彻落实科学发展观，坚持以科学发展为主题，以加快转变经济发展方式为主线，牢固树立低碳经济、智慧城市、幸福生活的城市发展理念，科学规划海珠生态城，加快建设万亩果园湿地，推进琶洲开发建设，实施“三个重大突破”，通过重大平台、重点项目和生态建设带动转型升级，走新型城市化发展道路，全面提升产业竞争力、城区影响力、文化软实力和群众幸福感，推动建设国际展都、广州绿心、文化名区、幸福海珠。

今年经济社会发展主要预期目标是：地区生产总值增长12%；财政一般预算收入增长8%；全社

会固定资产投资增长8%；社会消费品零售总额增长14%；海关出口总值增长5%，实际利用外资增长8%；万元生产总值综合能耗下降2%；城镇登记失业人员就业率在70%以上，增加（开发）就业岗位1.5万个；户籍人口出生率控制在9.5‰以内，户籍人口自然增长率控制在3.5‰以内。

为实现上述目标，要突出做好五项工作，推动五个转型升级：

（一）加快琶洲开发建设，推动经济发展转型升级

增强经济增长极带动作用。高标准打造功能突出、特色鲜明、布局合理、辐射带动力强的“3156”战略性发展平台，形成经济增长极。一是优先建设3大市级现代服务业功能区。加快琶洲会展总部功能区开发建设，着力引进世界级知名品牌和龙头企业。稳步推进城市新中轴线（南段）高端服务业功能区开发建设，吸引国内外文化创意、现代商贸企业集聚，启动大干围安置区建设。优化提升白鹅潭现代商贸功能区，打造创意休闲新天地。二是建设新港路文化创意科技产业带。发挥沿线高校与科研院所、文化创意与科技企业以及重点项目的聚集优势，推动沿线产业园区、社会资源、政策服务有效对接，重点发展研发、检测等科技服务业和时尚创意产业，打造“创新、创意、创业”产业集聚发展带。三是培育发展5大区级商圈。推进中盈广场等大型商业综合体项目，加快完善高端商贸配套设施，拉动商贸、金融、咨询、旅游等现代服务业发展，建设琶洲会展配套商圈。推进广州塔南广场地下商城、广州T.I.T国际纺织城科贸园等配套项目，建设广州塔时尚文化商圈。发挥大型商业项目的辐射带动作用，形成立体式发展格局，提升江南西购物商圈档次和功能。大力发展展贸型、电子化交易平台，推动中大纺织商圈转型升级。加快推进广百海港城等重大项目，打造珠江后航道滨水休闲商圈。四是加快建设6大功能性发展平台。建设大宗商品交易平台，形成以纺织品等大宗商品交易为核心的现代商贸服务业聚集园区。建设产权交易平台，推进广州联合交易园区等项目。建设科技创新平台，推进珠江国际知识产业园等项目，将海珠区科技产业基地打造成科技企业孵化器、现代化高新技术创业和产业化平台。建设检验检测认证平台，打造华南检测认证中心。建设商务服务平台，加快建设和改造提升一批高端商务楼宇，促进现代服务业产业链向高端化发展。建设文化创意平台，推动各具特色的文化创意产业园区优化发展。

推动产业高端发展。强化产业发展引导，重点推进现代服务业、战略性新兴产业、商贸服务业、总部经济发展，致力打造海珠特色高端产业集群。一是优先发展现代服务业。发挥广交会品牌效应，培育、引进、扶持品牌展会和展览企业，鼓励本地展会参与国际交流合作，形成会展上下游和相关配套产业聚集发展格局。培育、规范金融业发展，吸引金融总部企业落户。大力发展会计、法律、品牌运作、咨询策划等商务服务业。发展信息技术外包、业务流程外包、知识流程外包等服务外包业。二是培育战略性新兴产业。出台实施战略性新兴产业发展规划，推进中国电信广州数据中心等项目建设，大力发展新一代信息技术、生物与健康产业等新兴产业，培育一批民营科技龙头企业。三是提升传统商贸服务业。培育东、中、南部地区消费新商圈，增强商贸服务业核心竞争力，使商贸服务业成为承接会展业辐射的载体。加快发展现代展贸型市场，规范管理，促进专业批发市场从铺位经济向席位经济转变。四是促进总部经济聚集发展。推进中交集团南方总部基地、宝钢大厦（广东）、中国移动广东公司电子商务中心等总部项目建设，引进、培育世界知名企业总部。

加快发展低碳经济。把握未来经济发展趋势，逐步建立健全与我区低碳经济发展相适应的管理体制和保障机制。继续推进产业“退二进三”和“三旧”改造，淘汰落后产能，盘活存量土地。以广州碳排放权交易所落户我区为契机，先行先试，探索建立中国特色的碳排放交易机制。鼓励企业发展循环经济和使用清洁能源，发展低能耗、低污染物排放的低碳产业。推进工业、电力、交通、建筑等重点领域节能减排。强化公共机构节能，大力倡导低碳生活方式，形成全民低碳意识，培育一批低碳城市综合体、产业园区和社区。

推进科技创新工程。将创新作为提升经济发展的核心竞争力，进一步优化科技资源配置，探索科技投入由无偿拨款向无偿拨款与有偿使用相结合转变。加大对检测与认证产业联盟的引导与扶持，以检验检测服务为突破口，推动以检测认证为主体的专业技术服务业、研发服务业、科技信息服务业创新发展。推进高新技术应用，促进优势传统产业创新。强化质量强区工作，推动重点领域技术专利化和专利标准化进程，建立和实施先进标准体系，推动实施卓越绩效模式，启动区政府质量奖评选活动。建立企业质量信用体系、质量管理体系，扶持发展一批全国驰名商标和省级名牌产品，谋划培育世界名牌产品。

完善投资促进服务体系。强化招商引资，创新以商引商、借力招商、产业招商等方式，坚持选好选优原则，重点引进一批实体型总部企业。精心举办琶洲经济论坛，扩大品牌招商平台影响力。强化项目促进，抓好项目落地跟踪服务和培育扶持工作。优化经济发展环境，积极扶持各类新经济组织，为中小企业、民营经济及其他行业组织提供优质服务、解决实际困难。实施企业上市促进计划，培育引导 20 家公司争取上市，形成优质企业集群。

（二）建设海珠生态城，推动城区发展转型升级

筹划建设海珠生态城。借鉴世界生态城市的先进理念，配合市做好海珠生态城建设规划编制，整合广州大道南以东的万亩果园、海珠湖、城市新中轴线南段、琶洲、黄埔古村五大板块，建设集会展商务、总部经济、园林景观、文化创新、宜居休闲等功能于一体的海珠生态城。

加快开展万亩果园湿地保护建设。通过生态保护、空间发展、土地整备、文化引领、景观营造、旅游品牌、村庄改造和环境优化，将万亩果园打造成世界级“都市果林湿地”。全力做好万亩果园征地工作。重点建设万亩果园湿地一期工程，实施龙潭果树公园升级改造、石榴岗河景观升级改造，推进海珠湖二期建设，将龙潭果树公园、石榴岗河和海珠湖景观串联成线，形成“游船观水景、步行赏果林、骑车游绿道、休闲品香茗”的生态旅游精品线路。加强万亩果园湿地和周边地区的综合配套和产业规划引导，促进节约集约利用土地，做好招商选商，加快村社经济发展，保障群众合法权益。继续做好水环境整治，加强对河涌沿线违法排污企业的清理整治工作。按照“一景一花、成片种植、各为周期”的要求，打造成规模的赏花赏景之地，进一步提高花视率、绿视率，成为名副其实的广州绿心、中心花园。

加快基础设施建设。配合市做好琶洲地区土地收储工作，以世界一流的标准推进琶洲地区的基础设施建设，进一步完善琶洲路网、绿网、河网，加快推进琶洲村改造。继续做好黄埔古村保护工程二期规划，加快黄埔古村绿化景观升级改造、古建筑修缮等工作，实现文物保护开发、改善民生、促进村社经济的和谐发展。启动七星岗古海岸遗址公园、太古仓亚运志愿者公园建设。探索以 BT（建设—移交）方式推进环岛路（沙渡路至石岗路段）建设，做好南洲北路东延线建设的前期工作。全面启动沥滘村改造，加快推进旧厂房改造，拓展城区发展空间。进一步完善道路排水、环卫、消防等市政设施，大力整治水浸街现象。积极探索多元筹资市场机制，引入社会资源参与城区建设。

加快智慧城区建设。以居民为中心，以社区为重心，建设智能电子政务体系和惠民服务体系，形成“智能、高效、便民”的智慧城区新形态。推进政务光纤网络二期和“光纤到户”工程，实现街道、社区政务网络 100% 覆盖，互联网光纤覆盖区内企业及 10 万户家庭。推动以市民、企业为服务对象的信息资源整合应用，实现政务信息智能传送和精确服务。实施“数字惠民”工程，推进社保卡（智慧市民卡）申领发放和市民网页应用，实现居民通过网络、社区自助终端及时查询个人信息。以赤岗街、素社街、江南中街、南华西街、沙园街为试点，推行“一站式综合窗口受理”便民服务模式。打造一批集政务服务、社区综合服务为一体的低碳、智慧应用示范社区。

加强城区精细化管理。开展水质监控系统和区属 PM2.5 监测点建设，进一步抓好餐饮业油烟综合整治。完善城管监控指挥中心建设，积极推进街道管理网格化、社区管理物业化、市政管理标准化和城区管理数字化。严格土地执法，以铁的手腕坚决严控新的违法用地、违法建设，分步、有序查处历史违法建设。堵疏结合整治乱摆卖现象，推进流动商贩疏导区建设。大力推进城区管理机械化作业。完善社区再生资源回收网络体系管理，深入推进和细化垃圾分类措施，实现垃圾减量达到市指标要求。建立“五类车”整治工作长效机制。加强城区管理综合执法和文明执法，为群众提供更为优质的城区管理服务。

（三）改善民生福祉，推动社会建设转型升级

发展各项社会事业。完善就业和社会保障体系，全面落实就业工作目标责任制，实现城镇登记失业人员就业率达 70% 以上。建立高校毕业生就业服务长效机制，实现本地生源应届高校毕业生就业率达 90%。继续开展社会保险覆盖面扩面工作，规范和完善低保制度，落实保障性住房筹集工作。加快发展社会福利事业，推动补缺型社会福利向适度普惠型社会福利发展。加大养老服务力度，加快推进区老人公寓新大楼建设，重点抓好区社会福利院、沙园街2个省级居家养老服务示范点建设。继续推进义务教育规范化学校建设，做好“广东省推进教育现代化先进区”迎评工作。完成中小学校舍安全工程建设目标任务，加强和规范校车管理等校园安全防范工作，着力打造高中教育优质板块，健全普惠性学前教育公共服务体系。继续深化医药卫生体制改革，完善基层医疗卫生服务体系，提高服务水平。开展全国社区中医药工作先进单位创建活动，推进中医“治未病”工程。推进8个社区卫生服务中心的达标建设和社区卫生服务信息化建设。颁布实施《海珠区妇女儿童发展规划（2011—2020年）》，促进妇女儿童事业全面发展。全面推进人口计生综合改革，深入开展幸福家庭促进计划和出生缺陷干预工程，促进人口长期均衡发展。加快发展体育事业，继续推进海珠体育中心二期工程建设，加大公共体育场地和体育设施建设力度，不断提高全民健身水平。

维护平安稳定局面。强化社会治安综合治理，加强对治安重点区域的防范、监控和管理，加强流动人员和出租屋管理，严厉打击刑事犯罪，保障群众生命财产安全。进一步做好领导接访工作，充分发挥综治信访维稳三级平台作用，完善群众权益协调机制，深入开展排查调处工作，加大人民内部矛盾调解力度，提高防控和处置水平。加快推进劳动保障监察“两网化”建设，积极构建和谐劳动关系。不断加强应急管理组织，提升突发事件预防、处置能力。开展“三打两建”专项行动，维护市场经济秩序和群众切身利益。完善公共安全监管体系，抓好生产安全、消防和交通安全、食品药品安全，遏制各类较大以上事故发生。

创新社区服务管理。进一步优化街道人力资源配置，推进“一队三中心”、社区工作站和社区“五个一”工程建设，确保今年上半年18个街道家庭综合服务中心和爱心慈善超市全部投入运营。加快“农超对接”平价商店进社区建设。积极创新社区服务模式，以家庭服务为切入点，大力培育和规范社区社会组织，加大力度推进政府购买社会服务，完善志愿服务长效机制，提高各类人群服务管理覆盖率，提升社区服务管理水平。以居民需求为导向，积极探索建设管理型、服务型、生态型、文化型四种类型的示范社区。

（四）提振海珠人文精神，推动文化建设转型升级

推进公共文化服务均等化。大力实施文化惠民工程，健全公共文化服务网络，筹备申报国家公共文化服务体系示范区。加强公共文化基础设施建设，推进区新文化馆、图书馆基础设施建设，构建图书社区服务网络，完善网上图书馆服务功能。加快“五位一体”的区国家档案馆新馆建设。办好第三届珠三角咸水歌会、羊城之夏等群众文化品牌活动以及“文化进社区”和“文化下乡”活动。巩固创建全国文明城市成果，以公民道德体系建设为核心，扎实推进社会公德、职业道德、家庭美德、个人品德和未成年人思想道德建设，塑造良好社会心态，倡导健康的幸福文化。

加强历史文化资源保护与利用。发掘岭南水乡、千年商埠、书画之乡的历史文化底蕴，加强对南华西街、小洲村等历史文化街（村）的保护与利用。加大对岭南古琴、广式家具、陈李济中药文化等非遗项目的保护和传承，扶持广绣、广彩等传统民间工艺发展。启动十香园纪念馆附属展览馆建设，举办岭南画派学术论坛。举办黄埔古港古村旅游文化节，通过黄埔古港古村历史文化景区保护开发，打造岭南文化聚集地、展示地、体验地。加强历史文化研究，通过开展理论研究、著书立说等活动，提高海珠历史文化的社会影响力。

推动文化产业发展。优化区内文化产业发展环境，推动文化与经济相融合，不断催生新兴文化业态，树立文化产业标杆。加快推动广州日报社、广州广播电视台、珠江电影制片有限公司等项目建设，形成影视传媒产业群落。发挥广州美术学院、十香园、小洲村等书画资源优势，培育集创作、展示、交易于一体的，具有传统岭南特色和现代都市风尚的书画产业群落。加快推进广州T.I.T纺织服装创意园二期、太古仓码头创意产业园二期等品牌项目建设，形成文化创意、休闲娱乐等文化产业群落。

擦亮海珠特色旅游品牌。以海珠十大新名片为亮点，重点开发黄埔古港古村历史文化景区、海珠湖景区、珠江·琶醍啤酒文化创意艺术区、广州塔景区，高标准建设完善旅游配套设施，推进创建国家A级景区和星级评定工作，打造“海上丝路”、“岭南水乡”、“书画之乡”特色文化旅游品牌。筹划海珠环岛游、海珠人文景观游等旅游路线，整合社会资源，加大旅游开发利用力度，形成为社会广泛认可的海珠特色旅游线路。

（五）打造人民满意政府，推动政府建设转型升级

加强民主法制建设。严格执行区人大及其常委会的决议、决定，自觉接受区人大及其常委会的法律监督、工作监督和区政协的民主监督，高度重视并认真办理议案、建议和提案。认真听取民主党派、工商联、无党派人士和各人民团体的意见，充分发挥工会、共青团、妇联等群团组织的桥梁纽带作用。配合市实施万亩果园地方性法规立法起草工作。严格执行规范性文件管理制度，制定我区安全生产、消防安全管理办法。加强行政执法监督，建立依法行政考核制度，规范行政权力运行。加强对经济联社、经济社的管理，制定集体经济组织政务公开工作指引，推进集体经济组织财务电算化，构建经济联社、经济社预防和惩治腐败体系，提高基层民主自治的法制化、规范化水平。

提升政府服务效能。深入推进社会管理和公共服务领域的体制机制改革，强化政府在社会管理和公共服务方面的职能。加快推进政务管理平台建设，建立"一站式"行政审批系统、政务智能终端等信息系统。加强效能建设，完善重大项目绿色通道，深化行政审批制度改革，优化审批流程，精简审批事项。强化监督考核，深入基层抓落实，全面提高政府执行力。进一步加强公职人员的教育、管理和监督，继续深化机关事业单位分配制度和事业单位人事制度改革，建立健全政府雇员管理制度，建立完善科学、规范、合理的人事人才管理机制，全面提升全区公职人员的公仆意识、工作效率、服务质量。

建设阳光廉洁政府。进一步强化政务公开，促进行政权力运行过程和结果更加公开透明，确保群众的知情权、表达权、参与权、监督权，促进社会公平正义。深入贯彻《中国共产党党员领导干部廉洁从政若干准则》，加强廉政风险防范，强化重点工程、重点领域、重点环节和重点部门的监管，努力从源头上防治腐败。做好重点资金和重点投资项目的绩效审计。完善领导干部联系和服务群众、企业的工作机制。严格控制"三公"经费支出使用，树立为民、务实、诚信、清廉的良好形象。

各位代表，海珠的发展已经站在新的起点，让我们在市委、市政府和区委的正确领导下，团结一致，开拓进取，为率先加快转型升级、建设现代化中心城区而努力奋斗！

2012年海珠区政府承诺办好的十件民生实事

一、完成万亩果园湿地一期保护建设

完成龙潭果树公园升级改造、石榴岗河升级改造等工程建设。

二、提高社会保障和社会救助水平

将城镇职工月人均基本养老保险待遇提高8%至10%；城市居民低保标准提高10%至14%；低收入困难家庭认定标准由当地低保标准的1.2倍提高到1.5倍；为100户贫困残疾人家庭实施家居无障碍改造；对"六类老人"购买居家养老服务标准按不同类别在原有基础上增加100元，增加为70周岁以上孤寡老人、60周岁以上重度残疾或仅与重度残疾子女居住的老人每人每月分别购买200元和300元的居家养老服务；创建2个省级居家养老服务示范点。

三、提高公共卫生和计生服务水平

市民基本公共卫生服务项目增加至11大项37小项；免费为当年政策内怀孕生育的约1万户家庭提供出生缺陷干预服务和优生指导。

四、提升教育发展水平

完成5项中小学校舍安全工程，新增4所义务教育规范化学校。

五、加大住房保障力度

筹集500套保障性住房，更好地解决我区中低收入家庭住房困难问题。

六、实施社区岗位技能提升培训计划

对我区正享受或即将享受市就业专项资金社保补贴的社区就业人员开展技能提升培训，完成培训8000人。

七、改善交通出行条件

新增5000个停车位，调整优化地铁口与城中村接驳中小巴公交专线，新建2座人行天桥。

八、开展街道社区服务创新和“数字惠民”工程

在全区每个街道分别建成1个街道家庭综合服务中心，与社工机构合作，为居民提供专业化社区服务；每个街道分别建成1个街道爱心慈善超市，构筑政府引导、社会参与的困难群体帮扶平台。提升社区服务管理信息化水平，实现街道、社区政务网络100%覆盖；推进光网城市建设，完成互联网光纤覆盖区内企业及10万户家庭；以赤岗街、素社街、江南中街、南华西街、沙园街为试点，推行“一站式综合窗口受理”便民服务模式。

九、丰富文化体育生活

举办1000场经典电影社区行、300场文化惠民活动；维护273条健身路径，新建10条健身路径、2个篮球场和1个健身苑；新增14公里绿道。

十、开展餐饮业油烟综合整治

重点整治500家油烟污染严重的餐饮企业。巩固万国广场、燕汇广场、广百新一城3个试点区域油烟综合整治成果，并在宝业路、盈丰路约65家餐饮店档及其他区域推广整治。

海珠区2011年国民经济和社会发展计划执行情况与2012年计划草案的报告

——2012年3月6日在海珠区第十五届人民代表大会第二次会议上

海珠区发展和改革局局长　刘国雄

各位代表：

我受区人民政府委托，向大会报告我区2011年国民经济和社会发展计划执行情况与2012年计划草案，请予审议，并请政协委员和其他列席人员提出意见。

一、2011年国民经济和社会发展计划执行情况

2011年，我区按照建设“国际展都、广州绿心、文化名区、幸福海珠”的总体要求，积极贯彻落实《珠江三角洲地区改革发展规划纲要》，全面实施“十二五”规划，着力推进“三个重大突破”工作，全区呈现国民经济稳健增长，转型升级步伐加快，民生福利持续向好的“稳、快、好”态势，较好地完成了区十四届人大六次会议确定的主要预期目标任务，实现“十二五”良好开局。

表1　2011年经济社会发展主要指标完成情况表

指标名称	年初预期目标	全年完成	
		实绩	同比
一、地区生产总值	12%	872.12亿元	12.2%
二、财政一般预算收入	7%	35.54亿元	23.3%
三、全社会固定资产投资	13%（项目在地口径）	399.65亿元（项目在地口径）	28.7%
	—	428.61亿元（法人在地口径）	10.8%
四、社会消费品零售总额	16%	559.98亿元	16.5%
五、海关出口总值	5%	15.42亿美元	17.9%
六、实际利用外资	5%	1.46亿美元	12.7%
七、城镇登记失业人员就业率	70%以上	71.6%	-
八、增加（开发）就业岗位	1.5万个	5.48万个	-
九、人口出生率（按户籍人口计算）	控制在9.2‰以内	控制在8.5‰以内	-
十、人口自然增长率（按户籍人口计算）	控制在3.2‰以内	控制在2.4‰以内	-
十一、万元生产总值综合能耗	下降2%	-	下降4.5%以上

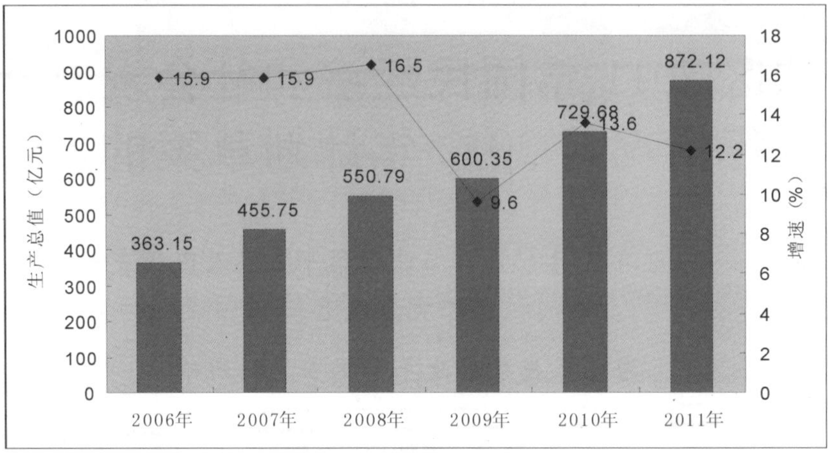

图1 地区生产总值

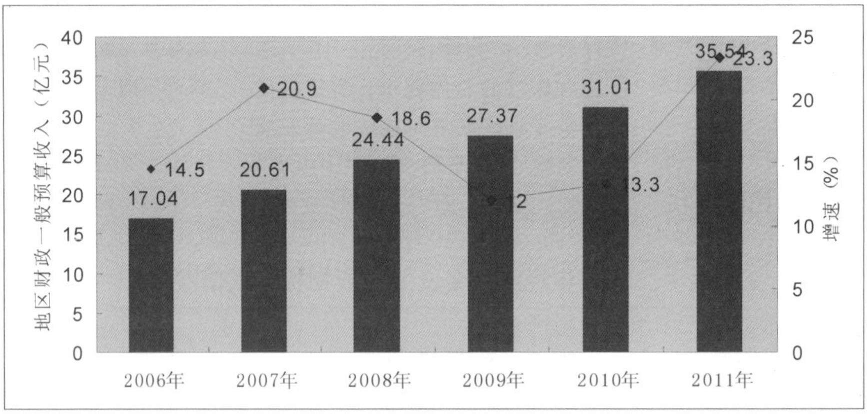

图2 区财政一般预算收入

（一）国民经济稳健增长，发展动力结构持续优化

经济总量与质量实现双提升。地区生产总值连续两年净增超百亿元，2011年达872.12亿元，同比（下同）增长12.2%，（详见图1）增速居全市六大中心城区第一位。实现税收总额121.56亿元，增长13.2%；区财政一般预算收入35.54亿元，增长23.3%（详见图2）。规模以上工业经济效益综合指数210.4%，增长52.2%；限额以上的其他服务业企业利润总额22.77亿元，增长40.5%。

经济发展动力结构呈现积极变化。落实扩内需政策成效明显，消费拉动经济增长作用增强。实现商品销售总额2372.86亿元，增长33.9%；社会消费品零售总额559.98亿元，增长16.5%；五星级宾馆及大型酒家带动住宿、餐饮业营业额各增长28.9%、29.1%；广州塔带动文化娱乐业营业额增长23.2%；“聚焦新环岛·万人游海珠”及“新海珠·新江南”海珠十大新名片评选活动成效显著，海珠旅游已成为广州旅游新亮点。

采取强力措施，加快重大投资项目落地和建设进度，完成全社会固定资产投资（法人在地口径）总额428.61亿元，增长10.8%，其中，城镇投资207.39亿元，增长4.3%，非国有控股投资占城镇投资比重73.8%，占比提高2.4个百分点；房地产投资221.22亿元，增长17.6%。

外经贸形势平稳。实际利用外资1.46亿美元，增长12.7%；完成海关出口总值15.42亿美元，增长17.9%，其中，一般贸易出口占比提高2个百分点，加工贸易出口占比下降3个百分点，服务外包登记合同额增长2.4倍；拉丁美洲、东盟、非洲等新兴市场出口各增长21.7%、21.3%、14.8%。

（二）转型升级步伐加快，结构调整成效更加明显

落实胡锦涛总书记亲临广州

T. I. T纺织服装创意园考察和省、市实施珠三角规划纲要加快产业转型升级巡回讲评会精神，深入探索海珠特色产业转型升级之路。三次产业结构进一步优化调整为0. 4∶17. 6∶82. 0；三产占比提高0. 7个百分点，对经济增长贡献率达79. 6%；现代服务业增加值占地区生产总值比重51. 7%，拉动经济增长7. 5个百分点。我区获市2010年度实施珠江三角洲地区改革发展规划纲要工作优秀单位称号。

三大现代服务业功能区加快建设，产业支撑力日益增强。琶洲会展总部功能区利用广交会平台，带动9. 8平方公里区域加快发展。会展、总部载体和商务配套不断完善，建成展馆规模居世界前列，广交会威斯汀酒店开业，南丰汇环球展贸中心等载体和洲际、朗豪等五星级酒店正加紧建设，新港东路延长线基本建成。环境面貌和文化内涵不断提升，琶洲村改造回迁安置、融资地块项目全面动工，其中，安置复建房已完成15%建设量，商业住宅保利天悦已封顶；黄埔古港古村旅游景区一期工程基本完工，通过选择性保护开发和抽疏整治，实现“修旧如旧、建新如故”和文化脉络、古村肌理、建筑风貌“三保留”。

城市新中轴线（南段）高端服务业功能区依托广州塔带动作用加快建设，土地整理与环境整治稳步推进，累计完成1. 13平方公里土地储备，沥滘村改造方案已获批准，万亩果园湿地保护利用征地方案和新市头村改造方案正在报批。白鹅潭现代商贸功能区进一步优化发展，广州丝绸印染厂、广州电池厂厂区正逐步改造为广州国际纺织交易中心、花城往事岭南美食文化园，广州工业博物馆推进前期工作。

会展及总部经济发展强劲，双核引擎作用日益凸显。会展业龙头优势增强，实现增加值37. 27亿元，增长16. 3%；10万平方米以上大型展会举办场次约占全国1/4；聚集规模以上会展企业70家，新引进国内最大规模婚庆专业展会中国（广州）国际婚博会；我区获国际展都称号，世界级商务会展区和国际商贸中心门户区魅力初显。总部经济加快发展，新引进总部企业12家，重点总部企业达85家，实现增加值214. 40亿元，增长14. 6%，占地区生产总值比重24. 6%，税收贡献占全区总额37. 8%；25家企业成为市首批总部企业，数量居全市各区第三位；省铁路投资集团等一批总部企业落户，达镖国际中心等载体建成，15个高档次总部载体项目正在建设或筹建。

会展及总部经济的强劲发展，日益引发全区产业结构裂变与价值能级跃升。江南西商圈不断成熟，对周边区域商贸业发展提升的辐射影响力继续增强。珠江国际纺织城纺织品展贸中心试业，广州联合交易园、中大布市现代轻纺服务中心等项目建设进展顺利，推动专业市场从铺位经济向席位经济转变。广州T. I. T国际纺织城科贸园、广州国际纺织交易中心等骨干项目助推我区从纺织服装加工基地嬗变提升为纺织服装时尚设计、展贸和价格中心。电子商务、第三方检验检测等服务业新兴业态加快发展，涌现出梦芭莎、金域医学等创新品牌和领先企业。科技服务业发展后劲不断增强，中国电器科学院地块改造、珠江国际知识产业园等一批科技创新载体项目正加快谋划建设，规模以上高新技术产值占工业总产值比重达33. 4%。文化经济蓬勃发展，广东现代广告创意中心、广州国际媒体港等重点项目落户，广州包装印刷创意园、广州报业文化中心等项目加快推进。

节能减排纵深推进，低碳发展成效日益明显。持续推进“退二进三”和“双转移”战略，区内68家“退二”工业企业已关停或搬迁，完成市下达的2015年前95家企业“退二”任务的71. 6%，腾出约135万平方米发展用地。大力清理“五小”企业，不断挤压低端、低效企业生存空间。深入开展节能减排，关停沥滘电镀厂，淘汰落后产能；引导企业开展节能减排项目建设和清洁生产活动。全区万元生产总值综合能耗下降4. 5%以上，以8. 5%的用电量增长支撑了12. 2%的经济增长。

（三）民生福利持续向好，幸福海珠建设扎实有效

圆满完成创建全国文明城市任务，推动各项民生事业实现“五个全面”发展，民生福祉明显改善，群众幸福感增强。

民生水平全面提升。区财政投入民生和各项公共事业资金占一般预算支出77. 7%。城市居民月人均可支配收入2689元，增长12. 2%。就业形势保持稳定，新增就业岗位5. 48万个，城镇登记失业人员就业率71. 6%；创业带动就业功能不断增强，189个社区创建成为充分就业社区。社会保障水平进一步提高，“五大险种”参保人数达177. 95万人次，增长10. 3%；城镇低保标准、低收入困难家庭认定标准、孤儿养育标准均有提高。落实计划生育政策，共发放城镇独生子女父母计划生育奖励金3635万元、独生子女保健费及计划生育家庭特别扶助金528万元，评定首批12个“海珠区幸福家庭促进示范基地”。住房保障力度加大，按时完成1500套保障性住房筹集任务；推进房屋安全普查和在册危破房改造，南华西旧城改造地块一期回迁房竣工；盘活32宗烂尾地块，解决7050户1.96万人的回迁安置问题。“农超对接”稳步推进，共开办10家社区平价商店，开设13个连锁超市门店专区。

社会事业全面进步。公共服务体系不断完善，义务教育规范化学校达标率91.4%，中、高考总体成绩保持稳定上升，中小学校舍安全工程顺利推进，海珠教育发展中心新址基本竣工，区委党校、区老干活动中心新址封顶。区文化馆连续3次保持国家一级馆称号，市、区图书馆实现通借通还；成功举办首届广东岭南古琴音乐会，我区获中国民间文化艺术之乡称号。积极开展群众体育活动，全区共获得全国青少年俱乐部比赛气排球项目第三名、省传统武术（套路）锦标赛常青组集体项目一等奖、省首届百街千镇乒乓球赛广州赛区第一名等国家、省、市奖项31个。医药卫生体制五项重点改革任务取得实效，政府举办的社区卫生服务机构全面实施国家基本药物制度，滨江街社区卫生服务中心成为首批全国示范社区卫生服务中心，基本公共卫生服务绩效考核连续四年获全市第一。扶贫开发成效显著，广东从化温泉镇扶贫开发“双到”任务完成，灌村中学项目交付使用，灌村文化广场项目基本建成，灌村医院防保楼项目完成三分之二工程量，物流配送中心每年将为每条贫困村增加集体经济收入10万元；帮扶广东化州市完成3380个脱贫项目申报；帮扶广西百色凌云县、乐业县谋划脱贫项目；发动11家企业与市对口援助的新疆喀什疏附县签订项目合作意向书，其中，和藤医药的鹰嘴豆种植与深加工产业化项目已落户。

民生实事全面兑现。全面完成区政府承诺的十件民生实事（详见表4），在扶助弱势群体、加强生态环境保护和文化设施建设、改善群众体育健身和交通出行条件等方面均取得实效，切实提高群众生活质量。

城市面貌全面改善。路网不断完善，逸景路、新港东路延长线等项目基本建成，环岛路（石岗路至南洲路段）稳步推进，全年共新贯通道路7.5公里。环境更加优美，新建绿道54公里，我区获市绿道网建设工作金奖；空气质量优良天数331天，优良率99.1%；地表水质稳中好转，河涌水质同期综合污染指数下降66%，海珠湖联通“六脉”形成引水补水循环系统。

社会和城区管理全面推进。圆满完成“创文”工作任务。各街道社区管理服务模式创新改革全面推进，“一队三中心”模式和政府购买社会服务等做法获推广，18个街道的“一队三中心”全部挂牌，建成全市首个老城区“街坊会所”；新增一、二星级卫生街道各9个。土地利用管理进一步规范，编制《广州市海珠区土地利用总体规划（2010—2020年）》；“三旧”改造启动面积约13平方公里；拆违力度加大，通过上级卫片检查验收。“六乱”现象得到有效遏制，建成5个流动商贩疏导区。先行推广垃圾分类处理和垃圾不落地收运试点，建成全区首座餐厨垃圾处理站，改造建设垃圾分拣中心、回收站、社区便民回收点213个，再生资源回收网络覆盖各街道。数字城管、数字健康、社区管理信息化等工作稳步推进，新增视频监控点1002个、标识牌2200个，学校等重点区域实现视频监控全覆盖。社会治安状况良好，八类暴力案件及“两抢”案件数量继续下降，命案数量呈2位数下降且破案率达100%。生产、消防、交通、食品药品等安全管理力度加大，应急体系不断完善。

在充分肯定成绩的同时，我们也要清醒地看到，经济社会发展仍存在一些问题。一是保持经济平稳较快增长和物价上涨的压力并存，部分企业生产经营仍面临困难，投资提速难度较大。二是产业结构调整任务艰巨，节能减排压力较大，产业集聚能力、核心竞争力和自主创新能力有待提升。三是社会管理和城区管理的常态化、精细化水平有待进一步提升，区域协调发展任务仍然艰巨。四是各项社会事业的均衡化发展水平有待进一步提升，改善民生与居民群众的期望仍有差距。这些问题反映了我区继续加快转型升级的迫切性和艰巨性，我们需要高度重视，采取有力措施认真解决。

二、2012年经济社会发展计划安排建议

2012年是我区换届后的第一年，也是迎接党的十八大胜利召开、全面实施“十二五”规划的关键之年，做好经济社会各项工作安排至关重要。按照立足当前、着眼长远、综合平衡、稳中求进的原则，建议2012年我区经济社会发

展主要预期目标如下（详见表2）：

表2　海珠区2012年国民经济和社会发展主要预期目标

指标名称	2012年预期目标
一、地区生产总值	增长12%
二、财政一般预算收入	增长8%
三、全社会固定资产投资	增长8%
四、社会消费品零售总额	增长14%
五、海关出口总值	增长5%
六、实际利用外资	增长8%
七、城镇登记失业人员就业率	70%以上
八、增加（开发）就业岗位	1.5万个
九、人口出生率（按户籍人口计算）	控制在9.5‰以内
十、人口自然增长率（按户籍人口计算）	控制在3.5‰以内
十一、万元生产总值综合能耗	下降2%

为完成上述主要目标，建议重点做好以下三项工作。

（一）着力增强内在动力，促进经济持续稳定增长

贯彻落实中央经济工作会议精神，立足扩大内需，力争在提高质量效益的基础上保持经济平稳较快增长。

加快推动消费增长。发挥广州塔标杆作用，依托海珠十大新名片，举办黄埔古港古村旅游文化节，打造特色文化旅游品牌，促进文化娱乐消费。组织美食节活动，推进美食园、美食街建设。鼓励商贸龙头企业连锁化经营，推进企业产销联盟建设。扩大消费商圈辐射力，加强江南西等多个商圈及一批商贸升级项目建设，提升纺织品等大宗商品交易模式和影响力，打造一批具有“广州价格”功能的新型交易市场。支持创新品牌发展，促进网络购物、生命健康等新兴消费。

加快推动投资增长。狠抓重大项目建设，带动完成全社会固定资产投资463亿元，确保实现增长8%。抓好项目带动，发挥政府投资引导作用，重点推进2012年重大经济、基础设施、社会民生等三类共70个区重点项目建设；有序推进《珠江三角洲地区改革发展规划纲要》、“十二五”规划确定的重大项目开工，加快推进“新广州新商机”系列推介活动和2011广州（海珠·琶洲）会展经济论坛28个签约项目、“三个重大突破”70余个支撑项目的落地建设，着力做好26个纳入市2012年重点建设（正式及预备）项目和城市亮点项目的促进工作（详见表3）。

抓好要素投入，继续着力推进“退二进三”和“三旧”改造，为重点项目提供更多发展空间；探索采用BT（建设－移交）方式，引入社会资金参与环岛路（沙渡路至石岗路段）等市政设施建设。抓好管理服务，推进实施《海珠区财政性资金投资管理办法》，落实《加快推进重点项目建设的实施意见》，进一步落实党政领导班子成员对口联系重点建设项目制度，以及区职能部门和街道主要负责同志重点项目负责制度；做好项目储备，建立重点项目动态调整机制，强化目标管理和督办机制，完善绿色通道服务，及时解决项目建设过程中的突出问题。

表3　海珠区辖内2012年市重点建设（正式及预备）项目和城市亮点项目

类别	项目名称	
重点建设（正式及预备）项目	●中国电信广州数据中心 ●广州纺织博览中心 ●中大布市现代轻纺服务中心 ●南丰（中国）琶洲展贸项目 ●广州南天（国际）酒店用品批发市场升级扩建工程 ●广州联合交易园建设项目 ●广州报业文化中心 ●广州电视台新址工程 ●广州新电视塔综合配套工程 ●广州琶洲科技创意中心 ●珠影文化创意产业园	●中交集团南方总部基地 ●琶洲会展总部功能区 ●广州新洲至化龙快速路 ●洲头咀隧道系统 ●广州医学院第二附属医院门诊综合楼项目 ●创维集团华南区总部暨广州研发中心项目 ●珠江国际知识产业园 ●珠江·琶醍啤酒文化创意艺术区 ●广州红十字会医院住院综合楼工程 ●海珠区环岛路建设工程
城市亮点项目	●琶洲湾 ●琶洲会展总部功能区 ●黄埔古港整治建设	●海珠湖工程 ●万亩果园湿地保护利用 ●城市新中轴线南段整治开发

（二）着力推动实现“三个重大突破”，促进加快转型升级

出台实施“三个重大突破”工作方案及配套措施，推动加快转型升级，力争在战略性基础设施、主导产业、发展平台三个方面实现重大突破。

推进实现战略性基础设施重大突破。高标准规划建设海珠生态城，以万亩果园保护利用和海珠湖建设为核心，集中力量推进实施生态环境、交通路网、智慧城区、文化设施四类战略性基础设施工程建设。

实施生态环境工程。积极推进建设海珠生态城，整合现有的万亩果园、海珠湖、城市新中轴线南段、琶洲、黄埔古村等功能区，借鉴世界生态城市的先进理念，建设集会展商务、总部经济、园林景观、文化创意、宜居休闲等功能于一体，具有岭南水乡特色的生态城市示范区和花城水城绿城样板区。用5年左右的时间，建成海珠生态城基本框架。今年成立海珠生态城海珠区工作领导小组，贯彻落实市建设领导小组明确的年度任务，配合市完成总体规划编制工作，整合实施产业转型、生态保护、空间发展、土地整备、文化引领、景观营造、旅游品牌、村庄改造和环境优化等各项工作。加快推进万亩果园湿地保护建设，筹备成立海珠区万亩果园保护管理中心，按期完成征地工作，全力推进万亩果园湿地一期工程建设，实施龙潭果树公园升级改造、石榴岗河等河涌水环境整治和沿线景观升级改造，推进海珠湖二期工程等建设。启动七星岗古海岸遗址公园、太古仓亚运志愿者公园建设；加强重点地区绿化建设，提高园林艺术景观水平，打造广州绿心、中心花园。持续改善城区环境质量，加强污染防治和工业废水废气排放整治，开展水质监控系统和区属PM2.5监测点建设，进一步抓好餐饮业油烟综合整治。

实施交通路网工程，推进环岛路（石岗路至南洲路段）、海联路跨马涌桥、南洲北路跨瑞宝涌天桥等项目，做好南洲北路东延线建设的前期准备工作，完善城区关键节点市政设施和公交接驳系统。实施智慧城区工程，以赤岗、素社、江南中、南华西、沙园等街道为试点，推行“一站式综合窗口受理”便民服务模式。推进公共安全、市政设施管养、人口管理、医疗、社保等民生项目智能化建设，做好社保卡发放工作；加大与各通信运营商、金融机构合作，提供家庭智能化信息服务和社区智能化金融服务。实施文化设施工程，完善文化名区硬件设施，推进黄埔古村保护工程二期、十香园三期等项目，深入挖掘广州塔、大元帅府等标志性景区文化内涵，推进公共文化设施建设和达标升级。

推进实现战略性主导产业重大突破。围绕建设国际展都目标任务，立足特色错位、绿色高端和聚集融合原则，着力发展会展、商贸、科技服务、文化创意四大战略性主导产业。

牢固树立"抓项目就是抓发展、有大项目就有大发展"的观念，着力抓好纳入"三个重大突破"工作方案的49个战略性主导产业项目。狠抓项目促进，形成"落地一批、开工一批、投产一批、壮大一批"的良性发展格局。按照"前期项目抓落地，新上项目抓开工，在建项目抓进度，已落成项目抓质量"的办法，切实抓好项目落地的跟踪服务和项目促进全程分类服务。加强招商指引和创新招商方式，切实提高招商引资工作水平。优先引进资金投入大、技术含量高、产业链条长、带动能力强、符合产业发展方向的战略性主导产业，积极吸引跨国公司、行业龙头企业尤其是总部企业投资落户。加强优势企业和重点品牌培育扶持，制定实施企业上市促进计划，培育引导20家龙头企业争取转制上市，形成优质企业集群。

推进实现战略性发展平台重大突破。明确定位，重点培育打造"3156"四类功能突出、特色鲜明、布局合理、辐射带动力强的战略性发展平台。包括：琶洲会展总部功能区、城市新中轴线（南段）高端服务业功能区、白鹅潭现代商贸功能区等三大市级现代服务业功能区，新港路文化创意科技产业带，琶洲会展配套商圈、广州塔时尚文化商圈、江南西购物商圈、中大纺织商圈以及珠江后航道滨水休闲商圈等五大区级商圈，大宗商品交易平台、产权交易平台、科技创新平台、检验检测认证平台、商务服务平台、文化创意平台等六大功能性发展平台。

加强引导，创新发展平台开发和管理服务模式。积极吸引企业参与发展平台的开发建设。建立政府、企业、非营利性组织等多元主体共同参与，政府引导与市场运作相结合的建设模式。注重条块结合，调动街道在平台建设中提升环境、招商引资、社区服务、在地统计、政企沟通等方面的积极作用，为发展平台和入驻企业提供全程贴身服务。

突出重点，"一优先三加快"推动四类平台建设。优先推动三大市级现代服务业功能区建设，其中，要突出抓好琶洲会展总部功能区的开发建设，谋划成立琶洲管委会和琶洲会展经济促进会，统筹开展琶洲产业规划引导、土地整理、配套设施建设、招商引资与服务、历史文化保护和旅游开发等工作；抓好城市新中轴线（南段）高端服务业功能区的开发建设，启动大干围安置区建设，推进新中轴线南段核心区建设；抓好白鹅潭现代商贸功能区的优化提升，打造创意休闲新天地。加快整合新港路沿线人才资源、产业与配套设施优势，推动产业园区、社会资源、政策服务有效对接，建设"创新、创意、创业"产业集聚发展的文化创意科技产业带。加快推进广州T.I.T国际纺织城科贸园、广州塔南广场地下商城、广百海港城等重大项目建设，培育与提升五大区级商圈，进一步强化商贸业核心竞争力，推动区域协调发展。加快启动六大功能性发展平台建设，做好引导服务工作，努力协调解决土地、行政审批等各种困难。

（三）着力加强社会管理创新，加快改善民生福祉

重点解决群众最迫切、最关注的问题，继续加大民生投入，通过实施"四个提升"加快建设幸福海珠，使发展成果惠及广大市民群众。

提升就业与社会保障水平。促进高校毕业生就业，开展社工就业辅导、个性化就业援助服务，扩大创业带动就业的规模效应，帮扶就业困难群体实现充分就业。全面推进社保经办业务服务下沉，进一步扩大社会保险覆盖面，重点加大灵活就业人员社保和高风险行业工伤保险覆盖面的扩面力度。完善困难群众和老年人帮扶机制，提高退休人员社会化管理的社区管理率。加快发展社会福利事业，推进残疾人康复与保障服务体系建设。推进保障性住房房源筹集，以及南华东路等小连片危房改造、南华西二期和草芳围等旧城改造工作。

提升各项社会事业发展水平。推进义务教育规范化学校建设，做好迎接"广东省推进教育现代化先进区"督导评估工作；促进教育公平，大力实施《海珠区学前教育三年行动计划（2011－2013年）》，着力打造高中优质板块，支持职业教育品牌化建设，依法管理民办教育；完成中小学校舍安全工程建设任务，加强和规范校车管理等校园安全防范工作。提高公共文化服务覆盖面，办好第三届珠三角咸水歌会、羊城之夏等一批群众文化活动，加强非物质文化遗产项目保护传承。推进海珠体育中心（二期）建设及各街道体育健身设施升级改造。继续深化基层医疗卫生机构综合改革，推进8个社区卫生服务中心达标建设，完善重大疾病防控体系和突发公共卫生事件应急机制，提高群众健康水平，逐步实现居民期望寿命79岁。推进人口计生综合改革，深入实施幸福家庭促进计划和出生缺陷干预工程，提高出生人口素质。推进人事制度改革，重点推进事业单位分类改革和绩效工资实施工作。推进扶贫开发工作，扎实做好对广东化州市和从化温泉镇、广西百色凌云县和乐业县、新疆喀什疏附县等地区的帮扶工作，确保按时保质完成任务。

提升社会创新管理水平。抓亮点建设，打造沙园、江南中、南华西、华洲等一批社区服务管理亮点，探索建设管理型、服务型、生态型、文化型四类示范社区。抓机制完善，继续推进各街道“一队三中心”、社区工作站和社区“五个一”工程建设，确保各街道家庭综合服务中心和慈善超市投入运营；加快“农超对接”平价商店建设；健全街道执法协调联动机制，充实社区管理队伍，努力实现群众基本生活服务、日常文体活动、一般医疗保障和社会矛盾调处“四个不出居”。抓模式创新，探索建立以社区党组织为核心，楼宇党支部带动，社区各类单位、团体组织与群众共同参与的管理网格；推广政府购买社会服务模式，广泛发动社会力量参与社区服务管理，加强社会工作人才队伍建设；完善流动人口服务管理，加强社区人文关怀，促进流动人口更好地融入海珠生活。

提升城区管理水平。提高土地资源利用率，加大力度查处历史违法建设，严控新增违法用地、违法建设。严控“六乱”，推进流动商贩疏导点建设，完善社区垃圾分类和再生资源回收网络体系管理，深入推进和细化垃圾分类措施；提高劳动保障监察效能，积极构建和谐劳动关系。完善社会治安防控、应急体系，持续降低治安、刑事案件发案率，加强生产、消防、交通、食品药品等安全管理，保障群众生命财产安全。

以上报告，请予审议。

表4　2011年区政府十件民生实事落实情况

事　项	完成情况
1. 扶助困难群众和老年人	●为5382户低保户（13843人）发放城市居民最低生活保障金3805万元，为低保、低收入、重度残疾人、优抚对象等困难人员办理医保8955人次，报销基本医疗门诊资助11382人次。 ●自7月1日起将长寿保健金发放范围扩大到70－79周岁具有本市户籍老年人及由部队服务管理的离退休干部，标准为每人每月30元。80－89、90－99、100周岁以上老年人长寿保健金发放标准分别提高至100、200、300元。共为8.9万名70周岁以上老年人发放长寿保健金3631万元。 ●免费为3638名80岁以上老年人安装“平安通”紧急呼援服务系统。 ●加强老年人社区照料，创建省居家养老服务示范中心，开展“义工关爱空巢老人”服务，立项筹建海珠区老人公寓新大楼，接收社会化管理退休人员。
2. 关爱残疾人	●提高户籍贫困残疾人专项补助金发放标准。一至四级低保或低收入家庭的残疾人和本人无经济收入一级重度残疾人每月提高20－60元不等的重残专项补助金。 ●共实施2153例残疾人康复救助补助，为40户贫困残疾人家庭实施无障碍系统改造。
3. 建成海珠湖公园，并免费对市民开放	●海珠湖一期9月1日起预开放，10月1日建成正式免费开放，已接待游客200多万人次。 ●海珠湖景观绿化工程建成绿道、亭廊、驿站、景观桥、亲水平台、入水栈桥、停车场、便民服务点、警务室和医疗室等设施。湖心区面积94.8万平方米，绿地面积25万平方米。 ●海珠湖已成为集雨洪调蓄、雨洪利用、引水补水、生态景观、休闲功能于一体的大型生态休闲景观区，有效解决万亩果园水安全、水灌溉和水景观等问题。

续 表

事 项	完成情况
4. 大力促进大学生就业	●开展大学生创业指导进校园和大学生创业竞赛活动，为2216名大学生提供职业指导，为434名大学生创业培训（SYB）。 ●开展大学生暑假实习服务月活动，全区43个机关事业单位提供实习岗位426个。 ●区内登记失业的应届高校毕业生就业率达91.5%，接收非本地生源毕业生176人。
5. 加强生态环境和文化建设	●加强十香园、大元帅府、邓世昌纪念馆、黄埔古港古村、潘鹤雕塑艺术园等历史文化景区的升级改造和保护利用。黄埔古港古村成为市实施名镇名村工程重点推进的4个名村之一，仑头村获省推荐参评国家环保生态示范村。 ●新建绿道54公里，绿道总里程120.7公里，基本覆盖全区主要干道并延伸至社区。
6. 改善群众健身条件	●海珠体育中心完成亚运会赛后改造利用并推进二期工程。共承办12项大型公益活动，室内30片羽毛球场自6月28日起正式开放，室外10片羽毛球场和5张乒乓球台免费开放，日均接待300多人次，累计惠民近2万人次。 ●开展“传承亚运，和谐共享”特色体育活动，新建、维护126条全民健身路径，新建6片篮球场、20张乒乓球台和一个健身广场，升级改造海珠体育馆、宝岗体育场。
7. 改善交通出行条件	●新增停车场53个，停车位5960个。增设13条城中村中小巴公交专线，全区中小巴线路共29条，实现公交、地铁无缝衔接。 ●全区新增公交专用道45.7公里，占全市新增公交专用道约62%；新增26个道路监控点、24个公交电子警察及5条高峰快线，高峰时段中心城区公交车运营速度比原来提高约15%。 ●市内功能最齐全的智能化综合交通换乘枢纽海珠交通换乘枢纽建成投入运行，采用国际流行的P+R（停车换乘）交通运行模式，实现“一站式”停车、公交、地铁、出租车、长途客运的“零”距离无缝换乘，枢纽站内配备社会车辆停车位811个，公交车停车位80个，可同时满足10条公交路线发车。 ●完成8299盏城中村路灯安装及改造。 ●建成工业大道石岗路口、南洲路大干围路口、南洲路珠江御景湾小区3座人行天桥。
8. 打造幸福春运琶洲异地侯乘点	●共安全疏运旅客34.9万人。 ●设置母婴候车区、流动厕所、医疗点、42个免费饮用水供应点，免费提供1万张座椅、5000张草席、800床棉被、一批棉大衣供旅客休息和御寒。全天候保洁。组织好场内餐饮、零售、报刊销售，引进中国移动公司提供“手机没电免费充，亲情电话免费打服务”。派发海珠旅游宣传单张。建立志愿者信息服务平台。
9. 推进优生促进工程	●为6109人提供免费婚检，向8200多对新婚夫妇赠送“新婚宝典”大礼包，为约3.1万名妇女提供免费妇检。 ●免费发放叶酸片4709瓶、惠及1861人，为1.2万人次提供免费产前出生缺陷医学筛查服务并提供随访指导。 ●建立贫困和低收入怀孕家庭经济扶助制度，为贫困孕产妇孕检、产前诊断、住院分娩提供医疗补助。
10. 加大环境污染整治力度	●全区重点工业企业全部安装废水废气在线监测设备，集中整治500家不符合环保要求的餐饮企业，对200家100个餐位以上的餐饮企业安装油烟远程监控系统。 ●免费上门为500户家庭提供室内空气质量检测服务。全区空气质量年均值二氧化硫0.035mg/m^3，氮氧化物0.061 mg/m^3，可吸入颗粒物0.077 mg/m^3，全部优于国家现行二级标准。 ●紧扣“四个示范，六个100%”，完成万国广场、广百新一城和燕汇广场三个综合性商业广场餐饮业油烟综合整治标准化管理试点工作。

广州市海珠区2011年预算执行情况和2012年预算草案的报告

——2012年3月6日在海珠区第十五届人民代表大会第二次会议上

海珠区财政局局长 张日麟

各位代表：

我受区人民政府委托，向大会报告我区2011年预算执行情况和2012年预算草案，请予审议，并请各位政协委员和列席人员提出宝贵意见。

一、2011年财政预算收支执行情况

2011年，在区委、区政府的正确领导下，在区人大、政协的监督支持下，我区财政工作深入贯彻落实科学发展观，紧紧围绕区委、区政府“加快转型升级、建设幸福海珠”的工作目标和建立公共财政的总体要求，主动服务经济社会发展大局，充分发挥财政职能作用，不断完善公共财政体系建设。进一步完善与各部门的沟通配合机制，积极培植财源税源，切实加大组织收入力度，注重调整优化支出结构，全面推进财政各项改革，并取得了明显成效。全年财政收入实现新突破，民生项目和重点项目支出保障力度继续加强，财政科学化、精细化管理水平不断提高，实现了“十二五”规划的良好开局。

（一）2011年财政一般预算收入执行情况

2011年，我区经济社会各项事业朝着较好的预期方向发展，经济形势向好基础不断巩固，产业转型升级不断提速，产业结构日益优化，经济发展活力逐步增强。2011年我区完成地区生产总值872.12亿元，增长12.2%；税收总额实现121.56亿元，增长13.2%；三大产业比重从2010年的0.4∶18.3∶81.3调整优化为0.4∶17.6∶82.0；再加上商品销售总额、社会消费品零售总额、工业总产值等多项经济指标均有较好表现，为我区财政收入的增收奠定了扎实的经济基础和税源基础。

同时，在上级部门关于预算外资金管理的收入纳入预算管理、统一内外资企业城建税和教育费附加征收比例等政策性调整因素的共同作用，以及全区各部门的共同努力下，2011年我区财政收入实现平稳较快增长，攀上新高峰。全年共完成财政一般预算收入355403万元，比上年全年同口径实绩收入288237万元（省财政体制调整后可比口径，下同）增加67166万元，增长23.3%；完成区第十四届人大六次会议通过的一般预算收入计划279192万元的127.3%，超收76211万元。

从收入结构来看，2011年我区主体税种全面增收，税收收入增长基础日渐扎实，全年共完成区级税收收入242812万元，占财政一般预算收入的68.3%，同比增加29397万元，增长13.8%。非税收入方面，全年共完成非税收入（含教育费附加收入12574万元）112591万元，占财政一般预算收入的31.7%，同比增加37769万元，增长50.5%。主要是按照中央、省、市关于预算外资金管理的收入纳入预算管理的有关文件精神，2011年将街道环卫收费收入、街道社区服务收入、教育服务性收费收入、捐资助学收入、捐赠收入等原预算外专户管理的收入纳入一般预算收入核算，再加上统一内外资企业教育费附加征收比例等因素的作用，我区非税收入实现大幅增长。

分部门来看，国税、地税和财政部门实现同向增收，均完成并超额完成全年收入任务。其中，国税部门入库收入50577万元，完成年度计划42048万元的120.3%，比计划超收8529万元；同比增加4141万元，增长8.9%。地税部门入库收入204809万元，完成年度计划191757万元的106.8%，比计

划超收13052万元；同比增加29650万元，增长16.9%。财政部门入库收入100017万元，完成年度计划45387万元的220.4%，比计划超收54630万元；同比增加33375万元，增长50.1%。

（二）2011年财政一般预算支出执行情况

2011年，围绕区委、区政府关于经济社会发展的各项决策部署，我区财政立足本身职能，坚持依法理财、科学理财、民主理财，以提高公共服务能力为着力点，整合优化财政资源配置，加大财政综合统筹力度，进一步调整和优化支出结构。全年安排财政一般预算支出534505万元，比2010年决算数423268万元增加111237万元，增长26.3%。剔除转拨上级一次性补助及专项拨补等支出89357万元后，2011年我区区级一般预算支出为445148万元，比上年增加84456万元，增长23.4%。

2011年我区财政一般预算支出安排重点：一是把保障和改善民生作为出发点和落脚点，加快推进基本公共服务均等化，重点突出以人为本、民生先行，逐步健全民生投入机制，不断加大民生保障力度，全面贯彻落实省、市、区十件民生实事，促进民生福祉，全年安排用于民生和各项公共事业的支出为415110万元，占当年一般预算支出的77.7%。二是落实保政权保运转的资金需要，同时深入贯彻中央、省、市关于厉行节约的有关规定，严格控制出国（境）、公务用车购置及运行维护费、公务接待等三公经费，大力压减各类一般性支出，不断提高财政资金的使用效益，全年安排用于保障基本公共管理与服务的支出为68987万元，占当年一般预算支出的12.9%。三是按照转型升级要求，进一步促进国有资产监管、安全生产监管、商业服务业发展、国土资源管理和规划等事务发展，全年安排用于促进经济发展及其他方面的支出为50408万元，占当年一般预算支出的9.4%。

2011年我区财政一般预算支出主要执行情况如下：

1. **优先发展教育事业**。2011年在一般预算支出中安排教育方面的投入160984万元，占一般预算支出的30.1%，比2010年决算数113432万元增加47552万元，增长41.9%。主要安排了免费义务教育补助经费、教师工资及学校经费127446万元（占一般预算支出的23.8%），教育系统离退休经费17692万元，教育系统住房保障经费10493万元，教育系统公费医疗支出3481万元，计划生育目标责任奖励金1545万元及病故死亡优抚等支出327万元。

2. **提高社会保障和就业保障水平**。2011年在一般预算支出中安排社会保障和就业方面的投入70746万元，占一般预算支出的13.2%，同比增加12217万元，增长20.9%。除了安排行政机关、事业单位离退休经费35233万元外，还主要安排了军队干休所离退休人员、退休军转干部、无军籍退休人员、退役士兵自谋职业安置、民政代管离退休人员等各类人员经费13431万元，城市居民最低生活保障金3805万元，70岁以上老人长寿金3631万元，城镇老年居民养老保险、农转居养老保险及居家养老经费2184万元，重残补助及各类抚恤支出1435万元，低保人员、优抚人员节日及探病等慰问经费1058万元，再就业专项资金884万元，扶贫济困日捐款资金773万元，低收入困难群体临时物价补贴及困难群众一次性生活补贴659万元，社会申办退休人员经费和退休特殊人员管理服务经费653万元等。

3. **支持医疗卫生事业发展**。2011年在一般预算支出中安排医疗卫生方面的投入29272万元，占一般预算支出的5.5%，同比增加6101万元，增长26.3%。除了按照政策规定安排的人员经费、公用经费3894万元外，还安排了公费医疗方面的支出6160万元，社区公共卫生服务经费6024万元，社区卫生服务中心、社区卫生站、疾控中心业务用房及实验室建设改造资金1659万元，安排疫苗接种经费3640万元，城镇居民基本医疗保险、低保人员基本医疗经费、困难群众医疗救助及社会过渡性医疗支出2468万元，基层医疗卫生机构实施国家基本药物制度和综合改革以奖代补经费1113万元，食品药品安全及监督管理方面的支出546万元，国家临床重点专科建设补助资金500万元及卫生系统集体人员医保专项300万元等。

4. **推进科技信息化和文化体育等软环境建设**。2011年在一般预算支出中安排科学技术、文化体育与传媒方面的投入18630万元（其中，科学技术支出12912万元，文化体育与传媒支出5718万元），占一般预算支出的3.5%，同比增加3497万元，增长23.1%。除了按照政策规定安排的人员经费、公用经费2355万元外，科学技术方面还主要安排了科技工业企业奖励、常规科技项目建设、区域视频和信息化建设、产学研结合重大专项及科技强警等科技经费支出7038万元，科技园琶洲园区精工厂房地块改造项目资金2000万元，粤港关键领域重点突破项目资金1000万元，广州市科技企业孵化器及软件动漫产业发展专项资金793万元，以及科技成果转化与扩散补助经费371万元等。同时，文化体育方面主要安排了黄埔古村陈列馆、海上丝绸之路展览馆等黄埔古村保护项目经费700万元，海珠体育中心建设和维护经费684万元，文化产业发展专项资金380万元，承办市运会、龙舟赛及广东社区文化艺术节闭幕式等活动经费294万元及十香园专项资金115万元等。

5. **加强公共安全和社会治安管理力度**。2011年在一般预算支出中安排国防及公共安全方面的投入66020万元，占一般预算支出的12.4％，同比增加5229万元，增长8.6%。除了按照政策规定安排的人员经费、公用经费44993万元外，还主要安排了公安、法院、检察院等部门办案经费、补充业务经费、购置装备警服及执法车辆等经费，以及治安管理、安全保卫、刑事侦查、经济犯罪侦查、出入境管理、防邪反恐、检察院“两房”建设（办案用房和专业技术用房等）与法院“两庭”建设（审判用房、人民法庭用房以及审判庭安全监控设备等）等维护社会治安专项支出及国防支出21027万元。

6. **推进城市建设改造和管理维护工作**。2011年在一般预算支出中安排城乡社区事务方面的投入74686万元，占一般预算支出的14%，同比增加18328万元，增长32.5%。除了按照政策规定安排人员经费、公用经费18376万元外，还安排了街道社区管理事务和环境综合整治经费23778万元，日常市政设施维护管养、管坑修复、道路维护、隧道维护及各项绿化等经费11957万元，道路环卫保洁、垃圾清运及环卫设施购置等经费10670万元等。

7. **完善街道社区基层事务管理**。2011年在一般预算支出中安排街道各项经费投入83733万元，占一般预算支出的15.7%，同比增加23564万元，增长39.2%。除了按照政策规定安排的街道人员经费、公用经费支出20049万元外，还主要安排了街道环卫保洁作业及绿化养护等经费14236万元，街道专项业务费及专项捐赠支出9999万元，社区居委会专职人员及办公经费9814万元，出租屋和外来人口管理经费8610万元，转拨市下拨街道发放市民亚运公共交通补贴资金6683万元，人口与计划生育事务经费3289万元，街道城建创文迎国检经费2018万元，街道国资收益补充业务经费1513万元，街道办公服务窗口建设及办公用房租赁经费1450万元，协税护税专项经费1420万元等。

8. **落实计划生育政策**。2011年在一般预算支出中安排人口与计划生育事务方面的投入11088万元，占一般预算支出的2.1%，同比增加2310万元，增长26.3%。除了按照政策规定安排人员经费、公用经费654万元外，还安排城镇独生子女父母计划生育奖励金3635万元，人口和计划生育目标责任制考核资金2959万元，人口计划生育管理和服务专项资金2826万元，独生子女保健费及计划生育家庭特别扶助金528万元，孕妇免费产前出生缺陷医学筛查、免费婚检政府补偿及三查一治经费等民生投入280万元等。

9. **加大帮扶经济欠发达地区发展资金投入**。2011年在一般预算支出中安排帮扶经济欠发达地区发展方面的投入6459万元，占一般预算支出的1.2%，同比增加5588万元。主要是按照有关规定，我区安排了对口帮扶从化市温泉镇扶贫开发专项经费3067万元，“规划到户，责任到人”扶贫专项及扶贫工作经费、驻村扶贫干部生活补贴等1416万元，帮扶广西百色地区乐业县、凌云县、三峡和梅州等不发达地区扶贫经费464万元等。另外，按照市《转发关于落实对口支援新疆、西藏资金的通知》（穗财预［2010］92号）的文件精神，在专项上解支出中安排对口支援新疆和西藏专项资金1419万元。

10. **确保基本公共管理和服务支出**。2011年在一般预算支出中安排一般公共服务支出（不含计划生育）68987万元，占一般预算支出的12.9%。主要是按照有关政策规定安排人大、政协、政府办及相关机构、发改、统计、财政、税收、审计、人力资源等党政机关及事业单位的人员经费、公用经费，以及确保各部门顺利履行职能所安排的各类专项支出，提高社会公共管理和服务的能力。

11. **增加促进经济发展及其他方面的支出**。2011年在一般预算支出中安排促进经济发展及其他方面的投入50408万元，占一般预算支出的9.4%。其中，安排商业服务业等事务支出13434万元，国有资产监管、安全生产监管等支出3102万元，国土资源气象等事务支出3795万元，住房保障支出26968万元及其他支出2189万元等。

（三）一般预算收支结余情况

2011年我区财政一般预算总收入、总支出和年终结余情况如下：

表5　2011年财政一般预算收支结余情况表

单位：万元

项　目	2011年预算执行数
一、一般预算总收入	709138
（一）财政一般预算收入	355403
（二）税收返还	63166
（三）各项补助收入	152811
（四）调入资金	14294
（五）上半年结余及结转收入	123464
二、一般预算总支出	562828
（一）财政一般预算支出	534505
（二）上解支出	22712
（三）调出资金	5611
三、年终结余	146310
（一）待结算及结转下年度使用支出	131642
（二）净结余	14668

（四）2011年政府性基金预算执行情况

1. 2011**年基金收入执行情况**。

2011年区本级基金收入完成8157万元，比2010年实绩2319万元增加5838万元，增长251.7%。其中：文化事业建设费收入802万元，比2010年收入实绩632万元增加170万元，增长26.9%；地方教育附加收入5673万元，由于该项收入从2011年1月1日起开始征收，同比净增；残疾人就业保障金收入1682万元，比2010年收入实绩1687万元微减5万元。

2011年区本级基金收入完成8157万元，加上市一次性基金补助收入18835万元，调入资金5611万元和上年结余62040万元，2011年我区政府性基金收入总计94643万元。

2. 2011**年基金支出执行情况**。

2011年我区政府性基金支出完成22386万元，比2010年决算数14860增加7526万元，增长50.6%。主要支出执行情况如下：

文化体育与传媒基金支出902万元，主要用于我区十年“大变”系列报道、海珠十大新名片评选、建党九十周年纪念、百歌颂中华及群众歌咏比赛、创建文明社区示范点、创建全国文明城市迎国检专项、书香阅读精神文明建设、文化创作保护及公益性文化事业单位维修购置补助等方面。

社会保障和就业基金支出1099万元，主要用于残疾人就业培训、就业奖励、职业康复、慰问、提高户籍贫困残疾人待遇、残疾人机动轮椅车燃油补贴及康复中心建设等方面。

城乡社区事务基金支出13634万元，主要用于老六区环境综合整治、河涌保洁监管、“三旧”改造地块标图建库、排水设施养护、地籍基础建设及余泥排放管理机构运营等方面。

农林水事务基金支出6074万元，主要用于黄埔古村南城河整治等河涌专项整治、北帝沙堤防达标加固工程、三防（防汛、防风、防旱）水利设备和物资储备、应急调水补水工程、水闸管理、河涌沿岸绿道建设、水利工程养护、河涌清淤和生态治理等方面。

资源勘探电力信息等事务支出及其他政府性基金支出677万元，主要用于全民健身及体育设施建设、康园运营及慈善超市补助等方面。

3. 2011**年政府性基金结余情况**。

2011年我区政府性基金总收入为94643万元，总支出为22386万元。收支相抵，年终结余72257万元，均结转至2012年度使用。

（上述数字待市财政局批复决算后，对有所变动的收支情况再专题向区人大常委会报告。）

二、2012 年财政预算草案

（一）2012 年财政收支形势

2012 年是“十二五”规划实施的重要一年，也是落实科学发展观、加快转变经济发展方式的关键一年，对做好我区财政各项工作来说提出了更高的要求。在此背景下，全面认识、深刻把握 2012 年我区财政收支形势，意义深远。

收入方面。随着近年来我区“三旧”改造和“退二进三”工作的逐步推进，琶洲、城市新中轴线南段、白鹅潭珠江后航道地区三大功能区的加快建设，以及会展经济、总部经济、创意产业、高新技术产业等现代服务业的加速发展，我区经济发展活力逐年增强。展望 2012 年，广东钢铁集团、广东电网公司、广州地铁公司、广州鼎尚股份有限公司、广东欧派家具集团、广东东凌集团、创维集团、中交集团南方基地、中烟公司等企业总部（或地区总部），以及珠江国际纺织城、南丰（中国）展贸项目、广百海港城、广州电视台新址、海珠湖等项目的稳步推进、落实和重点项目效应的逐步释放，将为我区经济的平稳较快增长注入强大的动力，从而为财政收入增长奠定坚实基础。同时，我区稳步推进基层医疗卫生机构“收支两条线”管理改革等因素，也将在一定程度上促进我区财政收入的增长。

另一方面，我们也要看到当前国内外环境仍然错综复杂，制约我区财政增收的不确定性因素仍比较多，特别是在世界经济复苏进程逐步放缓、欧洲主权债务危机继续蔓延、国内经济增速趋缓和物价上涨相互交织、房产调控和信贷紧缩力度暂无松动、营业税和增值税起征点提高等结构性减税政策，以及中央、省、市逐步取消和规范行政事业性收费等非税收入征管等因素的综合作用下，预计 2012 年我区财政增收的难度将有所增大。

支出方面。一是随着中央、省、市和区各项惠民政策的落实，财政各类刚性支出和民生支出不断增加，特别是落实教育、社会保障、扶持就业、医疗卫生、文化体育、科学技术、维护社会治安等涉及民生方面的资金需求不断加大；二是加快产业转型升级、优化产业结构要求财政加大对高新技术产业、现代服务业、节能减排和“三旧”改造等工作的投入力度；三是简政强区事权改革下放要求财政进一步加大对城市管理维护、重大项目建设等方面的资金扶持力度。再加上调整节日补贴、调整住房公积金及实施事业单位绩效工资及其他保政权、保运转、强服务等支出需求不断扩大等因素，2012 年我区财政支出压力巨大。

综上所述，2012 年我区财政面临机遇与挑战并存的形势。经济社会发展活力不断增强，为我区财政一般预算收入增收提供有利条件，但宏微观环境发展的不确定性和政策调整等因素带来的潜在挑战亦不容我们忽视。再加上各类民生、重点项目建设、省市配套新增支出等方面需求增长快速，预计 2012 年我区财政收支矛盾将依然突出。

（二）财政一般预算收支草案

1. 财政一般预算收入草案。

按照实事求是、积极稳妥、留有余地的原则，综合考虑我区财政增收面临的宏微观形势和国家各项政策性调整因素，结合推进基层医疗卫生机构“收支两条线”管理后新增非税收入等因素，2012 年我区财政一般预算收入计划完成 383838 万元，比 2011 年财政一般预算收入实绩 355403 万元增长 8%，基本保持与全区经济增长速度相适应。其中：国税部门计划完成 52094 万元，比 2011 年区库收入实绩 50577 万元增长 3%；地税部门计划完成 217098 万元，比 2011 年区库收入实绩 204809 万元增长 6%；财政部门计划完成 114646 万元，比 2011 年收入实绩 100017 万元增长 14.6%。

2012 年我区财政一般预算收入计划 383838 万元，再加上预计 2012 年上级返还性及财力专项转移支付收入补助等合计 158025 万元（其中，返还性收入 63166 万元，财力性及专项转移支付收入 94859 万元），调入资金 10000 万元，以及上年结余结转收入 146310 万元（含专项结余 131642 万元），总财力（不含市一次性补助收入）达到 698173 万元。减除 2012 年预计各项上解支出 17860 万元、调入资金专项支出 10000 万元、调出资金 6000 万元、2011 年专项结转支出 131642 万元，可支配财力预计为 532671 万元。

2. 财政一般预算支出草案。

2012 年我区财政支出预算安排的指导思想是：以邓小平理论和“三个代表”重要思想为指导，全面贯彻落实科学发展观，按照构建社会主义和谐社会、建立完善公共财政体制的要求，围绕我区经济社会“十二五”规划的总体任务要求，以及建设国际展都、广州绿心、文化名区、幸福海珠的目标，深化改革，保证重点；加大财政支出结构的优化调整力度，继续推进基本公共服务均等化，着力保障和改善民生，切实把中央、省、市、区各项民生政策落到实处；严格控制“三公”经费（因公出国费用、公务用车购置及运行维护费、公务接待费），继续按照“五个零增长”（公务用车维护和运行、会议经费、公务接待费用、党政机关出国费用、办公经费等，当年预算标准均实行零增长）的要求，大力压缩各项一般性支出，建立厉行节约的长效机制；按照预算管理科学化、精细化的要求，加强财政预算管理，完善财政资金运行机制，确保财政资金安全、高效，为促进我区经济社会各项事业发展、全面建设现代化中心城区作出积极贡献。

按照上述思路，2012 年安排财政一般预算支出 532074 万元，比 2011 年财政一般预算支出计划 402939 万元增加 129135 万元，增长 32%。其中，计划安排用于民生和公共事业方面的支出为 402735 万元，占当年财政一般预算支出的 75.7%；用于保障基本公共管理与服务的支出为 71937 万元，占当年一般预算支出的 13.5%；用于促进经济发展及其他方面的支出为 57402 万元，占当年一般预算支出的 10.8%。

2012 年，我区财政一般预算支出项目拟作如下安排：

一是进一步提高教育均衡化优质化水平，促进教育资源配置日益公平。

以提高教育质量、促进教育均衡发展为核心，统筹推进学前教育、义务教育、普通高中教育、特殊教育、职业技术教育及高等教育，按照“三个增长”的要求切实加大教育方面的投入。2012 年计划安排教育方面的投入 162699 万元，占一般预算支出计划的 30.6%，比 2011 年年初计划数 117099 万元增加 45600 万元，增长 38.9%。主要安排义务教育学生免书杂费、教师工资及学校经费 125678 万元（占一般预算支出计划的 23.6%），教育系统离退休经费 17444 万元，教育系统住房保障经费 17454 万元，教育系统计划生育奖励 1783 万元和病故死亡优抚支出 340 万元。

二是进一步推进社会保障和就业体系建设，促进全区居民幸福指数不断攀升。

坚持广覆盖、保基本、多层次、可持续的方针，完善社会保障体系，提高社会保障水平，落实积极就业政策，健全就业援助和保障制度。2012 年计划安排社会保障和就业支出 65693 万元，占一般预算支出计划的 12.3%，比 2011 年年初计划数 52368 万元增加 13325 万元，增长 25.4%。除了安排行政、事业单位离退休经费 38868 万元外，还主要安排退役士兵安置补偿和养老保险、退休军转干部、参战退役人员生活补助及义务兵优待金 3235 万元，无军籍退休人员、民政代管人员离退休费 1632 万元，城市居民最低生活保障金 3400 万元，城镇老年居民养老保险、农转居养老保险、居家养老经费及居家养老示范点服务和运营经费 2635 万元，70 岁以上老人长寿保健金 2600 万元，街道家庭综合服务中心购买公共服务专项经费 1872 万元，低保人员、优抚对象及残疾人慰问经费及临时物价补贴经费 997 万元，再就业专项资金 970 万元，扶贫济困日捐款资金 750 万元，伤残及死亡等抚恤支出 695 万元，社区居委会成员（兼职）工作补贴 463 万元等。另外，还在专项上解支出中安排我区再就业负担专项资金 2000 万元，早期企业退休人员生活补贴负担专项资金 246 万元。

三是进一步深化医药卫生体制改革，促进基本医疗卫生制度逐步完善。

按照深化医药卫生体制改革的方向，进一步整合优化公共医疗卫生资源配置，建立和完善基本公共卫生服务财政投入机制。2012 年计划安排医疗卫生支出 40507 万元，占一般预算支出计划的 7.6%，比 2011 年年初计划数 23273 万元增加 17234 万元，增长 74.1%。除了按照政策规定安排人员经费、公用经费 7627 万元外，主要安排公费医疗方面的支出 6200 万元，安排疫苗接种经费 4171 万元，社区公共卫生服务经费 2806 万元，城镇居民基本医疗保险、低保人员、优抚对象等基本医疗支出及社会过渡性医疗支出 2526 万元，社区卫生站业务用房建设 1000 万元等。另外，按照“收支两条线”的要求，安排基层医疗卫生机构药品及材料费、医疗服务业务经费以及医改专项补偿等专项资金 13600 万元。

四是进一步支持科技事业和文化体育事业发展，促进我区软实力建设再上新台阶。

2012 年计划安排科学技术、文化体育与传媒支出 13899 万元（其中，计划安排科学技术支出 9010 万元，文化体育与传媒支出 4889 万元），占一般预算支出计划的 2.6%，比 2011 年年初计划数 12504 万元增加 1395 万元，增长 11.2%。除了按照政策规定安排人员经费、公用经费 2162 万元外，科技方面主要计划安排 2012 年科技专项投入 8337 万元（其中，全区科技经费 5500 万元，科技强警专项经费 1000 万元，全区信息网络建设专项经费 700 万元，基层医疗机构信息化建设经费 510 万元，检察院信息化建设、国库支付系统升级改造、监控管理系统建设等科技经费627万元）。文化体育与传媒方面计划安排海珠体育中心建设和运营支出680万元，文化建设专项经费500万元，以及承办马拉松、龙舟赛活动经费100万元等。

五是进一步强化公共安全和社会治安管理，促进社会和谐稳定发展。

2012年计划安排国防及公共安全支出64771万元，占一般预算支出计划的12.2%。除了按照政策规定安排人员经费、公用经费44070万元外，还计划安排公安基层派出所、看守所和检察院消防设施等改造维修资金1013万元。安排了公安、法院、检察院等部门办案经费、补充业务经费、专用车辆购置经费，以及用于维护社会治安稳定的专项支出及国防支出等18635万元。

六是进一步加大简政强区事权改革工作落实力度，促进宜居宜业生态文明城区加速发展。

2012年计划安排城乡社区事务支出71738万元，占一般预算支出计划的13.5%，比2011年年初计划数44634万元增加27104万元，增长60.7%。除了按照政策规定安排人员经费、公用经费16350万元外，还安排了街道社区管理事务和环境综合整治等专项经费25176万元，市政道路黑色化改造、日常市政设施维护管养、管坑修复、道路维护、隧道维护及绿化养护等经费12592万元，道路环卫保洁、垃圾分类试点、垃圾清运及环卫设施购置等经费11666万元等。并且安排了万亩果林征地开发资金1000万元［按照《市委办公会议纪要》（九届〔2011〕13号）决定，万亩果林征地开发资金由市财政和海珠区分别按照80%、20%比例出资］，万亩果林沿线复绿专项经费892万元，七星岗古海岸遗址公园专项经费405万元。同时，还预留了建设广州绿心、巩固创文成果经费2000万元。

七是进一步夯实街道社区基层社会服务管理基础，促进城乡幸福社区加快建设。

2012年计划安排街道经费74160万元，占一般预算支出计划的13.9%，比2011年年初计划数46321万元增加27839万元，增长60.1%。今年除了按照政策规定安排的街道人员经费、公用经费支出21423万元外，还主要安排了街道环卫保洁作业及绿化养护等经费16471万元，街道专项业务费及专项捐赠支出9996万元，社区居委会专职人员及办公经费8573万元，出租屋和外来人口管理经费8162万元，街道办公服务窗口建设及办公用房租赁经费1876万元，街道家庭综合服务中心购买公共服务专项经费1800万元，人口与计划生育事务经费1702万元，协税护税、委托代征税收专项资金2070万元，街道国资收益补充业务经费1369万元。

八是进一步加大计生方面的投入，促进计划生育政策贯彻落实到位。

2012年计划安排人口与计划生育事务支出10450万元，占一般预算支出计划的2%，比2011年年初计划数8079万元增加2371万元，增长29.3%。主要安排城镇独生子女父母计划生育奖励3854万元，人口和计划生育目标责任制考核资金3657万元，人口计划生育管理和服务专项资金1790万元，计划生育家庭特别扶助金及独生子女保健费605万元，孕妇免费产前出生缺陷医学筛查及免费婚检政府补偿274万元等。

九是进一步落实对口帮扶和支援不发达地区专项资金，促进区域均衡协调发展。

2012年计划安排对口帮扶和支援不发达地区专项资金7242万元，占一般预算支出计划的1.4%，比2011年年初计划数5485万元增加1757万元，增长32%。主要安排了对口帮扶从化市温泉镇扶贫开发专项资金4185万元，“规划到户、责任到人”扶贫专项资金650万元，广西百色地区乐业县、凌云县及三峡和梅州等不发达地区扶贫资金及其他相关扶贫经费875万元等。另外，按照市《转发关于落实对口支援新疆、西藏资金的通知》（穗财预〔2010〕92号）的文件精神，在专项上解支出中安排对口支援新疆和西藏专项资金1532万元。

十是进一步落实保障基本公共管理与服务资金，提高公共服务能力。

2012年计划安排一般公共服务（不含计划生育）支出71937万元，占一般预算支出计划的13.5%，比2011年年初计划数54255万元增加17682万元，增长32.6%。主要用于安排机关事业单位正常运行所需经费支出及完成部门职责、提高基本公共管理服务能力所必须的专项支出，以及确保街道基层管理职能方面的各类支出等。

十一是加大促进经济发展和其他方面的支出。

2012年计划安排促进经济发展和其他方面的支出57402万元，占一般预算支出计划的10.8%。其中，计划安排国有资产监管、安全生产监管等支出1383万元，商业服务业支出331万元，国土资源气象等事务支出2962万元，住房保障支出35947万元，预备费支出5400万元以及其他支出10208万元等。另外，还预留安排街道“一队三中心”场地建设改造资金560万元，街道幸福、平安社区服务和建设专项经费1500万元。在基础设施建设方面还安排了区委党校校舍建设资金500万元，老干活动中心建设资金500万元、旧机关大院高压电房改造283万元等。

3. 财政一般预算收支结余草案。

2012年预计我区财政总收入、总支出及年终结余情况如下：

表6　2012年预计财政一般预算收支结余情况表

单位：万元

项　目	2012年预计数
一、一般预算财政总收入	698173
（一）财政一般预算收入	383838
（二）税收返还	63166
（三）各项补助收入	94859
（四）调入资金	10000
（五）上年结余及结转收入	146310
二、一般预算总支出	697576
（一）财政一般预算支出	532074
（二）上解支出	17860
（三）调入资金专项支出	10000
（四）调出资鑫	6000
（五）2011年专项结转支出	131642
三、年终结余	597

（三）政府性基金预算草案

2012年区本级基金预算收入计划8284万元（其中，文化事业建设费802万元，地方教育附加收入5800万元，残疾人就业保障金1682万元），比2011年收入计划数增加5965万元，增长257.2%。再加上预计2012年城建税15%部分调入地方水利建设基金6000万元，以及上年度结余72257万元，全年可支配基金收入总额为86541万元。

2012年区本级基金预算支出计划12570万元（其中，教育支出4500万元，文化体育与传媒支出706万元，社会保障和就业支出1564万元，农林水事务支出5800万元），比2011年支出计划数5522万元增加7048万元，增长127.6%。再加上上年结转至2012年预计使用的25000万元，全年预计基金支出总额为37570万元。

综上，预计2012年基金总收入为86541万元，基金总支出为37570万元，收支相抵，年终滚存结余48971万元（如数结转至下年使用）。

各位代表，2012年是新一届政府任期的开局之年，是“十二五”规划承上启下的重要一年，是我区谋求新发展、实现新跨越的关键一年。在此新的起点上，我们将继续深入贯彻落实科学发展观，全面贯彻本届大会的各项决议，进一步解放思想，奋勇拼搏，扎实工作，全力以赴做好各项财政工作，切实提高财政科学聚财、民主理财的能力，为加快我区产业转型升级、促进经济社会各项事业的发展提供强大的支持，为把我区建设成为国际展都、广州绿心、文化名区、幸福海珠而努力奋斗！

表7　2011年广州市海珠区人民政府、政府办公室公文要目

文　　号	题　　目
海府〔2011〕1号	印发《广州市海珠区行政规范性文件管理规定》的通知
海府〔2011〕2号	印发《广州市海珠区重大行政决策合法性审查规定》的通知
海府〔2011〕3号	海珠区2010年度人口与计划生育目标管理责任制综合考核情况通报
海府〔2011〕4号	印发《广州市海珠区行政决策责任追究办法》的通知
海府〔2011〕5号	关于《广州市海珠区土地利用总体规划（2010—2020年）》的公告
海府〔2011〕6号	关于表彰海珠区2010年度“青年文明号”和“青年岗位能手”的通报
海府〔2011〕7号	关于公布海珠区第一批文物保护单位的通知
海府〔2011〕8号	关于实施2009年度海珠区科技工业企业奖励的通报
海府〔2011〕9号	关于认定和奖励2010年度海珠区重点企业的通报
海府〔2011〕10号	关于代区长副区长和党组成员分工的通知
海府〔2011〕11号	关于加强广州塔广场管理的通告
海府〔2011〕12号	关于代区长副区长和党组成员分工的通知
海府〔2011〕13号	关于区长副区长和党组成员分工的通知
海府〔2011〕14号	关于评比表彰2011年海珠区城市管理“市容环卫杯”优胜奖、达标奖以及海珠区城市管理贡献奖的决定
海府〔2011〕15号	德怡居服装集市及周边地区综合整治通告
海府办〔2011〕1号	印发关于规范以区政府及区政府办公室名义发文的工作指引的通知
海府办〔2011〕2号	关于印发2011年海珠区应急管理工作要点的通知
海府办〔2011〕3号	关于印发广州市海珠区社区居委会专职人员管理试行办法的通知
海府办〔2011〕4号	印发海珠区经济社会发展情况统计数据报送制度的通知
海府办〔2011〕5号	关于印发海珠区“三旧”改造项目完善历史用地手续的工作方案的通知
海府办〔2011〕6号	关于印发海珠区善后处置仑头地陷受损房屋工作方案的通知
海府办〔2011〕7号	关于印发海珠区老旧居住建筑和专业批发市场消防安全专项排查整治工作方案的通知
海府办〔2011〕8号	关于印发海珠区实施标准化战略意见的通知
海府办〔2011〕9号	关于印发编制海珠区三大功能区城中村改造方案工作方案的通知
海府办〔2011〕10号	印发中国进出口商品交易会海珠区服务保障工作方案的通知
海府办〔2011〕11号	关于迅速开展市委市政府简政强区事权改革各项对接工作的通知
海府办〔2011〕12号	印发关于深化海珠区个体工商户税收及零散税源（地税）委托代征工作方案的通知
海府办〔2011〕13号	印发海珠区2011年全面推进政务公开工作要点的通知
海府办〔2011〕14号	关于2010年度海珠区行政执法评议考核工作的通报
海府办〔2011〕15号	关于奖励2011年海珠区迎春花市和春节花展先进集体的通报
海府办〔2011〕16号	关于印发海珠区五类车联合整治工作方案的通知
海府办〔2011〕17号	关于做好近期防范应对气象灾害有关工作的通知
海府办〔2011〕18号	关于进一步做好我区专项应急预案编制工作的通知
海府办〔2011〕19号	印发海珠区2011年龙舟活动安全保卫暨配合做好广州国际龙舟邀请赛工作方案的通知

续　表

文　号	题　目
海府办〔2011〕20号	关于成立海珠区万亩果林生态湿地保护区立法工作领导小组的通知
海府办〔2011〕21号	关于印发海珠区城中村和开放社区非法共享网络整治工作方案的通知
海府办〔2011〕22号	关于印发海珠区新登记单位报送制度（试行）的通知
海府办〔2011〕23号	印发海珠区参加2011年广州横渡珠江活动工作方案的通知
海府办〔2011〕24号	印发海珠区经济社会发展情况有关统计数据报送制度的通知
海府办〔2011〕25号	印发海珠区加快解决退二进三项目办理证照有关问题工作方案的通知
海府办〔2011〕26号	印发海珠区职业健康状况调查工作方案的通知
海府办〔2011〕27号	印发海珠区参加广州市高层建筑消防综合应急演练实施工作方案的通知
海府办〔2011〕28号	印发2011年海珠区应急管理“五个一”工程建设工作方案的通知
海府办〔2011〕29号	印发海珠区组织参加2011年广州博览会工作方案的通知
海府办〔2011〕30号	转发广州市政府性债务管理办法的通知
海府办〔2011〕31号	关于调整区政府办公室领导分工的通知
海府办〔2011〕32号	印发海珠区2011年创建全国文明城市“主干道路名称、公共图形标志”项目工作方案的通知
海府办〔2011〕33号	印发海珠区残疾人机动轮椅车综合管理工作方案的通知
海府办〔2011〕34号	关于印发海珠区应急管理专家组组建工作方案的通知
海府办〔2011〕35号	关于印发海珠区迎接国家环境保护模范城市“复核”工作方案的通知
海府办〔2011〕36号	关于调整区政府办公室领导分工的通知
海府办〔2011〕37号	印发海珠区2011年度加工贸易转型升级工作方案的通知
海府办〔2011〕38号	关于2011年区长督办政协重点提案办理情况的通报
海府办〔2011〕39号	关于印发2011年海珠“天更蓝”工作实施方案的通知
海府办〔2011〕40号	关于开展“清剿火患”战役检查督导工作的通知
海府办〔2011〕41号	印发2011广州（海珠·琶洲）会展经济论坛暨中国会展业年会组织和分工方案的通知
海府办〔2011〕42号	印发加快推进我区固定资产投资工作方案的通知
海府办〔2011〕43号	关于严格突发事件信息报告责任的通知
海府办〔2011〕44号	印发海珠区中小学校噪音干扰综合整治工作方案的通知
海府办〔2011〕45号	关于制定海珠区三大战略性发展平台具体工作方案分工的通知
海府办〔2011〕46号	印发2012年海珠区迎春花市工作方案的通知
海府办〔2011〕47号	转发关于做好2012年广州迎春花市筹备工作的通知
海府办〔2011〕48号	关于做好办理区十五届人大一次会议代表建议和区政协十四届一次会议提案工作的通知
海府办〔2011〕49号	关于印发《海珠区耕地保护任目标考核办法》的通知

2011年大事记

一 月

1 日 广东“春游绿道·万家同乐”系列活动启动仪式暨“新年·新人·新路”集体婚礼活动在海珠区琶洲会展公园隆重举行。中共中央政治局委员、省委书记汪洋，省委副书记、省长黄华华等省、市、区领导以及1000多名群众参加。

2 日 中共中央政治局常委李长春视察大元帅府广场，对海珠区精心打造岭南特色的文化建设项目及开展群众文化活动等给予高度评价。

5 日 中共中央政治局委员、省委书记汪洋，省委副书记、省长黄华华等省、市领导视察海珠区绿道网建设成果，并从官洲驿站骑自行车到小洲驿站，对海珠区绿道建设的经验做法给予充分肯定。

11 日 海珠区召开媒体通报会，通报已破获近期在广州“好又多”超市前进路店发生的投毒勒索案件，并抓获犯罪嫌疑人，消除群众恐慌与猜测。

13 日 海珠区举行“全国模范人民调解员”表彰大会，向被司法部评为“模范人民调解员”的黎广淮颁奖。

15 日 区法院在新院址（逸景路333号）举行审判业务大楼落成启用仪式。

18 日 海珠区琶洲春运异地候乘点启用。至31日，琶洲春运异地候乘点共疏运旅客348691人。

20 日 区委召开十届十次全体（扩大）会议，审议通过《中共海珠区委关于制定国民经济和社会发展第十二个五年规划的建议》和《中国共产党海珠区第十届委员会第十次全体（扩大）会议决议》。

25 日 区综合执法分局、华洲街联合区国土房管分局、市工商局海珠分局等多个职能部门共700多人，开展对小洲村万亩果园内违法建设的饮食店档清拆行动。共拆除违法建设4976.11平方米，清理果园内硬地化6933.7平方米，清理乱拉挂条幅23条。

27 日 区纪委召开十届六次全体（扩大）会议，审议通过区纪委常委会工作报告。

30 日 区举行广州亚运会亚残运会暨治水工作海珠区总结表彰大会，受表彰的区亚运会亚残运会和治水先进工作个人及突出贡献个人代表等800多人参加。

二 月

11 日 广州市在海珠区对口帮扶的从化市温泉镇召开全市加快北部山区发展现场会，省委常委、市委书记张广宁提出要以建设温泉镇公共配套设施为先导，统筹城乡发展，推进公共服务均等化，加快农村城镇化进程。

24 日 区图书馆正式实施“广州地区公共图书馆通借通还项目”，与市图书馆及全市其他区县图书馆初步实现图书通借通还服务，完成2000多个借书证的条码升级工作。

同日 省委、省政府召开2011年全省人口和计划生育工作电视电话会议。海珠区被授予“广东省2010年度人口与计划生育先进单位”称号。至此海珠区已连续9年获省委、省政府表彰并授予“先进单位”荣誉称号。

28 日 全国加强和创新流动人口服务管理暨全国“一盘棋”机制建设会议在海珠区隆重召开，人口计生委主任李斌，副主任王培安，中国计生协会常务副会长杨玉学，副省长雷于蓝，市委副书记、市长万庆良，副市长曹鉴燎等领导及全国各省（区、市）领导等200多人参加会议。与会人员实地考察沙园街综合管理服务中心、光大社区幸福家庭服务中心和珠江啤酒集团，对区创新社区管理服务模式给予充分肯定。

同日 广州市召开水环境治理总结表彰暨下一阶段工作动员大会。海珠区荣获“广州市治水工作先进集体”金奖，区委书记、区人大常委会主任邓伟强，区委副书记、区长姚奕生荣获“广州市治水工作先进个人”称号，记一等功。

三 月

7 日 广州市召开2011年全市城市管理工作暨深入推进生活垃圾处理动员部署大会。南华西街被市委、市政府评为“2010年度城管工作先进单位”。

7－10日　区食品药品监管局组织执法人员到海珠区生产企业对过期的毒麻药品进行现场监督销毁，共销毁毒麻药品盐酸麻黄碱、罂粟壳等8个品种共90批次、涉假药品及其原料药19批次的共10万余片。

10日　广东省产业转移目标责任考核第一考评组到海珠区太古仓码头创意产业园和广州T.I.T纺织服装创意园进行考察。

18日　海珠区以高分通过全国科普示范城区创建检查验收，取得“全面达标”优异成绩。

21日　在北京举办的“新广州·新商机”北京推介会上，海珠区的中国电器科学研究院广州总部、创维集团华南区总部暨广州研发中心、南丰（中国）琶洲展贸等3个重大项目参加了省、市签约推广活动，总投资约75亿元。

25日　海珠区在海珠湖公园开展2011年春季全民义务植树活动。约450人参加。

同日　区检察院举行“全国先进基层检察院”揭牌仪式。省、市检察院检察长郑红、王福成等领导出席。

26日　赞比亚爱国阵线总书记怀恩特·卡宾巴一行到海珠区观光考察。

同日　英国华文教育基金会会长、广东省海外交流协会理事钟荣彬先生一行到海珠区参观。

31日　泰国文化艺术交流团一行40多人到潘鹤雕塑艺术园进行文化交流并与青年雕塑家潘奋互赠礼物。

同日　海珠区圆满完成亚运公共交通补贴发放工作，累计发放6692.95万元，完成计划发放金额的74.48%；其中户籍家庭发放316557户，完成计划数的97.38%；集体户口市民发放31291人，完成计划数的93.15%；流动人员发放357628人，完成计划数的45.35%。

四　月

1日　海珠区对口帮扶从化市温泉镇建设项目灌村文化广场、灌村医院防保综合楼、灌村中学运动场建设项目奠基仪式在从化项目建设现场举行。

8日　广州市妇女儿童发展规划终期评估检查组检查海珠区实施妇女儿童发展规划（2001－2010）的有关情况。

13日　区食品药品监督管理局与区卫生局举行餐饮服务食品安全监督管理职责交接仪式。

14日　海珠区召开创建全国文明城市工作表彰暨迎接2011年“国检”动员大会。区委、区政府对41个突出贡献单位、163个积极贡献单位、313名先进个人进行表彰。

23日　广州市荣誉市民、领耀有限公司董事长卢沃棠为团长的美国华侨、香港同胞代表团到海珠区参观。

25日　广州市在上海国际会议中心隆重举行“新广州·新商机”上海推介会，区委副书记、区长姚奕生代表区政府与安徽省人民政府驻广州办事处签订徽商大厦项目。

26日　广州市社会管理服务改革创新试点工作总结现场会与会人员到海珠区沙园街观摩。

27日　重庆市委副书记张轩率领重庆市考察团到海珠区广州T.I.T纺织服装创意园参观。

五　月

1日　“广佛肇中旅游大串门暨踏寻辛亥百年之旅”出发仪式在大元帅府广场举行。

5日　海珠区荣获广州市“2010年度绿道网建设工作金奖”，成为市中心六区中唯一荣获金奖的区。2010年该区共建成绿道66.7公里，逐步形成“以水为脉，绕岛成环；以园为核，串绿成网”特色绿道网络。

同日　江南中街举行“家庭综合服务中心”揭幕仪式，以及该街与曙光社工服务中心、广州市洋城社工服务中心签约活动。

18日　海珠区首间农超对接综合商店“供销社沙园农超对接综合商店”举行揭幕仪式。

25日　广交会琶洲展馆举行“第六届广州国际名酒展暨第八届世界名酒节”开幕式。澳大利亚、阿根廷、意大利等24国领事馆要员出席。

同日　海珠区进口葡萄酒商盟专业委员会在广交会琶洲展馆举行成立大会。

26日　海珠区、广东珠江投

资股份有限公司对口帮扶从化市温泉镇扶贫开发项目举行启动仪式。

29 日 区图书馆被广州市社会科学界联合会授予“广州市科学普及基地”。

同日 海珠区选派的女子演唱组合以歌曲《赶月》《载歌载舞》在“好歌献给党——广东省第十届‘百歌颂中华’歌咏活动”中夺得银奖。

六 月

3 日 “我们的亚运·我们的精彩——广州亚运先进事迹报告会海珠专场”在海珠会议文化活动中心举行。市、区相关领导及区属各战线代表共1000余人参加。

21 日 区法院雕塑作品《和韵》经广东省版权局审查核准，获颁《作品著作权登记证》，这是广州市法院系统首个通过国家著作权登记的法院文化建设作品。

21－22 日 “好歌献给党”——海珠区纪念建党90周年歌咏活动决赛在海珠会议文化活动中心举行。

23 日 海珠区举办“翰墨存浩气·碧血映丹青—海珠区纪念辛亥革命100周年同盟会员书画艺术展”。

25 日 中国电信广州云计算数据中心举行奠基仪式。

26 日 海珠区推出“体验海珠十年大变”系列宣传活动。举办“聚焦新环岛·万人游海珠”、海珠十大新名片评选活动。

27 日 海幢街建立的广州市首个街道关爱老年人主题服务站“福星馨苑”正式启用。

28 日 海珠体育中心举行全民健身中心揭幕暨海珠体育中心对外开放仪式。

29 日 区直属机关举行“广东扶贫济困日暨广州慈善日”现场捐款活动，共募集善款113755元。

29 日 海珠区医药质量管理协会成立大会在江悦酒店召开。

30 日 海珠区举行纪念中国共产党成立90周年大会。表彰先进基层党组织、优秀共产党员标兵、优秀社区楼宇党支部书记等，为50年以上党龄的老党员代表颁发南粤“七一”纪念奖章。

七 月

1 日 区图书馆瑞宝街分馆正式对外开放，与区图书馆、市图书馆实现通借通还。

8 日 海珠区召开重点企业工作会议。对新认定的14家2010年度区重点企业进行授牌，对19家区重点企业予以资金奖励。

10 日 海珠区流行舞基地Speed街舞团在代表全球最高水平的专业街舞齐舞比赛Japan Dance Delight（JDD）中国赛区决赛中荣获亚军。

16 日 2003年以来广州最大型音乐节“美丽南方音乐嘉年华”在珠江琶醍啤酒文化创意艺术园区举办。

27 日 海珠区代表广东省迎接2001－2010年中国妇女儿童发展纲要终期实施情况评估检查。

28 日 海珠区捐资修建的始兴县高峰小学海珠科教楼落成典礼。

29 日 海珠区召开人大换届选举工作动员大会。

八 月

1 日 广州市召开第四次民族团结进步表彰大会。海珠区政府荣获广州市民族团结进步模范集体称号。

8 日 海珠区召开全区领导干部大会，宣布市委关于海珠区区委书记、区长调整的决定。

同日 区人大常委会主任邓伟强主持召开区十四届人大常委会第四十二次会议，审议并以无记名投票的方式表决通过《关于提请任命徐咏虹同志为海珠区人民政府副区长的议案》、《关于接受姚奕生同志辞去广州市海珠区人民政府区长职务的请求的决定》、《关于提请决定徐咏虹同志为广州市海珠区人民政府代理区长的议案》。随后，邓伟强为代理区长徐咏虹颁发任命证书。

同日 海珠区在全市率先开展“化解信访积案百日行动”，当日区相关领导接待8批21名来访群众。

10 日 全国社区服务推进会暨社区工作委员会常委会在青海西宁市召开。南华西街被评为“全国社区服务示范街道”，是广州市唯一获此殊荣的街道。

11日 海珠区举行大接访活动，全区共接待群众240批490人次。

12日 美籍华侨钟仁国先生将清末外交家梁诚、中国第一批留美幼童钟文耀的一批老照片、旧报道等珍贵文献材料捐赠给海珠区政府。

14日 中共中央总书记、国家主席、中央军委主席胡锦涛到位于海珠区的广州T.I.T纺织服装创意园考察工作。

19日 首届广东社区文化节闭幕式在大元帅府广场举行。海珠区荣获“优秀组织奖”、区文化馆蒙秋瑶获颁“优秀文化志愿者”证书、瑞宝街获颁“优秀文化社区”奖牌。

24日 海珠区对香港何氏家族捐资区福利院100万元进行答谢，并向何氏家族颁发荣誉证书及纪念品。

25日 市委、市政府组织召开落实珠江三角洲规划纲要、加快推动产业转型升级现场考评总结会，海珠区被评为广州市“2010年度实施珠江三角洲地区改革发展规划纲要（2008—2020年）工作优秀单位”。

26－29日 2011年广州博览会在海珠区琶洲展馆举行。

29日 区法院与中山大学法学院共建教学实习基地签约仪式在区法院举行。

31日 海珠区举办2011年金秋关爱职工大行动活动。7—10月期间，共惠及全区1000多个职工家庭8000多名职工。

九　月

1日 全球首座最高的横向摩天轮在广州塔450－454米塔顶平台上启动运营。

7日 区人大第十四届常委会召开第四十四次会议。议程：一是审议通过区人民政府副区长毕锐明的辞职请求，并通过魏素新和曾赤鸣为区人民政府副区长的任命；二是通过邬耀广为区人民法院代理院长的任命；三是通过蔡世葵为区人民检察院副检察长的任命。

8日 是日为海珠区人大代表选举日。海珠区依法选出312名新一届区人大代表。海珠区共划分选区211个，正式代表候选人525名；登记选民人数共有630271人，参加投票选民数542510人，参选率达86.08%。

同日 海珠区教育系统庆祝第27个教师节大会暨海珠教育发展中心新址主体建筑落成揭幕仪式在位于石榴岗的海珠教育发展中心新址举行。

17日 在广州市第二少年宫举行的广州市2011年“全国科普日”活动启动仪式上，海珠区荣获“2011—2015年度全国科普示范城区”称号。

20日 广州市首个原址回迁回购危改地块南华西危改（一期）项目限价回购房选房活动正式启动。

22日 由区纪委、区检察院、区建设园林局共同打造的廉政文化教育基地清竹园举行开园仪式。

23日 海珠区保障性住房管理中心举行揭牌仪式。

25日 广州著名剪纸艺术家韩艳创办的公益性文化单位、广东省首家以剪纸艺术为主题的展览馆——韩艳剪纸艺术馆在海珠区黄埔村成立，并被命名为“广州市民间文化传承基地”。

26日－29日 海珠区第十一次党代会在海珠会议文化活动中心举行。出席大会正式代表有373人，列席13人。大会通过《中国共产党广州市海珠区第十一次代表大会关于中国共产党广州市海珠区第十届委员会报告的决议》、《中国共产党广州市海珠区第十一次代表大会关于中国共产党广州市海珠区纪律检查委员会工作报告的决议》，选举产生中国共产党广州市海珠区第十一届委员会和中国共产党广州市海珠区纪律检查委员会。

28日 在广东大厦召开的广东省全民科学素质行动实施工作会议上，海珠区分别被中科协和省科协授予“全国科普示范城区”、“广东省科普示范城区”称号。

29日 第十一届区委召开第一次全体会议，姚奕生、徐咏虹、苏小澎、江绍强、刘晋生、黄翔、陈少彬、刘捷、李海洲、潘瑞雄、马红安等11人当选为区委常委；姚奕生当选为区委书记；徐咏虹、苏小澎当选为区委副书记。

同日 区纪委召开第一次全体会议，江绍强当选为区纪委书记；杨伟华、张少良当选为区纪委副书记。

同日 广东省内首个外交服务建设项目——广东外交服务大楼落成典礼在海珠区赤岗领事馆区举行。

30 日 海珠区隆重举行海珠湖开园仪式。海珠湖为广州中心城区面积最大的人工湖，实行免费对外开放。

同日 海珠区在大元帅府广场隆重举行孙中山戎装雕像揭幕仪式。孙中山戎装雕像总高 6.1 米，铜像高 4.5 米。重量达 2 吨，正面篆刻有“孙中山（1866—1925）”字样，底座篆刻有孙中山语录，是目前全国唯一以戎装出现的纪念性雕像。雕像由著名雕塑家、广州美术学院原院长梁明诚设计，经过近 3 年时间的创作、设计制作完成。

同日 南华西街街坊会所举行揭幕仪式。

十 月

9 日 区政协与区档案局举办纪念辛亥革命一百周年画展暨文史专辑《辛亥之光耀海珠》发行仪式。

10 日 海珠区召开区人民武装部党委第一书记任职大会，宣布广州警备区党委任命姚奕生为海珠区人民武装部党委第一书记。

11 日 区政府组织副市级以上老同志参观海珠湖，介绍海珠区治水总体情况以及海珠湖工程建设情况。

13－14 日 海珠区受强暴雨侵袭，迅速启动应急响应。重点对即将举行第 110 届广交会的会展中心及周边地区进行分片巡查，确保该地区以整洁的环境迎接广交会开幕。

20－21 日 区人大常委会召开广州市人大代表海珠联组履行职务情况报告会；组织市第十三届人大代表海珠联组代表、区十四届人大代表对海珠湖和黄埔古村开展集中视察活动。

26 日 区政协召开港澳委员座谈会，向离任的区政协港澳委员颁发履职纪念章。

28 日 岭南古琴艺术馆揭幕仪式在区文化馆举行。

同日 首届粤港澳古琴音乐会在珠江琶醍文化创意艺术区举行。

30 日 海珠区举行官洲国际生物岛华侨安置房建设项目开工仪式。

31 日 海珠区代表团参加市委、市政府在香港和澳门举行的“新广州·新商机”推介会。

十一月

4 日 海珠区实现医疗卫生机构全面禁烟。

7－10 日 区政协十四届一次会议在海珠会议文化活动中心举行。邓伟强当选为区政协主席，詹慧颖、黄文仔、陈高生、黄信仪、李坚、刘金鹏当选为区政协副主席。

8－11 日 区人大十五届一次会议在海珠会议文化活动中心举行。大会依法选举产生本级国家机关领导人和 64 名市十四届人大代表。姚奕生当选为区十五届人大常委会主任，冯舶、陈汉强、关锦新、郭功宇、范泳嫦、老炳坚当选为副主任，李丽辉等 20 人当选为常委会委员；徐咏虹当选为区政府区长，刘捷、方锦群、罗光华、魏素新、曾赤鸣、江帆当选为区政府副区长；邬耀广当选为区法院院长；蔡世葵当选为区检察院检察长。于二丹等 64 人当选为市十四届人大代表。

12 日 区建设和园林绿化局完成新港东路沿线、海珠湖周边、太古仓周边绿化升级改造。

13 日 “广州十大最幸福社区”暨“广州十大特色社区”颁奖仪式在花城广场举行。海珠区华洲街小洲社区获“广州十大最幸福社区”称号。海珠区南洲街环秀坊社区获“广州十大特色社区”中的最具邻里人情味社区称号。

15 日 由区政府和市地方志办共同主办，孙中山大元帅府纪念馆承办，区地方志办、区文物博物管理中心、海珠博物馆协办的“孙中山与辛亥革命”图片展在海珠博物馆开幕。

16 日 区图书馆正式启用触屏一体机读报系统，为读者提供 2000 种报纸、1000 种期刊的阅读服务，成为广州市第一个使用触屏阅读系统的区级图书馆。

同日 滨江街道社区卫生服务中心被卫生部评为首批全国示范社区卫生服务中心。

18 日 全市规模最大、设施最完备的交通换乘枢纽—海珠交通换乘枢纽正式启用。

21日 区图书馆举行“广州市社会科学普及基地”揭牌仪式。市社科联向区图书馆赠送2000多本社会科学图书。

21日 区建设和园林绿化局完成石基村路沿线和黄埔古港周边绿化升级改造。

21－28日 以“绿色科技·和谐未来”为主题的第九届中国（广州）国际汽车展览会在琶洲展馆举行；共设16个展厅，总面积达18万平方米，参观总人数达551609人。

24日 第十二届广州国际茶文化节、2011中国（广州）国际茶业博览会在琶洲展馆开幕。

25日 广州市2011年新增的70公里公交专用道首批工程—31公里公交专用道在海珠区工业大道一期（南洲路－昌岗路）、南洲路、广州大道一期（洛溪桥—客村立交）、昌岗路、宝岗大道、新滘西路正式开通。

26日 在国家文化部官方网站公布的第三次全国文化馆评估定级结果中，区文化馆入选国家一级馆。

30日 南京市玄武区党政代表团到海珠区太古仓产业创意园、T. I. T纺织服装创意园和广州联合交易园参观考察。

十二月

2日 区十五届人大常委会召开第一次会议，审议人事任免事项，向新一届区人大常委会组成人员、区政府组成人员、区法院和区检察院领导人员颁发当选证书，向区十五届人大常委会代表资格审查委员会成员和区人大常委会各工作委员会委员颁发任命书。

5日 海珠区志愿者行动指导中心举行成立仪式。同时，区辖内各高校、街道团工委、社工组织、志愿服务团队、爱心企业联合成立“海珠地区志愿服务新联盟”。

13日 2011广州（海珠·琶洲）会展经济论坛暨2011年度中国会展经济研讨会在广交会威斯汀酒店举行。国家商务部副部长王超，副市长曹鉴燎出席并讲话。市、区相关部门负责同志，专家学者、会展企业代表，新加坡、菲律宾等国商务领事等500多人参加。

19日 市委、市政府在广州白云国际会议中心召开第14届中国留学人员广州科技交流会“新广州·新商机”推介会，区委副书记、区长徐咏虹代表区政府与广州市安信杰科技有限公司签署安信杰智慧家庭项目。

同日 区委、区政府在珠江·琶醍啤酒文化创意艺术区公布“海珠十大新名片”的评选结果，分别是：双塔辉映（广州塔、赤岗塔）、漱珠朝斗（纯阳观）、珠漪琶醍（珠江·琶醍啤酒文化创意艺术区）、古港丝路（黄埔古港古村历史文化景区）、太古听涛（太古仓）、岭南画源（十香园纪念馆）、帅府高风（孙中山大元帅府）、珠湖叠翠（万亩果林，包括小洲村、海珠湖两个核心景点）、琶洲展都（琶洲国际会展中心）、绿轴霓裳（广州T. I. T纺织服装创意园）。

22日 首个以“文明从我做起，让座人人参与”为主题的广州市“让座日”主题活动启动仪式在海珠区大元帅府广场举行。从2011年起，每年的12月22日将固定为广州市的“让座日”。

29日 海珠区、从化市在从化市温泉镇礼堂举行物流配送中心项目收益分发大会，向11条对口帮扶村分发收益分红支票。

同日 海珠区召开2011年城市管理“双竞赛”、爱国卫生运动总结表彰大会，对“海珠市容环卫杯”获奖单位、城市管理突出贡献单位、爱国卫生先进单位和先进个人代表进行表彰。

海珠概况

基本情况

【建制沿革】海珠区隶属广州市管辖。中华人民共和国建立后，广州市政府于1950年7月，将原海珠区城区部分的3个区（蒙圣、洪德、海幢）合并，成立河南区人民政府。以后30年间，其称谓多次变动。1980年7月称海珠区人民政府至今。1986年6月，赤岗街和新滘镇划入海珠区。1988年起，广州市管辖8区4县（8区：越秀、东山、海珠、荔湾、天河、白云、黄埔、芳村；4县：番禺、花都、从化、增城）。截至1993年，市属4县先后撤县设县级市。

2000年，海珠区共有14个行政街、1个镇，设389个居民委员会、20个村民委员会。2001年底，全区有16个行政街和1个镇、418个居民委员会和19个村民委员会。至2005年，设18个行政街、257个社区居民委员会。

【地理位置】海珠区位于广州市区南部，北部与荔湾、越秀、天河区隔江相邻，东部、西部、南部分别与黄埔、荔湾（原芳村）、番禺区相望。区域的主体为海珠岛（河南岛），此外还有官洲岛和丫髻沙岛。海珠区位于东经113°14′—113°23′，北纬23°3′—23°16′之间，四面为珠江广州河段前、后航道环绕。区域包括海珠岛（河南岛）、东南面的官洲岛和南面的丫髻沙岛。占总面积2/3属珠江三角洲冲积平原，其余1/3为低丘、台地。平原主要分布在东部和东南部地区。区内河网密布，主要水系有西北部的海珠涌（马涌）、东北部的黄埔涌、南部的赤沙滘3个水网系统。

【土地资源】海珠区地带性土壤为赤红壤，母质为砂页岩，形成砂页岩赤红壤。主要分布于赤岗、凤凰岗、石榴岗等低丘陵上，由于大部分经过人工耕作，土壤性质已发生变化，一部分成为菜园果园，一部分已成为城市建筑用地。平原区域的土壤为三角洲沉积土，经长期人工耕作，土壤熟化程度高，地势较高的成为果园、菜地，其次为菜田，地势低洼者为菜塘。区内的森林植被主要是分布在村落附近台地上的杂木和人工栽种的马尾松林、小叶桉林、台湾相思林、竹林和一些被称作“风水林”的树木。果园主要分布在辖区东部和东南部，瑞宝、东风、土华、小洲、官洲、仑头、北山、龙潭、黄埔、琶洲、赤沙等经济联社，传统种植杨桃、荔枝、龙眼、香蕉、甜橙、番石榴、黄皮、木瓜、菠萝、乌榄、柿、李等果树。

【气候特征】海珠区地处广州市中心，是一个为珠江前后航道环绕的绿色岛区，该区濒临南海，海洋性气候特征显著，具有温暖多雨、光热充足、温差较小、夏季长、霜期短等气候特征。由于水热同期，利于作物的生长。因此，该区盛产荔枝、香蕉、芒果、龙眼、杨桃、木瓜等岭南佳果。但同时该区自然灾害也较频繁，台风、暴雨、寒潮、雷电、雾霾等灾害性天气，给工农业生产、交通运输和市民生活带来不利影响。2011年，该区遭受强台风、暴雨、高温等严重自然灾害，气候特点主要表现为“开汛迟、暴雨强度大，高温多、台风影响少”，光热资源充足。

2011年，海珠区日照时数在1750—1950小时之间，年平均气温在21.4℃—22.0℃之间。年极端最低气温在3.5℃，年极端最高气温在39.0℃。7—9月高温天气突出。

2011年，海珠区的总降水量在1450—1650毫米之间，年雨量比常年值略偏少，但各月降水分布不均匀，1—5月降水持续偏少，6月略偏多，只有10月、11月降水明显偏多。

季风转换期较正常年份推后。冬夏季风的交替是海珠区季风气候突出特征，冬季的偏北风因极地大陆冷气团向南伸展而形成，天气较干燥和寒冷，有时会发生寒潮、霜冻、冰冻等灾害；夏季的偏南风因热带海洋暖气团向北扩张形成，天气多湿热、潮湿，常见灾害有台风、暴雨、雷电、强对流等天气。2011年冬季风偏强，冬季风转夏季风时间较晚，5月才盛行偏南风，而夏季风转冬季风较早，8月已经盛行偏北风，均较常年提早1个月。

气象灾害频繁。2011年，海珠区气象灾害仍较频繁，主要是暴雨和寒冷灾害。全年共3个热带气旋（热带风暴“沙莉嘉”、热带风暴“海马”和强台风“纳沙”）登陆广东省，都未正面袭击珠三角地区。对海珠区影响较小。是年开汛偏晚，强降水影响频繁。5月7日入汛，较常年偏晚23天。4—9月汛期，除热带气旋带来的降水外，全区还多次出现强降水过程，其中5月22日中大区域自动站录得90.4毫米的暴雨，一小时最大雨量达46毫米，强降水使新港西路出现较严重水浸点，对交通运输和市民生活等造成影响。7月16日，大暴雨袭击海珠地区，日降水量达106.2毫米。而最为异常的是10月14日出现历史罕见的大暴雨，日降水量达170.3毫米，几乎是连续的6个小时的强降水，多处出现水浸街。气象台也发布有气象观测记录以来最迟的暴雨"红色"预警信号。

2011年冬季风较强，1月强冷空气频繁入侵，海珠区出现持续低温和阴雨天气，月平均气温明显偏低。2月10日一股强冷空气开始影响该区，气温逐步下降日平均气温由10日的20℃以上下降到15日的8.7℃左右，其中13日出现强降雨。3月冷空气依然不断，6日、14日和21日均受到较强的冷空气影响。夏季天气炎热，7－9月中大区域自动站录得年高温日数50天，极端最高气温为39.0℃。

（吴　映）

【水源特征】海珠区由珠江水系广州河段前、后航道环绕。北支称前航道，由白鹅潭往东至黄埔；南支称后航道，包括南河水道、沥滘水道、官洲水道，由白鹅潭往南经洛溪大桥、官洲沙至黄埔。辖区内的水网则自成体系，主要由三大水网系统组成：西北部的海珠涌（马涌）水系，东北部的黄埔涌水系和南部的赤沙滘水系。前、后航道上游受来自流溪河、北江和西江的部分径流影响。北江以芦苞、西南等水道和平洲、大石涌流入广州前、后航道的年径流量平均为300亿立方米。下游受来自南海经虎门进入的潮汐作用，因此前、后航道属径流潮流共同作用的河段。洪水季节以径流为主，枯水季节以潮流为主。潮汐类型属于不规则半日混合潮，每天有2次涨潮和2次落潮，由虎门进入的潮流经狮子洋至黄埔附近分两支进入前后航道，潮汐动力也开始沿程递减。区内河网纵横，大部分平原区地势低洼，有些围堤的农田甚至低于珠江正常高水位。

【面积与人口】海珠区总面积为90.40平方公里。2011年末，全区户籍人口总户数为33.71万户，比上年增加0.88万户。总人口为96.72万人，同比增加1.47万人；常住人口为156.63万人，同比增加0.71万人。

【历史文化】海珠古称"江南洲"，又称"河南"。据古籍记载，"河南"得名源于居下渡村的东汉名士杨孚，由此可知东汉时河南已有相当的知名度。清代李青来在漱珠岗建朝斗台，为广东第一个观象台。居廉在十香园培养出岭南画派创始人高剑父、陈树人等大批美术人才。黄埔古港遗址曾是广州的外贸港口。区内还有原貌保存、修葺一新的孙中山大元帅府旧址、廖仲恺及何香凝纪念馆、同盟会广东分会旧址、第一次全国劳动大会旧址、民族英雄邓世昌纪念馆等著名史迹。截至2006年，海珠区已有国家级文物保护点1个、省级4个、市级15个。海珠区辖内大专院校、科研机构众多，有中央、省、市教育及科研机构共38所。其中，高等院校有中山大学、广州美术学院等13所，约占广州市的40%；科研院所有中科院南海海洋研究所等23所，约占全市的33%。1995年，海珠区荣获"全国文化模范区"称号，成为当时广东省仅有的两个全国文化模范区之一，也是广州市最早获此殊荣的城区。此外，海珠区还是首批"广东省文化先进区"之一，并获得群众文化领域的全国最高奖项"群星奖"等多个金奖。2011年，区文化馆连续第3次保持"国家一级馆"认证。市、区图书馆实现通借通还。成功举办首届广东岭南古琴音乐会。海珠区被评为中国民间文化艺术之乡。

【宗教】海珠区内宗教活动场所有：佛教海幢寺、道教纯阳观、基督教河南堂、天主教宝岗堂、佛教宁隐庵。海珠区的党政领导主动与宗教界人士交朋友，春节、中秋节期间前往区内各宗教活动场所慰问宗教界代表人士。每逢中外重大节日、宗教重要活动期间，区均安排大批干警和干部，到宗教活动场所维持治安秩序，加强保卫工作。2011年，区内宗教活动场所向社会慈善机构捐款160余万元。基督教河南堂两次被评为广州市文明宗教活动场所。

【行政区划】2011年，海珠区辖内

有18个行政街和257个社区居民委员会。18个行政街是：赤岗街、新港街、昌岗街、江南中街、滨江街、素社街、海幢街、南华西街、龙凤街、沙园街、南石头街、凤阳街、瑞宝街、江海街、琶洲街、南洲街、华洲街、官洲街。

经济和社会发展概况

【国民经济稳健增长】2011年，地区生产总值872.12亿元，比上年（下同）增长12.2%，连续两年净增超百亿元，增速居全市六大中心城区第一位。实现税收总额121.56亿元，增长13.2%；区财政一般预算收入35.54亿元，增长23.3%。规模以上工业经济效益综合指数210.4%，增长52.2%；限额以上的其他服务业企业利润总额22.77亿元，增长40.5%。

实现商品销售总额2372.86亿元，增长33.9%；社会消费品零售总额559.98亿元，增长16.5%；五星级宾馆及大型酒家带动住宿、餐饮业营业额各增长28.9%、29.1%；广州塔带动文化娱乐业营业额增长23.2%。完成全社会固定资产投资（法人在地口径）总额428.61亿元，增长10.8%。其中，城镇投资207.39亿元、增长4.3%，非国有控股投资占城镇投资比重73.8%、占比提高2.4个百分点；房地产投资221.22亿元，增长17.6%。实际利用外资1.46亿美元，增长12.7%；完成海关出口总值15.42亿美元，增长17.9%，其中，一般贸易出口占比提高2个百分点，加工贸易出口占比下降3个百分点，服务外包登记合同额增长2.4倍；拉丁美洲、东盟、非洲等新兴市场出口各增长21.7%、21.3%、14.8%。

【结构调整成效明显】三次产业结构进一步优化调整为0.4：17.6：82.0；第三产业占比提高0.7个百分点，对经济增长贡献率达79.6%；现代服务业增加值占地区生产总值比重51.7%，拉动经济增长7.5个百分点。海珠区获市2010年度实施珠江三角洲地区改革发展规划纲要工作优秀单位称号。

三大现代服务业功能区加快建设，产业支撑力日益增强。琶洲会展总部功能区利用广交会平台，带动9.8平方公里区域加快发展。城市新中轴线（南段）高端服务业功能区依托广州塔带动作用加快建设，土地整理与环境整治稳步推进，累计完成1.13平方公里土地储备。

会展业龙头优势增强，实现增加值37.27亿元，增长16.3%；10万平方米以上大型展会举办场次约占全国1/4。新引进总部企业12家，重点总部企业达85家，实现增加值214.40亿元，增长14.6%，占地区生产总值比重24.6%，税收贡献占全区总额37.8%。25家企业成为市首批总部企业。规模以上高新技术产值占工业总产值比重达33.4%。

【节能减排纵深推进】持续推进“退二进三”和“双转移”战略，区内68家“退二”工业企业已关停或搬迁，完成市下达的2015年前95家企业“退二”任务的71.6%，腾出约135万平方米发展用地。全区万元生产总值综合能耗下降4.5%以上，以8.5%的用电量增长支撑12.2%的经济增长。

【民生福利持续改善】民生水平全面提升。区财政投入民生和各项公共事业资金占一般预算支出77.7%。城市居民月人均可支配收入2689元，增长12.2%。就业形势保持稳定，新增就业岗位5.48万个，城镇登记失业人员就业率71.6%；创业带动就业功能不断增强，189个社区创建成为充分就业社区。社会保障水平进一步提高，“五大险种”参保人数达177.95万人次，增长10.3%；城镇低保标准、低收入困难家庭认定标准、孤儿养育标准均有提高。落实计划生育政策，共发放城镇独生子女父母计划生育奖励金3635万元、独生子女保健费及计划生育家庭特别扶助金528万元。按时完成1500套保障性住房筹集任务。盘活32宗烂尾地块，解决7050户1.96万人的回迁安置问题。

社会事业全面进步。义务教育规范化学校达标率91.4%。海珠教育发展中心新址基本竣工，区委党校、区老干活动中心新址封顶。基本公共卫生服务绩效考核连续四年获全市第一名。海珠区对口广东省从化市温泉镇扶贫开发“双到”任务完成。帮扶广东省化州市完成3380个脱贫项目申报。全面完成区政府承诺的十件民生实事。

【城区面貌全面改善】路网不断完善，逸景路、新港东路延长线等项目基本建成，环岛路（石岗路至南洲路段）稳步推进，全年新贯通道路7.5公里。新建绿道54公里，海珠区获市绿道网建设工作金奖；全年空气质量优良天数331天，优良率99.1%。地表水质稳中好转，河涌水质同期综合污染指数下降66%。海珠湖联通“六脉”形成引水补水循环系统。

社会和城区管理全面推进。圆满完成“创文”工作任务。18个街道“一队三中心”全部挂牌。建成全市首个老城区“街坊会所”。新增一、二星级卫生街道各9个。建成全区首座餐厨垃圾处理站，改造建设垃圾分拣中心、回收站、社区便民回收点213个，再生资源回收网络覆盖各街道。新增视频监控点1002个、标识牌2200个，学校等重点区域实现视频监控全覆盖。社会治安状况良好。生产、消防、交通、食品药品等安全管理力度加大，应急体系不断完善。

海珠区“十二五”规划指导思想及发展目标

【指导思想】 高举中国特色社会主义伟大旗帜，以邓小平理论和“三个代表”重要思想为指导，深入贯彻落实科学发展观，坚持以科学发展为主题，以加快转变经济发展方式为主线，以建设现代化中心城区为目标，以争当广州市改革开放和科学发展的排头兵和示范区为动力，着力推进改革创新、着力发展高端产业、着力建设宜居城区、着力构建幸福海珠，努力促进产业、城区和社会实现新转型。

【发展目标】 现代化中心城区建设取得重大阶段性突破，中心城区的地位与功能进一步巩固和提升，体制机制更具活力，转变经济发展方式取得新突破，经济保持较快平稳增长，综合实力进一步增强，民主法制更加完善，人居环境、发展环境更加优越，社会更加和谐，人民生活更加幸福。“十二五”时期，全区生产总值年均增长12%，财政一般预算收入年均增长7%。重点推进实现以下三大目标体系：一是加快转变经济发展方式，促进产业新转型。产业高端化进程显著加快，节能减排工作深入推进，资源能源利用效率不断提高，低碳生活方式和消费模式加速推广。全区人均生产总值增长10%，服务业增加值占GDP比重超过85%，万元GDP能耗累计下降10%，每平方公里建设用地第二、三产业增加值达到18.5亿元。二是全面提升宜居环境，促进城区新转型。城市基础设施更臻完善，城中村改造纵深推进，城区面貌进一步改善，自然生态得到有效保护，社会环境更有秩序，城区管理体制机制更具活力。人均道路面积13.6平方米以上，人均公园绿地面积达到12.5平方米，工业废水排放达标率98%，空气质量优良率96%以上。三是着力构建幸福海珠，促进社会新转型。更加注重以人为本，就业、社会保障、教育、医疗卫生、文化、体育等各项社会事业加快发展，基本公共服务能力不断增强。基本公共服务均等化深入推进，社会管理高效有序，人民群众安全感、幸福感明显提升。城市居民人均可支配收入增长9%，城镇登记失业人员就业率70%，人口出生率控制在9.5‰以内，人口自然增长率控制在3.5‰以内，义务教育阶段公办学校100%符合规范化学校标准，居民期望寿命79岁，每万人口拥有公共文化设施面积600平方米，人均公共体育场所面积达到1.1平方米。

海珠区“十二五”规划发展重点及保障措施

【加快构建现代产业体系】 以加快转变经济发展方式为主线，以推进产业高端化为着力点，优化提升传统产业，大力发展现代服务业，努力构建以会展经济、总部经济、文化创意、高新技术和商贸服务业为主要支撑的现代产业体系。一是以会展经济为龙头，构建高端产业链。二是以总部经济为载体，推进高端产业集聚发展。三是以文化创意为引领，助推产业升级转型加速。四是以高新技术产业为支持，提升创新能力。五是以商贸服务为依托，夯实高端产业发展基础。

【推进区域协调发展】 以建设现

代化中心城区为统领，以三大现代服务业核心功能区建设为着力点，形成“一轴两翼”的城区空间布局，推进区域东、中、西协调发展。一是优化产业空间布局。二是优化城区空间布局。

【改善人居环境】 进一步完善城市基础建设，全面推进“三旧”改造，强化城市管理，全面提升城区对经济社会发展的承载力和支撑水平。一是推进城区基础设施建设。二是全面推进“三旧”改造。三是强化城市管理。

【增强可持续发展能力】 切实加强环境保护，促进生态建设和低碳发展，提高资源利用水平，健全绿色发展体系，全力构造宜居宜业的城区环境。一是加快构建江岛生态系统。二是推动低碳经济和绿色发展。

【保障社会和谐稳定】 坚持以扩大规模、提升质量、促进公平、提高效率为主线，构建多层次的公共服务体系和多元化的社会管理体系，着力提高公共服务和社会管理水平。一是促进教育均衡发展。二是建设普惠型公共文化服务体系。三是健全劳动就业和社会保障服务体系。四是健全住房保障体系。五是提高居民群众健康水平。六是强化人力资源建设。七是提升社会管理服务水平。八是维护社会安全稳定。九是提升城区文明程度。

【加快改革攻坚步伐】 加强和改进党的领导，健全民主法治。建设服务型政府，深化经济体制改革和社会管理体制改革，加快构建充满活力、富有效率、有利于科学发展的体制机制。一是加强民主法制建设。二是建立服务型政府。三是加快社会事业体制改革。四是深化经济体制改革。

组织机构及负责人

【中共广州市海珠区委员会】

书　记：邓伟强（任至2011年7月）
　　　　姚奕生（2011年7月任职）
副书记：姚奕生（任至2011年7月）
　　　　徐咏虹（2011年8月任职）
　　　　董延军（任至2011年9月）
　　　　苏小澎（2011年9月任职）
常　委：苏小澎
　　　　何世光（任至2011年1月）
　　　　邓少敏（2011年1月至8月任职）
　　　　江绍强（2011年8月任职）
　　　　伍第政（任至2011年9月）
　　　　麦志强（任至2011年9月）
　　　　刘晋生
　　　　黄　翔
　　　　旋志强（任至2011年8月）
　　　　张学明（任至2011年8月）
　　　　陈少彬（2011年8月任职）
　　　　刘　捷（2011年9月任职）
　　　　李海洲（2011年8月任职）
　　　　潘瑞雄（2011年9月任职）
　　　　马红安（2011年8月任职）

【广州市海珠区人大常委会】

主　任：邓伟强（任至2011年11月）
　　　　姚奕生（2011年11月任职）
副主任：冯　舶
　　　　陈建华（任至2011年3月）
　　　　陈汉强
　　　　关锦新（2011年11月任职）
　　　　郭功宇
　　　　范泳嫦
　　　　老炳坚

【广州市海珠区人民政府】

区　长：姚奕生（任至2011年8月）
　　　　徐咏虹（2011年11月任职）
副区长：徐咏虹（2011年8月至11月任副区长、代区长）

苏小澎（任至2011年11月）
陈高生（任至2011年11月）
黄信仪（任至2011年11月）
方锦群
刘　捷
毕锐明（任至2011年9月）
罗光华
魏素新（2011年9月任职）
曾赤鸣（2011年9月任职）
江　帆（2011年11月任职）
党组成员：冯伟贤

【政协广州市海珠区委员会】
主　席：庄国平（任至2011年3月）
陈建华（2011年3月至11月任职）
邓伟强（2011年11月任职）
副主席：詹慧颖
夏国培（任至2011年11月）
黄国强（任至2011年11月）
陈高生（2011年11月任职）
黄信仪（2011年11月任职）
黄文仔
李　坚
刘金鹏

【中共广州市海珠区纪委】
书　记：何世光（任至2011年1月）
邓少敏（2011年1月至8月任职）
江绍强（2011年8月任职）
副书记：杨伟华
张少良
监察局局长：杨伟华

【海珠区人民法院】
院　长：关锦新（任至2011年9月）
邬耀广（2011年9月任代理院长，2011年11月任职）

【海珠区人民检察院】
检察长：王雄飞（任至2011年9月）
蔡世葵（2011年9月任代理检察长、2011年11月任职）

【各党政机构】
海珠区区委办公室
主　任：黄　翔（任至2011年9月）
潘瑞雄（2011年9月任职）

海珠区人大常委会办公室
主　任：李丽辉

海珠区人民政府办公室
主　任：潘瑞雄（任至2011年10月）
吕肖林（2011年10月任职）

海珠区政协办公室
秘书长、主任：钟永全

海珠区纪委办公室
主　任：戴锡祥

海珠区区委组织部
部　长：伍第政（任至2011年8月）
李海洲（2011年8月任职）

海珠区区委宣传部
部　长：刘晋生

海珠区区委统战部
部　长：黄国强（任至2011年9月）
黄　翔（2011年9月任职）

海珠区区委政法委员会
书　记：麦志强（任至2011年9月）
马红安（2011年9月任职）

海珠区老干部局
局　长：郭留记

海珠区机构编制委员会办公室
主　任：彭汉东（任至2011年1月）
田泽锋（2011年1月任职）

事业单位登记管理局局长：何见明

海珠区直属机关委员会

书　记：李为华（任至2011年11月）
　　　　秦祥荣（2011年11月任职）

海珠区信访局

局　长：黄素平

海珠区区委党校

校　长：雷兆阳

海珠区人民武装部

部　长：陈少彬
政　委：张学明（任至2011年4月）
　　　　梁鑫生（2011年4月任职）

海珠区区委党史研究室

主　任：何跃瑜

海珠区发展和改革局

局　长：刘国雄

海珠区经济贸易局

局　长：沈　杰（任至2011年11月）
　　　　方奕涛（2011年11月任职）

海珠区教育局

党委书记：邹正军（任至2011年10月）
　　　　　李瑞湘（2011年10月任职）
局　长：王文荣

海珠区科信局

局　长：刘金鹏

海珠区公安分局

局　长：旋志强（任至2011年9月）
　　　　魏素新（2011年9月任职）
政　委：冯炳辉（任至2011年9月）

海珠区民政局

党委书记：施胜利
局　长：李　斌（2011年10月起任职）

海珠区司法局

局　长：李富珍

海珠区财政局

局　长：张日麟

海珠区人力资源和社会保障局

党委书记：冯伟江（任至2011年11月）
局　长：刘家齐（任至2011年11月）
　　　　冯伟江（2011年11月任职）

海珠区环保局

局　长：梁　浩（任至2011年12月）
　　　　梁忠林（2011年12月任职）

海珠区建设园林局

党委书记：余树东（任至2011年2月）
　　　　　王　伟（2011年2月至11月任职）
　　　　　钟旺基（2011年11月任职）
局　长：皮文军（任至2011年7月）
　　　　王　伟（2011年11月任职）

海珠区更新改造办公室

主　任：黄锦荣

海珠区水务和农业局

局　长：梁忠林（任至2011年12月）
梁　浩（2011年12月任职）

海珠区文化广电新闻出版局

局　长：吴天军

海珠区卫生局

书　记：蔡逸冬
局　长：李　坚

海珠区人口和计划生育局

局　长：李　斌（任至2011年11月）

　　　黄白莲（2011年11月任职）

海珠区审计局

局　长：陈移山（任至2011年1月）

　　　陈明香（2011年1月任职）

海珠区国有资产监督管理局

党委书记、局长：蔡明英

海珠区城市管理局

书　记：张丙祥

局　长：吴美庭

海珠区城管执法分局

党委书记、局长：唐朝生

海珠区统计局

局　长：韩素馨（任至2011年12月）

　　　刘凤娥（2011年12月任职）

海珠区食品药品监管局

局　长：刘启明

海珠区安全生产监管局

局　长：罗　军

海珠区人民防空办公室

主　任：黄兆文（任至2011年10月）

　　　邹永明（2011年11月任职）

广州市国土房管局海珠区分局

党组书记：闫福平

局　长：孙晓霞

海珠区整顿和规范市场经济秩序领导小组办公室

主　任：马冠洪

海珠区档案局

局　长：叶柏莉

海珠区侨务和外事办公室

主　任：陈洁瑜

海珠区体育发展中心

主　任：刘文兵

海珠区供销社

理事会主任：刘庆阳

海珠区科技产业基地管委会

主　任：罗光华

常务副主任：练铭钦

海珠区资产经营有限公司

党总支书记：陈伟仁

总经理：吴保才

海珠区机关事务管理局

局　长：吴秀霞

海珠区地方志编纂委员会办公室

主　任：王名其（任至2011年1月）

　　　吴苑梨（2011年1月任职）

海珠区政务管理办公室

主　任：王秀荣

【市属单位】

广州市海珠区国家税务局

局　长：李岩松（任至2011年6月）

　　　梁妙玲（2011年7月任职）

海珠区地方税务局

局　长：谢汝铎

广州市国税局北区稽查局

局　长：任辉平

广州市地方税务局第三稽查局

局　长：张焕英

广州市工商行政管理局海珠分局

党委书记：罗国展（任至2011年7月）
　　　　　陆序明（2011年12月任职）

局　长：陈　刚

海珠区质监局

局　长：曾邱萍

广州市规划局海珠分局

局　长：冯志坚

广东电网公司广州海珠供电局

局　长：戴南洲

广州自来水公司海珠供水管理所

党支部书记：尹柱忠

主　任：谢捷忠（任至2011年5月）
　　　　庞　斌（2011年5月任职）

广州市南区邮政局

局　长：王维奇

广州市中国电信股份有限公司海珠区分公司

党总支部书记、总经理：
　　李　鹏（任至2011年9月）
　　林　栋（2011年9月任职）

【社会群众团体】

海珠区总工会

主　席：范泳嫦

共青团海珠区委：

书　记：闫　锋（任至2011年9月）
　　　　黄旭聪（2011年9月任职）

海珠区妇女联合会

主　席：简瑞燕

海珠区科学技术协会

常务副主席：戴玉明

海珠区文学艺术界联合会

主　席：赖红漫（任至2011年1月）
　　　　庞永辉（2011年1月任职）

海珠区工商业联合会

主　席：黄文仔（任至2011年9月）
　　　　冯耀良（2011年9月任职）

党组书记：赖红漫（2011年1月任职）

海珠区归国华侨联合会

主　席：谢　咏（任至2011年12月）
　　　　韩素馨（2011年12月任职）

海珠区残疾人联合会

理事长：刘明群（任至2011年10月）
　　　　赵国明（2011年11月任职）

海珠区贸易促进委员会

主　任：唐志荣

海珠区个体劳动者、私营企业协会

个协会长：陈　坚

私协会长：陈　刚

【街道办事处】

赤岗街

党工委书记：容　蓉（任至2011年11月）
　　　　　　赵　虎（2011年11月任职）

办事处主任：庞永辉（任至2011年1月）
　　　　　　赵　虎（2011年1月至11月任职）
　　　　　　褚德祥（2011年11月任职）

新港街

党工委书记：唐小梅

办事处主任：赵国明（任至2011年10月）

熊志伟（2011年10月任职）

昌岗街

党工委书记：卢兆华

办事处主任：钟旺基

滨江街

党工委书记：吕肖林（任至2011年9月）

韩海宏（2011年9月任职）

办事处主任：韩海宏（任至2011年10月）

刘明群（2011年10月任职）

素社街

党工委书记：黎卓华（任至2011年9月）

彭伟春（2011年9月任职）

办事处主任：杨力夫（任至2011年1月）

李　锋（2011年1月任职）

江南中街

党工委书记：梁伟潮

办事处主任：江　帆（任至2011年12月）

朱俊学（2011年12月任职）

海幢街

党工委书记：廖崇麒

办事处主任：朱向忠

南华西街

党工委书记：陈伟星

办事处主任：陈永宏

龙凤街

党工委书记：梁　女（任至2011年9月）

李　阳（2011年9月任职）

办事处主任：李　阳（任至2011年9月）

李满红（2011年9月任职）

沙园街

党工委书记：杨志超

办事处主任：邹永明（任至2011年10月）

温广平（2011年10月任职）

南石头街

党工委书记：李巨泉

办事处主任：邱建华

凤阳街

党工委书记：肖建华（任至2011年9月）

陈建彬（2011年9月任职）

办事处主任：陈建彬（任至2011年9月）

苏明庆（2011年9月任职）

瑞宝街

党工委书记：陈伟良

办事处主任：陈跃山

江海街

党工委书记：陈海生

办事处主任：彭伟春（任至2011年9月）

闫　锋（2011年9月任职）

南洲街

党工委书记：陈少平

办事处主任：李东强（任至2011年3月）

魏景涛（2011年3月任职）

琶洲街

党工委书记：赖志伟

办事处主任：黄向斌

华洲街

党工委书记：苏德泉（任至2011年9月）

单文龙（2011年9月任职）

办事处主任：黄振南

官洲街

党工委书记：孔赞华（任至2011年1月）

办事处主任：罗锻生（2011年1月任职）

荣誉录

据不完全统计，2011 年海珠区及辖内单位、个人获得中共广州市委、广州市政府以上表彰共 202 项。其中，海珠区获得民政部颁发的“全国社会工作人才队伍建设试点示范创建区”等 7 项表彰，辖内单位获得 96 项表彰，辖内个人获得 99 项表彰。详见下表。

表 8　2011 年海珠区获市级以上表彰情况表

获奖单位	获奖名称	颁奖单位	获奖时间
海珠区	全国社会工作人才队伍建设试点示范创建区	民政部	2011 年 1 月
海珠区	中国民间文化艺术之乡	文化部	2011 年 11 月
海珠区	2011—2015 年度全国科普示范城区	中国科学技术协会	2011 年 5 月
海珠区	广东省双拥模范区	广东省委、广东省政府、广东省军区	2011 年 8 月
海珠区	首届广东省社区文化艺术节“优秀组织奖”	广东省文化厅	2011 年 8 月
海珠区	2011—2015 年度广东省科普示范城区	广东省全民科学素质纲要实施工作办公室	2011 年 4 月
海珠区	广州市治水工作先进集体金奖	广州市委、广州市政府	2011 年 2 月

表 9　2011 年海珠区辖内单位获市级以上表彰情况表

获奖单位	奖项名称	颁奖单位	获奖时间
区检察院	全国先进基层检察院	最高人民检察院	2011 年 2 月
区检察院控告申诉科	全国检察机关文明接待室示范窗口	最高人民检察院	2011 年 2 月
区检察院	2011 年度全国检察宣传先进单位	最高人民检察院、检察日报社	2011 年 7 月
区台办	中央台办“两刊”对台宣传工作先进单位	中台办宣传局	2011 年 9 月
区教育工会	全国模范职工之家	全国总工会	2011 年 10 月
区水务农业局	全国“五一”劳动奖状	全国总工会	2011 年 4 月
区国税局	全国“三八”红旗集体	全国妇女联合会	2011 年 6 月
赤岗街	广州亚运会亚残运会先进集体	人力资源和社会保障部、国家体育总局、解放军总政治部、中国残疾人联合会、广东省委、广东省政府	2011 年 4 月
南华西街	全国城市社会工作示范街道	中国社会工作协会	2011 年 11 月
南华西街	全国社区服务示范街道	中国社会工作协会	2011 年 4 月
瑞宝街总工会	全国工会“职工书屋”示范点	全国总工会	2011 年 1 月
南洲街司法所	全国先进司法所	司法部	2011 年 9 月

续 表

获奖单位	奖项名称	颁奖单位	获奖时间
广州市工会进城务工人员华洲站图书馆	全国工会优秀职工书屋示范点	全国总工会	2011 年 1 月
官洲街工会科普图书馆	全国工会“职工书屋”示范点	全国总工会	2011 年 1 月
区法院执行局	集体二等功	广东省高级人民法院	2011 年 3 月
区检察院	2009—2010 年度广东省检察机关先进检察院	广东省人民检察院	2011 年 2 月
区检察院法警大队	广东省检察机关司法警察编队管理示范单位	广东省人民检察院	2011 年 11 月
区检察院公诉科	青年文明号	共青团广东省委	2011 年 12 月
区检察院监所科	一级规范化检察室	广东省人民检察院	2011 年 12 月
区保密局	2006—2011 年全省保密工作先进集体	广东省人社厅、广东省国家保密局	2011 年 4 月
区委组织部	2010 年度全省组织系统信息工作先进单位	中共广东省委组织部	2011 年 3 月
区编委办	全省政务和公益机构域名注册服务工作成绩突出奖	广东省机构编制委员会办公室	2011 年 7 月
区发展改革局价格认证中心	2010—2011 年度价格认证机构规范化建设达标单位	广东省物价局	2011 年 12 月
区教育局	广东省“朝阳读书”活动先进集体	广东省教育厅、广东省关工委	2011 年 11 月
区司法局	广东省司法行政亚运会安保工作集体二等功	广东省司法厅	2011 年 11 月
区司法局	广东省司法行政系统安置帮教工作集体三等功	广东省司法厅	2011 年 10 月
区司法局	2006—2010 年全省法制教育先进集体	广东省普法领导小组	2011 年 8 月
区司法局	2010 年广东省司法行政系统信息工作先进单位	广东省司法厅	2011 年 3 月
区司法局普法办	广东省司法行政系统“五五”普法先进集体	广东省司法厅	2011 年 3 月
区环保局	广东省广州亚运、亚残运会环境质量保障工作先进集体	广东省环保厅	2011 年 1 月
区环保局	广东省绿色学校创建活动先进单位	广东省环保厅、广东省委宣传部、广东省教育厅	2011 年 6 月
区水务农业局	广东省广州亚运会亚残运会先进集体	中共广东省委、广东省政府	2011 年 4 月

续　表

获奖单位	奖项名称	颁奖单位	获奖时间
区文化馆	广东省第五届群众音乐舞蹈花会金奖	广东省文化厅	2011年11月
区文化馆	广东省基层宣传文化工作先进单位	广东省委宣传部	2011年12月
区统计局	广东省第六次全国人口普查工作先进集体	广东省第六次全国人口普查领导小组、广东省统计局	2011年9月
区房地产交易登记所	广东省青年文明号	共青团广东省委	2011年3月
区档案局	广东省档案编研成果第二次评选优秀奖	广东省档案局、广东省档案学会	2011年8月
区档案局	广东省档案编研成果第二次评选二等奖	广东省档案局、广东省档案学会	2011年8月
区档案局	广东省民间档案珍藏汇展最佳组织奖	广东省档案学会	2011年4月
区地税局	2009—2010年度全省地税系统一级办税服务厅	广东省国税局	2011年
北区稽查局综合选案科	2010—2011年度国税系统广东省青年文明号集体	广东省国税局	2011年12月
北区稽查局综合选案科	广东省巾帼文明岗	广东省妇女联合会	2011年3月
赤岗街	广东省第七批城市体育先进街道	广东省体育局	2011年3月
新港街银禧社区	2012—2016年度广东省科普示范社区	广东省科协、广东省精神文明办、广东省科技厅	2011年12月
新港街银禧社区	广东省巾帼文明岗	广东省妇女联合会	2011年3月
滨江街半岛社区	广东省绿色社区	广东省环保厅	2011年3月
素社街	广东省广州亚运会亚残运会先进集体	中共广东省委、广东省政府	2011年4月
海幢街	广东省第六次全国人口普查工作先进集体	广东省第六次全国人口普查领导小组、广东省统计局	2011年9月
南华西街团工委	广东省志愿服务铜奖	共青团广东省委	2011年9月
龙凤街龙导社区	“六好”平安和谐社区	广东省民政厅	2011年11月
南石头街团工委	2010—2011年度广东省五四红旗团委	共青团广东省委	2011年3月
南石头街文化站	广东省特级文化站	广东省文化厅	2011年12月
凤阳街	广东省第六次全国人口普查工作先进集体	广东省第六次全国人口普查领导小组、广东省统计局	2011年7月

续 表

获奖单位	奖项名称	颁奖单位	获奖时间
凤阳街	广东省司法行政系统亚运安保工作先进集体	广东省司法厅	2011年1月
瑞宝街金碧南社区	“六好”平安和谐社区	广东省民政厅	2011年11月
华洲街土华社区	“六好”平安和谐社区	广东省民政厅	2011年11月
团区委	广东省“创先争优服务亚运亚残运”五四红旗团委	共青团广东省委	2011年2月
区科协	广东省《全民科学素质行动计划纲要》实施工作先进集体	广东省科协、广东省委组织部、广东省委宣传部等九部门	2011年9月
海珠供电局	广东省优秀QC小组奖	广东省质量协会、广东省总工会、共青团广东省委、广东省科技学会、广东省妇女联合会	2011年7月
区法院立案庭	集体三等功	广州市中级人民法院	2011年3月
区检察院	2006—2010年广州市法制宣传教育先进单位	中共广州市委、广州市政府	2011年5月
区检察院	广州市精神文明建设红旗单位	中共广州市委、广州市政府	2011年3月
区委宣传部	广州市文明单位标兵	中共广州市委、广州市政府	2011年1月
区教育局	广州市文明单位标兵	中共广州市委、广州市政府	2011年1月
区环保局	广州市亚运会亚残运会先进集体	中共广州市委、广州市政府	2011年4月
区卫生局	广州市文明单位标兵	中共广州市委、广州市政府	2011年1月
区机关事务局	广州市2010年度无偿献血先进集体	广州市政府	2011年
市工商局海珠分局	2006—2010年广州市文明单位标兵	中共广州市委、广州市政府	2011年4月
市工商局海珠分局消保科	广州市亚运会亚残运会先进集体	中共广州市委、广州市政府	2011年4月
赤岗街	广州市先进基层党组织	中共广州市委	2011年6月
赤岗街	2006—2010年广州市法制宣传教育先进集体	中共广州市委、广州市政府	2011年9月
新港街	广州市2010年度人口与计划生育目标管理工作先进街	广州市政府	2011年2月
新港街	广州市对口帮扶梅州、阳江、茂名三市扶贫开发“规划到户责任到人”工作先进单位	中共广州市委	2011年11月

续 表

获奖单位	奖项名称	颁奖单位	获奖时间
新港街	广州市亚运会亚残运会先进集体	中共广州市委、广州市政府	2011 年 4 月
昌岗街	2010 年度“两无”活动达标街	广州市政府	2011 年 2 月
昌岗街	广州市文明单位	中共广州市委、广州市政府	2011 年 3 月
滨江街	2006—2010 年广州市法制宣传教育先进集体	中共广州市委、广州市政府	2011 年 5 月
滨江街	广州市亚运会亚残运会先进集体	中共广州市委、广州市政府	2011 年 4 月
海幢街	广州市创建“两无”活动无政策外多孩出生先进街道	广州市政府	2011 年 2 月
海幢街	广州市献血工作先进单位	广州市政府	2011 年 12 月
南华西街	广州市二星级卫生街道	广州市政府	2011 年 12 月
南华西街	广州市城市管理先进单位	广州市政府	2011 年 10 月
南华西街	广州市创安工作先进街道	广州市政府	2011 年 10 月
沙园街	广州市亚运会亚残运会先进集体	广州市政府	2011 年 4 月
南石头街	2010 年度“两无”活动达标街	广州市政府	2011 年 2 月
南洲街	2006—2010 年广州市法制宣传教育先进集体	中共广州市委、广州市政府	2011 年 5 月
南洲街环秀坊社区	广州市基层应急管理“五个一”工程示范社区（村）	广州市政府	2011 年 12 月
南洲街	广州市基层应急管理“五个一”工程示范街（镇）	广州市政府	2011 年 12 月
官洲街	广州市军警民共建先进单位	中共广州市委、广州市政府	2011 年 3 月
官洲街	广州市文明社区	中共广州市委、广州市政府	2011 年 3 月
官洲街	拥军优属标兵单位	中共广州市委、广州市政府、广州警备区	2011 年 1 月
区总工会	2006—2010 年广州市法制宣传教育先进集体	中共广州市委、广州市政府	2011 年 5 月
团区委	广州市文明单位	中共广州市委、广州市政府	2011 年 3 月
团区委	广州市亚运会亚残运会先进集体	中共广州市委、广州市政府	2011 年 4 月
海珠供水管理所	广州市文明窗口	中共广州市委、广州市政府	2011 年 5 月
南区邮政局	广州市文明单位	中共广州市委、广州市政府	2011 年 3 月

表10　2011年海珠区辖内个人获市级以上表彰情况表

姓名	所属单位	获奖名称	颁奖单位	获奖时间
刘 捷	区政府	全国五一劳动奖章	全国总工会	2011年5月
黎春蕾	区纪委办	全国反腐倡廉网络宣传报道工作先进个人	中纪委、中宣部	2011年11月
高 山	区检察院	全国检察技术信息工作先进个人	最高人民检察院政治部	2011年12月
李海波	区经贸局	全国扶贫开发先进个人	国务院扶贫开发领导小组	2011年12月
张晓东	区文博中心	第三次全国文物普查工作积极贡献个人	国务院第三次全国文物普查领导小组办公室	2011年12月
刘 昕	区文博中心	第三次全国文物普查工作积极贡献个人	国务院第三次全国文物普查领导小组办公室	2011年12月
陈开伦	区文博中心	第三次全国文物普查工作积极贡献个人	国务院第三次全国文物普查领导小组办公室	2011年12月
周振彪	区统计局	第二次全国R&D资源清查国家级先进个人	第二次全国R&D资源清查领导小组办公室	2011年5月
容 蓉	赤岗街	全国“五一”巾帼标兵	全国总工会	2011年5月
赵广军	江南中街	全国优秀共产党员	中共中央组织部	2011年7月
范泳嫦	区工会	全国优秀工会工作者	全国总工会	2011年10月
姚奕生	区委	广东省党管武装先进个人	中共广东省委办公厅、广东省政府办公厅、广东省军区政治部	2011年12月
王长春	区委办	2011年度广东省党委系统信息报送先进工作者	中共广东省委办公厅	2011年
邬耀广	区法院	个人二等功	广东省高级人民法院	2011年3月
梁小彤	区法院	个人二等功	广东省高级人民法院	2011年4月
唐润清	区检察院	广东银婚十大好夫妻	广东省妇女联合会	2011年8月
黄国明	区检察院	广东百对铜婚好夫妻	广东省妇女联合会	2011年8月
黄素平	区信访局	优秀信访工作者	广东省协调办、广东省信访局	2011年6月
陈少彬	区人武部	优秀共产党员	广东省军区	2011年7月

续　表

姓名	所属单位	获奖名称	颁奖单位	获奖时间
谢　军	区经贸局	全省道路水路交通运输专项整治活动先进个人	广东省交通厅	2011年1月
李富珍	区司法局	广东省司法厅亚运安保工作个人二等功	广东省司法厅	2011年11月
李富珍	区司法局	广东省司法行政系统亚运安保工作先进个人	广东省司法厅	2011年11月
黎广淮	区司法局	广东省司法行政系统亚运安保工作先进个人	广东省司法厅	2011年11月
朱　赤	区司法局	广东省司法行政系统亚运安保工作先进个人	广东省司法厅	2011年11月
冯秋培	区司法局	广东省司法行政系统亚运安保工作先进个人	广东省司法厅	2011年11月
李富珍	区司法局	2006—2010年全省法制宣传教育先进工作者	广东省普法领导小组	2011年8月
刘敏仪	区司法局	2006—2010年全省法制宣传教育先进工作者	广东省普法领导小组	2011年8月
李健晖	区司法局	广东省司法行政系统“五五普法”工作先进个人	广东省司法厅	2011年4月
王士臣	区司法局	广东省司法行政系统“五五普法”工作先进个人	广东省司法厅	2011年4月
杨　坚	区建设园林局	广东省广州亚运会亚残运会先进个人	中共广东省委、广东省政府	2011年4月
李　敏	区文广新局	广东省扫黄打非工作先进个人	广东省扫黄打非工作领导小组	2011年1月
蒙秋瑶	区文化馆	社区优秀文化志愿者	广东省文化厅	2011年8月
严永满	区文化馆	广东省基层先进宣传文化工作者	广东省宣传部、广东省文化厅、广东省电影电视局、广东省新闻出版局	2011年12月
罗湘君	区图书馆	广东省第三次文物普查实地文物调查阶段先进个人奖	广东省文化厅	2011年1月
黄思研	区文化市场综合行政执法队	2010年广东省“扫黄打非”工作先进个人	广东省扫黄打非工作领导小组	2011年12月
周振彪	区统计局	2006—2010年广东省统计法制宣传教育先进个人	广东省统计局	2011年4月

续 表

姓名	所属单位	获奖名称	颁奖单位	获奖时间
韩素馨	区统计局	广东省第六次全国人口普查先进个人	广东省第六次全国人口普查领导小组、广东省统计局	2011 年 9 月
周振彪	区统计局	广东省第六次全国人口普查先进个人	广东省第六次全国人口普查领导小组、广东省统计局	2011 年 9 月
莫怡江	区食品药品监管局	广州亚运会（亚残运会）餐饮服务食品安全和药品安全监督保障工作先进个人	广东省食品药品监督管理局	2011 年 1 月
孙晓霞	市国土房管局海珠区分局	广东省“五一”巾帼奖	广东省总工会	2011 年 3 月
孙晓霞	市国土房管局海珠区分局	广东省“五一”劳动奖章	广东省总工会	2011 年 5 月
容蓉	赤岗街	广东省“五一”劳动奖章	广东省总工会	2011 年 5 月
唐小梅	新港街	第六次全国人口普查省级先进个人	广东省人口普查办	2011 年 12 月
张仲池	昌岗街	夫妻恩爱·幸福永远——广东百名现代好丈夫	广东省妇女联合会	2011 年 8 月
赖粤锋	滨江街	广东省广州亚运会亚残运会先进个人	中共广东省委、广东省政府	2011 年 4 月
薛 武	素社街	“创先争优 服务亚运、亚残运”优秀共青团干部	共青团广东省委	2011 年 2 月
龚自平	海幢街	广东省第六次全国人口普查先进个人	广东省第六次全国人口普查领导小组、广东省统计局	2011 年 9 月
郭 慧	南石头街	广东省“岭南乡村读书带头人”	广东省委宣传部、广东省新闻出版局、广东省农业厅、南方报业传媒集团	2011 年 12 月
巫晓畅	瑞宝街	“创先争优 服务亚运、亚残运”优秀共青团员	共青团广东省委	2011 年 2 月
曾 涛	南洲街	“创先争优 服务亚运、亚残运”优秀共青团员	共青团广东省委	2011 年 2 月
彭 勇	南洲街	广东省第五届群众音乐舞蹈花会比赛金奖	广东省文化厅	2011 年 11 月
庄婷婷	团区委	广州亚运会、亚残运会志愿者工作先进个人	共青团广东省委	2011 年 2 月
王维奇	南区邮政局	广东省优秀党务工作者	中共广东省委	2011 年 7 月
邓伟强	区委	广州市治水工作先进个人一等功	中共广州市委、广州市政府	2011 年 3 月
姚奕生	区政府	广州市治水工作先进个人一等功	中共广州市委、广州市政府	2011 年 3 月

续 表

姓名	所属单位	获奖名称	颁奖单位	获奖时间
苏小澎	区政府	广州市广州亚运会亚残运会先进个人	中共广州市委、广州市政府	2011年3月
潘瑞雄	区政府	广州市广州亚运会亚残运会嘉奖个人	中共广州市委、广州市政府	2011年3月
郭作冬	区委办	广州市广州亚运会亚残运会嘉奖个人	中共广州市委、广州市政府	2011年3月
陈慧萍	区纪委办	广州市广州亚运会亚残运会嘉奖个人	中共广州市委、广州市政府	2011年3月
朱伟斌	区法院	个人三等功	广州市中级人民法院	2011年3月
邹世发	区法院	个人三等功	广州市中级人民法院	2011年3月
彭峻峰	区法院	个人三等功	广州市中级人民法院	2011年3月
陈 粲	区法院	个人三等功	广州市中级人民法院	2011年3月
莫燕珍	区检察院	广州市广州亚运会亚残运会嘉奖个人	中共广州市委、广州市政府	2011年4月
陈复军	区检察院	广州市优秀共产党员	中共广州市委	2011年6月
许宝源	区委宣传部	精神文明先进工作者	中共广州市委、广州市政府	2011年3月
杨秋菊	区信访局	2006—2010年广州市法制宣传教育先进个人	中共广州市委、广州市政府	2011年7月
王红薇	区财政局	广州市创建全国文明城市工作个人嘉奖	中共广州市委、广州市政府	2011年7月
张应坚	区司法局	2006—2010年度广州市法制宣传教育先进个人	中共广州市委、广州市政府	2011年9月
蔡协盛	区司法局	2006—2010年度广州市法制宣传教育先进个人	中共广州市委、广州市政府	2011年9月
翟蕴灵	区司法局	2006—2010年度广州市法制宣传教育先进个人	中共广州市委、广州市政府	2011年9月
鲁立春	区司法局	2006—2010年度广州市法制宣传教育先进个人	中共广州市委、广州市政府	2011年9月
方 芳	区司法局	2006—2010年度广州市法制宣传教育先进个人	中共广州市委、广州市政府	2011年9月
薛益峰	区司法局	2006—2010年度广州市法制宣传教育先进个人	中共广州市委、广州市政府	2011年9月
刘立昱	区司法局	2006—2010年度广州市法制宣传教育先进个人	中共广州市委、广州市政府	2011年9月
李富珍	区司法局	广州市依法治市第四个五年规划工作先进个人	中共广州市委、广州市政府	2011年3月
何祖建	区建设园林局	广州市广州亚运会亚残运会嘉奖个人	中共广州市委、广州市政府	2011年4月
蔡 莹	区水务农业局	广州市广州亚运会亚残运会嘉奖个人	中共广州市委、广州市政府	2011年4月
范存祥	区水务农业局	广州市广州亚运会亚残运会嘉奖个人	中共广州市委、广州市政府	2011年4月
叶雄鹰	区水务农业局	广州市广州亚运会亚残运会嘉奖个人	中共广州市委、广州市政府	2011年4月

续 表

姓名	所属单位	获奖名称	颁奖单位	获奖时间
梁忠林	区水务农业局	广州市治水先进个人二等功	中共广州市委、广州市政府	2011年5月
梁 浩	区水务农业局	广州市优秀共产党员	中共广州市委	2011年7月
钟 晖	区文广新局	广州市广州亚运会亚残运会嘉奖个人	中共广州市委、广州市政府	2011年4月
栾玉明	区卫生局	广州市科学技术奖励二等奖（广州市登革热预防控制体系及策略研究项目）	广州市政府	2011年4月
蔡逸冬	区卫生局	2006—2010年度广州市法制宣传教育先进个人	中共广州市委、广州市政府	2011年9月
莫怡江	区食品药品监管局	广州市广州亚运会亚残运会嘉奖个人	中共广州市委、广州市政府	2011年4月
孙晓霞	市国土房管局海珠分局	广州市广州亚运会亚残运会嘉奖个人	中共广州市委、广州市政府	2011年4月
范 欣	市国土房管局海珠分局	广州市广州亚运会亚残运会嘉奖个人	中共广州市委、广州市政府	2011年4月
闫福平	市国土房管局海珠分局	广州市优秀党务工作者	中共广州市委	2011年6月
谭翠梅	区机关事务局	广州市2010年度无偿献血先进个人	广州市政府	2011年5月
吴苑梨	区地方志办	2006—2010年度广州市法制宣传教育先进个人	中共广州市委、广州市政府	2011年9月
赵 虎	赤岗街	2006—2010年度广州市法制宣传教育先进个人	中共广州市委、广州市政府	2011年9月
陈 波	新港街	广东省广州亚运会亚残运会先进个人	中共广州市委、广州市政府	2011年4月
梁少丽	昌岗街	广州市“十一五”期间殡葬管理先进个人	广州市政府	2011年9月
廖崇麒	海幢街	广州市2006—2010年法制宣传教育先进个人	中共广州市委、广州市政府	2011年9月
李瑞湘	海幢街	广州市创建全国文明城市工作先进个人	中共广州市委、广州市政府	2011年
王 军	海幢街	广州市献血工作先进个人	广州市政府	2011年12月
李东强	南洲街	广州市广州亚运会亚残运会嘉奖个人	中共广州市委、广州市政府	2011年4月
王维奇	南区邮政局	2006—2010年广州市精神文明建设先进工作者	中共广州市委、广州市政府	2011年3月

党政机关

中共海珠区委

2011年9月16日，区委十届十三次全体会议召开 (张晓薇摄)

【全区重要会议】 **区委十届十次全体（扩大）会议** 于1月20日召开。邓伟强代表区委常委会作全会工作报告，并作小结讲话。姚奕生总结2011年全区社会经济主要发展情况，部署2012年工作。会议审议通过《中共海珠区委关于制定国民经济和社会发展第十二个五年规划的建议》《中国共产党海珠区第十届委员会第十次全体（扩大）会议决议》。

广州亚运会亚残运会暨治水工作海珠区总结表彰大会 于1月30日召开。邓伟强、姚奕生、庄国平等区一级班子领导，街道、职能部门、居委会及经济联社的主要领导和参与亚运会残运会各项保障服务的有关单位等800余人参加会议。127个先进集体、255名先进个人受到表彰。

2011年香港新春恳谈会 于2月15日召开。董延军代表区委、区政府向港澳各界朋友关心支持海珠区经济社会各项事业发展表示感谢，向与会嘉宾通报上年区的经济发展、城市建设和管理各项成效以及和谐社会建设的进展。

海珠区创建全国文明城市工作表彰暨迎2011年“国检”动员大会 于4月14日召开。市委副秘书长、市委宣传部副部长、市文明办主任冯建标，邓伟强、姚奕生、陈建华等区领导，各部、委、办、局、直属单位主要领导，区创文协调小组全体成员、各街道党政主要领导等800多人参加大会。会议表彰204个先进集体和313名优秀个人。

海珠区社会管理服务改革创新试点工作总结大会 于5月16日召开。邓伟强、陈建华等区领导及区各单位领导、分管领导400余人参加。

纪念中国共产党成立90周年大会 于6月30日召开。邓伟强、姚奕生、陈建华等区一级班子党员领导干部，区属党（工）委、直属总支的党员干部和党员代表等800余人参加。会议由姚奕生主持，邓伟强作讲话。会上对30个先进基层党组织、10名优秀共产党员标兵、240名优秀共产党员、64名优秀党务工作者和62名优秀社区楼宇党支部书记予以表彰。并为50年以上党龄的老党员代表颁发南粤“七一”纪念奖章。会后集体观看文艺演出。

区委十届十一次全体（扩大）会议 于7月28日召开。会议学习贯彻胡锦涛总书记在庆祝中国共产党成立90周年大会上的重要讲话和省委十届九次全会、市委九届十一次全会精神，总结全区上半年工作，研究部署下半年工作。邓伟强代表区委常委会作工作报告，姚奕生就贯彻落实会议精神、扎实做好下半年工作作讲话。

区创建全国文明城市工作会议 于8月5日召开。邓伟强、姚奕生等区一级班子领导，各部、委、办、局、直属单位主要领导，区创文协调小组全体成员，各街道党政主要领导、城管中队长、居委会主任、经济联社书记、社长和驻区单位代表等600多人参加。

区委十届十二次全体会议 于8月17日召开。区委委员、候补委员参加，姚奕生主持。会议审议并表决通过《关于召开中国共产党广州市海珠区第十一次代表大会的决议》。

学习专题报告会 于8月29日召开。区党委中心组全体成员、党委中心组学习秘书组成员、各街道党工委书记、区有关职能部门主要领导等参加。姚奕生主持。会议观看胡锦涛总书记考察广东的新闻报道视频。苏小澎、黄信仪、刘捷、毕锐明、罗光华围绕相关分管工作作发言。刘晋生传达市委常委会议学习贯彻胡锦涛总书记重要讲话会议精神。

区委十届十三次全体会议 于9月16日召开。全体区委委员、候补委员参加。会议酝酿表决通过下届区委和区纪委委员候选人预备人选名单和市党代会的代表候选人预备人选名单，表决通过十届区委工作报告，书面审议并表决通过十届区纪委工作报告。

中国共产党海珠区第十一次代表大会 于9月26—29日召开。出席大会的有正式代表373人，列席13人。孔少琼等曾任区一级班子主要领导，市纪委、市委组织部领导，部分离退休老同志，区一级班子非中共党员领导和民主党派、工商联主要负责人、无党派代表人士，市直属管理部门主要领导等应邀出席。姚奕生代表中共海珠区第十届委员会向大会作题为《坚持科学发展，加快转型升级，全面建设现代化中心城区》的报告。大会一致通过《中国共产党广州市海珠区第十一次代表大会关于中国共产党广州市海珠区第十届委员会报告的决议》《中国共产党广州市海珠区第十一次代表大会关于中国共产党广州市海珠区纪律检查委员会工作报告的决议》，选举产生中国共产党广州市海珠区第十一届委员会和中国共产党广州市海珠区纪律检查委员会。马红安等59人当选为区委委员，张丙祥等11人当选为区委候补委员，邓硕东等25人当选为区纪委委员，姚奕生等43人当选为海珠区出席广州市第十次党代会代表。

区委十一届一次全体会议 于9月29日召开。姚奕生、徐咏虹、苏小澎、江绍强、刘晋生、黄翔、陈少彬、刘捷、李海洲、潘瑞雄、马红安等11人当选为区委常委；姚奕生当选为区委书记；徐咏虹、苏小澎同志当选为区委副书记。

区纪委第一次全体会议 于9月29日召开。江绍强、杨伟华、张少良、李荣新、李蔚云、邓硕东、戴锡祥等7人当选为区纪委常委，江绍强当选为区纪委书记；杨伟华、张少良当选为区纪委副书记。

2011年9月29日，区委十一届一次全体会议召开 （张晓薇摄）

琶洲开发建设现场会 于11月30日召开。张广宁、万庆良、苏泽群、陈如桂、王东等市领导，姚奕生、徐咏虹、苏小澎、刘晋生、潘瑞雄、曾赤鸣等区领导及市、区相关职能部门主要负责同志参加会议。

街道工作及产业转型升级点评会 于12月21日召开贯彻落实琶洲开发建设现场会精神暨街道工作及产业转型升级点评会，姚奕生、徐咏虹等区一级班子领导及各街道党政主要领导、区属单位主要领导参加。姚奕生、徐咏虹分别作讲话。区委副书记苏小澎主持会议。

全面贯彻落实市第十次党代会精神大会 于12月31日召开。区一级班子领导，出席市第十次党代会代表、区各单位主要领导、街道党政主要领导、垂直管理单位领导、各经济联社主要领导等200多人参加。苏小澎同志主持会议。

【全区重大活动】 **广东集体婚礼活动** 1月1日，广东“春游绿道·万家同乐”系列活动启动仪式暨“新年·新人·新路”集体婚礼活动在海珠区会展公园举行。汪洋、黄华华、张广宁、万庆良、邓伟强、姚奕生等省、市、区领导以及省直有关部门领导出席100对新人集体婚礼。

“海珠之春”交响音乐会 2月12日，区委、区政府举办2011年“海珠之春”中外名曲交响音乐欣赏会。区一级班子领导，全区副处级以上领导，市垂直管理单位党政主要领导，各联社书记、社长等500多人欣赏了广州交响乐团的演出。

领导接访活动 8月11日，姚奕生、徐咏虹等区一级班子领导带领27个职能单位主要负责人在区人民群众来访接待处，面对面与来访群众交流。同日，区在18个街道设分会场，邓伟强、陈建华等区一级班子相关领导分别到其分管、联系的街道接待群众来访。

产业转型升级调研 8月19日，姚奕生、徐咏虹到广州联合交易园区、珠江国际纺织城开展产业转型升级调研活动。随后，姚奕生、徐咏虹同志召集相关单位、街道召开现场办公会议。苏小澎、黄翔、陈高生、毕锐明等参加调研活动。

海珠湖开园仪式 于9月30日举行。张广宁、万庆良、张桂芳、邬毅敏、苏泽群、陈如桂等市领导，海军基地政委殷敦平少将，区一级班子领导出席活动。市、区相关部门负责人，区一级班子离退休老同志、历年荣获全国、省、市奖励的劳模、三八红旗手、海珠湖工程建设者等参加。仪式由姚奕生致辞，徐咏虹主持。

孙中山戎装雕像揭幕仪式 于9月30日举行。市委常委、宣传部部长王晓玲，广州美术学院党委书记陈潮光，区一级班子领导，著名雕塑家、孙中山戎装雕像作者梁明诚，市、区各职能部门、各街道负责人以及艺术家、群众等约500人参加仪式。仪式由刘晋生主持。

黄埔古村改造 11月16日，姚奕生、苏小澎、刘晋生、潘瑞雄实地查看黄埔古村旅游线路沿线各景点建设及其管理情况。11月22日，姚奕生、徐咏虹带队实地查看黄埔古村改造情况，要求高标准、高效率做好琶洲开发建设现场会前期准备工作，把黄埔古村打造成风格独特的旅游景点。苏小澎、刘晋生、刘捷、潘瑞雄、曾赤鸣参加检查活动。

2011广州（海珠·琶洲）会展经济论坛 12月13日举行2011广州（海珠·琶洲）会展经济论坛、2011年度中国会展经济研讨会。商务部副部长王超、副市长曹鉴燎分别作讲话，姚奕生出席活动，徐咏虹作题为《新琶洲 新定位 新跨越》的主旨演讲。曾赤鸣主持论坛。

【区委办概况】 2011年，区委办公室内设秘书科、综合调研科、信息科、督查科、机要局、保密局（两局合署办公，副处级，对外挂中共海珠区委保密委员会办公室牌子）。

秘书工作 全年制发海委、海委发等各类文件137份，办理各类请示224件，处理中央、省市文件376份，组织区第十一次党代会、区委全会、市产业转型升级现场考评会、海珠湖开园仪式等各类全区性重要会议135次。在区第十一次党代会会务中，通过细化工作方案和任务，确保会议材料不出差错、工作过程不失误。接待中央、省市以及兄弟单位党政代表团等来海珠区考察、调研80余次。8月，配合市委做好胡锦涛总书记到TIT纺织服装创意园视察的前期准备、现场组织工作。

综合调研工作 全年完成领导讲话、总结汇报、新闻通稿等各类文稿201篇，编辑刊发《情况反映》综合调研专刊12期，在上级刊物上发表稿件5篇。为起草好区党代会报告，用半年时间开展深入调研，总结海珠区过去五年工作成效，提出今后五年工作思路，为区委决策出主意。围绕区委、区政府的中心任务和重大部署，开展万亩果园保护利用、社区服务管理改革创新等专项调研。

督查工作 全年办理督查件146件、涉及工作586项，落实率100%。其中，办结市委交办件41件、涉及工作100项，上报的关于海珠区切实做好残疾人工作的专报被省委、市委采用，并获省委、市委领导批示；办理区内重点工作9件、涉及工作289项；办理专项查办件96件、涉及工作197项。

信息工作 信息报送工作在全市各区、县级市党委系统排名第一，连续五年位居全市各区、县级市党委系统首位。全年报送的信息先后得到梁伟发、陈国等省、市领导批示5次，报送的信息被省委采用24篇，被市委采用271条。编印《海珠信息》正刊116期，增刊81期，要情动态挂网320条；编写《新闻摘录》205期；处理公安信息快报356份，办理领导批示140件；处理省市领导批示16件。

机要保密工作 全年处理6168多份文电和160多份领导批示件，无一差错。海珠区先后三次接受省、市机要部门的专项检查。抽查涉密计算机40台次、非涉密计算机350多台次。在省、市机要保密刊物上发表经验、做法文章15篇。

（彭丽莉）

组织工作

【区级班子换届】 按照中组部《关于认真做好市县乡党委换届工作的通知》以及市委有关部署，顺利推进区委换届工作。2011年9月26日至29日召开中国共产党广州市海珠区第十一次代表大会，选举产生十一届区委领导班子和区纪委领导班子。区委委员、候补委员和区纪委委员完全符合区委提出的结构要求。扎实做好区十五届人大一次会议、区政协十四届一次会议筹备工作，顺利选举产生新一届区人大、区政府、区政协领导班子、法检“两长”和市人大代表。在换届工作中严肃换届纪律，保证换届风清气正，海珠区在全市严肃换届纪律风气督导综合考核的得分，位居全市十个区两个县级市第二。

【创先争优活动】 2011年，海珠区创先争优活动以“转方式、强班子、作奉献、强素质、惠民生、促和谐、抓落实、重品行、创品牌”为主题，认真开展九大先锋行动。在全区各级党组织中广泛开展以“五个一，五争创”为主题的创先争优活动、窗口单位“为民服务创先争优”活动、“优秀共产党员标准大讨论”。通过开展党员承诺、践诺活动，共为群众办好事实事1897件，在窗口单位和服务行业创建党员示范岗567个，实施惠民项目105项，提供8132人次的志愿服务。

【领导班子建设和干部培养选拔】 严格按照《干部选拔任用条例》等有关规定，选拔政治上靠得住、工作上有本事、作风上过得硬、群众信得过的优秀干部。通过职位的变换实现机关与基层、党群序列和政府序列之间多岗位的交流和锻炼，激发和调动干部学习的积极性和工作的开拓性，实现二级班子更加科学合理的搭配。坚持全程公开、全程监督、全程差额和全程酝酿的“四个全程”科学机制，提高选任用人公信度。探索完善对党政正职人选等初始提名的具体办法。根据市委组织部《规范领导干部初始提名试行办法》，组织召开全区领导干部大会提名街道党政正职人选。加强基层一线干部队伍建设，弘扬敢于负责、敢于碰硬、敢破难题、敢担风险的“四敢”精神。根据市委组织部《关于加强街（镇）党政正职职级配备的实施意见（试行）》，扎实开展街道党政正职职级配备工作，确定2名人选提任市副局级干部。与区人社局共同做好海珠区2011年公务员考试录用工作，全区共招考55个职位，招录66名公务员。从优秀工人、农民中选拔基层机关和事业单位工作人员，招录3名工农考生。

【干部培训】 首次筹办海珠区处级领导干部出国（境）培训项目——“现代服务业（会展专题）德国高级研修班”，选派区经贸、国资部门和相关街道等23名干部前往培训。认真做好处级以上领导干部的培训选送工作，共选送46名领导干部参加中央、省委、市委组织部举办的各类培训班。举办2011年主体培训班，组织处级干部进修班学员和中青班学员赴云南腾冲开展异地教学，在中青班学员挂职锻炼工作中有针对性地安排学员到“万亩果林”工作队参与区一线中心工作。整合社会培训资源，充实专题培训内容。充分发挥区委党校等培训基地、“海珠讲坛”、“海珠网上讲坛”学习阵地与高校合作办学等作用，认真抓好贯彻落实十七届五中全会精神和“十二五”规划的人才培训工作。

【人才工作】 注重拓宽人才引进渠道，按照省、市要求积极做好“亚运人才战略合作伙伴”项目人才招聘、“121人才梯队工程”后备人才选拔、市第二批“创新创业领军人才百人计划”、“千人计划”人才项目、第三批海外高层次人才创新创业基地申报等工作，加大人才引进力度。优化人才发展环境。加大区本级财政投入，努力营造全区上下“尊重劳动、尊重知识、尊重人才、尊重创造”的良好氛围。大力开展各类人才队伍的培训工作，共举办各类培训班293期，累计培训39050人次。做好春节、中秋等重大节日对区拔尖人才和高级知识分子的走访慰问和座谈交流工作，共组织874名各类人才进行体检疗养，把区委区政府对人才的关心落到实处。

【扶贫工作】 根据市委组织部文

2011年6月22日，区委组织部开展“好歌献给党”——海珠区纪念中国共产党成立90周年歌咏活动。（区委组织部供稿）

件精神，做好第一批驻化州驻村干部的考核工作，跟进做好第二批6名驻化州驻村干部、1名驻从化驻村干部的人员更换和工作交接工作，并安排落实9名第一批工作队和驻村干部的职级待遇。

【党的基层组织建设和党员队伍管理】 2011年，顺利完成社区、经济联社“两委”换届工作。于3月底完成20个经济联合社、257个社区党组织换届，选举产生社区党组织班子成员1066人、社区居委会班子成员1682人；选举产生经济联社“两委”成员162人、经济社社委1192人。探索构建区域化党建新模式，加强非公、社会组织党建工作，努力实现非公、社会组织党组织组建工作的两个100%。积极推进党代表任期制工作。在部内设立党代表联络服务机构——党代表联络科，指导区直属机关党委、非公有制经济组织党工委、社会组织党工委和各街道共建立党代表工作室21个，初步实现区域的全覆盖和党代表的全参与。继续深化社区楼宇党建工作。对全区1151名楼宇党支部书记进行社区党建业务培训，并提高其服务群众的能力。扎实开展党员教育管理工作。举办2期机关、街道社区入党发展对象培训班和1期“两新”组织发展对象培训班，培训入党发展对象495名。稳步加大“关爱党员”工作力度。通过区财政专项经费、困难党员扶助基金以及街道经费投入，加大关爱帮扶力度。全年登记失业党员754人，组织其参加技能培训641人，培训后再就业595人，再就业率78.91%；组织困难党员2000多人次参与社区治安联防。在区委、区政府主要领导带领下，各级党员领导干部春节前走访慰问困难党员534名。推出关爱老党员“暖心项目”，首次开展对全区110多名90周岁以上老党员的关怀和慰问活动。

【干部任用监督工作】 完成2010年干部选拔任用工作“一报告两评议”和贯彻执行《干部选拔任用条例》工作的自查和检查。开展对区属各单位贯彻执行《干部选拔任用条例》及相关法规的自查和检查，督促全区各单位和各级领导干部自觉遵守《干部选拔任用条例》。认真落实个人有关事项报告制度，充分发挥经济责任审计联席会议的作用，做好区二级班子领导干部任期经济责任审计工作。落实科学发展观评价指标体系，从实绩考核、民主测评等方面按相应的指标体系进行，公平公正完成处级领导班子和领导干部年度考核工作。

（林欢、张耀国）

2011年4月21日，召开2011年海珠区组织工作会议。

（区委组织部供稿）

宣传工作

【概况】 2011年，区委宣传部围绕大局、服务人民、改革创新的总要求，以促进科学发展、建设幸福海珠为主线开展系列的宣传思想文化活动，为区域经济社会发展提供思想保证、精神动力、舆论支持和文化条件。

【理论工作】 2011年，区委宣传部邀请专家学者以“如何构建以现代服务业为主导的现代产业体系”、“低碳经济与海珠区可持续发展”、“学习贯彻胡锦涛总书记视察广东、广州重要讲话精神”等内容作专题辅导报告，结合“广州学习讲坛”开展中心组学习10余次。每月编辑一期中心组理论学习专刊，在市对2009—2010年党委中心组理论学习检查考核中海珠区被评为优秀等次，11月6日《广州日报》理论专版摘刊海珠区党委（党组）中心组学习经验做法。合作办好“海珠街坊讲坛”、“海珠少儿知识学堂”、“宣传文化干部大讲堂”，为全区宣传文化干部及社区居民群众持续提供学习教育的平台。

【形象宣传】 2011年，区委宣传部与省市媒体合作推出“十年大变”系列报道、《海上丝路全球寻踪》系列报道10期。推出南华西一期危改房项目4个整版专题报道及《“国际展都”谋跨越 幸福海珠画“绿心”》《打造广州绿心撬动城区转型》《海珠区全力打造国际展都广州绿心》等专题报道。合作开展“新海珠·新江南”海珠十大新名片评选活动，市民投票达78万人次，评选出“双塔辉映、帅府高风、古港丝路、琶洲展都、珠湖叠翠、岭南画源、太古听涛、漱珠朝斗、珠滘琶醍、绿轴霓裳”十大海珠新名片。全年宣传推介海珠的报刊文章1100余篇，播出新闻330多条，制作专题汇报片7部。

【建党90周年暨辛亥革命100周年活动】 2011年，区委宣传部开展纪念建党90周年理论研讨征文活动，评出获奖文章30篇，推荐10篇文章参加市纪念中国共产党成立90周年理论研讨会，1篇文章入选市论文集。6月，组织开展纪念建党90周年“幸福海珠”红段子征集大赛，参赛的红段子达395条，评出一等奖1名、二等奖5名、三等奖10名和优秀奖20名。设计、制作一座孙中山先生戎装雕像，9月30日在大元帅府广场举办雕像揭幕仪式，纪念辛亥革命100周年及近代民主革命家孙中山先生，市、区主要领导参加揭幕仪式活动。

【精神文明创建】 2011年，区委宣传部积极开展广州市创建全国文明城市冲刺年工作，发挥组织协调和综合督查两大职能，对全国文明城市7大项119个考核指标进行细化分解，制定海珠区系列“创文”检查及迎检方案，与67个责任单位签订《广州市海珠区创建文明城区责任书》，组织8个工作组对辖内主次干道、社区、经营性公共场所巡查62次，共发出督办通知112份，督办事项436件，现场督办1153件，编印《创文简报》32期6720份。高标准制作迎检材料，累计收集纸质材料20584份，整理成审核材料262卷，收集活动照片3897张共9G，在7次区县材料审核中均保持满分。在全市9次公共文明指数综合测评中海珠区综合平均成绩是94.64分，在全市综合排名第6。海珠区有30个社区获得2006—2010年度广州市文明社区，银禧社区被推荐申报全国文明社区、南华西街被推荐申报全国文明单位。新增陈李济中药博物馆、珠江—英博国际啤酒博物馆2个单位为海珠区第四批爱国主义教育基地。

2011年4月2日，区委宣传部、区文明办、区教育局等部门在赤岗中学举办“我们的节日·清明”经典诵读活动。（韩大为摄）

2011年4月18日，区委宣传部以“部内人员自己讲一讲、专家学者究一究、现场实地走一走”等形式开展“每月一讲”活动，图为区委宣传部组织人员到越秀区东濠涌及博物馆参观。（韩大为摄）

【文化建设】 2011年，区委宣传部推进粤海第一关纪念馆、黄埔古港古村、十香园二期、潘鹤雕塑艺术园二期等保护修缮工作。岭南古琴成功申报为第二批国家级非物质文化遗产名录及世界级非物质文化遗产名录，并被联合国教科文组织评为非物质文化遗产“优秀实践名册”。在珠江啤酒厂琶醍艺术创意园区举办首届广东岭南古琴音乐会，来自日本、中国香港、中国澳门的资深古琴艺术家及国家级岭南古琴传承人谢导秀等名家参与演出。大力扶持海珠民族乐团，积极支持海幢诗社和作家协会进行区文史资料编辑和文学创作，编辑出版《海珠文史粹编》、《海珠文丛》等书籍并发放到各地区文联图书馆。是年，海珠区被文化部授予“中国民间文化艺术之乡”称号。

（王艳慧）

2011年8月13日，海珠海外联谊会举行年会。（梁成剑摄）

统一战线

【概况】 2011年，海珠区统一战线紧紧围绕“坚持科学发展，加快转型升级，促进和谐稳定，着力改善民生，建设幸福海珠”工作大局，着力推进“同心”实践，团结和引导广大统战成员把思想和行动、智慧和力量统一到区委、区政府决策部署上来，为加快海珠区现代化中心城区建设作出积极贡献。

【同心工程】 2011年，海珠区统一战线以庆祝中国共产党成立90周年、纪念辛亥100周年为契机，开展以“同心奋进、振兴中华”为主题的“同心”思想教育活动。先后举办主题朗诵会、海珠区统一战线工作成果展、《辛亥革命与海珠》大型专题图片展以及《广州与辛亥革命》专题讲座等各类纪念活动，歌颂党的历史功绩，弘扬辛亥革命精神；全面反映广大统一战线成员在推动海珠区经济、政治、文化、社会发展中取得的优异成绩和涌现的先进人物事迹，深化学习实践社会主义核心价值体系教育活动，增强走中国特色社会主义道路的自觉性和坚定性。

【换届工作】 2011年1月，区各民主党派、工商联换届工作启动，区委统战部周密部署，精心组织，于9月中旬高标准高质量圆满完成区各民主党派、工商联换届工作。严格程序，有序推进。根据市委统战部关于协助各民主党派做好换届工作的文件精神，结合区情实际制定实施方案，把握换届工作政策和规范工作程序，确保换届工作扎实有序地推进。把握关键，抓好落实。推动各民主党派、工商联迅速成立换届工作领导小组，搭建工作机构、组织工作班子；积极协助区各民主党派、工商联酝酿组建领导班子；争取区财政支持，保障落实换届工作经费。充分协商、增进共识。主动与各民主党派市委会及区基层组织协商，充分听取意见，在民主推荐、充分协商、反复酝酿的基础上，达成共识。着眼长远，合理安排。在工商联换届工作中，注意结合海珠区未来经济发展趋势，把金域检验、振威国展、和藤制药、摩拉贸易等一批从事新兴行业的代表人物选拔到工商联领导班子中来。

【多党合作和政治协商】 2011年，区委统战部协助区委就编制区十二五规划、区级领导班子重要人事安排、区委工作报告、区政协换届人事安排等重大事项分别召开5次党外人士民主协商会，就如何重视党派工作、加强民主党派组织建设和思想建设、党外代表人士队伍建设、改善民主党派工作条件等问题召开1次小范围谈心会，并提请区政府有关部门3次向各民主党派、工商联、各界知识分子联谊会成员专题通报区“十二五”规划实施情况，将多党合作和政治协商工作落到实处。以“着力改善民生、建设幸福海珠”为主题积极组织区各民主党派、工商联、各界知识分子联谊会开展专题调研，分别就促进大学生就业工作、环境污染整治工作、优生促进工程开展专题调研活动，形成政协提案和建言献策建议42篇。

2011年12月11日，纯阳观举办“2011年广东道教文化节”分会场活动。　（吕瑾摄）

【民族宗教】 **民族工作**　2011年，参与创全国文明城市迎检工作，民族团结进步测评指标达标。民族团结进步模范社区创建活动顺利开展，区内有3个街道获评广州市民族团结进步模范社区，2个街道获评广东省民族团结进步模范社区。启动全区民族团结进步宣传月活动，多种形式宣传民族政策和民族团结的先进事迹。多渠道开展城市少数民族流动人员管理服务工作，保障民族领域的和谐稳定。支持区民族团结进步协会开展各项日常工作。在全区统战工作会议暨统战干部业务知识培训班上，进行民族工作业务知识专项培训。

宗教工作　2011年，指导区内宗教界开展以“清静”为主题的讲经论道活动。有2间宗教场所参与第二批创建“和谐寺观教堂”活动，均顺利达标。进一步加强宗教活动场所的建设。做好春、秋季广交会期间琶洲会展中心穆斯林客商礼拜活动的监督管理工作。

组织机构调整协调　2011年，经区委、区政府同意，调整区民族宗教工作协调领导小组成员，补充成员单位，加强对民族宗教工作的组织领导和工作协调。

应急预案修改　2011年，对原有涉及民族因素突发事件工作预案进行修改，牵头制定《海珠区处置涉及民族宗教因素突发事件应急预案》并送区应急办组织专家评审。

民族团结进步宣传月　2011年7月，区委宣传部、区委统战部、区民宗局联合印发《关于开展2011年全区民族团结进步宣传月活动的工作方案》，部署全区民族团结宣传月活动。9月，海珠区民族团结进步宣传月活动启动仪式暨区民族艺术团成立文艺汇演和“迎国庆、贺中秋”慰问市六中新疆班师生活动在区文化活动中心举行。省、市、区各部门，市第六中学新疆班全体师生，区少数民族群众代表及各宗教团体代表等500余人参加启动仪式。活动期间，区委统战部和区民宗局先后制作“同心奋进·振兴中华”海珠区统一战线优秀成果展览、“海珠区民族团结进步巡礼”流动宣传展板，在区内机关、社区、学校、企业和宗教场所巡回展出，组织数千名群众参观。区民宗局运用民族政策流动宣传站点、派发宣传资料、开展生动活泼的群众性艺术活动等多种形式，大力宣传党的民族政策，宣传民族团结的先进事迹和少数民族的先进人物，营造各民族团结、互助、友爱的和谐局面。指导广州格利蒙那提琴有限公司成立少数民族联谊会，开展民族团结活动，试点把贯彻落实民族政策工作融入到企业的日常运作中。

“创文”测评迎检　2011年，民族团结进步项目首次被纳入“创文”测评体系并占3.88分。区民宗局结合开展创建民族团结进步模范社区活动，抓好“创文”民族团结进步项目迎评工作。5月，制定迎评工作方案，落实区、街道（局）、社区三级责任分工。6月，抓好服务窗口建设。指导区司法局、区人社局和街道建立少数民族人员就业、职业培训和法律援助服务窗口。7月，完成区民宗局自2009年初以来有关“民族团结进步”测评内容工作资料的整理建档。

民族团结进步模范社区创建　2011年，指导街道围绕创建民族团结进步模范社区的标准，在建立组织机构、健全工作制度、整理台账资料、进行民族政策法规宣传教育、加强少数民族服务管理、应急处置机制等方面开展民族工作。9月，瑞宝街、凤阳街和新港街3个重点创建社区被评为“广州市民族团结进步模范社区”。

城市少数民族流动人员管理服务 2011年，印制政策法规宣传手册2000余份分发各街道。对全区100余家清真拉面馆宣传相关政策法规，为他们适应城市经商环境提供政策依据。9月，区内“穆海麦面馆”获评为“广州市四好清真食品经营户”。

区民族团结进步协会工作 2011年，该协会为配合创建全国文明城市、创建民族团结进步模范社区和民族团结进步宣传月活动，筹备成立区民族艺术团，在民族团结进步宣传月活动启动仪式后献演逾百人参与的大型民族歌舞。期间，开展丰富多彩的各族群众文艺活动、征文比赛、摄影画展等，打造具有代表性的海珠区民族文化艺术优秀品牌。在中秋、重阳节前组织慰问少数民族族胞，组织协会顾问开展“海珠一日游”活动，协助组织“迎国庆、贺中秋”慰问六中新疆班师生活动，送去党和政府的关怀，体现对少数民族族胞的深情厚谊。

主题系列活动 2011年，结合建党90周年和辛亥革命100周年纪念活动，指导佛教海幢寺和道教纯阳观开展以“清净”为主题的讲经系列活动。各宗教场所积极参加，开展内容丰富的“颂党恩·跟党走”系列活动等。海幢寺坚持“六抓六促”（即抓思想教育，促素质提高；抓制度建设，促管理有序；抓团结和谐，促道风建设；抓社会公益，促服务社会；抓场所整治，促环境文明安全；抓寺院文化建设，促禅宗思想传承），推进寺院各项工作的开展。纯阳观举办免费讲座30余场次，参加讲座的教内道长、工作人员及信众约2500余人次。区民宗局两次组织区内宗教界人士到省内外先进宗教场所参学，开阔视野，深化主题活动的内容。推动各宗教场所积极投入社会公益福利事业和民族地区科教文化事业。海幢寺、纯阳观和河南堂积极响应省、市、区的号召，踊跃参与社会慈善公益事业，3间场所是年共捐善款160余万元。

“和谐寺观教堂”创建 2011年，深入开展“和谐寺观教堂”创建活动，组织天主教宝岗堂、佛教宁隐庵参加第二批场所达标创建并顺利通过验收。至此，全区5间宗教场所全部达标。

穆斯林客商礼拜活动监管 第109、110届广交会期间，区民宗局加强对琶洲会展中心伊斯兰教穆斯林临时礼拜点的指导和监管，及时做好与展馆工作人员的工作衔接，对场馆工作人员进行宗教法规和常识培训，每天派出工作人员前往临时礼拜点检查和督促管理和安保工作。两届广交会期间，前往琶洲会展中心临时礼拜活动点做礼拜的境外穆斯林客商约13350人次，礼拜点以其良好的服务和安全保障受到境外穆斯林客商的普遍赞扬。

【涉台工作】 2011年，区台办把握上级对台工作部署，突出工作重点。邀请市台办主任李小勉作台海形势辅导报告，提高全区对台湾工作的认识，做好有关专项工作。区委常委、统战部部长黄翔，副区长罗光华和政协副主席黄国强分别带队到台南交流考察。把握纪念辛亥革命契机，加强对台宣传。是年共组织7个交流考察团、1个“台属恳亲团”赴台交流，邀请接待4个台湾团来区考察，进一步扩大与台湾基层企业和民众的交流交往。会同市、区侨办成功举办“纪念辛亥革命100周年—海峡两岸五市音乐之旅”，用音乐搭建两岸青少年的交流平台。区台办被中央台办宣传局评为“两刊宣传工作先进单位”。把握转型升级，拓展经贸合作。加强对台协海珠分会的管理和指导，深入台资企业调研，举办形式多样的亲商、安商、护商活动，为企业排忧解难，为台胞子女落实市民化待遇。圆满完成“广州·台湾名品展”工作任务，受到市政府好评，并积极邀请台中雾峰农会、台南美食街等参展企业和大东夜市董事长带队来区考察，洽谈经贸合作。把握对台工作自身建设要求，形成工作合力。健全和完善部门协调联动机制，工作阵地前移，将涉台事件处置在萌芽状态。全来共处置涉台突发事件15宗。加强台属联合会建设，常年开展送温暖、敬老和联谊活动，坚持开展“育才助学”捐资助学活动，资助12名困难家庭学生共3.6万元。举办“海珠区台务干部培训班”，进一步加强台务干部队伍建设。

【非公有制经济领域统战工作】 2011年，围绕“创先争优”主题实践生活，积极引导非公经济人士争当优秀中国特色社会主义事业建设者。成立非公经济党工委和非公有制经济组织党代表工作室，树立“创先争优活动”示范点，以点带面推动非公有制企业党组织创先争优活动全面开展，构建和谐劳动关系。积极协助省、市委统战部，指导恒大集团试点成立党委统战部，在探索加强区非公有制企业统战工作中有所突破。是年，新建非公经济党组织4个，全区非公经济党组织总数132个。积极组织会员参加慈善公益事业，仅在“广东扶贫济困日”，区工商联会员企业及个人捐款超3千万元。搭建服务平台，引导非公经济加快转型升级。深入走访民营企业，为企业提供信息、法律、融资、技术、人才等服务，组织民营企业到贵州省安顺县考察绿色资源环境，引导非公企业转型升级。建立协调劳动关系区工商联、区人社局、区总工会三方协调机制，举办创建和谐劳动关系企业评比活动。积极组织民企参与举办“海珠美食购物节”，协办“广州食品博览节”。

【海外联谊】 2011年，积极推动交流合作，精心组织香港新春恳谈会、“桂圆飘香、情系海珠”系列活动，深化海珠与港澳的交流与合作。高规格做好香港中联办九龙工作部领导率领的油尖旺区三个街坊会海珠访问团等19个团组的考察接待工作，促成华洲地区各界人士联谊会与香港仔街坊福利会缔结友好交流合作协议。开展国情教育，以纪念辛亥革命百年为契机，与香港新界工商业总会青年网络、九龙地域校长联会、培领社会服务联会、香港大学、油尖旺区街坊会、香港教师会等机构合作，组织港澳各界人士380人次到海珠区参观辛亥革命史迹、展览和海珠发展新貌，组织专题交流。着眼于培养境外年轻一代，做好第三届九龙地域杰出学生选举内地考察交流营、香港大学师生访问团、九龙城区少年警讯领袖营等青年团体的组织接待工作，通过参观现代化企业、辛亥革命史迹与民族英雄纪念场馆，与志愿者代表赵广军座谈交流、听取《国家“十二五”规划报告》，帮助他们多方面认识国情，受到香港中联办工作部领导的充分肯定。着力培养工作骨干，推荐安排30名爱国爱港爱澳的代表人士出任市、区政协委员，增补一批海外联谊会理事，形成新老交替平稳有序、骨干培养循序渐进的良好局面，为港澳海外统战工作的持续发展提供保障。

【统战队伍建设】 2011年，开展统一战线“创先争优”主题实践活动，提高对统一战线服务科学发展和自身科学发展的认识和实践水平；根据区委与党外人士谈心会成果，把统一战线政策理论纳入区委党校主体培训班常设课程，进一步提高各级领导干部的统战工作意识以及落实多党合作和政治协商制度的自觉性；围绕统战工作进社区，在全区15个街道推进成立民主党派成员联络小组工作，并发放活动经费；对全区各单位统战干部情况进行摸查登记，结合年度统战工作会议同步开展统战工作、民族宗教工作专题培训，帮助基层统战干部掌握业务、提高工作水平。

（周海燕）

机构编制

【行政管理体制改革】 2011年，坚持改革创新，扎实推进全区行政管理体制改革工作。一是在政府机构改革中，全区精简整合政府工作部门8个，占原政府工作部门总数的36%；精简和规范议事协调机构2个，占原议事协调机构的66.7%；部门间建立协调机制16项；理顺部门间职责关系22项，其中19个工作部门共增加和加强社会管理和公共服务方面的职责36项。二是顺利完成创新街道社区管理服务模式试点改革。通过对

2011年12月17日，区委常委、统战部部长黄翔（左二），副区长罗光华（左一）到台湾台南新化区食用甘薯产销班参访。（阳隆军摄）

管理、服务、维稳、执法四大职能进行分类整合，提升社会管理效能；对街道现有各类聘用人员进行优化整合，加强培训和教育，实行“网格化”管理，实现一员多能、减员增效的目标；坚持“有求必应”的服务理念，通过设立街道综合服务中心、政府购买服务、志愿服务等方式，切实帮助居民解决实际困难，真正把居民的投诉解决在街道社区，解决在萌芽状态，促进社区的和谐稳定。三是加强组织领导，精心制定接收方案，注重沟通衔接，扎实推进简政强区事权改革。市各职能部门下放的64项事权中，除2项明确无需下放海珠区外，其余事项均已完成对接工作。

【社会管理体制改革】 2011年，认真落实加强和创新社会管理的各项政策、要求，强化政府社会管理职责，提升各领域社会管理水平，坚持以人为本，重点解决涉及公共安全、公共教育等基本公共服务领域的体制机制改革问题。一是增强基层社区管理和公共服务的能力。沙园街、华洲街社区管理服务模式改革创新试点工作取得初步成效，“三中心一执法队”模式和政府购买社会服务等做法得到省、市领导的肯定。二是加强流动人口管理服务职责，调整流动人口和出租屋管理机构。参照市的做法，按照“上下统一”的原则，整合成立区流动人员和出租屋管理工作领导小组办公室；将各街道出租屋管理服务中心更名为街道流动人员和出租屋管理服务中心。三是强化公共安全职责，完善食品安全监管检查体系。按“编随事转”、“人随编转”原则，落实好区卫生局与区食品药品监管局职责、编制、人员的划转，加大餐饮服务、保健食品、化妆品、药品、医疗器械稽查一线执法力量，确保全区食品安全监管工作顺利衔接。四是根据省、市编委关于中小学教职员编制标准，核定中小学（含职业学校、特殊学校）教职员编制；为推进教育均衡、优质发展，成立宝玉直街实验小学，撤销南村路小学、宝贤大街小学，合并滨江中路小学、滨江中路第一小学，组建大元帅府小学；解冻区属公立幼儿园17名事业编制，专用于幼儿保健、财务岗位。五是在全市率先完成公共医疗卫生服务体系的编制保障工作，为海珠区医药卫生体制改革创造有利条件。以街道为单位，成立全区18个街道社区卫生服务中心，按服务人口数科学合理确定人员编制，实行人员编制总量控制、统筹安排、动态调整，稳步推进基本公共卫生服务均等化。六是强化应急管理职责，提高处理突发公共卫生事件的应对能力，增加区疾病预防控制中心事业编制。七是强化纪检监督检查职责，把各街道纪检监察人员编制收归区纪委集中管理，改革创新基层纪检监察派驻机构。八是为鼓励和规范志愿服务活动，促进志愿服务事业健康长效发展，进一步建立健全全区志愿者组织网络，成立区志愿者行动指导中心。九是为进一步促进区第三产业发展，为现代服务业提供金融支撑，成立区金融工作办公室。十是为加快完善公共住房保障体系，进一步贯彻执行中央、省、市保障性安居工作的决策部署，成立区保障性住房管理中心。

【事业单位分类改革】 2011年，按照省、市部署，严格按照事业单位分类改革的时间安排、方法步骤和任务要求，精心组织，周密部署，狠抓各项工作落实，确保全区事业单位分类改革工作在规定时间内顺利完成。一是健全组织领导。成立全区事业单位分类改革工作领导小组，由区长担任组长，统一组织领导全区事业单位分类改革工作。二是周密安排部署。11月1日，组织召开全区事业单位分类改革工作会议，布置改革任务，明确改革进度和完成时间节点，编办主任授课培训，明晰改革中需要注意和应把握的问题。三是严格落实规

2011年2月23日，市编办对区政府机构改革进行评估。（关文摄）

定。严格落实中央、省、市关于分类推进事业单位改革的文件要求，按照政事分开、事企分开、管办分离的原则，依法依规，科学分类，稳妥推进事业单位分类改革。

【机构编制管理】 2011年，强化机构编制部门统一管理机构编制的职能，增强机构编制部门的工作权威，建立机构编制管理协调机制，形成规范有序的工作格局。全年累计审批办理使用编制1403人次，其中：行政（含行政执法）266人次，事业1112人次，备案25人次；审批办理使用临时人员231人次。截至12月31日，全区设置党委工作机构7个，不占机构限额的机构3个（区机关党委、区编办、区信访局）；设人大常委会办公室和7个工作委员会；设政府工作部门22个，不计入政府机构个数的部门3个（区监察局、区民宗局、区侨务外事办），议事协调机构的办事机构2个（区民防办、区整规办）；市派出机构2个（区公安分局、市国土房管局海珠区分局）；设政协办公室和6个专门委员会；设民主党派1个；设群众团体10个；设区人民法院1个；设区人民检察院1个；设行政街道办事处18个。本年度列入事业单位机构编制统计的事业单位共315个，其中财政核拨264个、财政核拨补助16个、经费自给32个、企业化管理3个。

积极推进机构编制实名制管理系统和技术平台建设，不断提高机构编制管理信息化水平。8月，根据省、市要求，按时完成机构编制数据库建库和人员信息数据对接工作，全区72个行政单位（含街道）、315个事业单位，约10820名编制内人员信息均采集进入系统，通过与组织、人力资源社会保障、财政等部门沟通联系和协调配合，进一步完善全区人员编制实名制管理，使人员编制数、实有人数、财政供养人数相对应，为实现人员编制管住管好的目标打下基础。

本年度机构编制调整40宗：重新制定海珠区公安分局、区编办、沙园街、华洲街“三定”规定方案；印发区政务办、区土地开发中心、区委党史研究室、区地方志办机构编制方案；设立广州市城市管理综合执法局海珠分局女子特勤中队；调整区委组织部、区委宣传部、区侨务外事办、区供销社机构编制事项；增加区统计局处级领导职数；调整区军队转业干部安置管理办公室（与区自主择业军队转业干部安置管理办公室合署办公）、区劳动人事争议仲裁委员会办公室机构编制事项；核定区全民健身中心、区电视新闻中心、区动物防疫监督所、区环境监测大队科级领导职数；增加区公职律师事务所、区价格认证中心、区服务业统计调查队事业编制；核定区纪委、区委办公室、区委宣传部、区委政法委、区直属机关党委、区体育发展中心后勤服务人员数；增加区信访局、区委党校、区环保局、区司法局、区城管执法分局、区民防办、区整规办、区妇联、区武装部、区全民健身中心、区市政设施维护管理中心编外合同制人员等。

2011年11月1日，区编委办组织全区315个事业单位及其主管部门于区政府会议中心第二会议室召开区事业单位分类改革工作会议。（关文摄）

【事业单位登记管理】 2011年，区事业单位登记管理局共办理事业单位法人新设立登记16宗，变更登记88宗，年检294宗，公告97个事业单位，出具法人证明材料8份，申请使用原单位公章事宜10宗，接待来访办事人员1600余人次，进行劳动仲裁指引6人，办理完结率达100%。扎实开展事业单位法人年检工作。全区294个事业单位完成年检工作，参检率和合格率连续七年达100%。通过培训为各基层单位做好服务指导，把上门年检与领导督办相结合，把握重点，优质高效完成年检工作。扎实推进事业单位法人日常监管制度的建立。全年共走访区属事业单位37个，对25个存在问题的事业单位提出整改意见，召开一次主管部门的座谈会，通报实地抽检和中文域名推广情况，事业单位、主管部门和区登记管理局之间形成良好的互动。加强区机关事业单位网上名称管理，推进中文域名注册工作。截至12月底，全区共有234个单位申请注册中文域名，其中147个单位已审核通过。不断充实登记台账和电子档案库。建立和完善“一户两档”的档案管理制度，完善联络员档案库，登记台账和电子档案库实现动态更新。

【队伍建设】 2011年，区编委办加强自身建设，公共服务水平和能力明显增强。以开展创先争优活动为契机，围绕全区工作重点和机构编制重点任务，结合业务培训、学习竞赛、外出调研、撰写调研报告等活动，努力推进学习型、服务型、创新型编办建设。建立健全机关作风管理制度，规范工作办事流程，贯彻为民、务实、清廉的要求，深入开展党性党风党纪教育和岗位廉政教育。加强干部队伍建设和制度建设。通过重新制定区编委办“三定”规定，完善和规范机构编制部门职能配置，加强机构编制监督检查力度，增设监督检查科，不断充实队伍。抓好各项制度的落实，注重加强工作程序的总结和规范，建立健全中心组学习、业务培训、岗位轮换等制度。

（陈丽怡）

信访工作

【概况】 2011年，区信访局全面贯彻落实中央、省、市信访工作会议精神，围绕海珠区中心任务和市、区、村（社）三级换届工作，深入开展“创先争优·岗位能力建设”活动，从源头上预防和减少不和谐因素，强化“事要解决”维护群众合法权益，完善机制体制促进信访工作科学发展，及时化解一大批历史积案，妥善解决多宗突发性、群体性的重点信访问题，全面实现年初提出的“一个达到”、“两个下降”、“三个确保”、“四个为零”的工作目标，为区经济社会和谐发展作出积极贡献。

【创先争优】 2011年，区信访局开展“创先争优·岗位能力建设活动”，制定《关于印发〈海珠区开展以创先争优为动力 加强信访干部队伍能力建设活动实施方案〉的通知》等6份文件，组织4批次全区各级信访干部业务培训，开展《读一本好书》、《岗位学雷锋》、《重温入党誓词》等学习实践活动。4月，市信访局组织副处级以上干部到海珠区观摩调研创先争优活动。5月，区顺利开通视频接访、电话、短信、电子信箱“四位一体”网上信访大厅。同月，局长黄素平作为全省信访系统的唯一代表，被省创先争优领导小组推荐为“广东省创先争优先进事迹报告团”成员，省委常委、省委秘书长徐少华在黄素平同志事迹材料上批示：“材料好，是因为做得好。黄素平同志为全省信访系统争了光，请省信访局登相关刊物”。5月27日，黄素平在省委礼堂受到中共中央政治局委员、省委书记汪洋，省委副书记、省长黄华华等领导的亲切接见。“七一”前夕黄素平在全省各地级市作“淡泊名利做信访，满怀深情为群众”的巡回报告，引发热烈反响和共鸣。6月，市信稳办、市信访局邀请优秀信访业务能手、副局长丘世华，在全市信访干部会议上作《基层劝访与接谈艺术》专题培训，海珠信访模式得到广泛认同。7月，区信稳办、区信访局联合举办全区信访干部“四优”干部表彰大会暨“创先争优——我为党旗添风采”演讲比赛，市信访局党组书记陈彦华、区委常委黄翔、区政府党组成员冯伟贤、中山大学教授陈大海等同志出席活动。刘子能等80人分别被评为区优秀办信员、

2011年4月1日，召开2011年海珠区信访维稳工作会议。（李页摄）

2011年7月7日，区信访系统开展“四优”信访干部评比暨“创先争优——我为党旗添光采”演讲比赛 （钟铭 摄）

优秀接谈员、优秀督查员、优秀信访工作者，区检察院余伟文等30多人参加演讲比赛，10人分别获得一、二、三等奖和优秀奖。

【工作成效】 2011年，区信访局受理信访总量5677件次，比上年下降9.61%；各街道、部门受理的信访总量12719件次，比上年下降6.4%。是年，区内群众到市集体访13批470人次，比上年分别下降60.6%和59%；到省集体访11批225人次，比上年分别下降50%和69.5%；进京访25批35人次，比上年分别下降24.2%和54%。是年，区信访局牵头成功化解信访历史积案19宗，其中重大历史积案8宗、进京非正常访积案7宗、重大群体性纠纷131宗（含意外死亡引发的群体纠纷80宗）。代表区政府共受理群众信访复查申请107宗，作出复查意见82宗，撤销基层信访答复意见13宗，调解12宗。区信访局收到群众送来锦旗12面、群众感谢来电67个、感谢短信81个、感谢信35封、感谢邮件79件。

【重要会议】 2011年1月，举行全区信访干部迎春座谈会。区委副书记董延军，区委常委、政法委书记麦志强，区委常委、区委办主任黄翔，副区长罗光华，区政府党组成员冯伟贤，区纪委副书记、监察局局长杨伟华，各街道、各部门分管领导和信访干部，256个社区居委会主任、综治专职人员共600多人参加座谈会，黄翔致新春贺词。3月，召开2011年全区信访维稳工作会议，邓伟强、董延军、麦志强、黄翔、王罗端、黄信仪、冯伟贤、杨伟华到会，董延军主持会议。4月，召开全国“两会”期间信访维稳工作总结会议，区领导董延军、麦志强、黄翔、冯伟贤以及区各部门负责人参加会议，总结区在全国“两会”期间的信访维稳工作情况，传达学习国家、省、市信访部门提出的工作要求。4月，市信访工作会议暨“创先争优·能力建设活动”现场观摩会在海珠区召开。市委副书记、市纪委书记苏志佳，市委常委、市政府秘书长陈如桂，市人大常委会副主任谢宝怀及市纪委、市检察院、市信访局有关领导，邓伟强，董延军、麦志强、黄翔、冯伟贤等区领导，市属各区（县级市）党委或政府分管信访工作的领导、信访局局长，市加强信访工作和维护社会稳定协调领导小组成员单位负责人、第七批市信访督查专员以及市信访局副处长职务以上干部共150人参加会议，黄翔代表区向大会作题为“真抓实干纾民困，创先争优促和谐”的经验介绍。12月，区信访局牵头组织召开全区综治信访维稳工作会议，区委副书记、区综治信访维稳中心主任苏小澎、副主任马红安、专职副主任黄素平等参加会议。

【督查员工作】 2011年，市委、市政府选派广州市侨联副主席梁瑞冰、广州市国资委副主任高东旺挂任督查专员到海珠区督查工作，协调推进的保利丰花园等“三跨三分离”信访疑难积案得到化解；区委组织部选派朱科年、张后仁等4批9名副处级干部，温远辉、布劲松等4批11名科级干部到区信访局担任信访督查专员和督查员，顺利推进16宗信访积案得以妥善化解。

【工作交流】 2011年1月13日，国家信访局党组成员尹希波一行调研“三旧”改造信访工作，充分肯定海珠区创先争优解积案工作；4月17日，国家投诉受理办公室副主任闰贵华到区调研网上投诉处理工作，特题字“海珠观念新、思路新、举措实，值得学习推广”；11月，省纪委信访室副厅级主任王传金一行，参观区接访受理软、硬件后予以高度评价；是年，福建省、天津市、中山市、湛江市、汕头市、深圳市南山区、佛山市南海区等21个省、市（区）分管信访工作的领导和信访干部先后到区信访局交流学习。

【“四访”活动】 2011年，区信访局深入开展“四访”（开门接访、主动约访、带案下访、上门回访）活动。1月，开展大走访、大探访“暖冬”活动，走访慰问和探访信访群众124户。3月，探索并尝试分类接访的活动形式，于4月分别开展土地、村居和涉法涉诉问题专题接访日活动。8月，海珠区率先在全市开展“化解信访积案百日行动”。区委书记、区人大常委会主任姚奕生，区委副书记、区长徐咏虹等区一级班子领导带领27个职能单位主要负责人，与群众面对面交流，受理群众信访诉求；同时，在18个街道设立分会场，由区一级班子相关领导分别到其分管、联系的街道接待群众来访。两天的大接访活动，区共接待群众248批511人次。8月31日，市委副书记、市纪委书记苏志佳带领市纪检、监察和政法系统等部门领导到海珠区接访，当天共接待全市各地群众228批416人次，现场得以解决问题的群众有53批90人次。

【“事要解决”】 2011年，区信访局在创新思路、“事要解决”、息诉罢访上下工夫，重视初信初访的一次性办结率，全面落实首接首办责任制，重复信访问题明显减少。对“化解信访积案百日攻坚行动”中受理的303宗突出信访问题，各单位按照区委书记姚奕生关于“三个落实、两个不推、一个回访”的要求，积极落实包案领导、认真落实工作责任、明确落实办结时间，不推卸、不拖延，逐案回访，以信访群众是否满意作为检验信访案件是否圆满办结的标准，促使一批老信访户转变观念，端正认识，真正“案结气顺”。是年，各类信访件办结率97.6%，信访群众息诉罢访率91.3%；市交办的重点立案件51宗和市主要领导批件19宗办结率为100%。

【调研成果】 2011年，区信访局结合海珠区中心任务和选举年的信访特点，开展基层信访工作调研，推动信访诉求得到合法合情合理解决，工作做法和调研材料被国家和省、市机关刊物采用，其中：国家信访局主办的《人民信访》2篇、省信访局主办的《南粤信访》3篇、省信稳办主办的《省信访维稳联席会议专刊》3篇、市委主办的《广州信息》2篇、市信访局主办的《广州信访》4篇、区调研信息10余篇，人民日报、南方日报、广州日报、羊城晚报、信息时报、新快报登载报道19篇次，被广东卫视、广州电视台、南方电视等视频媒体报道11次。

（钟　铭）

党史研究

【区党史二卷编撰】 2011年，区委党史研究室继续编撰《中国共产党广州市海珠区历史（1949—1978）》。发出《关于征集〈中国共产党广州市海珠区历史（第二卷）〉资料的通知》，向全区各单位征集史料，并到区地方志办、区政协文史委、区档案局、市档案局、市委党史研究室、中山图书馆及辖区内的部分单位收集、查录资料。多次组织全区老同志、老教师代表进行座谈和专访。对原稿进行较大篇幅的修正、改写，形成24万字送审稿，并配照片及文字说明。12月，送市委党史研究室审阅，获得初审通过。同月，在全区各有关单位、离退休老同志代表和区内有党史工作经验和文字工作特长的干部代表中广泛征求修改意见，进一步对全书作订正及补充。

【“红广角杯”纪念建党90周年有奖征文活动】 2011年，区委党史研究室深入开展“红广角杯”纪念建党90周年有奖征文活动，向全区党政机关干部、青少年学生、党史工作者、革命老同志及其后代征集纪实性文章。6月截稿并进入评审阶段。7月，区委党史研究室、区党建学会召开写作心得座谈会，对活动进行颁奖、总结和经验交流。征文活动收到区属单位和辖区单位共100多篇参评文章，评出一、二、三等奖和优秀奖文稿14篇。其中，由朱桂馨口述、古思华整理的《党是我心中永不熄灭的明灯》选送参加省“红广角杯”征文活动被载用，由朱岳卿及其家属口述、李少婷整理的《九十余载岁月流金，一生无悔秉志前行》被《广州党史》刊登。

【党史人物传记采写宣传活动】 2011年，区委党史研究室联合区委创先办开展以“与党同龄、与国同龄、与改革开放同龄”为特色的党史人物传记采写宣传活动。5月，发出通知摸查全区符合条件的党员情况，筛选拟采写的党员名单。6月，在各个联络点开展采访，

2011 年 7 月 7 日，区委党史研究室、区党建学会召开“红广角杯”纪念建党 90 周年征文活动写作心得座谈会。（区委党史研究室供稿）

整理、撰写文稿，收集照片。6 月下旬，汇编采写成果，印发海珠区创先争优活动“我的故事”“七一”专刊，纪念建党 90 周年，宣传老党员的坚定信念和奉献精神。

【构建“大党史”工作格局】 2011 年，区委党史研究室按上级党史部门的要求着手建立并逐步健全党委统一领导、各有关部门密切配合的“大党史”工作格局和机制，加强党史的宣传、教育工作。参加省、市相关党史工作会议，撰写专题汇报材料向区委常委会议汇报省、市会议精神，将汇报内容印发全区有关“大党史”格局的单位。邀请市委党史研究室有关处室领导为海珠区入党发展对象培训班讲授党史课程，在基层干部队伍中加强党史宣传工作。为全区市管干部和区属各单位订购《中共党史二卷》和《中共广东省历史简明读本》，供其学习使用。联系区委宣传部理论科，传达上级文件精神，落实将党史学习内容纳入全区各党委中心组理论学习范畴，以制度形式推进工作。

【党史业务规范化建设】 2011 年，区委党史研究室制定《有关证照变更、年检工作指南》，提高相关事务办理的规范化管理水平，避免重复摸索和延误工作。重新整理 2007 年以来积存的零散文件和资料，累计共整理永久档案 253 件、老干部回忆录 56 件、大事记等分类资料 6 盒。制定资料借出、归档登记制度，规范档案资料的管理使用。广泛收集党史资料，全年累计新收集档案资料 347 份、报刊资料 681 份、历史照片 119 张、书籍一批。提出区委党史研究室机构编制方案及说明，作为事业单位分类改革材料上报区编委，旨在进一步理顺和明确部门的性质、职责和任务，规范部门自身建设及工作的开展。

【党史档案资料年报制度】 2011 年 11 月，印发《关于规范我区党史档案资料收集报送工作的通知》（海组通〔2011〕29 号），要求区属各单位须于每年年初上报一次本单位上一年度的党史档案资料，包括区委历届历次会议（含扩大会议）主体材料，全区年度党员、党组织、干部情况统计数据，区属各群团单位换届会议主体材料，各时期党内开展各类学习教育活动的归档材料等有关党建及区内经济社会建设的材料；规范各单位党史档案资料的收集报送工作，加强党史档案资料的保管和利用，为党史研究室编撰党史、组织史、大事记等提供史料。

（刘雅琦）

机关党委

【概况】 2011 年，区直属机关党委根据市直机关工委和区委的工作部署，依靠区直属机关各单位党支部，开展党委各项工作，重点开展创先争优促发展主题实践活动，推进机关作风建设，加强党建业务培训，完善群团工作，为海珠区的党建工作发展出力。是年，区机关党委党总支 6 个，党支部 55 个，党员 1279 人。

【思想政治和作风建设】 2011 年，区直属机关党委根据区委部署，指导区机关各单位开展区“创先争优促发展”主题实践活动：一是抓好创先争优促发展活动，进一步增强活动效果。坚持围绕中心，服务大局，在主题实践活动中认真把握“三个节点”，坚持狠下“三个功夫”，健全完善“三个机制”，不断向深度和广度发展；二是以“提高执行力”为重点，推进机关作风建设。配合市、区开展群众满意度调查，加强本单位的服务质量和作风建设，并形成长效机制，及时发现问题，及时改进作风；三是实施固本强基工程，实现创先争优促发展。设计“九大先锋行动”、“五个一、五争创”活动、“创先争优优秀案例评比”等多项载体，形成竖到底、横到边、全覆盖、多层次开展创先争优活动的局面，党员、群众齐参与进一步激发创先争优活动的生机活力。

【机关党的组织建设】 2011年，区直属机关党委发挥机关党组织在党建全局中的示范作用，组织协调机关各单位贯彻落实区委、区政府的各项重大工作部署，促进全区中心工作的顺利完成。抓好区编委办、区科信局、区环保局等8个党组织的换届选举工作，选配一批政治坚定、作风正派、能力较强、群众公认的党员干部从事党务工作。5月，与区委党校联合举办2011年海珠区直属机关支部书记培训班，参加学习的支部书记、党务干部近80人；收集2008年-2010年以来机关党建与政研会的获奖论文，编印《海珠区直属机关2008年以来党建与政研会获奖论文集》，作为建党90周年的献礼。6月，为纪念建党90周年，在区直机关开展评选表彰海珠区直属机关优秀共产党员、优秀党务工作者和先进基层党组织活动，共评选出区直属机关优秀共产党员73名、优秀党务工作者30名、先进基层党组织18个。9月，牵头组织广州市区、县级市机关党建工作联席会议，通过交流机关党建工作经验，互通机关开展“创先争优促发展”主题活动情况，学习兄弟城市党建工作先进经验，共同促进我市机关党建工作发展。全年新发展党员9名，按期转正预备党员10名，推荐27名积极分子参加入党培训。

【党风廉政建设】 2011年，区直属机关党委抓好党员干部的党风党纪教育和公务员队伍的廉洁勤政教育。4月，组织下属46个党组织开展“严肃换届纪律保证换届风清气正”专题组织生活会，学习换届工作纪律，明确严肃纪律在换届工作中的重要性、必要性，增强党员干部的党性观念、大局观念、组织观念；9月，组织区直机关各单位党员干部约700人次参观廉政文化主题公园，旨在弘扬廉政文化，共建和谐海珠，推进区直机关各党组织廉政建设工作。

2011年6月21日，区直属机关党委召开海珠区直属机关纪念建党90周年暨表彰大会。（刘泳摄）

【文化体育建设及群团工作】 2011年，区直属机关党委开展机关文化体育活动，激发机关干部的工作活力，营造团队精神，活跃文化生活。组织机关篮球队、机关乒乓球队、机关羽毛球队、机关足球队以及机关文化艺术团参加全区各类文体比赛。在2011年海珠区纪念中国共产党成立90周年群众歌咏活动中荣获机关组银奖；在“传承亚运 和谐共享”2011年海珠区机关足球比赛中荣获第三名。

【工会工作】 2011年，区机关工会组织举办机关干部百人登山、机关干部职工健康讲座、元旦体育花会等活动，活跃干部职工的文娱生活，使机关干部职工身心得到健康的发展；机关工会协助各基层工会、小组做好新一年工会会员购买、续保现有两个互助保障计划，并根据区总工会的工作要求，召开工作会议指导下属6个工会进行规范化建设工作总结。

【共青团工作】 2011年，区机关团委发挥团组织教育青年、凝聚青年、服务青年的作用，召开共青团海珠区直属机关第十一次代表大会，选举产生共青团海珠区直属机关第十一届委员会，区直属机关党委办公室主任何伟斌当选为团委书记；举办“激情飞扬、青春相约”大型青年联谊活动，营造以人为本的人文关怀氛围，促进不同团组织之间及团员青年之间的联系交流；组织机关各团总支、团支部每月定期到省荣军医院开展“一帮一”结对活动，指导基层团支部开展团

2011年1月21日，区直属机关党委举办“魅力海珠 和谐机关”海珠区直属机关文化艺术团成立暨2011年迎春晚会。（刘泳摄）

青年活动，并通过开展2011年“岗位能手”的评选发动工作，掀起基层团员青年“比学赶帮超”的热情。

【关心下一代工作】 2011年，区直机关关工委积极发动“五老”参与关心下一代工作，发挥退休老干部的余热，发动“五老”参加机关关工委工作，关工队伍不断扩大，力量得到充实。8月，召开海珠区直属机关关工委工作会议，完善区直属机关关工委工作机构。区直机关关工委资助江海街3户特困家庭的6名儿童学习，定期组织老同志前往家访探望，与资助对象进行谈心，了解其所需所想。

（刘　泳）

老干部工作

【概况】 区委老干部局是区委主管全区离休干部和处级以上退休干部的工作部门。2011年，区委老干部局服务管理离退休干部有716人。其中区离休干部124人，易地安置离休干部9人，市副局级以上退休干部33人，处级退休干部550人。

【落实政治待遇】 2011年，区委老干部局注重抓好老干部政治待遇的落实。通过多种手段使老干部及时了解党和国家大政方针、区情。坚持送资料上门，为离休干部和区退休一级班子成员订阅3种报纸杂志，购买配发科学发展观等内容的学习教育书籍，健全老干部阅文制度；区委、区政府每半年向区一级班子离退休老领导通报区建设发展情况，听取意见和建议；春节和敬老月期间，区主要领导分别上门走访慰问区一级班子离退休主要老领导。协调和组织老干部参加区内重要活动。一级班子离退休老领导分别参加区党代会、人大、政协会议，并建议邀请其参加区春节各界人士座谈会。是年，区离退休干部共参加区内组织的重要活动10多次。以纪念建党90周年为契机，组织离退休干部开展“颂党恩，跟党走”为主题系列庆祝活动，近200名老同志参加演出。开展以“与党同呼吸、共命运、心连心”为主题的征文活动，选送10多篇报市委老干部局。在全区老干部中征集书法、绘画、摄影作品50多幅，出版《金秋风采》——纪念建党90周年书画摄影作品选集。组织老干部合唱团出演省、市、各区老干部局联合举办的“永远跟党走——广东省暨广州市老干部纪念中国共产党成立90周年大型歌会《灯塔颂》”。创新离退休干部党支部建设，建设“五好”（支部

2011年6月28日，区委老干部局举行海珠区老干部“颂党恩，跟党走”文艺演出。（区委老干部局供稿）

班子好、党员队伍好、活动开展好、制度坚持好、发挥作用好）离退休干部党支部。先后组织12名党支部书记代表参加市委老干部局举办的培训班，提高其开展老干部党支部党建工作的能力。

【落实生活待遇】 2011年，区委老干部局根据国家、省、市有关部门文件精神，调整全区127名机关和企事业离休干部节日补贴；对全区115名离休干部按新标准和新范围从2011年起每人每年增发一个月的基本离休费作为生活补贴；对抗战时期参加革命工作的4位正科级及以下的离休干部和解放战争时期参加革命工作的33位副科级及以下的离休干部分别提高到副处或正科职级待遇，并按规定和提高后的职级待遇标准及时对他们的月生活补贴等项目从6月份起补发；提高2名离休干部遗属生活补助费标准。并按照有关标准条件为1名离休干部办理生活长期完全不能自理的确认手续，提高其护理费标准；对家庭比较困难、住房比较老旧的4位区一级班子老领导的住房进行维修，改善其住房环境；完成离休干部和市副局级以上退休干部每年一次和处级退休干部每两年一次的体检工作，组织288名处级退休干部就近疗养；组织离退休干部每季度一次的生日会，并给离休干部按三个不同的年龄段发放生日慰问金。落实区政府关于“离休干部公费医疗开支年限额标准2万元/人，限额内由财政负担，超出限额部分由区财政、享受单位、医疗单位按5:4:1比例分摊”的规定。

【老年教育工作】 2011年，区委老干部局根据学员的需求，增设摄影创作和拉丁舞两门课程。每学期出版一期校刊《金秋风采》，刊登各教学研究会的研讨文章、任课老师的教学经验文章、学员们的学习体会文章。每年举办一次书画摄影展和钢琴、声乐、粤曲演唱大赛，展现学员的学习成果。每个学期召开两次班长（艺术团团长，各研究会会长）工作会议。是年元旦期间，组织太极班、交谊舞班、绘画班、诗词班、民族舞班、模特班的师生70多人参加广东“春游绿道，万家同乐”活动。由区政府投资建设的区老干部活动中心和老年大学工程，总投资近2亿元，是海珠区三大重点工程之一；该局严格规范工程管理制度，严把工程质量关、进度关、安全关和廉洁关。

【关心下一代工作】 2011年，区委老干部局发挥“五老”作用，履行“拾遗补缺”的职能，有针对性地开展对青少年思想道德教育和资助贫困生等活动；投入15万元出版《十万个怎么办（求生应急篇）》，下发到区属各中小学校及部分学生手中，该书为开展青少年开展人身安全、心理和法制教育提供针对性、可操作性强的教材；是年上半年，区关工委与市关工委在北大附中广州实验学校联合召开以《关爱朝阳》为主题的青少年读书活动经验交流会，在青少年中广泛开展多读书、读好书活动；区委老干部局和区关工委组织召开纪念区关工委成立十周年大会，全面总结十年来发动“五老”开展关心下一代工作；同时对作出积极贡献的基层16个先进关工委、33个先进关工小组、106名先进个人和10名获得荣誉奖的个人进行宣传和表彰。

（蔡海珍）

党　校

【概况】 2011年，区委党校以坚持内强素质、外树形象、科学务实、争创一流为工作主线，突出服务经济社会发展大局，立足“科学培训”，强化科研创新，加强队伍建设，各项工作稳步推进。中共中央党校《党校工作通讯》第23期登载区委党校工作情况。

【干部培训】 2011年，区委党校按照《干部教育培训工作条例（试行）》的要求，围绕海珠区中心工作，设置主体班次，创新培训方式，完成全年的干部教育培训中心任务，全年共举办各类主体班18期，累计培训学员1433人。

创新培训格局 制定《海珠区2011年干部教育培训实施意见》，统筹干部培训工作，形成“统一计划、协调各方、共同配合、齐抓共管”的办学模式，避免重复办班、交叉培训等现象的发生。办好“海珠讲坛”、“海珠网上讲坛”和反邪教教育共建基地。围绕全区中心工作，把提高党员干部素质和领导干部执政能力作为重点，主抓干部培训和党员教育，完成各项培训任务，充分发挥主阵地作用。坚持分类别培训、分层次办班、分系统教学，形成科学的干部教育培训体系。基层指导成为常态。区委党校教师作为区宣讲团骨干成员，坚持“送课下基层”制度，分别到凤阳街、区公安分局、区教育系统等基层单位进行多场宣讲，取得良好效果。

深化教学改革 逐步完善集体备课、新专题试讲、个人科研与集体科研相结合等制度，用制度来管理；对学员实行严格考勤制度和双评制度，真正起到教学相长、学学相长的良好效果。力求“少而精”、“少而新”，突出“管用”，突出理论的指导性和前瞻性。在加大区情教育、领导科学、干部心理学的课程讲授量的同时，紧跟区委、区政府对干部培训的需求方面，建立信息沟通机制，将党校教育与科研成果融入区内的工作中。增加经济社会转型升级和“幸福海珠”建设的教育，注重干部个性化和全面性教育，加强相关法律法规教育。主抓教学方式改革，关注教学实际效果。处级干部培训多采用专题研究法，科级干部培训多采用案例教学法、研讨座谈法，青年干部培训多采用课堂讲授法和情景模拟法等。坚持实施“2+0.5”的授课时间安排，变以往的“填鸭式”单向授课为互听互讲的双向、多向教育方式，进一步激发参训学员的学习动力。强化学员管理。坚持对每期培训班的学员进行入学教育，严格执行点名记录制度，中青班、科级班等班次实行考勤通报制度，考勤结果与评优活动挂钩。严格落实“零应酬”制度，使学员在党校补充知识、涵养德性，提高党性修养。

【教学科研】 2011年，区委党校坚持科研为区委、政府决策服务，紧扣海珠区经济社会发展的脉搏，开展专题调查和科研理论文章研究，取得丰硕成果。完成《适应形势，建立科学化的社会管理新模式——海珠区社会管理模式创新调研报告》的调研报告，向市委宣传部和中山大学举办的“文化高端论坛”提交应征主题报告《整合文化资源，建设文化名区——广州市海珠区文化产业发展调研报告》，并入选论坛文集。承担并完成以反映海珠区深入学习实践科学发展观，建设幸福海珠为主题的《海珠在创造中幸福》一书，编辑出版校刊《理论探索》（纪念海珠区委党校建校50周年专刊）和《咨政参考》第二期，编辑出版两期《理论学习动态》。以上读物均发送至区内处级以上干部阅读。是年党校教职工在公开期刊上发表论文3篇，在《探求》上发表论文6篇，在《求是》杂志研究所和广州日报上发表文章数篇，向有关学会、论坛提交论文10篇，全校全年共计6人次获得省市科研奖励，全年所发表或获奖文章系历年数量最多、层级最高、影响最大。成立海珠党校学术委员会，修改完善校科研制度，提交校委会通过后执行。积极加强兄弟党校之间交流，促进党校科研机制的共同发展。

【自身建设】 **建校50周年座谈会**于2011年12月28日召开。区领导苏小澎、刘晋生、黄翔、陈少彬、李海洲等出席。李海洲代表区委向党校表示祝贺，并勉励党校要坚持解放思想、开拓进取，打造一流的培训渠道；要坚持理论联系实际，形成优秀的理论成果；要坚持内外兼修，建设一流的教师队伍；要以建校50周年为契机，为建设区高素质的干部队伍做出更大的贡献。

新校舍建设 新校舍为海珠区重点建设工程项目，总投资确定为13000万元。于上年底正式启动，2011年如期顺利封顶，转入预装修阶段。期间，区主要领导和分管领导多次到工地现场视察指导，区委党校将努力把新校舍打造成廉洁工程、样板工程、质量工程。

领导班子建设 贯彻落实民主集中制原则，重大问题实行集体研究，民主决策，分工合作。加强党风廉政建设工作，严格遵守中央、省、市关于领导干部廉洁从政规定。认真开好党员领导干部民主生活会，不断提高民主生活会的质量。加强学习引导，提高党员干部思想政治素质。坚持理论学习与工

2011年12月28日，区委党校召开建校50周年座谈会。（宋向瑛摄）

作实践相结合，形势教育与信念教育相结合，规范党员行为，加强队伍建设。

教师队伍建设 完成事业单位岗位设置工作。根据市区文件精神，与区委组织部进行多次沟通协调，确定党校事业单位岗位设置方案，并落实相关人员聘任和工资待遇。抓好教师参加学习教育、社会实践和外出培训等工作。2011 年选派 20 多人次参加省、市委党校等进修培训，组织教师赴北京、天津、云南三地，及中央党校、国家行政学院、北京大学、清华大学等学习进修。实施集体备课制度，教师互相交流，相互提高，增强教学的针对性和实效性。

【社会服务】 **服务区中心工作** 区委党校把“创建全国文明城市”作为服务区中心工作的重要环节，全校上下全力以赴，认真组织教职工参与相关街道创文值班和宣传工作，并根据统一部署，高标准、严要求，做好校内环境卫生整治工作。

函授教育服务 区委党校根据党校函授教育的实际和上级党校安排，遵循善始善终原则，抓教学、考务、学籍、教材、电教、论文撰写、指导、答辩等管理工作，完成函授教学任务，2011 年全校毕业专、本科学员 114 人，现有函授班级 2 个，在校注册函授学员 43 人。

（肖鑫洪）

人民代表大会

2011 年 3 月 2 日，区第十四届人民代表大会第六次会议开幕。（柳永烈摄）

2011 年 11 月 11 日，区十五届人大一次会议选举产生区十五届人大常委会主任、副主任。（区人大办供稿）

【海珠区第十四届人民代表大会第六次会议】 于 2011 年 3 月 2—3 日在海珠会议文化活动中心举行。到会代表 250 人，法定列席和邀请列席人员 223 人参加会议。会议审议区人大常委会常务副主任冯舶作的《广州市海珠区人民代表大会常务委员会工作报告》、区长姚奕生作的《政府工作报告》、区人民法院院长关锦新作的《广州市海珠区人民法院工作报告》、区人民检察院检察长王雄飞作的《广州市海珠区人民检察院工作报告》。会议还审查和批准《海珠区国民经济和社会发展第十二个五年规划纲要》、区发展和改革局局长刘国雄作的《关于广州市海珠区 2010 年国民经济和社会发展计划执行情况与 2011 年计划草案的报告》以及区财政局局长张日麟作的《广州市海珠区 2010 年预算执行情况和 2011 年预算草案的报告》，并就 6 个报告和《海珠区国民经济和社会发展第十二个五年规划纲要》作出相应的决议。大会期间收到代表提出的建议和意见共 43 件。

【海珠区第十五届人民代表大会第一次会议】 于 2011 年 11 月 7—11 日在海珠区文化活动中心举行。310 名区人大代表出席大会。会议审议通过区人大常委会、“一府两院”的工作报告以及《广州市海珠区2011年1—9月份国民经济和社会发展计划执行情况》《广州市海珠区2011年1—9月份财政预算执行情况》，并就区人大常委会、“一府两院”的工作报告作出相应决议。

会议选举产生海珠区第十五届人大常委会组成人员和“一府两院”领导人员以及广州市第十四届人民代表大会代表65名。大会通过无记名投票，经大会主席团确认，姚奕生当选为区第十五届人大常委会主任，冯舶、陈汉强、关锦新郭功宇、范泳嫦、老炳坚当选为区人大常委会副主任，孔颖梅等20人当选为区第十五届人大常委会委员；徐咏虹当选为区人民政府区长，刘捷、方锦群、罗光华、魏素新、曾赤鸣、江帆当选为区人民政府副区长；邬耀广当选为区人民法院院长；蔡世葵当选为区人民检察院检察长（报广州市人民检察院检察长提请广州市人民代表大会常务委员会批准）。

会议期间，共收到代表提交的建议、批评和意见22件，其中教科文卫体方面3件、城建方面15件、财经方面1件、其他方面3件。

【审议、决定重大事项】 2011年，共召开16次区人大常委会会议，讨论审议各项议题，依法作出决议、决定17项，主要涉及审查和批准区财政收支总决算、预算调整、接受代表辞职等方面。4月28日，十四届人大常委会三十八次会议审议通过《关于接受陈建华辞去广州市海珠区第十四届人民代表大会常务委员会副主任职务的请求的决定》。7月22日，十四届人大常委会四十次会议审议通过《广州市海珠区人民代表大会常务委员会关于广州市海珠区人民代表大会换届选举的决定》和《关于设立广州市海珠区选举委员会的决定》。7月29日，十四届人大常委会四十一次会议审议通过《广州市海珠区第十四届人大常委会第四十一次会议关于许可对陈志泉采取强制措施的决定》。8月8日，十四届人大常委会四十二次会议审议通过《关于接受姚奕生同志辞去广州市海珠区人民政府区长职务的请求的决定》，并决定徐咏虹为广州市海珠区人民政府代理区长。8月23日，十四届人大常委会四十三次会议审议《海珠区2011年上半年财政预算执行情况报告》。9月7日，十四届人大常委会四十四次会议审议通过《关于接受关锦新同志辞去海珠区人民法院院长、审判委员会委员、审判员职务请求的决定》，并决定邬耀广为广州市海珠区人民法院代理院长；审议通过《关于接受王雄飞同志辞去海珠区人民检察院检察长、检察委员会委员、检察员职务请求的决定》。9月22日，十四届人大常委会四十五次会议审议通过《广州市海珠区人大常委会关于批准海珠区2010年财政收支总决算的决定》。9月26日，十四届人大常委会四十六次会议审议通过《广州市海珠区第十四届人民代表大会常务委员会关于蔡世葵同志为广州市海珠区人民检察院代理检察长的决定》。12月19日，十五届人大常委会二次会议审议通过《关于批准2011年海珠区财政预算调整的决定》。

【监督工作】 **法律监督** 区人大常委会主任（扩大）会议听取区政府贯彻落实《中华人民共和国城市居民委员会组织法》、《中华人民共和国水法》和《中华人民共和国防洪法》等法律法规的情况，通过听取汇报、实地视察等方式，提出意见和建议，推动相关工作的开展。继续跟踪《中华人民共和国归侨侨眷权益保护法》执法检查整改情况，区人大常委会会议听取和审议《海珠区人民政府关于实施〈中华人民共和国归侨侨眷权益保护法〉存在问题整改措施的报告》，会议建议区政府要制订计划和方案，逐项落实对执法检查的整改措施，同时加大对该法的宣传力度，促使护侨助侨成为社会共识。

工作监督 区人大常委会主要从三个方面加强和改进监督工作，提高监督实效：一是加强对财政经济工作的监督，推动经济转型升级。听取和审议海珠区2011年上半年国民经济和社会发展计划执行情况的报告、2011年上半年预算执行情况报告、2010年财政收支总决算和2011年财政预算调整的报告、2010年本级预算执行和其他财政收支情况的审计工作报告。重点审查法定支出拨付、预算超收使用和部门预算执行等事项，加强预算执行，分别作出决议、决定。二是加强对城区建设和管理的监督，推进现代化中心城区建设。听取和审议区政府关于后亚运城市管理、道路和绿化建设管理等工作情况汇报，实地视察沙园街道广重社区、榕景市场、逸景路绿化等建设情况。加强对我区垃圾分类试点工作推进情况的监督。听取区政府贯彻执行水法和防洪法的情况汇报。

听取区政府“三旧”改造工作情况汇报，实地视察琶洲村、黄埔村“三旧”改造项目。三是加强对各项民生事业的监督。听取区政府关于海珠区餐饮环节食品安全监管工作情况汇报和广州市工商局海珠分局工作情况汇报，视察区工商分局食品安全检测中心，督促区政府完善食品安全监管机制，强化源头保障，落实监管责任，整合各职能部门的执法力量，加强食品安全检验检测环节的检查督促。开展社区卫生服务调研，视察素社街道社区卫生服务中心。听取和审议区政府贯彻落实《居民委员会组织法》，加强社区建设工作的情况报告，视察何贵荣夫人福利院，要求区政府加强和创新社会管理模式，规范社区管理。听取区政府民族宗教工作情况汇报，提出要进一步加强对少数民族人员的管理，依法防范和打击非法宗教活动，促进我区民族宗教事业健康发展的意见和建议。

司法监督 区人大常委会听取和审议区检察院关于改进和加强反渎职侵权工作情况汇报，要求区检察院继续增强使命感和责任感，克服阻力，进一步打击渎职侵权犯罪行为；探索建立重大责任事故同步介入调查机制，从源头上更有效地减少渎职侵权行为的发生。依法跟踪督办有关司法工作的群众申诉、控告案件，解决一些涉及群众切身利益的“执行难”问题，促进了公正司法，保障了人民群众的合法权益。

【人事任免工作】 区人大常委会严格按照法律规定和法定程序，执行人事任免的有关规定，做好人事任免工作。2011年，区人大常委会依法任免国家机关工作人员64人次，其中任职47人次，免职17人次。

【代表工作】 区人大常委会积极探索新形势下做好代表工作的途径和方法，着力提高代表素质，促进代表作用的进一步发挥。2011年，组织市人大代表海珠联组视察广州联合交易园区、珠江国际纺织城、海珠湖、南丰汇环球展贸中心、黄埔古港古村等项目。各街道代表联组积极组织区人大代表开展专题视察、检查和调研活动，促进有关问题的解决。开展市人大代表向选举单位报告履职情况活动。组织部分市、区人大代表参加常委会执法检查、专题调研和旁听区法院的庭审活动，发挥了代表的主体作用。坚持落实人大代表列席常委会会议、常委会组成人员联系人大代表、政情汇报、代表学习培训等制度，为代表依法履行职务提供良好的服务和保障。

【建议、批评和意见的办理】 海珠区十四届人大六次会议期间，代表提出的建议、批评和意见有43件，其中属于区职权范围内的有28件。区人大常委会均按法定的程序和要求，及时交由区政府办理。区人大常委会加强与承办单位沟通联系，重点走访政府部门的承办单位，对办理工作提出意见和要求，提高办理的质量。对代表提出的属于市职权范围的建议，常委会积极向市人大有关部门反映，通过市人大组织市代表视察、调研，有效地推进代表建议的办理落实。代表建议已按照有关法律、法规的规定，按时全部办复。代表对办理情况表示“满意”的有25件，占89.3%；表示“基本满意”的有3件，占10.7%。代表建议的办理取得明显成效。

【信访工作】 区人大常委会高度重视信访工作，积极参加全区大接访活动，对涉及民生的重点信访件，深入调查，提出解决办法。对一些重要信访件，常委会主要领导和分管领导亲自到现场了解情况并认真督办。2011年，共受理人民群众来信来电204件次，接待群众来访203人次，有效解决一批涉及群众切身利益的信访案。

2011年12月21日，区人大常委会组织市人大代表海珠联组开展视察活动。（柳永烈摄）

【宣传、理论研究】 区人大常委会围绕广州市地方人大常委会建立30周年纪念活动，区人大机关干部撰写8篇研讨文章参加省、市人大制度理论研讨会。参加广州市加强和改进人大工作经验交流会，并在会上作经验交流。加强区人大网站建设，编辑出版《代表之声》10期、《海珠区选举工作简报》8期和《区人大常委会会刊》16期。注重发挥新闻媒体作用，广泛宣传人民代表大会制度、人大工作和人大代表的履职活动。

【对外交流和联系】 区人大常委会注重加强与友好城区和兄弟城区人大之间的工作交流。参加全国十三城区人大工作交流会，组织常委会组成人员考察学习兄弟城区人大工作的先进经验。通过开展广泛深入的学习交流活动，增进相互了解，增强工作实效。

【换届选举工作】 根据省、市的统一部署，从2011年下半年开始，海珠区依法开展人大代表换届选举工作。区人大常委会以高度的政治责任感和严谨的工作态度，对选举工作可能出现的新问题、新情况，提前做好预案，周密安排，严格选举程序。9月8日统一选举日，全区参加投票的选民共542510人，占选民总数的86.1%，依法选举产生新一届区人大代表313名。此外，分别在沙园、昌岗等11条街道另行选举区十五届人大代表共11名。11月8日召开的区十五届人大一次会议依法选举产生新一届区人大常委会组成人员和区人民政府领导人员，以及区人民法院院长、区人民检察院检察长，圆满完成换届选举工作。

（柳永烈）

人民政府

【经济发展概况】 2011年，海珠区实现地区生产总值872.12亿元，比上年同期增长12.2%；税收收入121.56亿元，增长13.2%；财政一般预算收入35.54亿元，增长23.3%；全社会固定资产投资428.61亿元，增长10.8%；商品销售总额2372.86亿元，增长33.9%；社会消费品零售总额559.98亿元，增长16.5%；海关出口总值15.42亿美元，增长17.9%；实际利用外资1.46亿美元，增长12.7%。结构调整步伐加快，三次产业结构调整为0.4:17.6:82.0，现代服务业占地区生产总值的51.7%。

现代商贸服务业 会展经济龙头效应凸显。全区会展业实现增加值37.27亿元，增长16.3%；全年举办展会138场、展览面积673.6万平方米，分别增长19%和25.9%，其中10万平方米以上大型展会达12场，约占全国总量的1/4。广交会威斯汀酒店开业，会展商务配套不断完善。新引进12家总部企业，重点总部企业达85家，税收贡献占全区总额的37.8%。25家企业成为市首批总部企业。

高新技术和文化创意产业 规模以上高新技术产值占工业总产值的33.4%。珠江国际纺织城纺织品展贸中心试业，杰赛科技、梦芭莎、金域医学检验等创新品逐步成为行业领军企业。引导成立海珠检测与认证产业联盟。

经济发展环境 成立区金融办，扶持成立小额贷款公司。出台《加快推进重点项目建设的实施意见》《关于开展质量强区活动的意见》等一系列政策，借助“新广州·新商机”系列推介会和2011广州（海珠·琶洲）会展经济论坛平台招商引资，签约28个重点项目，总投资额达760.6亿元。强化税收征管和国有资产管理，取缔无证照经营1977户，关闭清理“五小”店档776户。全区万元生产总值综合能耗下降4.5%以上，超额完成市下达的节能减排目标任务。完成68家“退二”工业企业关停或搬迁工作，为现代服务业发展腾出空间。

【胡锦涛总书记视察T.I.T】 8月14日，中共中央总书记、国家主席、中央军委主席胡锦涛到位于海珠区的广州T.I.T国际服装创意园考察工作。该园是利用二十世纪五十年代成立的广州纺织机械厂的旧厂房进行升级改造，占地9.34万平方米，保留原有的建筑风貌、城市肌理、文化底蕴，植入现代文化商业元素，变身为服装时尚创意梦工场，转型后效益成倍增长，是省、市利用“退二进三”和“三旧”改造推动产业转型升级的典范。2008—2010年连续三年被列为市重点建设项目，2010年纳入省重点建设项目。2011年园区自身总产值2.5亿元，税收3000万元。胡锦涛在该园的设计区、展示厅、时尚发布中心，同园区负责人、服装设计师和前来订货的客户深入交谈，询问园区规划、服装设计、品牌培育等情况，倾听他们对发展中国纺织服装业的建议。胡锦涛寄语该园进一步加强园区建设，提高服务水平，为创意企业和人才提供良好的创业发展平台。希望园

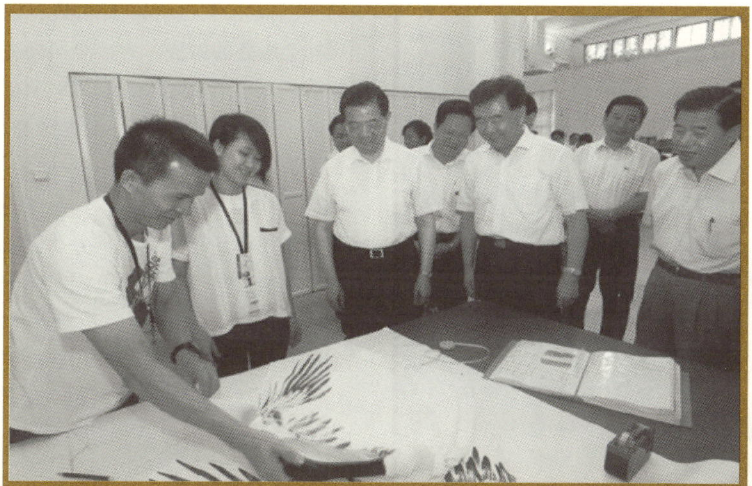
2011年8月14日，中共中央总书记、国家主席、中央军委主席胡锦涛视察广州T.I.T纺织服装创意园。（省档案馆供稿）

区内的企业充分发挥智力优势，努力打造具有国际竞争力的中国服装品牌，推动中国从服装制造大国向服装制造强国迈进。

【城市建设和管理概况】 圆满完成“创文”工作任务。基本建成逸景路、新港东路延长线，新建南洲路与大干围交界路口等3座人行天桥，南洲路振海片区等4项“水浸街”治理项目基本完成。南华西旧城改造一期回迁房已竣工，成为市旧城改造的范例；琶洲村安置复建房已完成15%建设量；沥滘村改造方案通过市审批。海珠湖一期建成对外免费开放，成为广州新的景观名片，接待游客200多万人次。新建绿道54公里，海珠区获市绿道网建设工作金奖。清理违法排污小作坊168家，全区河涌水质同期综合污染指数下降66%。城市管理水平不断提升。“12319”城市管理投诉案件回访满意率达98.5%。建成5个流动商贩疏导区。集中整治500家不符合环保要求的餐饮企业，对200家100餐位以上的餐饮企业安装油烟远程监控系统。以南华西街和沙园街为试点，开展“三线”整治工程，先行推广垃圾分类处理和垃圾不落地收运试点。建成全区首座餐厨垃圾处理站。新增一星级卫生街道、二星级卫生街道各9个。新增停车场53个、停车位5960个，增设13条“城中村”中小巴公交专线，完成8299盏“城中村”路灯安装及改造。加强“五类车”整治；严格查控违法建设，清拆各类违法建设6.19万平方米；城市管理专项整治成效明显。

【社会事业发展概况】 区财政投入民生和各项公共事业资金占一般预算支出的77.7%，增长31.1%。2011年区政府承诺的十件民生实事全部兑现。

劳动就业和社会保障 全区189个社区创建成为充分就业社区。新增就业岗位5.48万个，城镇登记失业人员就业率达71.6%，“零就业家庭”实现100%就业。区内登记失业的应届高校毕业生就业率达91.5%。健全社会保障体系，“五大险种”参保人数达177.95万人次，增长10.3%。累计接收社会化管理退休人员15.87万人。社会救助体系进一步完善，为5382户低保户（13843人）发放低保金3805万元，为低保、低收入、重度残疾人、优抚对象等困难群众办理医保8955人次。实施2153例残疾人康复救助补助，提高户籍贫困残疾人专项补助金发放标准。加快社会化养老服务体系建设，支持社会力量参与养老事业。进一步扩大长寿保健金发放范围和提高发放标准。按时完成1500套保障性住房筹集任务，2.06万户低收入住房困难家庭全部纳入住房保障体系。

教育、卫生、计生、体育等其他事业 顺利通过市义务教育规范化学校终期督导验收。全区公办完全中学100%通过高中教学水平优秀等级评估。为5.25万名外来务工子女提供义务教育学位。完成校车安全性能检测并开展网上实时监控，校园安保进一步强化。以社区卫生服务为基础的新型基层医疗卫生服务体系初步形成，基本公共卫生服务绩效考核连续四年荣获全市第一。全面实施优生促进工程，为6109人提供免费婚检，为1.2万人次提供免费产前出生缺陷医学筛查，出生人口素质不断提高。开展“传承亚运、和谐共享”特色体育活动，海珠体育中心室内设施正式开放，新建、维护126条全民健身路径。双拥工作取得新成绩，海珠区第6次荣获省双拥模范区、连续8次荣获市双拥标兵区称号。

扶贫工作 对口帮扶新疆疏附县、广东化州市和从化温泉镇工作成效明显，完成从化温泉镇灌村中学升级改造等各项任务。开展大型

2011年12月31日，海珠区政府组成人员（扩大）会议召开。
（区政府办供稿）

扶贫济困活动，加大对困难群众的救助帮扶力度。

文化事业 顺利通过第3次全国文化馆（站）评估定级和省第9次文化站评估定级检查。区文化馆保持国家一级馆称号，各街道文化站全部达到省一级站以上标准。区图书馆被评为市社会科学普及基地。全面完成《海珠区志（1991—2000）》编纂工作。文化品牌打造和文化遗产保护成效良好。成功举办首届广东岭南古琴音乐会，海珠区获中国民间文化艺术之乡称号。在全市率先开展“非物质文化遗产进校园”传习活动。“古琴艺术（岭南派）”被评为联合国科教文组织“优秀实践名册”项目。十香园二期工程全部完工，广东岭南古琴艺术馆、黄埔古村人文历史展览馆建成开放。广东现代广告创意中心落户广州美术学院，广州国际媒体港落户广州塔商圈，成为区文化创意产业发展新动力。开展“聚焦新环岛·万人游海珠”及“新海珠·新江南”海珠十大新名片评选活动，全面推介海珠旅游新形象。黄埔古村保护建设工程一期基本完工，完善邓世昌纪念馆、潘鹤雕塑艺术园等景区配套服务设施，文化旅游发展环境进一步优化。

社会管理 扎实开展街道社区服务管理改革创新工作，沙园街、江南中街、华洲街等试点街道探索的“一队三中心”模式和政府购买社会服务的做法，为市全面推进改革创新工作提供示范。18个街道的“一队三中心”全部挂牌。对街道、社区的投入进一步加大，街道和社区就近管理、便民服务的职能作用得到有效发挥。劳动保障群体性突发事件和劳动争议案件分别下降34%、32%。完成社区再生资源网络体系建设。构建网格化社会面整体防控布局，建立围院式小区523个、治保会组织258个。重拳打击违法犯罪，深入开展“粤安11”、“亮剑”等专项行动，破获各类案件6717宗，八类暴力案件数量继续下降，群众安全感进一步增强。推行流动人员居住证制度，在全市率先完成全年任务。注重疏通信访渠道和解决信访积案，在全省率先建立“网上信访大厅”，实现“足不出户可信访”；成功化解涉及民生、影响稳定的历史积案19宗。在全市率先启动诉前联调工作，调解、调处各种矛盾纠纷3033宗，成功率达97%。生产、消防、交通、食品药品等安全管理效能增强。应急管理基础工作进一步强化，实施风险隐患排查评估和化解控制，排查整改风险隐患600多项，依法、及时、妥善地处置各类突发事件。

【政府常务会议】 2011年，海珠区人民政府召开14届政府常务会议13次，15届政府常务会议2次，议题101项，制定5件规范性文件。

【议案、建议和提案办理】 2011年，共办理市、区人大代表建议43件，市、区政协委员提案81件，办复率100%，满意率和基本满意率100%。

2011年8月14日，黄埔古村新貌。 （区政府办供稿）

【区政府办公室概况】 2011年，区政府办公室内设6个科室。年末，在职公务员29人，其中研究生学历2人，本科学历26人，大专学历1人。

办文办会工作 全年共接收处理省、市纸质文件3309件、电子公文3421件，区属纸质文件1780件、区政府综合工作平台文件886件，请示件934件。全年共制发区政府、区政府办公室文件648件，印制各类文件936件。全年筹办重大会议和接待活动250余次。

文稿、信息工作 全年完成政府工作报告、区政府主要领导在各项会议和活动上的讲话稿等177篇区政府各类综合性文稿，合计97.5万字；编写各类信息427篇、《海珠简报》17期、要情308篇，上报信息被《穗府信息》采用85篇、专报专刊17篇。

政务公开工作 全年主动公开政府信息38022条，其中全文电子化达86.9%，本年度新增的主动公开信息21910条、比上年增长136%。共受理信息公开申请1526件，答复1525件。在已经答复的申请中，“同意公开”的1499件、“不予公开”的3件、“信息不存在”的1件、“非本行政机关政府信息”的16件、“申请内容不明确”的5件、未答复的2件（在办理期限内）。

督办工作 全年办理规范行文的请示文1059件，做到100%规范办复行文。急件、特急件当天拟办意见呈批，一般件48小时内拟办意见呈批。对海府会纪决定和区领导批示督办事项，严格执行反馈制度，保证在每季度的第一个月内通报上一季度的事项办理情况。

法制工作 全年制定规范性文件5件，对涉及征地拆迁、行政强制、企业、自主创新的规范性文件进行全面清理。审核涉法文件、合同等共100件。受理行政复议申请25宗，全年审结27宗。代理区政府行政应诉18宗。

应急管理工作 全年接报和处置突发事件419宗。区应急委成员单位和街道共报送各类信息1274条，接报突发事件信息电话2000余次。编制各类预案150余个，进行应急演练452次，印发《海珠区突发公共事件风险隐患评估》12份。

（刘 菲）

侨务外事

【概况】 2011年，区侨务外事办做好新形势下的侨法宣传，涵养侨务资源，切实维护归侨侨眷合法权益，充实侨务工作力量，促进侨务工作可持续发展。稳步推进“阳光出访”工作，加强涉港澳的交流与合作，高要求做好因公出国（境）考察工作，高标准做好各项外事接待工作，加大为民营企业服务力度，为全面提高海珠区对外开放水平、促进社会经济协调发展，建设现代化中心城区做出贡献。

【侨法宣传】 2011年，区侨务外事办推动侨法“三进”，继续深入开展侨法入党校，把《华侨华人的作用与涵养侨务资源》专题辅导课程纳入6月区委党校处级干部任职培训班、处级干部进修班和中青班等主体班的课程。开展辛亥革命100周年及建党90周年纪念活动，会同市侨办等单位举办“纪念辛亥革命百年海峡两岸五市音乐之旅”启动仪式。

【侨务资源】 2011年，区侨务外事办加强与港澳社区和友好社团的交流，增进和巩固与广州籍乡亲社团、专业社团及港澳重点联络对象的交往，推动CEPA专项工作顺利开展。在海珠区侨资企业开展送政策、送法律、送服务活动，积极引资引智。发掘侨乡历史文化，加强侨务文化建设。支持和协助开展《走进黄埔村》编辑出版工作；接

2011年1月21日，区侨务外事办、区侨联、区侨商会联合举办2011年海珠区“侨心工程”扶贫助学新春慰问会。（区侨务外事办供稿）

待晚清留美幼童、著名外交家梁诚的曾孙、加拿大华人梁嘉邦一行回乡寻根。

【侨务服务】 2011年，区侨务外事办共接待信访269宗，98%以上得到及时回复和妥善办理，被市侨办评为“2008—2011年度广州市侨办系统信访工作先进集体”。开展扶贫济困“侨心工程”，继续对54户困难家庭及24名学生分别给予每户900元和每个学生2000元的资助。争取区财政的支持，申请10万元困难归侨侨眷救助专项资金用于2012年扶助困难归侨侨眷解决入学、伤病、住房、再就业及等其他方面困难。

【侨捐管理】 2011年，区侨务外事办做好捐赠导向和管理，切实维护捐赠人合法权益。配合市侨办做好《侨胞慈善 扬帆广州——广州地区华侨港澳同胞捐赠兴办公益事业功德录》材料收集工作。对全区侨捐项目进行全面检查，完善长效管理机制。8月，何世柱家族捐资100万元人民币用于修缮海珠区何贵荣福利院，并以何耀光慈善基金会名义向官洲街20名贫困学生发放奖学金、助学金5万元人民币。

【因公出访管理】 2011年，区侨务外事办加强因公出访量化管理及审核把关，进一步加强全区党政干部因公出国量化管理，严格按计划审核，11月调整本地区领导干部因公出国（境）审批管理权限；加强因公出访外事纪律管理，全年未发现违反因公证照管理的情况。加强因公出访绩效管理，密切与港澳爱国社团和社会各界人士的友好往来，重视联系和团结港澳年青一代。全年出访20多次，拜访港澳友好社团10多个，并多次拜会由海珠区推荐的在港“广州市荣誉市民”及海珠区侨商会驻港澳会员；共接待到海珠区考察、访问、观光的港澳人士200多人次。全年办理因公出国手续108人次，协助办理区领导干部随中央、省、市组团出国考察、培训团组27批共30人，协助区委组织部办理因公赴德国开展专题培训团组1批共23人，办理区领导干部因公赴港澳通行证150批近300人次，协助办理区领导干部随市、区组团赴港澳考察、培训团组8批共18人。

【商务旅行卡工作】 2011年，区侨务外事办进一步推进APEC（亚太经合组织）商务旅行卡工作，全年组织区内民营企业人员11人因公随团出国考察或参加培训，协助区内香格里拉大酒店办理邀请外国人入境演出审批手续，指导区内2家民营企业申办APEC商务旅行卡手续。

【外事接待】 2011年，区侨务外事办接待各类外国贵宾及海外友人7批60多人次。3月26日，赞比亚爱国阵线总书记怀恩特·卡宾巴一行4人在中国国际交流协会及省外办相关人员陪同下实地考察新港街辖内银禧社区。同日，英国华文教育基金会会长、省海外交流协会理事钟荣彬先生一行4人到访海珠区。5月24日，联合国环境规划署专员、全球国际花园城市与国际花园社区竞赛委员会秘书长阿兰·史密斯（Alan Smith）先生一行访问孙中山大元帅府纪念馆。7月26日，陪同北美菁英交响乐团参观黄花岗烈士陵园、中山纪念堂、广州电视塔、珠江新城花城广场等经典景点。12月13日，2011广州（海珠·琶洲）会展经济论坛、2011年度中国会展经济研讨会在广交会威斯汀酒店隆重举行，做好邀请希腊、新加坡、菲律宾三国驻穗总领事馆代表外事接待工作。

（黄　源）

档案工作

【概况】 2011年，区档案局（馆）围绕“三个体系”（档案资源体系、档案利用体系、档案安全体系）建设落实档案工作，以服务大局、服务民生为重点，推进幸福档案建设与幸福社会同步发展。

【档案资源体系建设】 2011年，区档案局（馆）重点建设6个档案资源专库：民生档案专库、重大活动和重大事件档案专库、地情地貌档案专库、重点企业经济发展档案专库、名人档案专库和艺术档案专库。接收区民政局婚姻档案59353卷；拍摄海珠区重大活动、城区建设等照片4624张；收集区政务活动数码照片35695张；征集50年代、七八十年代的老照片，辛亥革命、亚运会、亚残会火炬手、城区建设的照片以及具有收藏价值的艺术档案一批；利用自主开发的多媒体视频采集系统采集省、市电视台新闻节目视频数据900多G近1800个视频；依法开放到期应开放的档案323卷。

【档案利用体系建设】 全年共接待查档人员1494人次、电话咨询847个，为区属单位和群众落实干部政策、计划生育奖励政策，信访维稳、补办社保手续、办理房屋产权和出国手续、申请财产诉讼保全、遗产继承、修史编志、编辑出版书籍等提供档案1687卷，出具证明材料4476份。馆藏所有档案目录及部分全文实现计算机检索，自主开发的婚姻档案快速查阅模块实现1分钟快速查阅利用。9月，与区民政局合作实现婚姻档案“就地查询，异地出证”服务。开发利用区人文历史资源，编辑、出版《薪火相传90年》、《辛亥之光耀海珠》、《村里往事》等书籍；于6月在海珠区政府大院举办“红色之光辉映海珠”——纪念建党90周年图片展，展示珍贵历史档案照片260余张。

2011年12月15日，区国家档案馆（包括区老干活动中心、区政务中心）综合大楼举行主体工程封顶仪式。（陈思奇摄）

【档案安全体系建设】 在全市区级国家档案馆中率先与湖南郴州市档案局结对，达成互为对方保管异质备份电子档案意向，为2012年开展电子档案数据异地备份工作做好前期准备。全面进行档案库房安全检查，抢救重点档案30177卷，购置并更新多种档案用品及消防器材，更换所有档案库房电线，新增视频监控设备和摄像头，实现馆藏档案安全升级。

【档案信息化建设】 推进档案资料数字化建设。全年共扫描馆藏档案全文16万页，累计完成馆藏档案全文数字化87万页。馆藏档案文件级和案卷级目录、政府信息公开文件目录数字化率均为100%。完成数字档案馆三期工程建设，档案数据备份中心系统和服务器机房投入使用，实现馆藏电子文件（档案）集中保管和统一备份。升级档案综合利用系统，扩充现行文件查询系统功能和原存储系统容量。更新调整海珠区档案公众信息网栏目，在政务公开栏目中增加区政府信息公开目录、区属部门信息公开目录链接，为市民群众提供远程利用服务。及时更新政务信息公开内容，上载政府信息5977条，包括海珠区大事记、年满30年符合开放条件文书档案目录、档案工作动态，海珠区情简介等内容。全年网站浏览点击人数达23337人（次），点击率位居海珠区部门子网站排行榜第一。

【档案综合管理】 2011年，区档案局（馆）举办档案业务培训班2期和大事记培训班1期，培训各单位档案员80多人。到基层进行档案业务指导近30天，60多人次，接受电话和网上咨询解答档案工作疑问700多人次。蓝天中学被评为省特级档案综合管理达标单位，19个档案综合管理达标满五年的区属单位通过达标复查。

【“创文”工作】 2011年5月，在创文冲刺阶段派出一名科长担任区创建办材料组组长，抽调两名处

2011年6月28日，区档案局编撰的《人文广州·南淑芳华毓海珠》获得市档案局颁发的编撰工作一等奖。（市档案局供稿）

级干部和业务骨干力量参与区创文材料检查组。指导各街道、社区统一“创文”迎“国检”材料标准，为街道、社区提供订制档案用品服务，共完成118个社区、街道，6所学校、1个爱国主义教育基地和1个少年宫的材料备检指导工作。派员到联系单位素社街巡逻及执勤守点，支持街道“创文”工作。

【国家档案馆新馆建设】 区国家档案馆新馆主体建筑于2011年12月中旬封顶，预计2012年下半年竣工并交付使用。

（黄哲霓）

地方志编纂

【概况】 2011年，海珠区地方志编纂委员会办公室（简称区地方志办）履行依法修志编鉴职能，完成《海珠区志（1991—2000）》编纂任务，通过广州市政府终审，进入出版阶段。完成《海珠年鉴》一年一鉴编纂工作。结合区情实际推进实施地方志年报制度。亚运志、村志编修和地方志资源开发利用取得新进展。

【区志编纂】 海珠区第二轮志书编修工作于2001年启动。历时十年，《海珠区志（1991—2000）》于2011年7月6日通过广州市政府终审，并完成志书出版前的全部法定程序。该书共90万字70面彩图，是记载海珠区1991—2000年自然与社会的历史和发展及区情地情的大型资料性工具书。

【综合年鉴编纂】 2011年，区地方志办秉承“改革创新、公开出版”原则编纂《海珠年鉴（2011）》。全书70万字104面彩图，经济管理篇目版块完整，区情概况篇目专设条目记录治水、迎办亚运等重要工作，在全面客观记述基础上，突出关注民生，反映区内各行业新情况、新成就，为社会大众提供全面、权威的年度区情资料。该书突显年度特点和地方特色，成为海珠区展示广州国家中心城市形象的一张文化新名片，并首次实行文字版与电子光盘版同步发行。同时建立由92个区辖单位102人组成的志鉴人员工作网络，为区地方志事业转型发展打下组织基础。

2011年7月6日，《海珠区志（1991-2000）》通过市政府终审。

（卫倩如摄）

【地方志资料年报工作】 2011年，区地方志办根据《广东省地方志工作规定》和市政府文件要求，落实2010年区政府办公室《印发海珠区地方志资料年报工作制度的通知》，在区第一批15个重点承报单位推进地方志资料年报制度。编写2006—2010年的年报主体材料、大事记、专题资料、人物资料、附录和图片等地方志年报资料。区地方志办做好指导、督办，并对资料年报进行审查验收。

【村志编修】 2011年4月，区地方志办制定《海珠区村志编修工作方案》，与中山大学历史系商议建立合作关系，尝试地方志工作机构与高校对口专业优势互补资源整合项目模式，创新村志编修工作平台。12月，向区内3个行政街和5个经济联合社发出《关于协助收集资料编修村志的函》，开展全区村志编纂情况调查，并召开专题工作座谈会，拟选定两个经济联合社作为试点。

【“孙中山与辛亥革命”图片展】 2011年11月15日至12月20日，区地方志办与市地方志办、孙中山大元帅府纪念馆、区博物馆等合作举办“孙中山与辛亥革命”图片展，展出历史照片300多幅，再现辛亥革命系列重要历史场面和民主革命先驱风采，开展爱国主义教育，向“百年辛亥”致敬。区内外各界6600多人次参观展览，区有线电视新闻作专题报道。

2011年11月15日，"孙中山与辛亥革命"图片展在海珠博物馆开幕。（市地方志办供稿）

【地方志资源开发利用】 2011年，区地方志办坚持实行地方志书赠阅制度，及时向新上任领导、各级领导干部、辖区单位、公办中小学等赠书，为社会各界提供准确翔实的历史文献参考资料。为区政协学习文史委编辑《辛亥之光耀海珠》、区委党史研究室编修《中国共产党广州市海珠区历史（1949—1978）》提供资料，并对区党史征求意见稿提出修改意见。充分利用地方志资源，接待市民来访、来电查询查阅海珠区地情资料。参与市地方志办、市地方志学会组织的"广州市新世纪修志理论与实践"学术研讨和"辛亥革命与广州城市社会发展"学术研讨，提交论文两篇。完成《广州亚运会志海珠区亚运城市行动篇》编纂、供稿任务，全稿分大事记、组织机构、主体资料、照片资料、附件等5个部分，反映海珠区开展亚运城市行动工作情况。

【事业单位分类改革】 2011年11月，区地方志办根据区编委的文件要求并结合区地方志事业发展情况和工作需要，依照国务院《地方志工作条例》和《广东省地方志工作规定》等法规规章，提出《海珠区地方志编纂委员会办公室事业单位分类改革方案》，旨在进一步理顺区地方志工作机构的单位性质分类，强化行政管理职能，更有效地组织开展地方志工作。

【地方志队伍建设】 2011年，区地方志办建立由92个辖区单位102人组成的志鉴人员工作网络，为区地方志事业转型发展打下组织基础。全面开展地方志工作法规规章学习宣传活动，营造依法修志良好氛围。大力加强内部建设，建立健全公文规范、资产财务管理等10余项管理制度。组织参加省、市地方志办的各类培训，全面提高地方志工作人员业务水平。明确岗位责任制，调动工作积极性，提高行政效能。

（卫倩如）

机关事务管理

【会议服务】 2011年是市、区换届选举年，区机关事务局全年共接待区人代会、政协会议、党代会、区委全会、纪委全会等会议1068场，人数约8万多人。该局加强内部沟通协调，确保会场布置、音响控制、卫生保洁、茶水供应等规范、有序，同时加强与各会议单位沟通，积极筹备，精心谋划，周密部署，分解落实任务，明确具体责任人，任务落实到个人，保障工作做到零差错。

【小汽车定编与机关车辆管理】 2011年，区机关事务局按照省、市小汽车定编主管部门要求，对全区大部制改革后撤并、重组、更名的有关单位进行小汽车定编重新核定，全年办理小汽车定编业务230车次。整顿停车场秩序，对停放不规范的车辆进行整改；配合区纪委完成区机关公车专项治理整顿工作，对全区公车使用情况进行摸查、核实，按照车辆权属部门进行管理；完成区机关公务车安装使用"北斗星"信息管理系统，大幅降低车辆运行费用；对机关车辆建立"一车一档案"，规范完善车辆档案资料管理。加强车辆安全管理。全年组织驾驶员学习培训11场次，以案例剖析等方式增强驾驶员安全行车意识；督促驾驶员认真维护保养车辆，及时排除机械事故隐患；每半年一次对安全行车的驾驶员进行奖励，对经常出现违章现象的驾驶员督促纠正。区机关公务车安全行驶约200万公里，全年没有发生等级事故。

【膳食服务】 2011年，区机关事

务局抓好食品卫生安全管理，实现食品安全无事故，为机关干部职工提供优质的膳食服务。制定《海珠区机关食堂员工手册》、《海珠区机关食堂员工管理办法》，完善机关饭堂人员管理制度。加强员工培训，提高服务员派餐速度；征求机关各部门意见，提高烹饪技艺和菜肴质量，荤素搭配营养合理，推出粗粮等系列健康食谱。严把食品原材料采购关，对大宗食品采取定点采购，降低采购成本。更新菜牌格式，标注菜式功效，让干部职工按需选用。

2011年7月21日，海珠区机关办公大楼2011年物业服务合同签约仪式在机关第二会议室举行。（文芳 摄）

【公费医疗和社会保险】 2011年，区机关事务局严格按照公费医疗管理规定做好办证、特殊项目检查审批、零星报销等公医业务。按照社会保险政策及时跟踪机关各部门聘请合同工的社会保险增减员。全年为33位新增家属、47位新增人员办理医疗证，更改医疗点达60余次，特殊项目审批金额达10余万元，为75位合同制人员办理社保增减员。

【安全保卫和绿化保洁】 **安全保卫** 区机关事务局完成大楼视频监控系统的扩容安装，加强保安培训和日常管理，按照相关的应急预案进行多次演练，全年协助区信访局有效维持18次（20人以上）集体接访、1500多人次（20人以下）接访的秩序，南门接待来访人员25400多人次，较好地维护了机关正常办公秩序。多次对消防设施进行检查及整改，增加消防高位水池水位报警装置；跟进装修房间的消防系统改造，解决消防卷帘存在问题；按照公安消防部门要求完善消防档案资料及完善消防设施，出版消防墙报3期，召开机关消防会议，及时变更各部门消防责任人、义务消防员名单，确保消防工作人人知晓，人人重视。

环境卫生清洁 区机关事务局做好宣传发动工作，派发健康教育、除“四害”、食品卫生、控烟等宣传资料1000余份，张贴宣传海报20余张。开展专项行动，组织江海消毒站粤华消毒公司开展大型灭鼠灭蚊除害行动60余次，对公共环境范围排查9次，反复消杀公共环境10多万平方米。实施垃圾分类，对垃圾分类管理及操作人员进行培训，完善垃圾分类基础设施，按要求室内外共配置垃圾收集容器637个，分设各类垃圾桶。

绿化管理 区机关事务局定期对各种观赏植物修剪、整形、美化和病虫害防治，进行室内盆景的更换、美化，对绿化植物设置植物名字提示牌等措施，全年更换绿化植物32622盆。定期对室内外绿化、时花进行更换及多次树苗补种。

【基建维修保养】 2011年，区机关事务局完成区机关大楼各项工程维修2900余次，跟进大型维修基建工程数十项，确保区机关大楼电力、供水、消防、空调、电梯等系统设备安全运行无事故。按照设备维保规范签订维保协议，协调专业公司为区机关大院各系统设备提供有力保障。坚持工程人员24小时值班制，做好机关各类机电设备的运行服务工作，实行空调、消防、监控、安保、水电设备等维修项目“一条龙”不限时服务，做到小修不过夜，维修响应率、成功率均达100%。

【国有资产管理和物品采购】 2011年，区机关事务局为区30多个部门办理政府采购工作。办理机关国有资产报废、资产转移和上报区国资局和财政局审批手续；做好部门固定资产的核对和管理；做好每月、每年国有资产统计报表工作等。

【财务管理】 区机关事务局主要管理预算经费基本账户、授权支付零余额账户、机关工会账户、公积金过渡户账户、机关食堂账户等。遵守税务法律法规、国家财务会计、财务管理制度、财经纪律，履行财务管理工作职责。从审核原始凭证、会计记账凭证的录入，到编制财务会计报表；从各项税费的计提到纳税申报、上缴；从资金计划的安排，到各项资金的统一调拨、支付等等，实现会计信息收集、处理、传递的及时和准确。对区机关26个部门的经费进行管理、监督和控制，发挥岗位职责以及会计人员的会计监督职能，为财政资金的安全使用和管理把好关。

【信息化管理】 区机关事务局重视机关弱电系统维护及管理，为机关提供优质后勤服务。制作更换维护各类出入证、完善一卡通系统；完成第三次视频监控系统安装，完善整个区机关大院各个重点防范区域的视频监控网络；完成17次重点办公室装修及相关弱电系统改造，60次网络、电话、电视信号故障处理等。推进系统开发及升级，完成软件平台（社保公医人事模块）协议签订和开发；完成车管系统迁移、财务前台报账系统升级改造、国资系统改造，优化大院物资数据，处理系统乱码等遗留问题；签订并开发物业管理信息平台，提高仓库、会务等管理效率等。协调联通、移动公司完成公共区域信号覆盖；与电信公司沟通，重签机房协议，处理电话相关业务391单；协调珠江数码公司完成37台次机顶盒续费工作；协调区科信局完成电视频道升级改造等。

【迎春花市】 区机关事务局牵头举办一年一度迎春花市。与花市指挥部各成员单位加强沟通联系，及时解决有关问题，抓好花市牌楼设计、花市竞投会举行、牌楼和棚架工程搭建、花市亮灯仪式启动、开市管理等环节，为广大市民营造安全、繁荣、喜庆、和谐的节日气氛。

2011年3月2日，在广州市迎春花市工作座谈会上，副市长曹鉴燎（右一）向海珠区花市办颁发2011年广州市迎春花市特等奖。（肖莹淑摄）

【其他后勤服务】 区机关事务局拓展后勤服务领域，做好春运琶洲异地候乘点、焰火晚会、国际龙舟邀请赛等各项区大型专项活动后勤服务保障工作，得到领导和各部门的肯定和表扬。

（文　芳）

政　协

【政协会议】 **中国人民政治协商会议第十三届广州市海珠区委员会第六次会议** 于2011年3月1—3日举行。出席会议的区政协委员253名，特约委员54名。会议听取和审议区政协主席庄国平所作的工作报告、区政协副主席夏国培所作的区政协十三届五次会议以来提案工作情况的报告，表彰区政协十三届优秀委员36名、优秀提案20件及“慈善爱心使者”43名。全体区政协委员列席海珠区十四届人大六次会议开幕大会，听取并协商讨论《政府工作报告》及其他有关报告。会议选举陈建华为区政协主席，审议通过本次会议提案审查情况的报告和会议决议。区委书记、区人大常委会主任邓伟强出席闭幕式并讲话。会议期间，全体委员围绕经济建设、城市建设和管理、教育、科技、文化、卫生、体育等方面工作进行协商讨论，形成六个方面26条协商意见、建议，报送区委、区政府供决策参考。

中国人民政治协商会议第十四届广州市海珠区委员会第一次会议 于2011年11月6—10日举行。出席会议的区政协委员295人、特约委员42人。会议分别听取和审议区政协主席陈建华所作的工作报告、区政协副主席夏国所作的提案工作报告。全体区政协委员列席海珠区十五届人大一次会议开幕大会，听取并协商讨论《政府工作报告》及其他有关报告。会议选举邓伟强为区政协十四届委员会主席，詹慧颖、黄文仔、陈高生、黄信仪、李坚、刘金鹏为副主席，钟

2011 月 3 月 1 日，区政协十三届六次会议召开。　　（钟秋云摄）

2011 年 12 月 1 日，在区政协十四届一次常委会议上，向常务委员颁发当选证书。　　（钟秋云摄）

永全为秘书长，凡宝成、卫石辉、王爱莲等 42 人为常务委员。在闭幕式上，区政协主席邓伟强代表新当选的区政协领导班子讲话，区委副书记苏小澎代表区委讲话。

【政治协商】　2011 年，区政协贯彻落实《中共广东省委关于加强新形势下人民政协工作的决定》和《中共广州市委政治协商规程》，做好规定事项的协商工作。通过区政治协商督办落实联席会议，回顾总结 2010 年政治协商督办事项落实工作情况，研究制定了 2011 年政治协商计划。召开政协党组会议、主席会议、常委会议，协商确定区政协十四届委员。全体委员围绕促进我区经济、政治、文化、社会各项事业发展，提出 28 条协商意见；围绕落实区“十二五”规划、海珠区未来五年发展，对区政府的工作提出四个方面 32 条建议。3 月 2 日，召开“落实十二五规划，促进幸福海珠建设”专题座谈会，13 名区政协各界别委员代表通过专题发言向区委、区政府建言献策。

【常委会专题议政】　2011 年，区政协围绕加快中心城区现代化进程和构建幸福海珠，通过加强政策研究、听取情况通报、专题座谈讨论、实地视察及外地考察等形式开展调研，并组织常委会专题议政，综合各界委员的协商意见，形成《关于完善养老服务体系 促进幸福海珠建设的建议》。6 月 21 日区委书记邓伟强批示：“政协建议案提出的对策，请区政府分管区长牵头协调有关单位，拟出落实方案，特别是要根据我区实际利用现有资源做好养老服务，为我区老人多送温暖。”《广州政协》2011 年第 4 期刊登专题议政工作情况。

【调研视察】　2011 年，区政协围绕万亩果林生态湿地保护利用、发展专业服务业、海珠湖配套设施建设、企业自主创新、政府购买社会服务、基层卫生信息化建设等问题开展专项视察 13 次。区政协各专委会通过开展各具特色的调研、视察、考察等活动，为我区经济社会发展献计出力。区政协提案委、教科文卫体委分别选择潘家大院保护利用、挖掘海珠涌历史文化等课题，开展深入的调研视察活动，提出分步推进、政府和社会共同参与潘家大院保护开发利用，借助恢复“瑶溪二十四景”提升海珠涌文化内涵的思路。区政协经济委关注我区治水工程后续管理及海珠湖配套设施建设，组织委员实地考察，针对我区河闸建设及海珠湖管理工作提出意见和建议。区政协社会法制民族宗教委组织委员视察我区少数民族及老年人管理和服务工作，建议进一步完善少数民族和老年人管理服务机制，促进社区和谐，提升居民幸福指数。区政协港澳台侨外事委围绕社会管理服务创新工作，组织委员开展专项视察，建议借鉴港澳地区先进经验，培育社会组织参与我区社区管理和服务工作。区政协学习文史委根据自身工作特点，开展区情调研活动，组织委员参观辖内重要文化景观和重点文物单位，增强委员对海珠历史文化的感性认识。委员们通过视察座谈、反映社情民意等方式提出的意见、建议101条。

【提案工作】 2011年，区政协十三届六次会议共征集提案99件，经审查，确定立案83件；区政协十四届一次会议共征集提案73件，经审查确定立案67件；不立案的22件提案转为建议送市、区有关部门参考。区委书记、区人大常委会主任邓伟强牵头督办2110号《提升果林绿道和农家乐建设水平，推进万亩果园保护利用的建议》重点提案；区委副书记、区长姚奕生牵头督办1047号《扶持我区专业服务业做大做强的建议》重点提案；区政协主席会议督办1048号《推进我区企业自主创新工作的建议》、4057号《关于促进我区进一步开展政府购买公共服务的建议》、3176号《加大对我区基层卫生信息化建设经费投入的建议》重点提案。至年底，区政协十三届六次会议立案的83件提案全部办复，提案者对办复的满意率、基本满意率为98%；区政协十四届一次会议立案的67件提案按照归口办理的原则分别交给相关部门和街道办理。詹慧颖委员提出的《关于提升广州塔影响力的建议》提案，得到广州市有关部门的重视，该提案中的建议得到采纳和逐步落实，被评为市政协十一届五次会议表扬提案。

【社情民意反映】 2011年，区政协重视群众来信来访工作，积极参与区及有关街道组织的公开接访活动，耐心倾听群众诉求，及时批示处理意见，并协调督促解决具体问题，切实为群众排忧解难。组织走访各界别委员110多人次，了解他们的工作、学习和生活情况，听取对海珠区经济社会发展及区政协工作的建议。区政协各专门委员会定期组织召开相关专题座谈会，进一步拓宽社情民意收集反映渠道。开展16场参政议政进社区活动，参与委员300多人次，收集和反映社情民意60多条，提出意见、建议30多条。区政协有8名委员担任“特约四员”（特邀监察员、特约检察员、特约教育督导员和特约审计员），1名委员担任行风评议团成员。

【团结联谊】 2011年，区政协巩固发展最广泛的爱国统一战线，为推动我区经济社会发展凝心聚力。坚持政协中共党员领导联系区各民主党派和工商联制度，着力加强与各民主党派的联系沟通。在广泛征求意见的基础上，由区各民主党派、工商联推荐人选出任区政协副秘书长，进一步加强与区各民主党派、工商联的合作共事。充分发挥政协秘书长会议职能，及时向各民主党派和工商联通报区政协的工作安排，征求对政协年度工作计划、调研视察安排等有关事项的意见和建议。组织调研视察活动，邀请党派团体成员参与。区政协常委会议涉及专题议政、专题学习事项时，邀请有关界别的委员代表列席，扩大委员对政协工作的知情权、参与权，提高会议质量。认真做好新社会组织、新社会阶层的团结工作，凝聚更多有识之士的智慧和力量，增强我区发展的后劲和活力。加强与市政协和兄弟区（县）政协的联系沟通，参加全国21城区政协工作联系会第23次会议，先后接待青岛市市北区、肇庆市端州区等地政协来访，承办全市各区（县级市）政协历届主席联谊会和社会法制民族宗教委工作交流会。依托区政协理论研究分会、诗书画联谊会、历届政协委员联谊会、港澳委员联谊会，团结各方，汇聚力量。慰问驻地部队官兵，进一步巩固军地双方的深情厚谊。积极扩大对外交往，密切与港澳友好社团的联系，多渠道、多层次地开展联谊工作，积极宣传、全面推介海珠的新形象、新商机，在穿针引线、牵线搭桥等方面发挥更大作用。

【纪念辛亥革命一百周年活动】 2011年，区政协围绕纪念辛亥革命一百周年，在大元帅府纪念馆举办《辛亥革命与海珠》大型专题图片展览，通过160多件珍贵文物、图片资料反映了孙中山先生等辛亥革命志士在海珠区工作、生活的情景。在区政协机关举办纪念辛亥革命一百周年画展暨《辛亥之光耀海珠》新书首发仪式。展出的50多幅画作以“辛亥之光”为主题，展示海珠人民勇于进取，敢于胜利的革命豪情。《辛亥之光耀海珠》文史专集，共约18万字，通过“历史风云”、“名人风采”、“旧址风华”三大篇章，展示民国成立后孙中山在海珠区建立革命政权，以及廖仲恺、何香凝、高剑父、潘达微等20多名辛亥革命先辈在海珠区从事革命活动的历史画面，同时介绍海珠区辖内大元帅

2011年10月9日，区政协举行《辛亥之光耀海珠》(海珠文史专辑）首发仪式。（钟秋云摄）

府、同盟会广州分会旧址、十香园、双清楼等10多个辛亥革命旧址的历史由来，被评为市政协优秀文史图书奖。

【社会公益】 2011年，区政协依托参政议政进社区活动平台，组织各界别委员深入社区、深入群众，及时宣传党委、政府的政策措施，收集并反映群众呼声和意愿，切实做好协调关系、理顺情绪、化解矛盾等工作，维护与促进社会和谐稳定。继续做好广西百色地区扶贫工作。举办“迎国庆贺中秋”敬老茶话会，筹集善款50多万元、物品一批。全年共帮扶、慰问老同志300多人次、困难群众20多人次。区政协敬老扶残福利会拨出专款，慰问全区各界老同志。区政协委员捐款22万元，分别用于支持大元帅府纪念馆丰富馆藏内容，资助湖南永州市宁远县124名贫困患者做白内障手术。举办“扶贫助困，情系华洲”献爱心活动，发动澳门委员捐资12万元，向华洲街300个困难家庭送上了慰问品和慰问金。区政协机关做好对口联系街道的困难群众的帮扶工作。9月2日，《人民政协报》报道称区政协敬老扶残活动已成为公益慈善品牌。

【自身建设】 2011年，区政协深入开展“争先创优”活动。参加市政协常委会专题学习讲座。发动委员围绕贯彻政治协商规程等内容开展理论研讨，征集高质量的研讨论文21篇。编纂区政协十三届委员会工作纪实画册、区政协优秀提案选编和常委会专题议政建议案选编。召开十三届区政协工作总结会。举办区政协新一届委员培训班。召开区政协十四届港澳特约委员聘任大会。区政协十四届一次常委会议向区政协十四届主席、副主席、秘书长和全体常委颁发当选证书。争取区委的重视和支持，在区政协原有5个专门委员会基础上，增设学习和文史资料委员会。根据政协工作发展需要，将区政协联络委员会更名为区政协港澳台侨外事委员会。结合新一届委员实际，挑选各界委员中的典型代表担任专门委员会组成人员，切实加强专门委员会的工作力量。突出界别特色，增设提案组、学习文史组，进一步提高提案及文史资料等经常性工作的成效。

（钟秋云）

纪检监察

【重要会议】 **纪委十届六次全体**

2011年1月27日，中共广州市海珠区第十届纪律检查委员会召开第六次全体扩大会议。（区纪委供稿）

（扩大）会议 2011年1月27日，中共广州市海珠区第十届纪律检查委员会召开第六次全体（扩大）会议，认真贯彻落实中央纪委十七届六次全会、市纪委九届六次全会和区委十届十次全会精神，总结上年反腐倡廉工作，研究部署2011年工作任务。区一级班子全体领导、区纪委委员，全区副处级以上党员干部，政法、城建、国资、审计、财政领域正科级干部，各经济联社负责人等560多人参加会议。区委常委、区纪委书记何世光代表区纪委常委会向大会作题为《严肃纪律，保障民生，以亚运精神推进海珠反腐倡廉建设》的工作报告。区委书记、区人大常委会主任邓伟强出席会议并作重要讲话。

反腐倡廉宣传教育联席会议 2011年3月28日，区纪委组织召开全区反腐倡廉宣传教育联席会议，研究2011年全区反腐倡廉宣传教育工作。与会的19个反腐倡廉宣传教育联席会议成员单位及相关街道，围绕落实区纪委六次全会部署的反腐倡廉宣传教育工作任务展开讨论。区委常委、区纪委书记邓少敏对2011年进一步抓好反腐倡廉宣传教育工作提出要求。

民主评议政风行风工作动员会 2011年5月30日，海珠区召开2011年民主评议政风行风工作动员会。区政府副区长毕锐明，区政协副主席、区科信局局长刘金鹏，区纪委副书记张少良等领导出席会议，区评议团成员，区卫生局、区公安分局、区科信局分管领导以及街道纪工委书记参加会议。副区长毕锐明作动员讲话，区纪委副书记张少良对2011年区民主评议政风行风工作进行部署。

公务用车问题专项治理工作动员会 2011年6月20日，海珠区召开公务用车问题专项治理工作动员会。区委副书记董延军作部署动员，区委常委、区纪委书记邓少敏提出要扎实做好登记审查，摸清底数，把工作做细做实；要及时报告重要情况，严禁掩盖问题等两点意见。

纪律教育学习月动员大会 2011年8月4日，海珠区召开2011年纪律教育学习月动员大会。参加会议的有区一级班子领导，全区处级以上领导干部，城建、政法系统科级以上干部，村社负责人以及区纪委、监察局机关全体干部共800多人。区委书记、区人大常委会主任邓伟强作题为《把以人为本执政为民落实到各项工作中》的动员讲话。区委常委、区纪委书记邓少敏对纪律教育学习月活动工作作出具体部署。会议还安排观看中纪委制作的党风廉政教育专题片《暴风雨中的忏悔》。

党务公开工作座谈会 2011年10月21日，区纪委召开全区党务公开工作座谈会，区党的基层组织党务公开工作10个联系点的负责人参加会议。区纪委副书记张少良传达市关于党务公开工作的有关精神，强调推行党的基层组织党务公开的重要意义，要求各单位切实增强做好这项工作的责任感和使命感。

【廉政宣传教育】 2011年，区纪委拓展“清廉海珠”宣传教育品牌，扎实开展以“以人为本，执政为民”为主题的纪律教育学习月活动，突出抓好“三项教育”：强化对党员领导干部的党纪教育，组织公职人员参加“纪念建党90周年反腐倡廉知识竞赛活动”。强化对公职人员的政纪教育，以岗位廉政风险教育为内容，开展廉政风险防范研讨征文活动，精选43篇汇编成册。强化对村社干部的法纪教育，以促进经济联社、社区“两委”换届工作为目标，制作严肃换届纪律系列宣传海报3000张，在各社区广泛张贴；拍摄电教片《“两委”换届教育警示录》，组织127场近9000人集中观看接受教育；联合举办经济（联）社新班子培训班，对近700名社委进行廉洁自律教育。深入开展廉政文化创建活动：创作廉政教育主题曲《清廉海珠》，在全区传唱；举办“清清咸水谣，海珠廉韵飘”廉政咸水歌会活动；联合全区各街道举办“宣廉守廉促文明”社区宣传巡回展活动；打造出新的廉政文化主题公园——清竹园。是年，海珠区获广州市廉政文化建设创新奖，清涟园、赵广军志愿者宣廉守廉工作室被命名为广州市廉政文化示范点，市第76中学被定为中纪委廉政文化建设联系点。

【党风廉政建设】 2011年，区纪委加强党风廉政建设，严格贯彻落实党政机关厉行节约的相关规定。是年公务接待经费、因公出国（境）经费、公务用车购置及运行经费支出实现零增长，其中公务接待费用比上年减少18%。开展公务用车问题专项治理工作，清理纠正违规借车42辆、超编车1辆，全区543台公务用车按权属完成车载终端系统的安装，车辆运行费用比上年下降近30%。认真开展庆典、研讨会、论坛活动的专项治理，严格执行活动审批程序，严控活动数量和开支。强化廉政风险预警防范机制建设，排查部门廉政风险点1364个、岗位廉政风险点

2011 年 7 月 8 日，区纪委联合有关部门和街道在周周乐群众文化广场举行“清清咸水谣，海珠廉韵飘”咸水歌专场文艺汇演活动。

（区纪委供稿）

6980 个，制定部门风险防范措施 1613 条、岗位风险防范措施 8097 条。

【违法违纪案件查处】 2011 年，海珠区纪检监察组织共受理群众来信、来访、电话举报、网上举报 593 件（次），含重复件 158 件（次），提供案件线索 29 条。充分发挥信访监督在教育、挽救和保护干部等方面的作用，全年共信访约谈党员干部 12 人次，为 155 名党员干部澄清问题，保护了干部干事创业的积极性。保持反腐高压态势，全年立案查处党员干部违反党纪政纪案件 24 件 26 人，挽回经济损失 111.14 万元。注重发挥查办案件的治本功能，深化“一案三报告”制度，并利用办案成果制作相关课件，为新上任村社干部和发案单位开展警示教育。严格依纪依法审理案件，完善“街案区审”制度，履行好案件审理审核把关的职责，审结案件 23 件，给予党纪处分 22 人、政纪处分 12 人（党纪政纪双重处分 9 人），其中移送司法机关处理 7 人。

【执法监察】 2011 年，区纪委强化对换届工作的监督检查，以铁的纪律保证换届风清气正。加强财政监督和审计监督，查出违规金额 1652 万元。推进党政机关、事业单位、社会团体和国有企业“小金库”专项治理，完成对 377 户企业单位的检查，严肃查处私设“小金库”行为。推进国库管理和集中支付改革工作，完善国库支付系统建设。完善采购制度，通过政府采购节约资金 1442 万元，节约率为 6%。加大执法监察工作力度，督促有关单位拆除 460 宗 6.19 万平方米违法建设，联合开展统计执法、安全生产事故调查、食品卫生监测、打击非法游医等多项执法监察活动，优化城区面貌和发展环境。

【纠风工作】 2011 年，区纪委开展纠风惠民工作。查处教育违规收费项目 1 项，清退违规收费金额 11.57 万元；开展药品网上限价竞价“阳光采购”工作，集中采购金额 13872.84 万元，占区属各医院用药总金额的 95.88 %；认真解决拖欠劳动者工资问题，追还拖欠工资、押金等 2145 万元。加强对机关和窗口部门的作风检查，完善暗访工作制度，对发现的问题予以全区通报、责令整改。面向卫生和公安系统基层站所开展的民主评议政风行风活动取得实效，服务居民群众的质量和水平得到进一步提高。

【纪检监察队伍建设】 2011 年，区纪委努力建设忠诚可靠、服务人民、刚正不阿、秉公执纪的纪检监察干部队伍。严把“准入关”，做到组织到位。切实选好配强纪检监察战线干部队伍，不断加大对机关干部的培养选拔和交流轮岗力度，促进干部梯队结构优化。严把“培训关”，做到教育到位。先后组派纪检监察干部 70 多人次参加中央和省、市、区组织的各类业务培训班，并注重将参加正规系统培训与平日学习锻炼相结合，以会代培、以干代培、以案代培，在学习实践中全面提高全区纪检监察干部队伍的业务技能。严把“纪律关”，做到管理到位。完善派驻机构管理机制，会同区委组织部等 5 个部门制定改革创新派驻纪检监察组工作方案，分线分片加强对重点单位、重大工作项目的监督。

（尚　玮）

群众团体

东省创先争优党工共建暨南海本田工资集体协商现场会
工作人员

少先队广州市海珠区总队部

广东省全民科学素质行动实施工

总工会

【工会规范化建设】 2011年，经区总工会评估，全区1405个基层工会达到规范化标准，达标率91%。其中341个单位达到AAA标准、393个单位达到AA标准，有3个工会被评为全国、省“模范职工之家”，10个工会组织获得市级以上荣誉。12月，召开“工会规范化建设总结表彰会”，总结三年规范化建设取得的成效：一是加强制度建设、完善工作机制和工作方式，实现“四规范”（规范工会组织建设的有关程式、规范街道总工会的有关工作、规范工会经费的收缴、规范有关工作程序）；二是适应新形势和新任务，不断探索，实现“四创新”（组建思路创新、帮扶思路创新、教育途径创新、工作方法创新）；三是通过发挥工会组织的作用，获得各级党政高度重视，实现“四建立”（建立工会总体工作格局、建立一批职工宣传教育活动阵地、建立新型的职工服务帮扶体系、建立和谐劳动关系工作机制）。

2011年12月21日，区总工会召开工会规范化建设总结表彰大会。
（区总工会供稿）

2011年4月21日，区召开庆祝“五一”国际劳动节大会。
（区总工会供稿）

【推动“两个普遍”】 2011年，区总工会按照中华全国总工会十五届四次执委会议精神，依法推动企业“两个普遍”（普遍建立工会组织、普遍开展工资集体协商）。从是年起用3年时间，力争企业法人建会率达到90%以上，已建工会组织的企业80%以上建立工资集体协商制度。全区各级工会紧紧依靠党建带工建工作机制，按照“边组建、边规范”的原则，圆满完成“两个普遍”第一年的工作任务，切实提高建会质量和协商实效。下发一系列指导性文件和样本。实行以会代训形式，搭建相互交流平台，推广先进单位的经验和做法。聘请98名专家、工作者为工资集体协商指导员。建立区总工会联系街道“两个普遍”工作制度。加强行业工会的组建工作，重点推进餐饮行业工会的组建，各街道总工会均成立餐饮行业工联会，推动南粤嘉宴、唐苑酒家等重点餐饮企业建立工会组织。大力推进女职委和女职工专项集体合同工作，基本实现全覆盖。积极探索开展行业工资集体协商，区教育行业工联会和区民办教育协会就民办中学教师的工资福利待遇进行多轮协商并签订协议，为市、区开展行业工资集体协商探索、积累工作经验。全区新建工会涵盖单位875家，新发展会员3.7万多人，新（续）签集体合同、工资集体协议850份，建制率达65%。区总工会分别在广东省党工共建暨创先争优工作会议和广州市党建工作会议上作经验介绍。

【发挥工会作用】 2011年，区总工会进一步畅通职工反映诉求和心声的渠道。有5名职工代表和工会工作者当选为市人大代表，比上届增加4名；有4名职工代表被推荐为区政协委员，比上届增加2名；区总工会的常务副主席和副主席分别进入区人大常委会和区政协常委会，实现历史性的突破。通过大力推行以职工代表大会为基本形式的企事业单位民主管理制度，推动重大事项向职工报告、增加一线职工代表比例等的落实。深度扩展困难帮扶工作。在“2011年金秋关爱职工大行动”系列活动中，组织“海珠新貌职工幸福游活动”、困难职工座谈会等。各级工会共帮扶职工9671人次，发放慰问金310万元，推动1263名职工实现再就业。推进和谐劳动关系建立。开展“双爱双评”活动，共评选表彰26个“双爱双评先进单位”，100名“关爱员工优秀企业家”和200名“关爱企业优秀员工”，在全区营造“员工爱企业，企业爱员工”的氛围。海珠区有66家企业和2个工业园区分别被评为“2010—2011年广州市劳动关系和谐企业与和谐工业园区”。

【职工素质教育】 2011年，区总工会与市总工会、区委宣传部、区文广新局共同为全区18个街道各购置一台流动影院设备，打造职工教育的“流动课堂”。广泛开展“职工素质提升工程”、“岗位建功立业”活动和“海珠区优秀职工”评选活动，涌现出一大批全国、省、市先进个人，是年有3名（次）职工获全国、省“五一劳动奖章”荣誉。“五一”前夕，策划举办“幸福海珠 劳动铸造”——海珠区庆祝“五一”国际劳动节大会。开展“海珠区创建全国文明城市企业职工普法宣传板报巡展”主题活动，制作18个版面的劳动法律法规和权益展板，在全区560多个工业园区、企业中巡展，并且印制6000多份宣传海报在社区和企业张贴宣传。江南中、瑞宝、华洲、赤岗、凤阳、江海、素社等7个街道辟出专门场地，支持工会建立“工友和谐”家园，为包括外来务工人员在内的广大职工提供技能培训、知识讲座、休闲娱乐系列服务。各级工会举办“外来工卡拉OK比赛”、“送书到企业”、“就业服务集市”等活动，满足职工群众多方面需求。是年，区有多名工会干部的理论文章获奖，一批工会干部受到市总工会和区有关部门的表彰。

（谢文萍）

共青团海珠区委

【团建工作】 2011年，共青团海珠区第十四次代表大会顺利召开，选举产生新一届团区委委员23名、候补委员10名、常委7名。组织格局创新工作推进顺利。团区委制定《海珠区街道团的组织格局创新工作实施办法》，在全市率先完成街道编制外团干部配备工作，采取编制内外、专兼职相结合的方式，调整、充实、配强街道团工委力量。调整后，全区有街道团工委书记、副书记72人，其中编制外44人；团工委委员121人，其中编制外45人。海珠区“两新”组织（新经济组织、新社会组织）团建工作成效显著。是年，全区新建新经济组织团组织280个，新社会组织团组织21个，以总数301个、111.4%超额提前完成年度工作任务。新建团组织覆盖35岁以下青年9487人，团员3405人。打造出中车轨道交通公司、启创社工发展协会、金域医学检验公司、海珠创意产业园等团建示范单位。积极落实“党建带团建”各项要求，全年共推荐384名入党积极分子，发展入党136人。

【服务青少年成长成才】 2011年，团区委依托青年文明号创建和青年岗位能手评选工作激励青年立足岗位成才。区房地产交易登记所获得广东省青年文明号标兵称号，区检察院公诉科被评为广东省青年文明号；北大附中广州实验学校信息中心等5个集体被评为市级青年文明号，周绍聪被评为市级青年岗位能手；广州复大医院第八病区等14个优秀集体和邓冬瑛等14名优秀个人分别被区政府授予区级青年文明号和青年岗位能手称号。团区委构建外来务工人员及其子女立体化关爱网络。发动33个区属一级团组织与33个外来工子女比例超60%的学校实现“一对一”结对帮扶，开展课业辅导、爱心赠书、亲情陪护等。打造“七彩小屋”外来工子女课余活动场所，全年共开展活动432次，服务外来工子女4.3万人次。开展“活力盛夏 文明海珠”——海珠区第三十二届

2011年4月28日，共青团海珠区第十四次代表大会召开，选举新一届团区委委员。（团区委供稿）

“羊城之夏”青少年暑期活动，服务外来工子女暑期文化生活。承办2011年广东省青少年预防艾滋病宣传周活动，在外来青年集散地海珠客运站开展防艾宣传和知识讲座。组织“两新”组织外来务工青年欣赏“弘扬亚运精神，建设文化广州”新春音乐会。青年创业就业服务体系进一步完善，新建4个市级青年就业创业见习基地，全区累计17个基地提供500多个岗位。联合区人社局举办大学生暑期实习服务月活动，争取到41家党政机关、街道和企业为429个大学生提供实习岗位。组织发动“两新”组织团员青年参加职业技能竞赛、就业能力实训、权益法规教育，提高综合素质和就业能力。区青年联合会发起“颗颗青联心，滴滴海珠情”爱心捐赠，筹集善款24万元，并以“社工+志愿者”探访的全新模式对100户困难青少年家庭开展慰问工作。继续开展大学生公益助学活动，发放福彩助学金53.2万元，资助本科生80人、大专生44人。

【社工试点】　2011年，团区委紧扣社会管理创新的主旋律，精心打造“青年地带”品牌，构建“枢纽型”社会组织服务平台，努力探索青少年事务社会工作者的试点工作。在上年“三街五站”（海幢街社工站、赤岗街社工站、华洲街社工站、绿翠中学和赤岗中学）、社会福利院社工站、万翔学校社工站、赵广军工作室社工站的基础上，增加素社街基立新村社区和南华西街龙武里社区2个新生活幸福驿站试点，使青少年社工服务的受益面进一步扩大。政府购买服务、社工站独立运作、以创新服务型社区建设为主要内容的社会管理创新试点工作局面逐步打开。设立凤阳街道社工站，实施“小雁子”计划，争取世界宣明会投入150万元为全区农民工子女提供社工专业服务，开创政府和国际性NGO组织合作进行青少年服务的新模式。是年海珠区“青年地带”9个社工站共开展各类服务活动3201个，策划新颖项目708节，个案辅导1894人次，总服务64405人次。7月，团区委委托中山大学社会工作教育与研究中心对“青年地带”项目的问卷调查显示，青少年的平均满意度得分为85分，86.6%的服务对象认为社工服务很专业，其中对社工的服务“耐心”、“热情”、“细致”、“专业”方面都给予高于85分的评价，在“服务效果是否满意”方面青少年服务对象的评分达87分。陈国副市长、团中央办公厅副主任康国明、团北京市委副书记姜泽廷、青海省人大内司委主任委员官育麟、团青海省委副书记马建立等领导先后视察“青年地带”均给予高度评价。

【志愿服务】　2011年，海珠区召开广州亚运会、亚残运会海珠区志愿者工作总结表彰大会，亚组委志愿者部领导、区四套班子相关领导出席，表彰海珠区亚运志愿者工作先进集体、突出贡献者、先进个人和优秀志愿服务团队。团区委组织60多支团队近8000名志愿者为第109届、110届广交会服务，累计服务达5万人次、2.7万余小时。组织3600名志愿者在春运期间每天24小时为琶洲候乘点旅客提供乘车指引、行李帮提、母婴照顾、信息咨询等服务，累计服务近10万人次、6万余小时。在全省率先成立区一级志愿者行动指导中心，为团区委下属科级事业单位；在“12.5”国际志愿者日，牵头辖区各高校、街道、社工组织、志愿服务团队、爱心企业联合成立“海珠地区志愿服务新联盟”，掀开海珠志愿服务事业发展新篇章。与市青年联合会、广东电台合作，通过《直播广东》节目，在沙园街、素社街、江南中街和南华西街“幸福广州社区志愿服务站”推广“社工+志愿者”和“高校志愿者+社会志愿者”的创新服务模式。全力支持广州“创文”工作，组织1.2万余名团员青年、社会人士、少先队员以各种形式参与和支持“创文”工作。组织青年志愿者在185个公交车站、15个“幸福广州城市志愿服务站”和10个重要交通路口开展文明倡导、秩序维持、交通指引等服务。成功推动亚运志愿者纪念公园落户海珠区太古仓，并配套180万元专项经费，积极引入志愿者文化。

【少先队工作】 2011年，少先队海珠区第十五次代表大会顺利召开，选举产生新一届少工委主任、副主任、委员。团区委加大少先队基层组织建设，投入55万元建设新的区少先队总队部室，召开少先队年度工作会议，完善《海珠区学校少先队工作量化考核表》，有效推进基层少先队组织的规范化、制度化建设。编写《少先队中队辅导员工作指南》，推进少先队辅导员“名师工程”建设，首批培养了9名“名师”和“新秀”。组织26名辅导员赴无锡参加全国“少先队爱党教育高级研修班”，组织“海少杯”论文、案例评选活动、举办“海少论坛”，开展辅导员科研课题研究，实践科研兴队目标。举办“童心向党”第九届海珠区少先队文化节，开展“弘扬辛亥革命精神，携手共创幸福未来——四校三地手拉手纪念辛亥革命100周年”活动，组织海珠少年绿道感言征集、亲子驿站“非物质文化遗产”教育实践活动、第八届羊城“小市长”评选等活动，覆盖近10万名少先队员。

（余海波）

妇 联

【惠民工作】 2011年，区妇联持续开展妇女儿童帮扶工作。开展“广州妈妈”爱心志愿行动，对100户单亲特困母亲家庭给予助学资助、节日慰问和创就业帮扶，发动区内女企业家结对帮扶；积极争取59名学生获市妇联“春雨助学行动”50921万元助学金。全年妇联系统共接访245人次。其中区妇联接访55人次、接电102人次、接来信2封，共计159人次，办结率100%。

【巾帼建功】 2011年，区妇联开展巾帼建功活动卓有成效。多形式多渠道提高妇女素质，举办全区各级基层妇联干部大培训。与区人社局、区总工会联合举办“2011年广州市家庭服务业职业技能竞赛海珠选拔赛”。区妇联连续8年被评为海珠区再就业工作先进单位。经区妇联推荐，2人被评为广东省“三八”红旗手；7个岗位被评为广州市巾帼文明岗，新港街银禧社区居委会获评广州市巾帼文明示范岗；5人荣获市妇联“创先争优服务亚运”竞赛活动先进个人。各级妇女之家实现有场所、有设施、有专人、有队伍、有制度、有活动、有资料、有品牌的八有标准。华洲街龙潭社区被评为全省首批“妇女之家”示范点。

【特色活动】 2011年，区妇联发挥家庭联动作用。开展和谐家庭、廉政家庭、书香家庭、绿色家庭、科普家庭等各类特色家庭创建活动。组织家庭植树，参观科技馆、市禁毒教育馆，参与“书香羊城”全民阅读系列活动、“幸福广州”群众论坛等。与区创建办、区文明办联合举办“习惯决定孩子命运

2011年3月5日，团区委召开广州亚运会、亚残运会海珠区志愿者工作总结表彰大会。 （团区委供稿）

——习惯培养的五大步骤”家庭教育讲座，引导家庭科学育儿。先后举办“绿色邂逅·美丽相约·幸福流淌”——海珠区纪念“三八”国际劳动妇女节101周年活动、“红色电影伴我成长”——2011年海珠区“六一”国际儿童节庆祝活动、“幸福广州 我做主”第八届羊城“小市长”评选海珠区选拔活动。

【创新社会管理服务】 2011年，区妇联先行先试开展创新社会管理服务。区妇联成为全市首个开展“3861我的家”社会管理服务项目的区级妇联。项目选取华洲街和素社街为试点，向广大海珠区妇女和家庭提供妇女身心健康和家庭教育方面的社会管理服务，共开展社区活动11次、婚姻家庭个案服务15次，服务对象1762人次，在反映妇女民意、理顺妇女情绪、化解妇女矛盾、和谐家庭关系等方面起到积极作用。

【联谊交流】 2011年，区妇联加强与各类妇女组织联谊联系。通过区女领导干部联谊会、女企业家协会、女知识分子协会、女校长协会等妇女组织凝聚团结精英女性。邀请区领导与女企业家座谈交流，女企业家协会连续五年被评为广州市先进女企业家协会。组织全区副处级以上女领导干部参观区廉政文化主题公园——清涟园。

【妇儿规划】 2011年是全国各省市实施“两纲两规”的终期评估验收年，海珠区先后迎接省和市的检查评估，并被选定为全省唯一的县区，代表省接受国务院妇儿工委对实施《2001—2010年中国妇女儿童发展纲要》十年终期检查。经终期监测评估，对照《中国妇女发展纲要》24项可量化指标，海珠区达标率为100%；对照《中国儿童发展纲要》34项可量化指标，达标32项，达标率为94.1%。达标情况在全国居于前列。

（李　珊）

工商业联合会

【概况】 2011年，区工商联（区商会）有基层分会20个，其中：街道分会18个，直属企业分会2个。现有会员1260余人。区工商联第十一届执委会设正、副会长18人，秘书长1人，常务委员47人，执行委员72人，顾问35人。区工商联按照“在新的形势下，开拓工作思路，创新工作形式”的原则，做好会员的服务工作，重点发展有经济实力和影响、具有一定代表性的非公有制经济人士，是年有24个企业或个人加入区工商联。

【参政议政】 2011年，海珠区非公经济人士队伍有全国、省、市、区各级人大代表、政协委员80多人。为更好发挥其参政议政职能，区商会成立参政议政小组积极参与海珠区的重大事务，为区的科学发展献计出力；围绕区的中心工作和重大部署，以及非公有制经济工作中的热点、难点问题，开展调研活动。区商会在区政协十三届五次会议上提出的“推进中小企业自主创新”提案被列为主席督办的重点提案。在区政协十三届六次会议上作《关于推进我区自主创新的政策建议》的专题发言。

【执委会换届】 2011年，区工商联做好换届工作。9月，召开第十二次会员代表大会，会议选举产生第十二届执委会，广州华新企业集团公司董事长冯耀良当选为区工商联第十二届执委会主席。工商联第十二届执委会由176人组成，比上届增加25名，增长16%。新诞生的第十二届执委会有61人为来自现代服务业的新成员，其中大专以上学历的占60%，硕士学位以上的占21%，队伍整体素质明显提高。

【拓展平台商机】 2011年，区工商联积极搭建各类平台，促进会员互动和政企交流，增强商会的凝聚力和品牌性。举行迎新春联谊晚会，邀请市工商联、区一级班子、区职能部门、街道的领导与会员欢聚一堂，加强沟通，增进了解。定期召开执委会议、主席会议以及直属分会会议，及时并有侧重地通报区的经济社会发展状况和区工商联的工作情况，让会员及时掌握经济政策动向，为非公经济的科学发展提供参考。组织贵州绿色食品考察团开展商务考察；参与举办“海珠美食购物节”，协办“广州食品博览节”，推介广州美食与食品文化；与福建省松溪县工商联合会以及广东省企业经营管理协会（广州市现代经营管理协会）缔结为友好商会，加强两地沟通，共同促进会务；分别组织会员参加市工商联和区组织的港澳新春团拜活动，在香港举办港澳顾问茶话会，不定期拜会香港与澳门友好工商联以及相关协会，积极开拓两地商机，进一步加强穗港澳的交流和互动，促进商会联谊和会员之间的联系沟通，扩大会员的视野，有效地为民企搭建信息沟通、经验交流、融资等平台，拓商机，扩大商会的影响力。

【组织建设】 2011年，区工商联以创先争优活动为契机，开展作风建设活动，以良好的机关作风带动会务开展，发挥区工商联联系非公经济组织的桥梁作用。贯彻落实执行委员制度、会长轮值制度等，增强会员的责任意识，提高商会的凝聚力。加强干部政治理论学习，通过派员到外单位锻炼，组织外出参观学习，加强干部业务培训。深入企业听取意见，反映呼声，为企业搭建融资、培训服务、对外交流平台。到挂点联系的街道参与“创文”行动。加强对基层分会指导，协助基层分会开展活动。

【非公有制经济党建】 2011年，区工商联非公有制经济党工委承担区非公有制经济组织党的建设的工作职责。制定《关于在海珠区非公有制经济党组织和党员中深入开展创先争优活动实施意见》，确立星河湾集团党委、金域医学检验中心有限公司党委为“创先争优活动”示范点，以点带面推动非公有制企业党组织创先争优活动全面开展。开展非公有制经济组织党组织和党员“公开承诺”和“领导点评”活动。召开全区非公有制经济党组织创先争优工作会议。建立非公有制经济组织党代表工作室，履行党代表的职责，发挥党代表联系、服务党员和群众的作用；在非公有制企业党支部中组织开展“创先争优促发展，凝心聚力促和谐”的纪念建党90周年主题活动，召开纪念建党90周年座谈会，开展“重温历史、同心同行”为主题的纪念建党90周年征文活动，出版庆祝建党90周年的系列活动专刊。指导成立4个非公经济组织党支部。组织机关党员走访慰问困难党员，参与星河湾集团党委在兴宁市罗浮镇练优小学举行的网脉电教工程捐赠活动暨中国未成年人网脉工程实践基地揭牌仪式。

【友好交流】 2011年，区商会利用与港澳和工商社团关系密切的优势，不断拓宽渠道，加强民间联谊交往工作。通过春茗和招商活动，先后应邀参加香港全港各区工商联、新界东北区工商联、香港新界厂商联合会、香港湾仔西区工商业联合会、香港中小型企业联合会、黄大仙工商业联合会、香港公民协会、澳门饮食业商会等多个港澳社团和商会活动。接待福建松溪县工商联、香港各区工商联、香港葵青区工商联等友好商会，拜访贵州、香港等地友好工商联，提高商会知名度，加强商会的联谊和会员之间的联系沟通，开拓商机，学习吸收外地商会工作经验，促进自身会务的拓展。

（黄　妍）

科　协

【概况】 2011年，区科协设有教育学会、医学协会、建筑学会、园林学会、环境学会、青少年科技教育协会6个学会和18个街道科协。是年，区科协围绕中心，突出“三服务一加强”工作理念，开拓创新，务实进取，各项工作成效明显。

【全民科学素质工作】 2011年，区科协启动“十二五”全民科学素质工作，开展各种类型的科学素质教育。1月18日，召开“海珠区全民科学素质纲要实施工作会议”。9月6日，召开海珠区科学素质工作联络员会议，通报各部门科学素质工作完成情况。11月16日，召开“海珠区荣获科普工作先进称号总结慰问座谈会”，表彰在全国科普示范城区迎检、实施“十一五”时期区科学素质纲要工作中表现突出的13个成员单位。9月，组织撰写《海珠区全民科学素质行动计划纲要实施方案（2011—2015年）（初稿）》；12月，征集对该稿的修改意见，完善规划的各项内容。

【科普工作】 **科普创建示范区** 2011年，牵头创建“2011—2015年度全国科普示范区”。3月18日，省科协检查组代表中国科协检查验收海珠区“全国科普示范城区”创建工作，听取副区长罗光华作的《海珠区“全国科普示范城区”创建工作总结报告》（同时进行多媒体演示），实地察看区少年宫“小海豚”科普基地、区实验小学、沙园街光大社区开展科普工作及青少年科技教育的情况。海珠区以107分通过全国科普示范城区创建检查验收，并取得“全面达标”的优异成绩。海珠区自1999年成为首批“全国科普示范城区”以来，已连续4次获此荣誉。海珠区同时被省科协命名为“2011—2015年度广东省科普示范城区”。继续指导和支持基层科协

2011年9月17日，在广州市2011年“全国科普日”活动启动仪式上，海珠区被授予“2011－2015年度全国科普示范城区”荣誉称号。

（陈诗韵摄）

2011年9月28日，在广东省全民科学素质行动实施工作会议上，海珠区被授予“2011－2015年度广东省科普示范城区”荣誉称号。

（张炜哲摄）

抓好科普示范街道、科普示范社区等创建工作，对全区7个科普示范街道开展创建工作以及科技活动周、全国科普日活动给予经费支持，拨出专项经费支持滨江街、南华西街、新港街、华洲街建设科普精品工程等。12月，新港街银禧社区成功创建为“第三批广东省科普示范社区”。

科普活动开展 2011年5月17日，围绕“智慧城市、科学生活、幸福海珠”主题，在滨江街大元帅府广场协办“海珠区2011年科技活动周主题日活动”；5月科技活动周，组织各街道科协开展科技活动周活动68场。9月16日，围绕“十二五”科学素质行动“节约能源资源、保护生态环境、保障安全健康、促进创新创造”主题，在南华西街抗英纪念广场举办“倡导科学生活 共建文明海珠”——2011年全国科普日活动启动仪式暨大型科普嘉年华；9月全国科普日，广泛动员各街道科协、职能部门及社会力量参与，组织全国科普日活动65场。全年，区科协及各街道科协共开展“海珠区科普灯谜会”、海珠区流动科普画廊社区大巡展、“科普大篷车”社区行、“食品营养与安全知识”进社区、防灾减灾日之“科学防核辐射”主题活动、“全国爱牙日”主题宣传、“幸福在海珠 健康伴我行”健康运动推广等系列活动118场。继续面向全区推进“科普进社区”品牌活动，各街道科协把科普工作与老百姓的生活紧密结合起来，全年共举办科普主题宣传90场、科普讲座67场、科普展览62个，开展科普咨询23场、科普志愿服务41次、科普培训34场、科普竞赛13场。

科普资源整合开发 2011年，加大科普资源投入，编印《漫话食品营养与安全》科普小册子20000本、《海珠区科普灯谜集粹》500本，征订《广东省全民科学素质读本丛书》350本、科普挂图424套、“垃圾分类”宣传扑克500盒，制作科学素质环保袋2500个、科普小扇子20500把、环保纸巾1100包、科普灯谜道具40套，为基层配送95个不锈钢流动科普展架和540块流动科普展板；结合日本“3·11”地震、福岛第一核电站外泄事件及“5·12防灾减灾日”等社会热点，联合省科协、省科普信息中心等单位的科技专家，制作“科学防核辐射”科普资源包，内含《科学防核辐射》科普挂图40套、《科学预防核辐射》折页20000份及《科学防灾应急手册》科普图书10000本等，免费向公众发放，并在社区内举办专题展览，让广大群众及时接受地震、核能、核辐射科普知识教育，科学应对“食盐抢购潮”等社会现象。

科普基础设施建设 2011年1月，在全区范围内启动实施“社区科普益民计划”，通过整合社区科普资源，完善科普设施功能，推动社区科普深入开展，打造成为海珠区科普的活动品牌。重点整合各街道室内科普活动资源，大力推进“社区科技馆”公益性科普文化教育设施项目，3—9月，分别在滨江街、新港街、南华西街的科普活动中心建成4个社区科技馆，其中滨江街的“壁挂科技馆”、新港街的“台式科技馆”在全市社区科技馆中均属首创；3月，区实验小学建成海珠区校园首个“壁挂科技馆”，以寓教于乐的方式普及科学知识。协同区科信局等单位及相关街道，建成海幢街“馨园”科普公园、海幢街残疾人科普活动展览馆、海幢街科普长廊、南华西街低碳节能科普长廊、沙园街社区和谐科普长廊、沙园街光大科普长廊、新港街银禧科普世界、华洲街岭南水果科学生态园、华洲街科普画廊等一批科普精品工程，在“十二五”初期基本实现“一区一科技馆、一街道一科普活动室、一示范街道一科普园（广场）、一社区一科普画廊”的“四个全覆盖”，并形成涵盖人口计生、节能环保、食品安全、防震减灾、卫生健康、科技发展、青少年科技教育、海珠民俗等八大领域的“科普益民工程体系”。12月，开展“海珠区科普场地情况调查”，了解和掌握海珠地区科普场地资源分布情况，利于今后更好地利用海珠地区的场地资源开展科学普及活动。

【服务经济社会】 2011年，围绕产业转型中的重点问题、改革发展稳定中的难点问题以及关系人民群众切身利益的热点问题，发挥科协组织的人才、智力优势，开展调查研究，积极建言献策。6月，提交《关于海珠区打造特色科普旅游品牌的调研报告》等，为海珠区整合科技资源、开展科普惠民服务形成思路和对策；7月，组织区政协科技组科技界、科协界委员走访视察太古仓创意产业园等地方，让委员们了解海珠区创意产业园发展现状、产业结构调整等情况，并就太古仓科普文化项目建设提出意见和建议。积极发挥科技人员参政议政作用，9月向区政协十四届委员会提名推荐7名政协委员候选人并最终全部当选，区政协委员、区科协副主席黄国志联同部分委员，提出“运用信息技术手段，构建全民康复服务新模式”的建议，为建设幸福海珠献计出力。结合“创文”迎国检工作，5月出台《关于做好“创文”期间科普画廊管理的通知》，在全区范围内开展科普画廊自查整改工作，督促各街道按创文要求定期更新科普挂图，促进科普画廊的管理、使用和维护工作走上标准化、规范化、制度化轨道；融合《全民科学素质行动计划纲要》和“创文”主题，举办各类科普宣传活动，促进全社会共同关心、支持和参与科普及创文，实现进一步提高全民科学素质的目的，为创文提供更好的条件；编印《漫话食品营养与安全》、《科学防灾应急手册》等科普创文读物6万册（份）以上，借助“科普进社区”、“流动科普画廊社区巡展”、“科普灯谜社区行”等一系列科普活动，把科普创文读物发放到群众手中。

【服务科技工作者】 **密切联系科技工作者** 2011年12月5日，组织区科协常委活动，参观白云湖；12月15日，举办“喜看海珠新变化，共享发展新成就”——2011年海珠区科协会员日活动，组织科协常委、优秀科技工作者代表、科协历届领导等参观琶洲科技园区、黄埔古村等，了解海珠区改善城区环境面貌、促进产业转型升级的相关情况，共同见证海珠科学发展的新变化。

开展学术研讨和交流活动 2011年3月，选取42篇代表医疗、环保、教育、制药、造纸等领域研究成果的科技论文，编入《海珠地区优秀科技论文集》。7月，组织开展“2011年海珠区全民科学素质纲要实施工作征文活动”，收到研讨论文52篇，评选出优秀论文10篇；12月，在省科协举办的“工职院杯——我与科协”征文活动中，区科协科学素质纲要办陈诗韵撰写的《广州市海珠区创建“全国科普示范城区”纪事》荣获三等奖。

关注科技及科协工作者学习成长 2011年4月15日，联合市女科技工作者协会，举办“广州市女科技工作者座谈会”，邀请海珠区辖内教育、卫生、金融、电子、公共服务等行业的女专家、教授、领导参会，了解女性科技工作者的成长规律、意见和诉求，为制定更有效发挥女性科技工作者作用的政策提供参考。5月，编印《海珠区科协系统业务培训学习材料》，举办“2011年度海珠区科协系统干部业务培训班”。8月，组织科协工作者前往大连参加全国性的科协工作研讨会，交流开展全民科学素质工作的经验。9月，征订一批科普书籍，向基层科协及相关职能部门科普宣传干部等赠阅。11月，组织科普工作者前往武汉开展科普考察活动，学习兄弟城区科协的先进经验。

【队伍建设】 2011年 区科协全体机关党员干部开展“创先争优”活动，按照省、市科协“重心下移、深入基层”和“着眼需求、加强服务”的要求，加强对基层科协组织工作的调研和指导，走访滨江、沙园、官洲、南华西、新港、华洲等街道，探索在新形势下如何做好科普惠民服务。继续在18个街道推行“海珠区街道科协工作考评制度”，10月全面考核各街道科协组织建设情况以及开展常规工作、主题活动、科普志愿服务和创新性工作等的情况。落实“海珠区科学技术协会网站”的更新管理，全年共登载科协系统信息268条。

（陈诗韵）

文　联

【纪念建党90周年、辛亥革命100周年】 2011年，区文联抓住重大节庆纪念活动日开展工作，与多个部门合作，开展形式多样、群众喜闻乐见的文艺活动，与区委组织部、区委宣传部、区文广新局共同举办“庆祝建党90周年美术、书法、摄影作品展”。在广州历史陵园第二展览馆与省美协漫画艺委会共同举办“颂歌献给党——庆祝建党90周年漫画展”。10月，与省美协漫画艺委会共同举办“纪念辛亥革命百年漫画展”，展出当代广东漫画家近年以辛亥革命为主题的漫画作品60余件，以及辛亥革命时期广东漫画家作品50余件，吸引全区各部门组织干部职工群众近1000人次前来参观学习。

【参与“创文”】 2011年，区文联领导多次带领干部到“创文”对口街道琶洲街明察暗访，发现问题及时反映，使问题解决或控制在萌芽状态。克服经费短缺的难点，两次拨专款协助琶洲街开展“创文”工作。创文期间，配合区委宣传部、区文华广电新闻出版局，做好“海珠新十景”评选工作。发挥职能优势，组织属下海幢诗社的作家们，为“海珠新十景”拟名备选，受到市民好评。积极收集资料，配合区政府做好“中国民间艺术之乡”的申报工作，用各种文艺方式和手段吸引鼓舞群众投身“创文”。

【文艺家活动】 2011年，区文联组织和支持文化活动。支持属下海珠民族乐团参加广州地区第二届广东音乐大赛并获得金奖；组织该团参加广东电台等单位主办的新年音乐会、广府文化广东音乐专场、广东名家艺术交流会等，均获得好评。组织区作家协会成员参加市文联组织的青年作家研讨会，与当代著名文学名家进行面对面的文学交流。摄影家协会成员积极参与区重大活动，及时制作、收集摄影纪实材料。为还原黄埔古村文化气息，深挖其文化底蕴，组织海幢诗社的诗人到黄埔古村采风，为古村连廊拟名作对联，协助黄埔古村修缮工作。区文联持续扶持海珠民族乐团发展，推荐其参加高层次音乐赛事，支助其日常排练费用，该团为滨江街居民每周演出一场音乐节目，受到群众的欢迎。积极筹措资金，支持海幢诗社和作家协会出版书籍《海珠文史粹编》《海珠文丛》。9月25日，广东省第一间专门以剪纸艺术为主题的展览馆——韩艳剪纸艺术馆，在黄埔村开馆。省市文联领导、区领导，以及省市区协会领导出席揭幕仪式。广州市民间文艺家协会授予该馆“广州市民间文化传承基地”牌匾。韩艳剪纸艺术馆坐落在黄埔村内近200年历史的清代书塾“端生家塾”旧址，雕塑大师潘鹤为其题写馆名。艺术馆面积约200平方米，分剪纸知识展示区、人物剪纸作品展示区、吉祥剪纸作品展示区、儿童剪纸活动区、剪纸生活

2011年6月28日，区文联与省美协漫画艺委会共同举办的“颂歌献给党——庆祝建党90周年漫画展”开幕。

（区文联供稿）

区；结合中国优秀传统剪纸艺术与中国岭南古建筑艺术，融观赏性、艺术性、知识性、思想性、教育性于一体；免费开放。与官洲地区文联联合举办端午节书画、摄影系列活动，与琶洲街、琶洲地区文联、区作家协会联合举办“琶洲风情”诗词创作大赛，受到文艺家和群众的欢迎。

【文联队伍建设】 2011年，海珠地区文联机构共19个，包括18个街道地区文联和1个小洲文联，共165人。全部地区文联均成立美术书法家协会，共19个；成立音乐舞蹈家协会6个，文学家协会3个，摄影家协会3个，曲艺协会2个，咸水歌协会1个。以上协会共506人。地区文联委员中，担任省政协委员1人、市政协委员2人、区人大代表8人、区政协委员2人。此外，区文联属下协会达25个，会员1000余人。区文联在编干部3人，均为本科学历。区文联党支部有党员5人，在编干部均为党员。

（陈俊莉）

残联

【残疾人事业政策性文件】 2011年，区委、区政府制定《中共海珠区委、区政府关于加快残疾人事业发展的实施意见》，确立加快残疾人事业发展的指导思想、基本原则和保障措施。11月，中国残联副理事长贾勇率评估团到海珠区检查“两个体系”建设工作，评估团一行对海珠区残疾人工作开展情况给予高度评价。

【残疾人保健康复】 2011年，海珠区通过残疾人“人人享有康复服务”市级验收。通过建立领导机构、制定工作方案、加强部门协作，形成区、街、社区三级康复服务网络。邀请市康复中心副主任为各街道残联理事长、基层康复协调员和技术人员讲授“人人享有康复服务”创建工作知识，培训人员500多人次。制定迎检工作指南，选取凤阳街为抽检点，召开现场交流会，搭建街道创建工作学习平台，有效推动创建工作的开展。加大创建经费投入，为全区18个社区卫生服务中心康复室、36个街道康复站配备88万元的康复器材，为11957名残疾人提供就近便利的社区康复服务。海珠区在残疾人“人人享有康复服务”创建工作市级审评中获得全市12区（市）总分第一的好成绩。

【残疾人医疗救助】 2011年，开展精神疾病医院—社区一体化防治康复工作，完善三级监护网络，加大宣传，普及精神病防治知识，提高精防工作水平。全年为453名贫困精神病人提供免费服药治疗，资助金额13万元。做好辅助器具适配工作。全年为各类残疾人免费发放辅助器具857件，资助金额13万元；配发肢体矫形器8件，资助金额2万元；为4名肢体残疾人装配假肢，资助金额2万元。积极开展听力、视力助残活动。为500多名残疾人进行免费的听力和白内障检查，为206名贫困听障残疾人配置助听器，资助金额达81.6万元；为35名贫困白内障者进行复明手术，资助金额达3.2万元。

【残疾人基本生活保障】 2011年，实行“普惠加特惠”的保障机制，加大对贫困残疾人的帮扶。制定实施《海珠区贫困残疾人发放专项补助金实施方案》。从1月开始，海珠区低保家庭的一、二级残疾人每月补助60元；低收入家庭一、二级残疾人每月补助40元；低保家庭的三、四级残疾人每月补助30元；低收入家庭三、四级残疾人每月补助20元；本人无经济收入一级重度残疾人每月补助60元。全年共发放3500人次，贫困残疾人专项补助金200万元。提高贫困残疾人专项补助金发放标准。7月起在原有发放重残金标准基础上提高25%，增加金额70万元，惠及3452名残疾人。春节、中秋节、全国助残日等节日期间慰问困难残疾人3800人次，慰问金额60万元。春节期间为2325名低收、低保残疾人发放100元慰问金，资助金额24万元。为18户特殊困难家庭发放救助金4.2万元。办理发放优惠乘车卡1184个，办理慢性病救助卡37个。发放扶残助学金29万元，解决70名残疾学生和455名残疾人子女上学难的问题。

【残疾人权益保护】 2011年，依托基层残疾人组织，构建起区、街、社区三级残疾人维权网络，使残疾人维权组织全覆盖。积极为残疾人维权，共接待残疾人及其家属来电、来访、来邮212人次，信访回复率100%，办结率100%。

【无障碍设施建设】 2011年，通过创建全国文明城市，加大对无障碍设施整治改造。区残联结合创文工作，联合区建设园林、规划、国土房管、城管等相关部门对区内主要干道和示范单位进行联合检查，并对市政公共设施进行日常维护，全年修复改造盲道约12000米，缘石坡道等无障碍设施200个；为40名贫困残疾人家庭进行家居无障碍改造工程，资助金额4万元。

（宠鸣敏）

贸促会

【概况】 2011年，区贸促会按照“围绕中心，服务企业，发挥优势，有所作为”的工作思路，积极整合资源，开展各项国内外贸易促进服务工作，以协助企业发展壮大为着力点，努力推动海珠经济社会发展，圆满完成工作任务。

【组织建设】 2011年，区贸促会围绕海珠区以会展经济为龙头的现代服务业发展战略，发展了获中国会展业“金海豚”大奖提名的嘉毅赛维展览器材公司等10家会展业、现代服务业企业成为会员。区贸促会发挥桥梁纽带作用，以海珠区两大集名酒及展览于一体的领军企业——广州科通展览有限公司和太古仓壹号国际葡萄酒采购中心为基础，发动20多家进口葡萄酒行业精英企业合作，成立该会属下的海珠区进口葡萄酒商盟专业委员会，共同致力于打造海珠区进口葡萄酒产业经济，为海珠区加快转变发展方式，促进现代服务业发展出力。

【ABAC广州会议】 2011年2月14—18日，亚太经济合作组织（APEC）工商咨询理事会2011年第一次会议（简称ABAC广州会议）在广州举行，主题是“以人力与智慧，推动可持续发展和繁荣”，重点关注“区域经济一体化、政策法规一致性、绿色增长”；其配套会议亚太区服务业大会、广州市长与亚太区工商领袖圆桌会议于2月14日同期在区内香格里拉国际大酒店召开。海珠区贸促会根据会议承办机构市贸促委的要求，作为协办机构之一，组织16家会员企业的企业家代表分别参加亚太区服务业大会、广州市长与亚太区工商领袖圆桌会议，并帮助中洲中心2期商业项目进行招商。参会企业表示此次高层次的国际性大型会议让他们很受启发，通过大会所搭建的贸易平台，认识更多工商界的新朋友，对今后的发展很有帮助。

【培育会展品牌】 2011年，区贸促会协助会员企业科通展览公司办好一年两期、被业界誉为“国内第一进口酒展”的广州国际名酒展。其间，西班牙、葡萄牙、希腊等多国驻穗领馆官员和商会代表出席展会，过千家海外参展商和国内品牌运营商参展，两期展览面积总计达50000平方米，成交金额均过千万元。协助会员企业益武展览公司“广州茶博会”等7个展览项目，来自国内外各品牌企业约2500家参展，展出面积总计超160000平方米，展位达4100多个。其中，区贸易会积极整合资源，为精心培育广州食品博览会成长为一流的品牌展会打造良好开端。促成太古仓壹号国际葡萄酒采购中心与益武公司之间的会员企业合作，12家旗舰品牌葡萄酒商在广州食博会上设立超200平方米特价专场，吸引日均10万名终端消费者品进口葡萄佳酿、尝特色美食，为展会圆满举办作出努力。

【构建贸易促进交流平台】 2011年，区贸促会组织企业逾180人参加比利时、波兰、新加坡、智利、阿联酋、南非、泰国等国商事机构

2011年2月14日，区贸促会协办的亚太经合组织工商咨询理事会2011年亚太区服务业大会（简称ABAC广州会议）召开，共组织海珠区16家会员企业代表参会。

（黄文英摄）

在穗举办的招商推介及洽谈交流活动近20场；接待世界著名时装设计师 Yves Castaldi（伊卡斯迪）、香港特区政府驻粤经贸办、内蒙古贸促会、温州贸促会等国（境）内外来访团组5批65人。积极参与贸促系统主办的高层次、高规格大型国际会议及经贸活动。组织16家会员企业参加亚太经合组织（APEC）工商咨询理事会（ABAC）会议，协助会员企业中洲中心的2期商业项目作为广州现代服务业项目进行招商引资。发动会员企业逾200人分别参加“2011广东（广州）台湾名品博览会”以及“第二届中国广州国际低碳产品和技术展览会”。组织企业参加“新广州、新商机——广货东盟行”及“非洲·广州经贸周”系列国际经贸活动，其间唐志荣主任代表中大纺织产业商会与菲律宾纺织同业公会、菲华布商公会、菲律宾成衣制造厂商会签订合作备忘录；该会会员企业广州南天资源采购有限公司负责人作为广州市行业和企业代表作推介发言，并表示拟投资8000万元在菲律宾设立广州南天酒店用品专卖店。与香港特区政府驻粤办、智利广州商会、香港贸发局等机构加强联系，积极为企业拓展交流渠道搭桥牵线。组织拜访和接待上述贸促机构等活动共4次30人参加。组织近20家企业参与“升级转型·香港博览”、“香港国际秋季灯饰展”、“香港美食博览”等经贸交流活动3次；组织3批出访团组约30家企业代表赴四川成都、新疆疏附等地开拓内地市场，寻找合作商机；组织7家会员企业拜访云南省贸促会，协助企业了解腾冲和瑞丽等边境城市边贸情况，“中国—南亚商务论坛”和“边交会”及在建中小商品市场招商情况、参加展会的西部资金补贴情况，掌握该区域在中国—东盟自贸区建立后的经济发展情况和商机；密切加强会员企业间合作，该会唐志荣主任带领有关会员企业代表前往格利蒙那提琴厂、海珠电大、希力电子科技等企业实地调研，为企业间相互交流、学习与合作创造机会；自行筹办“新春联欢会暨《海珠贸促》二期发刊仪式”、“2011年庆端午暨执委会会议”、“迎中秋·贺国庆摄影比赛”、“国庆62周年暨中秋佳节联欢晚会”等6次主题会员活动，近600人参加，邀请省市贸促机构及区政府有关领导、香港贸发局、香港特区政府驻粤经贸办、台北世界贸易中心、智利广州商会、中国西班牙商会等友好商事机构代表出席，搭建促进政府、贸促机构、企业三方的交流平台。

【加强贸易促进服务】 2011年，成立海珠区进口葡萄酒商盟专业委员会，并指导委员会积极服务区内企业及区经济发展大局。动员委员会成员参加该会会员科通展览公司主办的“第六届广州国际名酒展”，动员委员会旗下12家旗舰品牌酒商在“第一届2011广州食品博览会”设特价专场，吸引日均10万终端消费者进场，提升委员会知名度。组织太古仓壹号国际葡萄酒文化节、各国美酒品鉴会等主题活动逾30次近1000人参加，推动自身发展。协助委员会加强对外交流与合作，委员会与智利广州商会、波兰信息与外国投资局、世界著名时装设计师伊卡斯迪达成合作意向；与西班牙卡斯蒂亚里昂区对外贸易局结成葡萄酒特色产业战略同盟，共同推动海珠区进口葡萄酒产业经济发展。

积极为企业提供签证代办服务。是年，该会签证代办点在市贸促委出证认证处的指导下，协助企业签发产地证5份，签证额逾100000美元；协助企业办理了分别至泰国、马来西亚的ATA单证册共2份，货值总计逾2万元人民币。

协助企业扩大对外宣传。制作第二期近百页的《海珠贸促》会刊，展现全体会员企业风采，助企业通过贸促会平台扩大对外宣传，在各类商贸活动中赠与国内外政府机构和商事机构达数百本，使外界对该会及该会企业队伍增进了解，受到广大企业赞许和支持。

组织各类培训讲座。为助企业有效地识别和管理人才，该会举办“企业家人才识别力”讲座，80多位会员企业代表参加；组织10家外贸会员企业参加市贸促委主办的“进出口企业新兴国际结算业务产品专题讲座”，指导企业提高规避人民币升值风险的能力。

不断挖掘网络资源为企业提供信息化服务。利用门户网站为企业提供经贸、展览等各类最新政策、资讯和商机，提供免费的二级子站页面供企业发布各类信息，该网站全年访问总量过5000次；近百人入群的海珠贸促会QQ群增进会员企业间的实时联系；发挥短信群发平台优势，是年通过发送近1万条短信，实现该会信息的及时发布，提升了服务效率，拉近了商会与企业之间的距离。

（许　诺）

侨　　联

【概况】　2011年，海珠区归国华侨联合会（简称区侨联）有20个基层组织：素社地区侨联、凤阳地区侨联、华洲地区侨联、赤岗街侨联、新港街侨联、昌岗街侨联、滨江街侨联、江南中街侨联、海幢街侨联、南华西街侨联、龙凤街侨联、沙园街侨联、南石头街侨联、瑞宝街侨联、南洲街侨联、江海街侨联、琶洲街侨联、官洲街侨联、区教育局侨联、区卫生局侨联。

【组织建设】　2011年，区侨联加强组织建设，完善各项制度。配合区委、区政府的换届工作，顺利完成区侨联主席的新老交接，充实领导班子的力量。健全和完善领导班子会议制度、机关办公会议制度和领导干部联系基层制度，根据人员的岗位变动调整分工，确保各项工作落到实处。增聘一批侨联顾问，拓宽侨联工作的服务面。深入基层调查研究，推进基层侨联工作。创新区侨联基层工作形式，通过举办侨联系统培训班、邀请市委党校教授开讲座、组织外出参观考察、与兄弟城区侨联交流学习等活动，拓宽视野，增长见识，提升基层侨联干部的业务水平和履职能力。指导各基层侨联根据自身特点，创造性地开展为侨服务工作。发挥侨联的职能优势，宣传和展示海珠新面貌。接待中国侨联副主席乔卫一行到海珠区参观调研，以及省委党校处级进修班学员和新会市、镇、街侨联干部一行。开展“深化服务促发展”活动。分别组织区侨联常委参观调研侨资企业、基层侨联主席参观大元帅府纪念馆、侨联委员参观南沙湿地公园、历届委员新年联谊座谈、侨青委员到清远登山，增强侨联组织的凝聚力和向心力。加强侨界新生代以及留学回国创业人员的服务引导工作，支持新侨为广州经济社会发展作贡献。区内留学回国人员胡国威获得第二届“广州新侨创业杰出贡献奖”。召开区侨青会二届二次全会，增补4名优秀侨界青年为侨青会副会长，新当选的副会长们向区侨联法律援助中心捐款共3万元。

【参政议政】　2011年，区侨联挖掘资源，选贤举能，做好推荐侨界人大代表和政协委员工作。分别推荐1名侨界人士当选市、区人大代表；成功推荐6位侨界人士当选区政协委员，为侨界人士参政议政提供有利的平台和条件。发挥区侨联主要领导担任区政协归侨侨眷委员组组长的作用，围绕“十二五”规划的落实，为区的经济发展建言献策。区侨联副主席、区人大代表徐广绍协助市政协委员撰写《关于加强广州青少年视力保护》提案，引起市政府领导的重视。组织区政协归侨侨眷组委员到华东地区调研考察，学习先进经验。出席区工商联、民主党派知识分子联谊会等活动。与区人大侨工委、区侨办等部门联合开展侨法执法检查，设立中海社区“侨友之家”法律咨询室，聘请区侨联法律顾问，妥善办理群众关于“城中村”改造涉及的难点问题信访案件多宗，切实维护归侨侨眷权益。

【文化联谊】　2011年，区侨联围绕纪念中国共产党建党90周年和辛亥革命100周年的重点主题，开展一系列文化交流活动。成功协办广州市侨界纪念辛亥百年和中国共产党建党90周年活动启动仪式暨“辛亥百年祭，一心跟党走”文艺汇演，区侨联获得组织奖，选送的舞蹈节目获得演出二等奖；各基层侨联开展形式多样的纪念建党90周年和辛亥革命100周年活动；组织人员撰写文章，参加市华侨历史学会组织举办的“追忆辛亥峥嵘岁月——纪念辛亥革命100周年学术研讨会”；与香港洋务工会联合举办“唱红歌、庆国庆”文艺汇演及“桂圆飘香、共祭辛亥百年”座谈会。协助市侨联办好第四届（广州）华人文化艺术节的各项活动，安排落实节目彩排场地。组织区侨联艺术团赴香港与简氏宗亲会联合举行“穗港侨界携手 共弘中华文化”——迎2012年新春联欢活动。发动各基层侨联组织区内学生参加中国侨联举办的第十二届世界华人文化作文大赛，共上报征文397篇，其中获得二等奖4篇、三等奖5篇，区侨联和区教育局分别获得组织奖。

【海外联谊】　2011年，区侨联落实“国内海外工作并重，老侨新侨工作并重”的措施，开展海外联谊工作。赴港召开区侨联港澳顾问座谈会，通报工作情况和听取意见。上门拜访香港侨界友好人士。与区侨办、台办成功合办港、澳、台、侨新春团拜会。加强与港澳及海外社团的联谊交流。出席区委、区政府在香港举行的新春恳谈会、广州侨联香港联谊会新春晚会、香港工联会新春团拜会、香港洋务工会成立90周年庆典、澳门公务人员文化协会成立六周年暨第三届理监事就职典礼、澳门缅华互助会暨第16届泼水节、香港卫氏宗亲会敬老尊贤春节恳亲大会、简氏宗亲会换届会庆等活动。邀请香港洋务工会等友好社团到区参观访问，增进交流。接待陪同新西兰华人画家区本先生一行参观考察区内黄埔古港、海珠湖、十香园等景点。出席区海外联谊会等联谊活动。派出工作人员参加区政协港澳委员组的接待活动，增进乡情友情。

【社会公益】 2011年，区侨联发挥归侨侨眷和港澳同胞、海外侨胞的作用，发动侨界力量参与公益活动，扶贫济困。在区侨联香港荣誉主席简树秋夫妇、林奕典夫妇、毛志成，区侨联副主席、常委、香港顾问等穗港侨界人士的大力支持下，顺利建成区侨胞之家示范点——滨江街中海社区“侨友之家”。在全市各区县中率先成立区侨联法律援助中心，重点帮扶因病、突发事件致贫的困难归侨侨眷，并为侨界企业、海外留学回国创业人员以及归侨侨眷等提供法律咨询与援助。马来西亚华人温先生向区侨联法律援助中心捐赠1万元，区侨联顾问梁日辉向区内5户困难归侨侨眷家庭捐赠慰问金2500元。发动侨界热心人士，为困难侨眷侨属和社会公益事业捐赠资金。与区侨办连续6年开展“扶贫济困侨心工程”，资助54户困难归侨侨眷家庭和24名侨眷学生。区侨联常委、广东闽南商会会长洪清轮向昌岗街道办事处捐赠社会公益基金10万元；区侨联法律援助中心向江南中街4名困难归侨侨眷发放慰问金1万元及一批慰问品，向新港街1名特困侨眷捐款3千元，慰问其病危家属。开展扶贫“双到”活动，创新扶贫形式，组织区侨联艺术团与区水农局、江海街、赤岗街等单位赴化州市平定镇沙坡村演出，区侨联副主席张汉湖亲自前往捐赠500多份学习用品及慰问金2万元；与致公党海珠总支到从化市源湖村扶贫助学，对20户困难户逐家上门慰问，送上慰问金4000元及生活用品一批；到对口帮扶村——从化市鳌头镇南楼村开展慰问活动，与村委会进行脱贫致富座谈，捐助文化建设帮扶款5000元；参加市侨联组织的慰问团，到梅州丰顺地区扶贫，捐赠慰问金5000。开展“侨企双赢，和谐发展”为主题的系列活动。举办“侨企献爱心，携手齐支教”尊师助教活动，广东省闽南商会向区绿翠中学捐赠助学金1万元；举办专场联谊活动慰问教职员工；帮助侨商子弟解决入托入学问题。侨企精威眼镜有限公司主动为侨办实事，向社区群众送出一批价值5万多元的老花眼镜和近视眼镜，免费提供视力、眼睛健康检查和建立眼睛免费保健档案的服务，实现“侨为企服务，企为侨贡献”。

（杨　帆）

个协、私协

【概况】 区个体劳动者协会（简称区个协）、区私营企业协会（简称区私协）合署办公，有工作人员19人，设党支部书记、秘书长、副秘书长各1名。区个协第九届理事会，设会长1名，副会长6名，理事6名。区私协第五届理事会，设会长1名，副会长6名，理事15名。区个协、区私协下设直属、新滘、瑞宝、海幢、南石头、江海、昌岗、滨江、凤阳（中大）、江南、赤岗11个基层分会。2011年底，全区个体工商64105户，私营企业25837家。

【会员服务】 2011年，区个协、区私协拓宽服务领域，增强服务效能。开展政策服务及调研服务，及时宣传、贯彻和落实党和国家对发展个体私营经济的方针政策，引导会员企业加快发展；对个体私营经济发展情况深入调研，了解会员生产经营中的困难和问题，积极向政府及其职能部门反映会员诉求。开展代办证照服务，截至12月底，为业户代办营业执照年检共计173户；代办登公告300户；代办会计证52个；办理营业执照新开业或变更等手续共计15户；代办刻章8户；代办代码证15户；代办国税、地税证7户。开展融资服务，通过举办融资推介会、讲座等形式，提供融资贷款等咨询服务。7月14日，组织理事召开融资服务会议。

【宣传教育】 2011年，区个协、区私协通过召开座谈会等形式，围绕加强社会公德、职业道德、家庭美德、个人品德建设，以把普法为重点，总结“五五”普法工作，做好“六五”普法规划，组织会员参加各种形式的普法培训班，宣传普及相关法律法规，并向会员提供全方位的法律法规信息、咨询、顾问等服务。10月27日，组织40名会员参加广州市个协、私协在越秀宾馆举办的“普法教育骨干培训班”。9月15日至25日，全力配合政府部门做好“创文”迎检工作，引导会员诚实守信、亮照经营，委派工作人员为业户派送和更换新镜框，实现社区周边所有业户亮照形式整齐划一。

【会员活动】 2011年，区个协、区私协开展丰富多彩的会员活动，团结、凝聚广大会员，焕发协会的生机和活力。1月27日，组织会长及理事们参加由海珠工商分局举办的“新春座谈会”。2月10日，在南粤嘉宴大酒楼举办“2011年新春团拜会”。4月15日，组织会员参加由海珠区质监局举办的“大米行业计量法规宣传贯彻会”。4月21日，组织会员参加海珠区总工会在海珠会议文化活动中心举办的“幸福海珠，劳动铸造”——海珠区庆祝“五一”国际劳动节大会。在10月18日中个协确定的“光彩服务日”，开展诚信经营宣传活动、组织会员慰问困难家庭活动、免费为会员提供执照镜框、召开金融研讨会等一系列活动。

2011年6月10日，组织区内企业家参加“2011年广东扶贫济困日暨广州慈善日活动民营企业家座谈会”。（区个协私协供稿）

【公益工作】 2011年，区个协、区私协发动会员开展“广东扶贫济困日暨广州慈善日”活动。是年6月，组织各分会开展宣传动员，引导会员积极参加“广东扶贫济困日暨广州慈善日”捐款活动，广州联鸿实业投资有限公司捐款10万元、海珠闲置物资旧货交易中心捐款5万元，活动共筹集善款近54万元，展示出个体私营企业会员良好的社会形象。是年春节、中秋节前夕，举办“给困难会员及特困家庭送温暖”活动，共为357户会员及特困户发放慰问金及慰问品。在日常工作生活中及时了解掌握会员动态，及时为患病或遭遇意外事故的会员解决困难及送上爱心捐款。

（邓　琳）

政法

政法委

【概况】 2011年，海珠区政法部门围绕区委、区政府中心工作，服务大局，为全区科学发展创造和谐稳定的社会环境、公平正义的法治环境、优质高效的服务环境。

【重要会议】 **政法工作会议** 1月19日，召开全区政法工作会议，全面总结2010年政法工作和亚运亚残会安保成功经验，分析当前形势，部署2011年重点工作。董延军对政法工作提出要求，麦志强做工作部署。区五套班子有关领导及区属有关单位负责人共200多人参加会议。

流动人员和出租屋管理工作会议 4月13日，召开全区流动人员和出租屋管理工作会议，黄信仪部署2011年工作任务，黄翔通报2010年全区流动人员和出租屋管理服务工作考核情况，麦志强作重要讲话。区五套班子有关领导及区属部门有关负责同志共200多人参加会议。

政法系统主题教育实践活动先进事迹报告会 8月30日，召开全区政法系统主题教育实践活动先进事迹报告会，邀请市政法系统主题教育实践活动先进事迹报告团邹永波等3人作专场报告。董延军对深入开展主题教育实践活动提出具体要求。参加报告会的有市政法委副秘书长杨明德，区领导董延军、麦志强、旋志强、毕锐明以及区政法部门领导班子全体成员和部分干警共500多人。

2011年1月19日，在区会议中心第二会议室召开海珠区政法工作会议，区五套班子有关领导及区属有关单位负责人共200多人参加。
（张轶摄）

2011年6月26日，区委政法委在小洲村举办海珠区"6·3"虎门销烟纪念日大型禁毒宣传活动暨海珠区禁毒社工介入社区戒毒（康复）工作启动仪式。
（张轶摄）

【维护稳定工作】 2011年，海珠区社会维稳风险评估工作进一步落实。全区联社、社区"两委"换届选举顺利进行，没有出现一宗集体上访事件。矛盾排查化解落到实处，全年调解民间纠纷3033宗，调处成功2942宗，成功率97%。区信访案件总量和群众越级集体上访案量持续下降，其中信访案件总量比上年下降7.42%，连续三年保持总量下降；全区进京上访批次和人次分别下降24.2%和55.7%，连续三年被上级机关"零"通报，实现建党90周年等重点敏感时期非正常访、群体访、突发性事件为零的工作目标。全面落实首接首办责任制。各类信访件的办结率达97.6%，信访群众息诉罢访率91.3%。市交办的重点案件51宗和市主要领导批件19宗，办结率100%。成功化解信访历史积案19

宗，其中重大历史积案8宗、进京非正常访积案7宗，化解中央交办的涉法涉诉重复访积案42宗。姚奕生代表海珠区在全省信访工作会议上作化解信访积案经验介绍。

【社会管理创新】 2011年，海珠区综治信访维稳三级平台建设上新台阶。全年通过平台受理各类矛盾纠纷2107宗，调处化解2025宗，调解成功率96.1%，切实把问题解决在基层和萌芽状态。联调机制将纠纷化解在诉前取得较好效果，全年受理诉前联调案件361件，成功316件，成功率87.5%。延伸检察监督工作到区内所有街道。流动人员和出租屋管理服务有新进展。在全市率先完成全年27万个居住证受理任务，受到市领导的充分肯定。全年发生在出租屋内的刑事治安案件比上年分别下降5%和6%。安置帮教和社区矫正工作有新举措。积极探索政府与社工组织合作开展社区矫正服务，并安排驻街检察官充实社区矫正队伍。

【社会治安工作】 2011年，海珠区共破获各类刑事案件6717宗，清网行动提前完成上级下达的任务。区检察院批准逮捕1246件1712人；受理移送审查起诉案件1623件2267人。区法院新收各类刑事案件1540件，审结1528件；判决发生法律效力罪犯1638人；及时审结张军团伙涉黑案等。被市列为整治重点的赤岗街和巩固重点的凤阳街，刑事案件分别下降4.3%和3.3%。构建网格化社会面整体防控布局，建立围院式小区523个、治保会组织258个。进一步发挥视频监控系统作用，全年利用视频监控系统破获各类案件969宗。

【公平公正司法】 2011年，区法院共判处未成年人罪犯116人，其中缓刑率37.9%。注重社会效果与法律效果的统一，民商事案件调解撤诉率65%、区检察院成功促成和解20宗。区检察院共立案侦查职务犯罪案件54件54人，立案数和大要案数继续位居全市基层检察院之首。区司法局率先在全市建立公证法律援助、司法鉴定法律援助机制，率先在侦查、审查起诉阶段启动法律援助工作机制。

【政法队伍建设】 2011年，区法院在“人民群众对法院工作满意度”调查活动中，在全省128个基层法院中满意度排名第3位，在广州市基层法院中满意度排名第1位，10项满意度指标中有8项达到100%。区检察院被授予“全国先进基层检察院”等3项国家级荣誉称号，驻看守所检察室获得最高人民检察院、省人民检察院授予的荣誉称号。区公安分局获得省、市以上集体荣誉15项，冯荣炜和陈浩分别入选中央文明办主办的“中国好人榜”。区司法局获得国家、省、市等集体荣誉13项，南洲街司法所荣获“全国先进司法所”称号。海珠区连续八次获得市“双拥标兵区”荣誉称号，第六次获得省“双拥模范区”称号。

（何秀清）

公　安

【概况】 2011年，广州市公安局海珠区分局（简称海珠区公安分局）深入落实各项工作措施，提高控制和管理社会治安能力，完成春运、广交会、大运会安全保卫、“6·11”增城滋事事件处置、创文迎检、“清网追逃”等各项重点工作任务，全区社会政治、治安形势总体呈现平稳可控的良好局面。1月，广东省省情调查研究中心的调查报告显示：参与调查的全省55个县（市、区）中，海珠区居民幸福感最高。

【严打各类犯罪活动】 2011年，海珠区公安分局结合“粤安11”、“断源”、“亮剑”等专项行动，严打各类突出犯罪活动。一是提升侦破大要案件能力，命案破案率达到100%。二是强力打击涉黑涉恶犯罪，共打掉涉黑涉恶犯罪团伙9个。三是全力打击多发性侵财类案件，共打掉“双抢”团伙34个、盗窃团伙61个、诈骗团伙12个。四是打击经济犯罪成绩突出，在“亮剑”行动中侦破一起全国“扫黄打非”办挂牌督办案。五是打击毒品犯罪成效显著，侦破毒案件同比上升60.7%。六是网侦效能日益明显，共协破98宗现案。

【清网行动】 2011年，海珠区公安分局根据公安部统一部署，围绕“一降、两升、三提高”（行动前网上在逃人员总量力争下降，历年网上在逃人员、命案逃犯的抓捕率明显上升，网上在逃人员信息质量、网上追逃工作规范化水平、全警追逃破案能力大幅提高）目标，从5月份开始组织开展网上追逃专项督察清网行动，至9月，圆满完成上级下达的任务指标。行动中，网上在逃人员共到案425名（其中投案自首259人，占到案总数的60.94%），下降率为84.48%，位居全市三个501名在逃人员以上序列分局第一位。其中15名故意杀人案在逃人员到案10名，下降率

2011年9月5日，海珠区公安分局召开干部大会。（杨俊生摄）

达66.67%。

【群防群治】 2011年，海珠区公安分局有效整合各种社会资源，落实一重点目标单位一防控方案，推动社区治保组织与群防群治建设。截至年末，全区共建立围院式小区523个，建有治保会组织258个，共有治保人员2435人、治安积极分子14190名；全区治安辅助力量共抓获或协捕现行违法犯罪人员855人，协助破获刑事案件182宗。

【“大走访”开门评警活动】 2011年，海珠区公安分局通过“边走访、边服务、边采集、边管理、边建立”方法，把群众工作、实有人口管理、社区防范与走访工作紧密结合起来，取得和谐警民关系与夯实公安基础双丰收。共收集群众意见和建议2417条，为群众办实事好事4402件；登记全区实有人口197万多人、房屋89万多套、单位机构6.7万多个；发现并整改安全隐患2053处，抓获处理各类违法犯罪嫌疑人2422人。

【打击“黄赌毒”活动】 2011年，海珠区公安分局开展“粤安11”、“红棉”、“剑锋”、内街巷扫除涉黄涉赌等专项行动，建立对警情突出单位的工作支援机制，积极查处“黄赌毒”活动。全年共查处“黄赌毒”案件1900宗，捣毁“黄赌毒”窝点95个，处理“黄赌毒”人员4118名。

【窗口办证服务】 2011年，海珠区公安分局综合办证中心共受理各类户政、出入境业务643252宗，其中户政业务357319宗、出入境业务285933宗。全区当年16周岁人员“二代证”申领率为98.89%。

【交通防火管理】 2011年，区联合交警大队、区经贸局等部门及各街道经常性开展“五类车”[电瓶车、摩托车（包括二轮、三轮摩托车、机动三轮车）、残疾人机动轮椅车、电动自行车（含人力三轮车、黄包车）、拼（改）装报废车] 专项整治行动；通过开展交通“文明出行月”等活动，推进交通安全宣传“五进”（进社区、进企业、进农村、进学校、进家庭），大力整治交通违法行为；联合各街道开展消防隐患大排查大整治行动，积极开展“清剿火患”战役；10月31日，建立海珠区火灾隐患举报投诉中心接受群众举报投诉。全年全区共发生火灾事故8起，造成4人死亡、6人受伤、经济损失223万多元；全区管辖单位发生交通责任事故造成25.5人死亡。

【法制保障】 一是加强执法业务培训。制发执法工作指引提高执法质量；派出执法服务组或驻所法制员继续发挥执法指导前移作用；组织全局民警顺利通过基本级执法资格考试。二是强化执法监督。推行“三考合一”，全面落实“执法质量全程考”，严抓执法问题整改，对案件办理的每个环节实行实时、全程监督，以考评促质量。三是开展专项整治。开展集中整治执法过程中涉案人员非正常死亡问题工作，全面排查整治办案场所，加强对嫌疑人的检查和看管，年内无发生执法过程中涉案人员非正常死亡事件；开展涉案财物管理问题专项整治工作，2011年9月1日，成立涉案财物集中保管中心，落实“一案一档”制度，法制监督员和督导纪检专员开展日常检查。

【对外宣传和媒体应对】 一是主动策划，正面宣传警队形象。发出宣传报道51份，制作专题片15个。二是开展媒体应对，共发出通稿23份。三是运用微博开拓对外宣传和舆论引导新领域，变单向宣传为多向宣传、互动宣传，充分发挥互联网传播优势，开拓微博网络宣传阵地建设。

【队伍管理】 一是强化素质建设。加强领导班子建设，增强领导的管理、指挥水平；开展“发挥传统、坚定信念、执法为民”等主题职业道德教育，强化民警责任意识和奉献意识；完善“战训合一”培训内容，提高民警业务技能。二是深化绩效考核。完善绩效考核结果的使用，将考核成绩作为评优评先的硬性条件和选人用人的重要依据；对工作突出的民警，及时作绩效记录，并落实局长慰问制度；推动落实绩效考核“三挂钩”（考核结果与个人待遇、评优评先、职务晋升挂钩），将绩效考核结果作为民警职务晋升、岗位调整的重要参考指标，共提拔领导干部38人、非领导职务197人。三是强化基层警队廉政建设。建立督导纪检专员机制，选拔22名副调研员为督导纪检专员，督导基层警队管理、警务工作。

（杨俊生）

检　察

【概况】　2011年，广州市海珠区人民检察院（简称区检察院）共受理提请批准逮捕案件1401件1970人，比上年（以下同）分别上升0.57%和0.15%；批准逮捕1246件1712人，分别下降1.11%和2.67%。受理移送审查起诉案件1623件2267人，分别下降0.37%和2.41%；决定起诉1513件2132人，分别下降1.82%和0.61%。立案侦查职务犯罪案件54件54人，下降6.9%。区检察院在2011年全市基层检察院建设考评中总分第一。

【刑事检控】　2011年，区检察院依法打击各类刑事犯罪，重点办理垄断生猪屠宰供应市场的张某等34人组织、领导、参加黑社会性质组织案、好又多超市投毒案、怡乐路交通肇事案等一批社会影响大的案件；参与开展打击侵犯知识产权和制售假冒伪劣商品专项行动，批准逮捕20件43人、起诉18件27人。结合办案化解社会矛盾，以“无逮捕必要”不批准逮捕27件50人，因犯罪情节轻微作出相对不起诉31件32人；启动刑事和解、检调对接程序，促成和解19宗，为被害人挽回经济损失约27万元；创新未成年人犯罪办案机制，附条件不起诉5人，依法提出从轻或减轻处罚的量刑建议174次。

【职务犯罪侦查】　2011年，区检察院完善线索评估机制、首席审讯员责任制和侦查指挥扁平化等管理机制，探索侦查模式转变，立案侦查贪污贿赂犯罪案件46件46人，全部为大案，副处级以上要案1件1人，为国家、集体挽回经济损失2369.14万元。立案侦查渎职侵权犯罪案件8件8人，其中副处级以上要案1件1人。广州市肉食品行业贿赂案、黄埔海关系列受贿案入选广州市检察机关反贪部门2011年度“十大精品案件”。

【职务犯罪预防】　2011年，区检察院构建以个案预防、行业预防、专项预防、教育预防相结合的立体预防体系。坚持开展“一案一剖析”、“一案一教育”、“一案一建议”，对案发单位和案发行业及时发出预防建议，增强预防的针对性和实效性。案例分析《一位金融“精英”的沉沦——黄某某受贿案剖析》和向中国华融资产管理公司广州办事处发出的检察建议分别入选全国检察机关“百优”案例分析和检察建议。派员到机关、企事业单位、农村基层组织讲授法制课，受教育人数达11500余人次；到工程建设等重点预防单位展出预防职务犯罪宣传展板、派发预防资料5000余册。联合海珠区纪委、区建设和园林绿化局、区水务和农业局，在晓港公园、石榴岗河段打造“清竹园”、“清涟园”两个户外廉政教育普及基地，使职务犯罪预防向社会基层群众延伸和辐射。

【刑事诉讼监督】　2011年，区检察院对应当立案而不立案的，督促

2011年3月25日，省检察院检察长郑红（左二）和市检察院检察长王福成（右二）到区检察院指导工作。（卢卫摄）

侦查机关立案23件47人；对依法不应当立案而立案的，建议侦查机关撤销案件12件17人；对依法不应当追究刑事责任或证据不足的，决定不（予）批准逮捕155件258人、不起诉2件2人；对应当起诉而未移送起诉的，追加起诉漏罪8宗、漏犯52人；对违法侦查活动提出纠正意见9次，发出检察建议19份；提出刑事抗诉2件2人，提请市检察院抗诉2件2人；向法院提出量刑建议1513份，其中被采纳1429份，采纳率94.6%。

【民事行政检察】 2011年，区检察院立案审查民事行政申诉案件71件，依法建议提请抗诉19件、提请抗诉5件，督促和支持起诉6件，监督执行案件3件，开展违法行为调查3件，息诉36件，提出检察建议8份。率先试行检察长列席区法院审委会，讨论民事行政再审案件1件并获改判。建立“每案必询、同声传译、协议把关、效果跟踪”的民事行政案件和解机制，对存在和解意愿的案件专门跟踪，达成和解3件。

【监所检察】 2011年，区检察院落实防止超期羁押的各项制度，推进监管场所“阳光检务”工作，开展检察信箱进监室活动，推行监所执法关爱人制度。向办案部门发出《犯罪嫌疑人羁押期满提示函》6份6人次；约见在押人员412人次，处理投诉5件；办理监管场所罪犯又犯罪案件7件7人、监外执行罪犯又犯罪案件10件14人。该院驻看守所检察室被最高人民检察院授予“一级规范化检察室”称号，被广东省人民检察院评为全省示范检察室。

【控申检察】 2011年，区检察院推行点名接访、视频接访、网上接访等工作方式，受理控告申诉来信来访209件，全部办结或分流处理；办理刑事赔偿案件2件。加强举报宣传，受理首次举报线索130条，其中初查初核40条，移送自侦部门106条，成功立案54件。

【驻街检察室】 2011年，区检察院受理来信来访91件，受理举报线索21条，组织授课8次，受教育人数达1380人次，派发普法资料3000余份，开展法律咨询41次，参与村社换届选举工作14次。以驻凤阳街检察室为试点，尝试在中心城区设置常驻检察室。努力做到“社情民意坚持常访、参与综治保持常态、法律监督实现常规、检察建议力求常效”，增强服务大局和群众的针对性、有效性。

【队伍建设】 2011年，区检察院深化社会主义核心价值体系、社会主义法治理念和群众观念教育，开展创先争优活动，推进“发扬传统、坚定信念、执法为民”主题教育实践活动。加强领导班子的思想政治建设，及时了解干警思想动态，关心干警生活、学习和职业发展。组织岗位练兵和教育培训，开展“海检讲坛”、“学习沙龙”等活动，提高干警素能。大兴调研之风，发表各类文章245篇次。

【检务保障】 2011年，区检察院坚持“服务检察办案、保障办案安全”的工作方针，严格训练、科学管理，被广东省人民检察院授予“广东省检察机关司法警察编队管理示范单位”称号。发挥案件管理中心职能，对案件办理程序进行跟踪监督和审查，严把案件“进出口”关，确保办案质量。推进信息化建设，完成检察外网扩充升级、检察专网分支网络建设及办公大楼高清视频会议系统改造。

【人权保障】 2011年，区检察院推行职务犯罪审讯全程同步录音录像制度和纪检同步监督制度，对立案前调查和立案后侦查双阶段实施监控，确保办案的所有询问和讯问活动文明规范，该做法经最高人民检察院检察长曹建明批示转发。完善职务犯罪执法关爱人制度，为每个侦查对象指定一名检察干警作为执法关爱人，着重从人权保障、生活帮助和心理抚慰三个方面对犯罪嫌疑人予以人文关怀。建立刑事案件被害人救助制度，对3名刑事被害人开展救助，金额10.6万元。

【参与社会管理创新】 2011年，区检察院配合街道加强对“城中村”、城乡结合部等治安重点地区的排查整治；强化青少年犯罪预防和矫正工作，开展“检校共建”，邀请辖区内中小学生到该院实地参观，深入进行法制教育；成立在押未成年人流动图书站，帮助未成年犯改过自新。强化对社区矫正的法律监督，监督公安机关和社区矫正机构监管监外执行罪犯447人次、社区矫正对象294人次。针对执法办案中发现的社会管理问题，及时向有关单位和部门提出消除隐患、完善制度的检察建议106份。

【阳光检务】 2011年，区检察院邀请人大代表、政协委员视察、座谈、专题调研以及旁听重大案件庭审，虚心听取意见和建议。向区人大常委会主任（扩大）会议专题汇报反渎职侵权工作；向区人大法工委汇报近年本区涉及食品安全案

2011年9月22日，区检察院与区纪委、区建设园林局为共同打造的廉政教育基地“青竹园”举行开园仪式。（肖峰摄）

件、醉驾案件的批捕、起诉以及适用法律的情况。完成新一届人民监督员、特约检察员的选任工作，优化“两员”参与检察工作的途径和方式，发挥“两员”的咨询、监督作用。设置检务公开大厅，配置视频接访网络、触摸屏查询系统、检务咨询服务台，方便群众来访查询。创新律师数字化阅卷模式，解决律师阅卷过程中存在的查询难、阅卷难、犯罪嫌疑人权利保障难以及涉案人员信息保密等问题。举办学校、企业、行政机关等不同主题的“检察开放日”活动13次。在检察外网上开辟留言板、官方微博、检察长信箱，掌握网络舆情，接受网民监督。实行个案媒体通报制度，对社会影响大、关注度高的案件及时主动向新闻媒体公开办理程序和结果，接受社会监督。

（孙　麒）

审　判

【概况】　2011年，区法院新受理各类案件15985件，比上年（以下同）增长5.66%；办结15931件，增长6.11%；存案754件，上升7.71%；审结率为95.48%；法官人均结案145件；民商事案件调解撤诉率为65.03%。是年，省法院委托省情调查研究中心对全省各级人民法院开展“2011年广东法院工作人民群众满意度”调查活动，区法院在全省128个基层法院中满意度排名第3位，在广州市12个基层法院中满意度排名第1位，调查的10项满意度指标中有8项达到100%。在全省法院开展的“加速推进排头兵达标”竞赛活动中，区法院达标率在全市基层法院排名第三位。3月，区法院执行局被省法院记集体二等功。

【刑事审判】　2011年，区法院新收各类刑事案件1540件，审结1528件，比上年分别下降3.93%和3.78%，判处1638人。大力提高当庭宣判率，是年当庭宣判的刑事案件770件，占50.39%。审结抢劫、抢夺、盗窃案件共470件。积极参与“打黑除恶”专项行动，严惩黑恶势力犯罪，审结张军团伙组织、领导、参加黑社会性质组织罪等案件。加强司法公开，认真做好重大案件审理工作，审结备受社会关注的被告人石桂德船撞九江大桥交通肇事案、被告人杨冠伦怡乐路撞人逃逸交通肇事案等一批重大案件。及时审结17件新类型醉酒驾驶机动车犯罪案件。

【维稳及综治工作】　2011年，区法院积极探索新形势下矫治未成年人罪犯的新举措，以人性化的司法教育、感化、挽救失足青少年。是年共判处未成年人罪犯116人，其中判处缓刑44人，缓刑率37.93%。积极协助有关部门认真做好对被判处缓刑、免予刑事处罚人员和刑满释放人员的帮教工作，共同推进社区矫正工作，所判缓刑未成年人罪犯无一重新犯罪。积极参与扫黄打非工作，依法审结该类案件179件242人，为海珠区净化社会环境起到积极作用。向新闻媒体发送宣传稿件25篇，扩大法制宣传的社会效果。结合案例提出司法建议38件，积极参与社会管理，帮助相关部门健全工作制度，堵塞管理漏洞。

【民商事审判】　2011年，区法院共新收各类民商事案件8999件，比上年（以下同）上升16%；审结8964件，上升15.95%；涉案标的金额8亿多元。审理涉及婚姻、家庭、邻里纠纷等案件685件；审理劳动争议案件914件；审理商品房预售、房屋中介、拆迁安置等案件3150件；审理买卖合同、借款合同、股票、证券等案件1773件；审结涉港澳台民事案件172件；审结知识产权案件400件。重点抓好涉及会展案件的审理，依法对109届广交会三个参展商涉嫌侵犯知识产权案进行诉前证据保全，维护知识产权人合法权益，受到中外客商的赞誉。

【行政审判】 2011 年，区法院共新收行政案件 114 件，比上年上升（以下同）0.88%；审结 118 件（含旧存案），上升 8.26%。坚持监督和支持并重。审结原告张某诉被告市工商行政管理局海珠分局履行职责、原告邵某某诉被告市城市管理综合执法局海珠分局撤销行政处罚纠纷等行政案件。注重做好行政审判的协调（调解）工作，行政庭针对是年区计生非诉行政执行案件大幅上升的特点，及时与区人口计生局召开协调会。全年共执结计生非诉行政执行案件 188 件，比上年上升 216.09%，涉及金额 1697.91 万元；共执结涉环境保护非诉执行案件 144 件、涉城市管理非诉执行案件 56 件，有力支持海珠区的“创文”工作。

【执行工作】 2011 年，区法院共新收执行案件 5202 件，执结 5197 件，比上年（以下同）分别下降 7.77% 和 6.68%。执行结案率为 94.96%，下降 0.40%。执结标的金额 4.82 亿元，下降 37.58%。加大执行力度，全年采取搜查措施 1360 次、边控措施 6 人次、拘留措施 26 人次。关注涉民生案件执行，执结拖欠工资案件 119 件，为工人追回工资款 61.44 万元；及时执结被执行人广州市某某物业管理有限公司欠薪纠纷案，为工人追回 9 万多元的工资款。注重和谐执行，成功执结申请人周某某等 38 名工人申请被执行人广州照相制版厂、广州包装印刷集团有限公司劳动合同纠纷涉及标的金额 150 多万元的案件，让工人们得到经济补偿金，避免社会矛盾的激化。重视金融案件的执行工作，共执结金融借贷案件 140 件，执结标的金额 2699.97 万元。

【便民措施】 2011 年，区法院加强“窗口”建设，审判业务大楼设有 1200 平方米功能完善、设施齐备的诉讼服务中心，为群众提供诉讼服务；在劳动保障、交警部门设立巡回办案点；诉前联调工作室全年成功调解 292 件案件。加强司法救助，实施法官判后答疑、当事人约见执行法官等多项措施；加大司法救助力度，为经济确有困难的涉诉信访当事人刘某等六人提供司法救助专项资金 45000 元；全年为经济困难的当事人共减、缓、免交诉讼费 129.59 万元。加强调解工作，强化法官化解矛盾的意识，在案结事了方面狠下工夫；民一庭及时妥善调解广州滨海水运公司与郭某等 160 名工人（含退休工人）移交社会托管（合同纠纷）案件、广州手表厂与 800 多名企业职工的安置及所涉 2400 万元补偿金纠纷；是年，区法院民商事案件调解撤诉率 65.03%，比上年上升 4.99%，为历年最高。加强审判监督，共受理当事人申诉、申请再审案件 130 件，办结 124 件；共接待涉诉群众来访 31 人（次），处理群众来信 130 件；加强案件流程管理，狠抓案件审限，确保各类案件“零超期”审结。

2011 年 8 月 12 日，全省法院“群众在我心中”先进事迹报告会在区法院分会场召开。 （赵斌摄）

【队伍建设】 2011 年，区法院狠抓法院队伍建设，促进司法公正廉洁。一是加强思想政治建设。积极开展“发扬传统、坚定信念、执法为民”主题教育实践活动，8 月 12 日邀请省法院“群众在我心中”先进事迹报告团到院演讲，认真开展“群众观点大讨论”活动。二是加强司法能力建设。全年共培训干警 295 人次；积极参与全国法院第 23 届学术讨论会，组织干警撰写学术论文 43 篇，其中有 3 篇论文分别获得一、二、三等奖；还与中山大学法学院签约共建教学实习基地。三是加强反腐倡廉建设。认真贯彻落实省、市法院及区纪委有关党风廉政建设会议精神，组织干

2011年8月25日，在“人大代表百案听审”活动中，人大代表随区法院法官到现场强制执行案件。（赵斌摄）

警学习《法官职业道德基本准则》等规定，坚持院长为全体干警上廉政教育辅导课及签订廉政责任状的制度。四是加强法院文化建设。是年拍摄《司法为民，共奏和韵》专题宣传片；8月10日，区法院举行争创全国法院文化建设示范单位动员暨《司法为民，共奏和韵》首映仪式，省法院党组成员、政治部主任聂式恢同志出席首映式。

【接受监督】　2011年，区法院自觉接受人大、政协的监督，尊重和支持人大代表、政协委员依法行使职权。认真开展省法院部署的“双百”活动，邀请人大代表、政协委员旁听审判及见证执行活动。9月6日省法院在区法院召开“征求省人大代表意见座谈会”，10位省人大代表视察区法院审判业务大楼并观摩少年审判《社会调查报告》的庭审演示。是年共邀请人大代表、政协委员及司法监督员来院视察和旁听开庭160多人次。对人大代表、政协委员的建议、提案和关注的案件，逐件跟踪督办，做到认真办理并及时反馈情况。加强与检察机关的联系、沟通和协调，建立健全法院与检察院联席会议制度和检察长列席法院审判委员会会议制度。积极接受社会各界监督。进一步完善司法监督员制度，定期听取司法监督员的意见和建议。充分发挥人民陪审员参与审判、监督审判的作用，是年人民陪审员参与审理案件2150件，占普通程序审结案件的88.95%。

【信息化建设】　2011年，区法院加强司法公开，以公开促公正。进一步抓好法院信息化建设。区法院于年初启用新审判业务大楼，审判业务大楼设有大小法庭41间，调解室20间，会议室15间和1200平方米的多功能诉讼服务中心。41个法庭已按照最高法院关于数字化法庭建设的要求进行规划布线，其中有9个法庭已完成数字化法庭建设。根据新审判庭的特点对全院已分配使用27个审判庭加装审判台同步显示器，从设备上完善审判庭功能。抓好“广东法院综合业务系统”学习培训，多次安排全院干警对新系统进行学习培训。3月31日，市法院在区法院召开“广东法院综合业务系统”应用现场会，省、市法院领导对区法院使用“广东法院综合业务系统”的情况给予充分肯定。

（张厚依）

司法行政

【概况】　2011年，区司法局调解各类纠纷3093宗，成功2992宗，涉及人数21625人，涉及金额3.61亿元，其中，调解民间纠纷2598宗，成功2544宗，成功率97.9%，调处群体性纠纷134宗，成功132宗，调处成功率98.5%，诉前联调调解纠纷361宗，成功316宗，成功率87.5%。为8651人次提供公益性法律服务，其中诉讼案件195件，非诉讼案件8492件。新接收刑释解教人员182人，在册刑释解教人员832名。新接收社区矫正人员185名，现在册人员319名。

【排查调处和人民调解】　2011年，区司法局在全市率先向区法院派驻专业调解员，开展诉前联调工作。出台《海珠区基层人民调解委员会考核办法（试行）》，对人民调解工作实行以案定补，对优秀人民调解组织和人民调解员进行表彰奖励，激发人民调解组织和调解人员的积极性。甄选15名优秀司法行政干部组建人民调解精英队，进行专业化特训，提高矛盾风险预警“治未病”能力。率先建立“援调对接”机制。先后参与小洲村万亩果园违法建设强拆行动、江南西地铁口稳控“撑粤语”人员行动等重大矛盾纠纷的排查调处工作，成功处理龙凤街“3·29”火灾事故善后事宜、涉及833户的万国小商品城商铺租赁纠纷、凤阳街江贝村城中村改造引发的群体性纠纷等影响较大的群体性纠纷。对建立调解慈善救济基金工作进行探索。抓好街道调委会，村居“两委”换届选举后的社区调委会，企业、行业调委会建设，全区共有基层人民调解委员会287个，人民调解员1900多名。举办调解宣传活动83场次，参与群众15720人次。举办大规模、多层次培训班107场次，组织街道调委会、社区调解主任和企事业单位、专业市场调解主任等基层第一线调解人员共2965人进行培训。

【法制宣传教育】 2011年，区司法局重新确定区各单位普法分管领导和法制宣传员；组建由区检察院、区法院和有关律师事务所律师等24人组成的“六五”期间青少年普法讲师团、为中小学校、幼儿园聘请52名校园法律顾问，聘请区检察院、区法院、海珠公证处、有关律师事务所律师等23人担任普法宣讲团成员。制定《海珠区青少年普法讲师团工作制度》、《海珠区校园法律顾问工作制度》，量化和规范普法工作。向社会筹集21万元完善257个社区法制宣传橱窗，全年共出版法制宣传专栏2465期，印发法制宣传海报780套1840份。在广州大道、昌岗路、江南西路、宝岗大道和解放大桥脚共制作7块户外大型法制宣传广告画。创新外来务工人员普法形式。以“学法守法用法　共创文明城市”为主题，以法律援助、12348法律咨询服务电话和劳动合同法为内容，制作2套36块“创建全国文明城市法制宣传漫画”展板，在28家外来工众多的企业进行巡回展出，计有18000余名外来务工人员观看。强化青少年普法机制，依托“124”全国法制宣传日暨法治广东宣传教育周活动，联合区依法治区办、区教育局和广州少年儿童图书馆举办“幸福海珠齐来共建 法治航程伴我成长”青少年法制漫画比赛。将获奖作品制作成流动展板在各校巡回展出，并汇编成书和制作成电子书在全区中小学校进行广泛宣传。

【法律服务】 2011年，区司法局树立法律服务“一盘棋”思想，实现法律服务资源共同发展、互补双赢。推进“所所结对”工作，扩大公证、律师、司法鉴定行业的公益性服务领域，引导其参与社区法律服务工作、普法讲师团、法律援助、法律咨询等工作。全年各法律服务机构共参与法律服务咨询、法律援助宣传等公益活动133次，参与人数290人次，为4300余人次提供法律咨询。公职律师事务所发挥法律服务专业优势，主动参与政府中心工作，为维护和谐稳定、促进政府依法决策提供保障。积极参与重要的信访接待及维稳工作，为领导大接访提供专业建议。1名公职律师担任区总工会法律顾问，3名公职律师被聘任为工资集体协商法律顾问和区应急专家，共草拟审查修改合同章程15份，为街道和政府部门提供法律咨询194人次，代理行政诉讼1宗。

【公证、律师工作】 2011年，海珠公证处率先开展不动产公证一站式服务，开通公证绿色通道，并首先在海珠区东部增设服务网点，使公证服务更加便民利民。海珠公证处参与琶洲违建房，黄埔村、南华西街、洪德路永兴街违建房等强拆行动，为区教育局升中电脑派位工作、海珠湖商标设计评审活动提供监督公证。区司法局加强对律师的监管和指导力度，定期走访律师事务所，及时处理对律师和律师事务所的投诉。对律师参与敏感群体性案件进行跟踪指导。2名优秀律师被推荐为政协委员，积极参政议政。

【法律援助】 2011年，区司法局率先在广州市建立公证、司法鉴定法律援助机制，为符合法律援助条

2011年8月3日，区司法局召开“深化海珠法律服务推进社会管理创新”海珠区律师管理工作研讨会。（苏正侠摄）

件的困难群众予以减免公证费和司法鉴定费用；率先在侦查、审查起诉阶段启动法律援助机制，在海珠看守所内设置法律援助信箱，开通2个月有9名犯罪嫌疑人咨询、5人成功申请法律援助。在瑞宝街成立海珠区首家少数民族法律援助联络点，聘请少数民族联络员和法律专业人士作为法律服务人员。降低法律援助门槛，将经济困难标准提高到家庭人均月收入低于1025元。加大对农民工的法律援助力度，对工伤赔偿、医疗损害赔偿、道路交通事故人身损害赔偿、水上运输人身损害赔偿、申请支付劳动报酬及群体性纠纷等六类农民工申请法律援助案件全部免予经济审查。建立经济困难证明确认制度，确保做到应援尽援。加强与受援人、承办律师以及法院的沟通，建立受援人电话回访制度、庭审监督制度、法援案件协作机制，定期对律师办理法律援助案件的质量进行监督，听取受援人、法院等对法律援助工作的意见和建议，进一步提高案件办理质量。

【安置帮教工作】 2011年，区司法局以政府购买服务形式推进安置帮教工作，聘请1名专职社工负责刑释解教人员的禁毒工作。制定下发《关于进一步规范海珠区刑释解教人员申请药物维持治疗费用减免制度的通知》，从适应对象、审批程序和其他吸毒人员申请减免指引等方面进行规范，降低特困吸毒释解人员的戒毒成本。利用戒毒康复中心资源，提高戒毒成效。到三水戒毒康复管理所进行学习考察，探索利用三水戒毒康复管理所戒毒康复工作填补整个戒毒流程中后续工作空白的优势，为吸毒人员提供集工作和生活于一体的戒毒环境。注重人性化帮扶，全年共为重点管控对象解决就学、就业、生活等困难300多件次，上门慰问200多人次，专项慰问8万余元。帮教率，安置率为95%，重新犯罪率为零。

【社区矫正工作】 2011年，区司法局推进社区服刑人员信息化监管工作，探索实行社区服刑人员手机监管的有效方式。建立在册服刑人员核对制度、非监禁刑事案件判决通报制度等多部门联合核查制度。先后与中山大学、华南农业大学、广东商学院等多间院校签订协议，由各院校选派优秀教员和社工、法律等专业的在校学生，组成专业队伍，定期、定点到各街开展帮教活动，聘请专业社工参与社区矫正工作；发挥“所所结对”律师的专业优势，参与社区服刑人员的法制教育、心理矫治等工作。社区矫正工作志愿者人数达308人。注重提高社区矫正工作队伍的专业水平，与区禁毒办合作，邀请广州中医药大学心理学教授为区社区矫正和安置帮教工作成员单位、各街分管司法所工作的领导、司法所和派出所及居委会的工作人员，讲授心理辅导培训课。制定《进一步规范社区服刑人员接收（解除）矫正程序》等指导性文件，对社区服刑人员的接收仪式和解除矫正仪式进行细化和规范。制定下发《海珠区社区矫正工作判前社会调查制度》，明确判前社会调查的内容、程序和注意事项。

（詹梦霞）

地方军事

人民武装

【概况】 2011年，区人民武装部（简称区人武部）扎实开展主题教育、思想作风整顿教育和反腐倡廉三项教育，抓好军事训练工作，大力推进国防后备力量建设，认真贯彻从严治军方针，全面加强基层武装部“四个基本”建设。在战备训练、国防后备力量建设、从严治军、“四个基本”建设等重大活动中均取得良好成绩。广大党员和干部职工、民兵预备役人员踊跃参加地方经济建设，在双拥共建、争创全国文明城市和维护社会稳定等方面做出突出的成绩。

【班子建设】 2011年，区人武部党委抓好党委班子和干部职工队伍的思想、政治、组织和作风建设；落实民主集中制，坚持“集体领导、民主集中、个别酝酿、会议决定”的原则，强化政治意识，做到实施决策坚持政治原则，处理问题考虑政治影响。正确把握民兵、预备役建设的政治方向，“一班人”大局意识强，讲团结，民主氛围好，凝聚力和战斗力强。党委作出的决定，得到有效执行。党委班子的核心作用得到较好的发挥。

【政治思想工作】 2011年，区人武部结合警备区党委中心组带机关专题理论学习计划，开展“主题教育、思想作风整顿教育和反腐倡廉三项教育”和建党90周年系列教育活动，重点抓《军队党委工作条例》和《政工条例》、胡锦涛“七一”重要讲话等的学习贯彻，通过听专题辅导、读理论书籍、写心得体会、考知识要点、学先进典型等学习活动，统一思想认识，提高理论素养，凝聚创新发展的共识，增进沟通了解，为高标准完成全年的武装工作打下良好的思想基础和理论基础。10月，部长陈少彬撰写的《人武部在深入贯彻落实科学发展观应把握的几个问题》在建党90周年系列征文活动中被评为优秀论文。

2011年7月，区长徐咏虹率队慰问驻区部队。 （颜滨摄）

【军事训练工作】 2011年，区人武部按照军区“三个基于”（基于威胁、基于任务、基于能力）的总体要求和警备区年度军事训练部署，重点抓民兵高炮分队、民兵应急分队、民兵专业技术分队等训练。4月组织一批新上任的专武干部和民兵骨干集训，主要进行民兵整组业务、指挥程序、指挥技能、基本战法的培训。同期，结合民兵整组，组织重要目标防卫分队有针对性的训练。8月，组织50名民兵参加广州市高层建筑消防综合应急演练。9月，组织420名民兵参加海珠湖开园前应急维稳执勤。通过大型拉练和实战经历，海珠区民兵队伍的军事训练质量和效益得到提高。为完成各种急难险重任务，该部领导率先垂范、冲锋在前，带领全体干部、职工和民兵预备役人员发扬不怕苦、不怕累和连续作战的作风，出色完成上级和地方政府交办的各项任务。

【正规化建设】 2011年，区人武部坚持以科学发展观和胡锦涛主席关于从严治军重要思想为指导，以广州军区《关于进一进加强县（市、区）人武部全面建设的意见》为依据，按照“打基础、抓重点、谋长远、创一流”工作思路，以建设省军区标杆人武部为目标，坚持从严治部，大力加强正规化建设，取得较好成绩。一是全方位管好人员和车辆。利用大项活动和急难险重任务锻炼干部队伍，提高干部自我管理的自觉性。二是全流程管好保密。对涉密文件资料的收发、存储、借阅、打印、复印、销毁等各个环节从严把关，创新移动存储介质保管手段，专门设计购置指纹密码柜。三是全时空管好营院。成立营院管理办公室，投入专项资金配置安防警报系统，在营院3个重要方位和办公楼3个重要目标安装视频监控摄像头，实施24小时监控管理。区人武部正规化建设在全市人武部系统中处于前列。

【“双拥”工作】 2011年，区人武部加强与驻区部队的联系和沟通，主动协调政府为驻区部队解决实际困难。一是在海珠区“创文”迎国检的关键时期，区人武部响应区委、区政府号召，积极协调组织海军广州保障基地、海测船大队、空军229营等驻区单位200余名官兵进行街道清扫活动。二是主动协调驻区部队完成学生军训上万人。三是组织驻区部队义务植树和义务献血活动，树立人民军队的良好形象。

【“四个基本”建设】 2011年，区人武部根据省军区“八年三期工程”规划工作部署和警备区通知要求，好抓民兵预备役营（连）的“四个基本”建设。区委、区政府拨专款65万元用于民兵营（连）“四个基本”设施建设，统一制作民兵营（连）牌261个、各类职责制度牌450多个、各类资料盒870多个、各种统计本830多本等，规范办公设备，统一悬挂职责制度和宣传栏，完善各类登统计资料，战备库细化战备物资、训练器材管理。7月，组织18个街道武装部长、专职武装干部和部分居委会主任对凤阳街“四个基本”建设进行现场观摩，明确街道和居委会重点抓建对象，有效提高抓建工作的整体水平。

【征兵工作】 2011年，海珠区共征集新兵176名，圆满完成年度征兵任务。其中，大专以上学历102人，高中学历（含职中、技校）74人；中共党员15人，共青团员103人。承接广州市女兵体检任务。兵役登记和兵员摸底工作扎实，严把报名关、体检关、政审关和定兵关，确保兵员质量，新兵交接顺利。区人武部免费为每名新兵的家长订阅《解放军画报》一份。

【国防教育】 2011年，区人武部加强教育引导。采取理论辅导、专题讨论、知识竞赛等多种形式，组织民兵预备役人员认真学习邓小平理论、“三个代表”重要思想和科学发展观。把《国防法》、《兵役法》、《国防教育法》和国防后备力量建设的一系列重要论述摘编成册，印发到基层武装部和民兵干部，做到人手一册。依据中央军委总政治部编发的教育提纲，抓住民兵整组、军事训练、征兵等民兵比较集中的有利时机，邀请院校教授对当前国际战略格局和台海局势变化作形势战备报告。创新改革教育方法手段。利用“城中村”改造和村民委员会改选等时机，先后在全区的民兵营和企业武装部建立健全100多个“青年民兵之家”，区人武部为其免费订阅《中国民兵》《广东武装》《民兵生活》《国防报》等报纸杂志，为定期组织基层民兵进行政治教育、开展文化和知识学习提供良好的教育阵地。

（颜滨、邱海杰）

民防工作

【概况】 2011年，区民防办以提升民防应急能力为重点，大力推进指挥体系建设、地下空间普查、人防地下空间防汛及专业队伍整组等工作，被评为“2011年度广州市人防工程防汛先进单位”和“2011年人防工程普查先进单位”。

【人防工程建设与管理】 2011年，区民防办完成人防设施维护、人防警报器拆除等下放审批事项的承接，统一业务用章及业务批文格式，优化办事程序，提高行政效率和服务水平。在各街武装部协调配合下开展地下空间普查登记，重点调查掌握全区地下空间工程数量、区域分布、设施运行及管理水平等情况，完成366项工程的核查登记与建档造册，为健全档案资料、建立工程信息管理体系提供准确依据。

【通信警报建设和管理】 2011年，区民防办完成海珠区86台在点防空警报器的维护、检测和管理工作，配合市民防指挥保障中心对辖区警报器开展馈视系统的试点安装。坚持开展人防单边带电台、人防视频会议系统、人防机动指挥车业务值勤训练，人防信息化保障能力逐步提高。

【人民防空宣传教育】 2011年，区民防办拓宽民防宣传教育渠道，继续推进民防宣传教育进机关、进党校、进企业、进社区“四进”活动，形成民防社会宣传集群效应。强化民防法律法规和人防知识的宣传教育，在开展中小学生人防知识教育的同时，通过实行防空警报试鸣制度，增强人民群众的国防观念、防空防灾意识和自救互救的能力。发挥民防信息网作用，及时更新民防信息网页，调整公开指南和各栏目新内容；开辟民防宣传橱窗专栏作为对外宣传、政务公开、学习交流的平台。

【人防空袭演习】 2011年10月27日，区民防办组织209人参加“羊城天盾—2011”城市防空袭演习，演练地面指挥所开设、防空警报器试鸣、机动指挥车展示等项目，增强全民国防意识，收到良好的社会效果，进一步增强民防部门的作用和影响。

（林淑容）

财政税收

财　政

【概况】　2011 年，海珠区财政一般预算收入 355403 万元，完成区十四届人大六次会议通过预算收入计划 279192 万元的 127.3%，超收 76211 万元，比 2010 年全年实绩收入 288237 万元增收 67166 万元，增长 23.3%。海珠区财政一般预算支出完成 534505 万元，比 2010 年决算数 423268 万元增加 111237 万元，增长 26.3%。

海珠区本级基金收入完成 8157 万元，比 2010 年实绩 2319 万元增加 5838 万元，增长 251.7%。加上市一次性基金补助收入 18835 元，调入资金 5611 万元和上年结余 62040 万元，收入总计 94643 万元。海珠区本级基金支出完成 22386 万元，比 2010 年决算数增加 7526 万元，增长 50.6%。收支相抵，年终结余 72257 万元，均结转至 2012 年度使用。

【组织财政收入】　2011 年，区财政局强化收入意识，加大对重点行业和重点企业税收征管力度，加强财税工作协调配合，共同做好增收工作。积极主动做好非税收入任务分解及奖励措施落实，加强对各项收入和支出管理，提高组织非税收入积极性，是年区属各职能部门组织财政非税收入 100017 万元，同比增收 33375 万元，增长 50.08%。坚持深入实际调查研究，搞好税源分析，定期与国税、地税、区协税办等部门共同探讨增收措施，挖掘税收增长点，确保收入任务按时完成。与市财政局沟通联系并落实万亩果林征地补偿资金工作。

2011 年 10 月 21 日，区财政局召开 2012 年部门预算及财政性投资计划编制工作会议。（区财政局供稿）

【优化支出结构】　2011 年，区财政局在新增财力有限、收支矛盾紧张情况下，充分发挥财政保增长、调结构、惠民生、促和谐等方面职能，按照综合平衡、量财办事、突出重点以及厉行节约原则统筹安排，在确保基本支出前提下，集中财力确保区委、区政府确定的事关海珠区经济社会发展全局的民生项目和重点支出的资金需要。继续贯彻落实党政机关厉行节约的相关规定，确保 2011 年公务接待经费、因公出国（境）经费、公务用车购置及运行经费支出实现零增长。在部门专项业务经费方面，结合部门工作实际和上年资金结转情况综合考虑，使各单位专项业务经费总体不高于上年的支出水平。

【财政资金监督检查】　2011 年，区财政局强化综合治理，深入推进党政机关、事业单位、社会团体和国有企业“小金库”专项治理工作，全年完成 377 户企业单位的检查工作。对区公安分局等 24 个单位提出住房维修和物业管理补贴专项经费的要求，通过开展结余资金使用的专项检查，优化财政资金使用效益。配合区监察局、区人社局、区审计局、区委组织部做好规范公务员津贴补贴实施情况和公务车用车使用专项检查工作。做好重点项目资金的保障和监管，对于区立项安排的项目建设资金，在资金安排、资金使用过程中，都定期深入施工现场察看和了解项目资金使用、项目建设进度等，确保财政资金运营的优质高效。做好家电以旧换新和家电下乡财政补贴资金审核和拨付。加强对街道亚运、治水、创文等专项资金的检查，做好海珠区医疗卫生体制改革经费测算，确保改革顺利进行。加强单位资金的跟踪问效，做好财务指导工作，在做好单位部门预算的审核和编报工作基础上，加强资金使用的日常监督检查；重视加强对各单位财务管理和资金使用的跟踪、问效；深入单位审核和落实资金计划，深化服务，促进财政管理不断发展。

【财政法规宣传】　2011 年，区财政局坚持每年将新发布财经法规、规章等法规文件，编印成《财经法规及制度选编》发到区属各单位，让财务管理人员和财务人员人手一册，方便查阅。该局在被评为2006—2010年省财政“五五”法制宣传教育先进集体，受到省财政厅的表彰。

【财务管理】 2011年，区财政局做好2011年度全国会计专业资格考试海珠考区的考务工作，严把组织关、保密关和考纪关。加强代理记账机构的管理，对48个代理记账机构进行年度检查备案。完成122户外商投资企业财政联合年检工作。做好会计从业资格的培训、考证、变更和会计电算化的培训等工作，完成《会计从业资格证书》申办、注册、变更、遗失补办、有效期延续等。除在办事窗口发放服务、办证指南等宣传单张、在邮箱登载有关会计管理信息、在宣传栏张贴宣传资料外，在海珠区公众信息网开设“会计管理专栏”，定期更新会计信息，方便会计人员查询所需会计管理信息。

【政府采购管理】 2011年，区财政局规范协议供货的合同内容和验收报告格式，进一步规范政府采购监督管理。按照市财政局规定，对协议供货的项目，采购单位必须在广州市政府采购中心协议供货电子采购平台上打印带有条形码的合同才给予办理结算支付有关款项。验收货物时要由采购单位的纪检、财务、装备等部门3人以上人员组成验收工作组对政府采购的项目进行验收，才给予办理结算支付有关款项。开展政府采购执行情况专项检查的自查自纠和重点检查工作。大力推行“阳光采购”，通过公开采购需求、明确采购方式、实行资格审查、强化现场监督、实行现场告知制度、规范单一来源采购方式和加强采购人内部管理等方式不断完善采购制度。是年完成239个单位1821次共22117万元的政府采购任务，节约资金1442万元，节约率6%。

【财政投资评审管理】 2011年，区财政局完善财政投资评审规章制度和操作规程，对评审工作实行全过程监管，规范评审工作秩序。建立健全财政投资评审激励机制，在审核工作流程中制定科学合理的考核制度，提高评审人员工作效率和质量。建立评审反馈制度，促进联系沟通。完善基建工程评审申报及进度款审核，规范财政投资的工程项目评审申请、审批和资金划拨。是年完成工程结算审核金额17362万元，核减金额1993万元，核减率11.48%。委外评审完成送审金额464.35万元，核减金额103.95万元，核减率22.38%。

【信息化平台建设】 2011年，区财政局继续推进国库管理和集中支付改革工作，完善国库支付系统建设，增加统计口径功能及指标控制功能，账务综合查询功能及预算单位数据接口开发功能；对系统进行优化及功能操作改善，如文档管理、公务卡查询，格式标准化等，以实现财政整体业务能在同一平台上顺利进行。完成非税收入系统上线工作，完成12个试点单位的非税收入系统基础数据的维护、审核和人员培训，开始试运行。

（何燕敏）

国家税务

【概况】 2011年，区国税局共组织税收收入450403万元，比上年增长2.38%，增收10479万元；组织区财政收入50585万元，比上年增收0.36%，增收184万元。

【税源管理】 2011年，区国税局深化税收经济分析，强化决策服务职能，开展收入进度、规模和结构分析，跟踪各项税收政策执行情况，分析政策对经济税收收入的影响；开展税源调查工作，加大对重点税源企业和行业的监控力度，推广应用重点税源电子档案系统，及时掌握企业的生产经营变动情况，把握好组织税收收入大局。落实税收优惠政策，促进经济税源持续发展，落实鼓励战略性新兴产业、技术先进型服务企业、高新技术企业、节能减排、就业再就业等税收优惠政策，促进辖区产业结构优化，扶持弱势群体，发挥税收对经济的调控作用；有效执行出口退（免）税政策，规范出口退税审核，加快出口退税办理进度；是年共办理出口退（免）税115，145万元，同比增长17.37%，促进对外贸易经济的健康发展。夯实各税管理，提升税收收入质量，货物劳务税管理方面，严格执行新的增值税管理条例，抓好一般纳税人认定及后续管理工作，加强日常数据分析、异常数据监控、跟踪检查等；企业所得税管理方面，圆满完成上年度企业所得税汇算清缴工作，汇缴面达99.78%，并抓好后续管理工作，重点审核所得税核定征收的纳税人，加强对减免税优惠、资产损失税前扣除、研发费的加计扣除等项目的检查；大企业税收和国际税务管理方面，加强对跨国投资经营企业的户籍管理、关联申报审核和纳税服务，促进“走出去”企

2011年6月3日，区国税局办税服务厅举行"全国三八红旗集体"荣誉称号挂牌仪式（黎俊敏摄）

业又好又快发展；完善大企业管理办法，搭建大企业信息库，摸清53户定点联系企业的经营情况，积极引导企业建立税收风险管理制度，不断完善大企业税收管理模式。

【税收征管】　2011年，区国税局推进税收管理无纸化，加强无纸化项目宣传，多渠道、多方式组织宣传引导，提高纳税人对无纸化项目的认同度；加大税收管理无纸化项目推广力度，全年共与22，530户纳税人签订"电子税务文书服务协议"，占全局企业纳税人99.40%。积极落实所得税汇算清缴网上申报，成功使用网上申报户数共1457户，占已申报户数比例为21.5%。推进税源管理专业化，完成30个税源专业化管理行业1730户管理对象的确认、个性化数据采集工作；加强税源专业化管理与纳税评估的结合度，组织开展船舶修理等5个行业评估模版的验证和评估工作；深化税源管理互联互动机制建设，与北区稽查局建立联合管理工作流程，选取船舶修造行业作为联动项目，取得初步成效。推进评估监控精细化，加强对申报数据的监控分析和疑点核查，强化日常预警监控，重点组织开展对高风险企业、上年度所属期企业所得税低贡献企业率、税负低于全市平均水平企业、购油企业的纳税评估工作；加强生产型出口企业区外设立生产场地及非自产产品、纺织品类出口商品专项核查，强化出口企业的监管力度。

【纳税服务】　2011年，区国税局丰富服务内涵，通过推行区局、税务分局两个层面的纳税服务接待日活动，畅通社会舆论监督渠道，累计举办72期纳税服务接待日，接待来访纳税人350余人，收集意见建议60多条；积极开展纳税服务志愿者活动，全年共组织35名学生志愿者参该局税收宣传月、流动导税岗和满意度回访等工作，逐渐形成社会公益服务与税务机关服务相互促进，互为补充的服务格局。完善服务手段，提升服务效率，优化调整办税窗口模式，整合综合受理和申报征收业务，推进"一窗式"办税服务，灵活设置服务模式，强化流动导税员主动服务，完善预约服务，缓解前台压力；推进服务信息化建设，做好无纸化三期项目建设和推广应用工作，推广网上办税功能，拓展办税服务厅、自助服务区、网上电子邮箱等多渠道文书送达方式，提升纳税服务的便利性；完善办税服务厅标准化建设，规范标识应用，优化窗口功能显示，提升标准化程度。提升服务能力，开展纳税服务岗位练兵，组织办税厅人员开展全能岗位业务技能培训；以监督考核为着力点，完善首问责任制、岗位责任制、服务承诺制等制度；优化12366工单处理流程，加强纳税服务投诉案件的调查处理，切实保障纳税人合法权益。

（许荣耀）

国税稽查

【概况】　2011年，市国税局北区稽查局围绕"服务科学发展，共建和谐税收"的目标，坚持"三化四型"的发展思路，以优化管理机制、提高稽查质效、坚持以人为本、推进文化建设为工作主线，充分发挥稽查职能整顿税收秩序，坚持促进依法治税规范执法行为，积极创新工作思路提升稽查效能，大力优化纳税服务和谐征纳关系，加强组织文化建设提升队伍素质，圆满完成全年工作任务。

【税收秩序】　**大案要案查处**　针对大案要案检查工作专业性强、难

2011年5月17日，北区稽查局召开资本交易项目税收宣讲会。
（郑嘉摄）

度大、综合能力要求高的特点，打破部门界限，从不同部门抽调专业人才成立项目型检查组，充分发挥项目组机动灵活、专业性强、综合素质高的特点，细化检查环节办案过程的管理要求，加强办案过程的管理与监督，保证程序的合法性，提高大案要案的查处效率，有力打击涉税违法犯罪。

税收专项检查 以重点税源企业为切入点，在企业自查的基础上，把重点税源企业和纳税遵从度较低的企业作为检查的重点，对个别大型外资企业进行贴近式辅导自查和重点检查，对税收目标的达成起到很好的推动作用；以行业检查为主“线”，根据行业经营特点及其常见税务违法手段，结合计算机选案模型和行业电子检查模型等科技手段，确定检查重点，制定检查计划，提升税收专项检查的质效；加强稽征联动，创造齐抓共管的良好局面，通过分析辖区内纳税遵从度较低的疑点企业名单，共同确定检查项目和对象，联合开展税收专项检查。2011年，该局共对涉及资本交易、电子或服装类产品及进出口退免税项目等11个行业156户企业开展税收专项检查，查有问题率87.1%，专项检查成效逐步显现。

发票整治 制定打击发票违法犯罪活动工作方案，并成立发票违法犯罪活动专项整治工作领导小组，承办黄金票、“9·17”、“11·07”等专案检查任务。以手机和网络上的涉税违法信息为线索，会同公安、地税等部门，对制造、倒卖、兜售假发票地段进行摸查。配合财政、审计、检察等部门，重点开展对涉及机关团体、行政事业单位等购买、使用虚开发票、假发票的行为进行治理整顿。

【依法治税】 **规范执法行为** 健全税收执法督察架构。成立税收执法督察工作领导小组，加强执法督察工作的组织协调，将税收执法管理与日常稽查业务管理紧密结合，形成由上而下的指导与监督体系，以及由下而上的执行与反馈机制。强化税收执法督察工作。围绕税务稽查案件的实体及程序问题，制定督察提纲和检查方案，采用交叉检查的方法，确保督察工作落到实处；深化税收执法管理系统应用，总结执法督察情况并及时进行通报，定期召开专题工作会议，分析税收执法督察发现的问题，提出整改措施。

规范执法尺度 积极促进重大案件审理过程管理的规范化、明晰化，确保案件办理的合法性和合理性。明确重大案件审理制度的工作程序，做好会前案件资料的初审、证据分析、组织材料以及会议记录纪要等各项基础工作，提高重大案件审理效率。检查部门做好案件关键点的取证与补强，审理部门针对案件疑难问题提前介入，做好分析与指导，紧密配合形成合力。多方协调，严把案件质量关，从证据、程序及法律适用等方面进行审核，确保纳税人合法权益得到有效保护。及时处理纳税人提出的合法合理诉求，对于无理据的诉求耐心解释，尽力化解执法争议。

【稽查工作】 **信息化建设** 深化应用电子查账手段。修正、完善和新建电子检查模型，推动电子查账与行业评估相结合，加强与征管局互动，借鉴征管局行业管理经验优势，提高电子查账的针对性。完善稽查信息化系统体系。针对稽查管理工作“瓶颈”问题，以信息化建设加强稽查过程管理，规范工作流程，提升数据分析应用与稽查工作无纸化工作水平。强化业务数据分析手段。每月统计分析涉及稽查收入、办案质量、办案效率等方面的指标，公布大案要案和督办案件的办理情况，提出当前工作建议，建立起涵盖各环节的质效分析系统，为科学决策、改进工作提供有力的数据支撑。

稽查质效 创新工作措施，提高选案工作质效。联合对口征管局，抓住行业的风险点和特殊指标，结合辖区经济特点和税收违法动向，运用信息化手段加强选案指标、疑点问题的检查、验证、反馈等环节的过程化管理；引入标准作业流程（SOP）理念，形成规范的选案分析步骤、选案方法和检查验证流程，提高模型搭建的科学性、稳定性和可行性。拓宽审理服务职能，发挥审理部门的指导作用。组织专项检查的查前培训、行政复议诉讼案例的风险培训，发挥审理部门政策指导职能；编制操作指引和案例分析，总结税收执法工作经验，明确和规范检查环节具体操作；开展优秀案例评选，并组织办案人员对优秀稽查案例进行宣讲，增进稽查各环节之间的业务交流与经验积累，拓宽稽查一线人员办案的视野和思路，增强其查办典型案件、撰写优秀案例的信心。丰富执行手段，确保税款足额入库。严格按照案件分类管理的标准和要求，理顺各环节之间的衔接，加强与辖区征管局和有关部门的沟通协调，采用规范拍卖程序、优化税收代保管账户的使用和管理、阻止欠税人出境等手段，继续加大清欠力度，健全清欠信息共享机制，提高欠税后续管理质效；对案情复杂、纳税人不配合、税务代理人介入、查补数额大而预计执行难的案件，执行部门及时介入和关注，确保稽查成果的最终实现。

稽征互动 落实税源专业化管理机制。发挥稽查与征管各自在行业检查与日常征管方面的优势，加强与对口征管局的密切配合，把专业化税源管理中行业纳税评估的要求与行业税收专项检查的要求统一起来。深入推进“征退查一体化”工作。以“退查衔接”和“强化出口退税案件检查”为核心内容，加强与对口征管局的联系；通过分析市局下发和对口征管局进出口税收管理部门移送的案源、线索、数据信息，筛选疑点企业；对出口企业及其上游企业采取联查的检查模式，尽力摸清骗取出口退税的违法犯罪链条；对于征管局移送的案源做好查后反馈。推进以查促管工作。建立“以管助查”案源线索库，通过检查分局及时归集征管局纳税评估与日常征管中发现的价值案源，结合行业数据分析、选案模型应用，选取疑点企业立案检查；将专项检查案源筛选过程发现存在涉税风险但未达立案标准的企业名单，及时提供给对口征管局作纳税评估参考，形成稽征良性互动。

【优化服务】 **税法宣传** 围绕“税收·发展·民生”的主题，将宣传发票知识、警示发票违法行为作为第20个税法宣传月的重点内容。结合“清源行动”和“730专案”等打击发票违法犯罪专项行动的典型案件，编写具有典型性、震慑性的案例材料，起到警示教育和正确疏导的双重作用；精心打造税收宣传项目，利用户外税宣、专题宣讲会、沟通会、网络平台、企信通平台等进一步拓宽税收宣传渠道，丰富宣传内容；丰富宣传手段，依托短信、网站等为纳税人提供税务提醒、通知、公告、政策普及等政务资讯。

纳税服务 解读上年度由中介机构开展的纳税服务满意度调查报告，推进纳税服务与日常稽查工作相结合。针对调查中暴露的纳税服务工作薄弱环节，分析调查结果，制定改进措施优化纳税服务；结合稽查工作实际和稽查人员情况，制定各岗位、各稽查工作环节的服务标准，形成稽查工作纳税服务规范化，使纳税服务规范更具可操作性；促进纳税服务工作规范化、常态化，及时处理稽查执法过程中出现的纷争苗头。

社会管理和舆情应对 规范政务公开。以政务公开一级考核为契机，增强工作人员政务公开意识，完善政务公开制度，落实工作职责、工作流程，规范政务公开内容和发布途径，加强对外门户网站建设，促进信息公开透明，切实保障纳税人知情权。加强舆情管理。组织开展涉税舆情应对培训，提升工作人员对网络舆情的监控和应对能力；开展涉税舆情监测工作，以各大主流网站、微博及有较大影响力的论坛为重点，实时监测涉税相关信息和评论，争取工作主动性；梳理制作应对突发事件的工作指引，不断提高舆情危机应急管理的能力。

【队伍建设】 完善思想政治工作制度，多方位推进创先争优活动。2011年，该局综合选案科被评为“广东省巾帼文明岗”、市国税局“2009年度—2010年度青年文明号集体”；检查一科支部委员会分别获市直机关工会、市国税直属机关“先进党组织”、“2009－2011年先进党组织”；工会被市国税局评为“2010年度广州市国家税务局系统工会工作目标考核先进单位”。强化领导班子建设，加强人员培训；开展税务文化建设；加强廉政宣传教育，加大“两权”监督力度；合理调配人力资源，加强绩效管理。

（陈子旭）

地方税务

【概况】 2004年6月1日起，原广州市地方税务局海珠征收管理分局改称广州市海珠区地方税务局（简称区地税局），负责海珠区辖区内的各项地方税费征收和管理工作。共设置科室16个，包括7个税源管理科和1个税务所。

【组织收入】 2011年，区地税局组织税费收入118.33亿元，比上年同期增长27.44%，增收25.48亿元。其中，组织税收收入76.52亿元，增长20.72%，增收13.13亿元；社保费收入36.88亿元，增长39.71%，增收10.48亿元。加强税种和行业管理，大力开展土地增值税清算工作，清算房地产开发项目土地增值税3.65亿元。抓牢重点税源收入，是年纳入市局监控的重点税源企业1279户，贡献税收66.98亿元，占该局税收总量的88%。稳步推进社保费扩面工作，区内实际参保人数为95.4万人次，比上年同期增加5.9万人次，增幅6.6%。

【税收征管】 2011年，区地税局完成街道社区服务中心与出租屋管理服务中心委托代征业务整合，全年代征出租屋综合税款15923万元，比上年同期增长22.86%；深化重点税源改革，组织改革调研，

2011年4月1日，市地税局第三稽查局联合区地税局举行“地税开放日”活动。 （市地方税务局第三稽查局供稿）

注重收集各种模式的存在问题，为完善改革方案奠定基础。推行规范化税收征管，加大催报催缴力度，推进征管资料电子化管理，协助市地税局梳理存量房交易价格评估工作。加强风险防范力度，梳理并向市地税局提出18条完善社保费征管的意见和建议。

【纳税服务】 2011年，区地税局突出需求导向，提升规范化水平，办税服务厅先后被省地税局评为“2009—2010年度全省地税系统一级办税服务厅”、被市地税局、团市委命名为“广州市地方税务局系统2009—2010年度广州市青年文明号”，服务评价系统满意率保持97%以上。加大信访举报案件督办力度，推动个体户涉税案件及以往年度旧案办理进度。落实各项税收扶持政策。积极开展税费宣传，举办各类面向纳税人的培训活动共30场次，派发各类资料近5000份。

【服务经济】 2011年，区地税局围绕广州“率先加快转型升级、建设幸福广州”的战略部署，积极发挥税收职能作用。全年办理上年度高新技术产业企业所得税减免近4100万元；落实市政府中心城区“退二进三”产业转型升级要求，协助广州摩托集团公司外迁及资源整合改造，推动T.I.T国际服装创意园项目建设；全力助推区内总部经济实现跨越式增长，联合国税部门适时开展总部企业纳税信用等级评定，为23家重点企业落实各项税收减免。服务以会展经济为龙头的琶洲经济圈建设，为一年两度的广交会专门设立开通绿色服务通道，为企业提供“一对一”税收政策咨询和纳税申报服务。加强与其他部门合作，对零散税源、出租屋等开展联合清查；打击假发票违法活动，查处发票违法企业13户，涉及非法发票份数307份、金额185万元。

【队伍建设】 2011年，区地税局开展中央经济工作会议精神、创先

争优、幸福观教育、党史教育4次专题性集中学习，落实“一年五个一”制度，创建学习型领导班子。在全市地税系统率先建立征、稽、检三方协作框架，与市地税局第三稽查局、区检察院共同签署《关于查处和预防渎职侵权犯罪协作机制的意见》，明确预防税务干部渎职侵权犯罪是三方共同的责任。开展建党90周年、“幸福观”教育活动，做好党团推优评优工作，该局团总支被评为“广州市地方税务局优秀基层团组织”。

（李瑞贤）

地税稽查

【概况】 2011年，市地税局第三稽查局围绕“促进转变年”工作主题，推进以重点行业为主的分区分科分行业的专业化稽查改革，稽查效能得到有效提升。全年共检查业户176户，有问题户126户，查补总额16988万元，入库总额16515万元；稽查选案准确率94%，稽查案件结案率100%，稽查查补收入入库率95%；大案要案覆盖率10.5%，查办偷税案件7宗，移送司法机关案件1宗。

【稽查执法】 **专业化稽查改革** 制定行业稽查分工方案，对各稽查科检查的行业进行统筹规划；出台《第三稽查局绩效考核方案（试行）》，每季度对各科室进行全面考评，营造创先争优的良好氛围，提升中层领导的管理和执行能力；建立“专业化稽查之窗”信息网络平台，及时反映专业化稽查工作进展，剖析行业典型案例；加强与市地税局“两办”的沟通联系，充实完善案源信息管理库，稽查选案准确率由上年的88.68 %上升到94.37%；运用电子查账软件查案，查处案件一批、涉及查补税费金2850多万元。

大要案专案查办 以房地产业企业所得税和土地增值税清算为重点，检查10多家房地产企业，查补税费金16722万元，提升辖区房地产业的纳税遵从度，促进辖区征收局省级收入任务的完成；配合海珠区地税局查办某村专案，及时化解社会矛盾，维护社会稳定；完成发票专项检查39户，发现假发票1126张、涉及金额1990万元，查补税费金381万元。

【优化服务】 注重贴近税收中心工作、贴近纳税人、贴近社会热点，围绕宣传税收法律法规政策、改进和优化纳税服务、整顿和规范税收秩序等重点，以税收宣传月、“税法进集团企业”、“税法进站场”、“税法进校园”等活动为依托，积极开展税收宣传。4月，协助海珠区地税局举办“走进税务局”税务开放日活动，走进恒大集团开展“税法进集团企业”活动，走进海珠区客运站开展“税法进站场”活动，走进广东商学院开展“税法进校园”活动。此外，组织召开海珠区房产税、土地使用税和印花税专项检查政策宣讲会等多项税收政策宣讲会。通过积极开展税收宣传活动，为纳税人提供优质的税收服务，促进税企双方的征纳和谐，受到纳税人的欢迎和好评。

（潘显鹏）

经济建设与管理

工商行政管理

【概况】 2011年，市工商局海珠区分局认真履行职能，切实加强市场监管，积极服务经济社会发展，不断提高队伍建设水平，圆满完成“创文”工作任务，各项工作取得新成绩。是年，共引导办照10232户，取缔无照经营1712户，查处各类经济违法案件919宗。

【服务区域经济】 2011年，市工商局海珠区分局积极引导发展新兴产业，改变经济发展方式。是年，海珠区第三产业比重比上年同期提高17.4%，新增17家注册资金1000万元以上的企业，新引进12家总部企业，区重点企业达85家，区内“一园三区”聚集科技企业增至215家，会展企业1729家。扶持企业和个体工商户发展壮大。帮助66户个体户升级为企业；认定省著名商标8件、市著名商标23件；指导242家单位获评广东省“守合同重信用”单位。是年，全区共有各类经济组织91120户，比上年同期增长9%。共走访企业207家，收集意见建议62条。办理动产抵押登记46宗，股权质押19宗，帮助企业融资25亿元。提高服务质量竭诚服务企业。升级注册大厅叫号系统，更新办事指南，开发“便民服务网”，制定《注册登记工作操作规范》和《注册登记材料交接及发照程序》，缩短审批时间。核准名称由10个工作日缩短为当场办结，注册登记办结时限由15个工作日缩短为5个工作日。

2011年7月26日，海珠工商分局召开辖内农贸（肉菜）市场开办者参加的海珠工商分局落实农贸（肉菜）市场食品安全暨创文迎检工作动员会。 （海珠工商分局供稿）

【整顿规范市场秩序】 **完成“创文”任务** 实行农贸市场驻场式管理，共出动执法人员1.3万人次，检查各类市场、超市6000个次、经营业户6万户次；规范30个公交候车亭、24个报刊亭的“创文”公益广告，配合城管部门整治户外广告、招牌80个。多次在市文明指数专项测评实地考察中获得较好成绩，顺利通过全国城市公共文明指数测评。

整治无照经营 联合街道和城管、文化、卫生、公安等部门组织开展各项综合整治行动，重点整治污染企业、无证娱乐服务场所以及被投诉严重扰民的“五小企业”，引导办照10232户，取缔无照经营1712户，立案查处919宗。

“双打”专项行动 开展“双打”（打击侵犯知识产权和打击制售假冒伪劣商品）专项行动，查处各类制售假冒伪劣商品、商标侵权案件182宗，没收、销毁侵权物品、标识91万件，有效规范市场公平竞争秩序。

食品安全工作 巩固完善“3+1”巡查自查制度，检查食品台账4.4万本次；强化食品监测工作，食品监测车和快速检测箱累计出动1532次，抽样10115批次，委托抽检1477批次。积极推进农贸市场和大型超市的自检工作，全区86个市场、67家超市共录入检测数据12.3万条，每天公示检测结果。加大食品专项执法检查力度，开展“地沟油”、食品非法添加和滥用食品添加剂、散装熟食等专项执法检查51次，查处食品违法案件361宗。妥善处置“甜心客”回炉面包等多起食品安全事件。

肉品上市监管 牵头制定《海珠区牲畜屠宰属地管理考核办法》，并经区政府常务会议通过，协助区屠管工作领导小组与16个职能部门、18个街道办事处签订责任书。与29家肉品配送企业签订《肉品（猪牛羊）配送服务企业食品安全管理责任书》。联合街道及职能部门取缔私宰肉摆卖点98个次，查扣生猪8头、私宰肉品16吨。联合食品药品监管部门开展对餐饮服务行业、机团单位食堂用肉监管。先后召开4次全区市场开办方会议，妥善处置区内6个农贸市场的肉品配送商与经营户之间的纠纷问题，维护了肉品市场秩序稳定。2011年，“放心肉”日均上市量基本稳定在1533头以上，较好完成任务指标。

打击违法经营 查处各类经济违法案件919宗。开展以冷冻品、成品油等为打击重点的整治走私、贩私专项行动20次；检查网吧568家，取缔黑网吧7家；开展保健食品、医疗器械虚假宣传、“预付款”消费欺诈、“霸王条款”、旅游合同、“土猪肉”名称欺诈违法行为等专项整治行动，查处虚假宣传、商业贿赂等不正当竞争案件28宗。

遏制传销活动 联合街道、公安等部门举办禁传销大型宣传活动，提高重点人群的自我防范意识。2011年，组织打传行动40余次，清查出租屋、写字楼等场所6240个，派发宣传资料4.3万份。创新工作方式送法上门，通过宣传引导，帮助传销人员回归家园。注重打传类案件查办，力争以“打”协“防”，经检大队查办的“林景周为传销人员提供培训场所案”被评为“全市工商系统十佳案件”。

【维护社会和谐稳定】 着力改善消费关系和环境。进一步扩大消费教育宣传面，拓展消费维权渠道，加强消费纠纷调解。发放宣传小册子12万份，张贴海报5万张；举办“3·15”活动，评选出11家“放心消费商店”，组织食品安全知识进校园、进社区等活动。2011年，受理消费者申诉、举报案件10080宗，调解成功率为96.5%，为消费者挽回经济损失227万元。

2011年12月5日，海珠工商分局局长陈刚(讲台右侧)向市场主体和服务对象代表述职述廉。

【依法行政】 出台《海珠工商分局案件审议工作规则》《海珠工商分局贯彻执行市局裁量办法的指导意见》，严格规范自由裁量权的使用。加强执法对象和社会公众对执法人员的廉政监督，发放《行政执法行为监督告知书》1517份，回访570份，公平执法、依法行政得到群众普遍认可。

【队伍建设】 结合“创先争优”、“工商核心价值理念”等学习实践活动，在队伍中大力培养“五种精神”。与高校、教育机构建立合作关系，分层分类组织干部培训班33期，参训1300人次。把该分局网页建设成干部职工的信息化学习平台和思想整治教育网络阵地，提高学习质量。扎实开展政风行风评议和民营企业评议工商行政管理作风活动。在2011年海珠区民主评议政风行风工作中，该分局以满分获得第一名。作为试点单位，在全系统首次开展分局局长向辖区市场主体和服务对象代表述职述廉活动，受到群众和监管对象的好评。制定《段管员巡查监管工作指引》、《跟（带）班工作制度》等各项规章制度，推广使用《工商所任务交办表》和《监管重点难点问题流转反馈表》，落实所领导跟班督导作业制度。按照《工商所考评办法》的要求，对各工商所服务辖区经济、市场监管及与街道联动关系进行三次考核评价，有效促进了各项工作的落实。2011年末，各工商所共划分102个责任片区，配置102名段管员，基本建立起全方位、立体式的网格化服务监管体系。

【文化活动】 组织主题辩论赛、读书会、羽毛球和登山比赛、形体舞和国标舞等活动等，丰富干部职工的业余生活，增强集体的凝聚力。

（肖涛、江天一）

国有资产监督管理

【国有资产经营】 2011年，海珠区国资系统总收入16438.13万元，比上年减少3610.86万元，下降18%（原因是统计口径改变）。剔除产权处置、公建设施配套及物业补偿等一次性收入，区国资系统经营总收入12148.96万元，比上年

2011 年 9 月 29 日，区国资局在海珠湖管理办公室举行“海珠湖商标设计征集活动评审会”。（区国资局供稿）

增加608.65万元，增长5.3%。上缴税收2091.58万元，上缴区财政7585.6万元，超额完成区政府下达的职能部门非税收入7500万元任务指标。

【国有资产管理】 **资产经营监管** 2011年3月，区国资局制定《海珠区国资系统物业经营管理办法》，推进“三阳工程”（阳光经营、阳光交易、阳光理财）。通过公开招租（商铺实行“举牌竞租、槌子定价”方式），实际合同租金单价增幅最高为298.51%，可比租金总收入增长7.23%。加强物业合同管理，对物业进行分类，动态管理。实行合同备案制度，及时更新，实时监控。遵循市场规律，统一管理，科学定价，国资物业运行良好。开展诚信守约单位评比活动，评选出2010年度海珠国资经营诚信守约单位111家，同上年增加42%，形成良好的宣传和示范效应，打造海珠国资科学发展良好形象。

资源整合优化 2011年，区国资局合理利用物业资源，推进“三旧”改造。推进广一集团厂房地块、华洲路地块、新港西路169号地块、新源公司厂房地块等项目改造，通过转型升级实现国有资产的保值增值。加快推进历史债权债务清理。成立广一集团接收工作领导小组，在广州广一泵业有限公司租赁期满后，全面接收厂房物业及相关资产，并开展清产核资工作；将广一集团股东变更为新滘公司，由新滘公司100%持有股权。江南合署办成立追收租金小组，成功追回历史欠租5.5万元，完成61个应办未办产权证办理工作。对新滘公司与新珠江食品饮料集团公司往来款出现差额1898.58万元完成账务调整，确保财务清晰。成功收回福兴大厦地下停车场，重新签订租赁合同，避免国有资产损失。海俊公司顺利接管广州第一水泵厂厂区、福兴大厦地下停车场、细岗停车场和昌龙苑等物业，每月经营收入增加10万多元。

管理服务 2011年，区国资局做好公建配套用房接收及产权办理工作。签订公建配套无偿移交协议书7份，建筑面积共计4084.75平方米。通过法律手段，推进13个尚未办理房产证公配物业的确权工作，经法院判决的案件已执行完毕，成功办理2个房产证。成功研发海珠区行政事业资产网络管理系统，对区属300多个行政事业单位资产管理员进行培训，并在全区范围内推广安装使用。做好资产处置和盘活资产工作，办理区属行政事业单位资产处置申报228宗，申请处置173887件，资产原值约88896.41万元。办理市属单位无偿调拨资产到区属单位4宗147件，资产原值约648.98万元。成功盘活南海教育基地厂房物业和阳山住宅物业，成交总价1600万元。制定海珠区行政事业单位办公用房调整工作制度，按照统筹安排、兼顾公平原则，对14个单位相关办公用房进行调整。配合广州大道南5栋罚没违法建设移交区公安分局指挥中心使用相关工作。根据区国有及国有控股企业“小金库”专项治理工作要求并结合国资系统企业内部财务工作检查，对所属12家国有企业中的6家作重点检查，未发现所属企业有侵占、截留国家和单位收入以及设立“小金库”的现象。指导资产公司清理3700万体改资金账务挂账处理问题，理顺新滘经济发展总公司购买原区属4大房地产开发公司债权账务处理问题。

【信访维稳】 2011年，区国资局坚持“依法合理、以人为本”工作原则，密切干群关系，落实信访责任制。全年受理信访案件16件，办结率100%，全系统没有出现进京访和越级访的情况。妥善处置南华地块拆迁安置纠纷等信访件。利用单位公房，为拆迁户、困难户和未享受福利分房无房户职工提供廉租或成本租金房，促进社会和谐。

【安全生产】 2011年，区国资局树立“以人为本、安全发展”思想，开展安全生产和消防安全宣传检查活动，开展安全生产和消防安全大检查4次，出动检查组130多次，派发宣传资料1000多份，开展安全生产培训4次，消防演练1次。国资系统全年无安全生产和消防事故发生。

【队伍建设】 2011年1月，区国资局经团区委同意成立团委，局团委按照《团章》有关规定，在局机关和企业组建5个团支部。3月7日，区国资局经区委组织部同意成立纪委，形成由局纪检组（纪委）牵头负责，各科室、各公司（单位）共同参与的纪检监察工作机制，并选任2名中层干部担任纪委委员。区国资局制定《海珠区国资系统廉政风险预警防范机制建设实施方案》，推进国资系统岗位廉政风险防控机制建设。按照《海珠区国有（集体）企业领导人员述职述廉工作方案（试行）》，首次组织局直属国有（集体）企业开展述职述廉工作，并进行综合考评。同时，根据《海珠区国资系统企业人事管理制度》，对公司本部中层及以下人员进行2010年度考核。对区属国有（集体）企业领导人员和中层管理人员公开选拔工作进行全过程监督，并与新任职公司领导和管理人员进行廉政谈话。对资产评估、资产处置以及物业公开招（竞）租等工作进行全程监督，确保国有资产运营安全。全年参加资产评估3次，物业招（竞）租20次，查看物业经营情况7次。

（黄瑞婷）

发展 改革

【概况】 2011年，海珠区“十二五”规划纲要于3月经区人大通过，《海珠区2011年国民经济和社会发展计划》执行良好，全年全区完成生产总值（GDP）872.12亿元，同比增长12.2%，比预期目标（增长12%）高0.2个百分点。实现税收总额121.56亿元，增长13.2%；区财政一般预算收入35.54亿元，增长23.3%，增速居全市六大中心城区第四位。

【调查研究】 2011年，区发展改革局联合区委党校征集出版《海珠在转型中升级》《海珠在创造中幸福》《海珠在科学发展中腾飞》系列丛书。完成海珠区产业转型升级的调研报告和工作思路，提出海珠区“三个重大突破”（战略性基础设施、战略性主导产业和战略性发展平台）工作原则和思路两项重大调研成果，完成与中山大学第三产业研究中心合作的《海珠区服务业发展规划（2012—2020年）》课题初稿。

【重大专项协调工作】 **实施《珠三角发展规划纲要》**草拟并协调区有关单位执行《珠三角规划纲要2011年工作计划》。地区生产总值、一般预算财政收入、高新技术产品产值占工业总产值比重、城镇居民人均可支配收入、基本养老保险参保人数等各项指标均按目标完成。完成为期3个月的产业转型升级、社区建设和管理点评活动，召开全区贯彻落实琶洲开发建设现场会精神暨街道工作及产业转型升级点评会。通过广州市2010年珠三角规划纲要考核，获广州市“2010

2011年7月26—29日，区发展改革局物价检查所开展街道收费专项检查。 （区发展改革局供稿）

年度实施珠江三角洲地区改革发展规划纲要工作优秀单位”称号。

“三个重大突破”工作 拟订《海珠区实现“三个重大突破”工作方案》，推进建设交通路网、生态环境、智慧城区和文化设施等四大战略性基础设施建设，着力提升城区转型发展的支撑力和承载力。其中，万亩果园湿地保护利用整体规划、征地方案进入报批阶段，核查涉及村社的历史用地情况，编制各类地块的征地预算、补偿标准和补偿合同范本，深入研究被征地社员社保问题解决办法。海珠湖已建成开园，成为广州新亮点。中央绿轴核心区已完成地籍情况初步调查和经济平衡初步测算，先行启动地块已完成1.13平方公里土地储备，沥滘村、新市头村城中村改造方案已获批准。在战略性主导产业方面，重点发展会展业、商贸业、科技服务业等优势产业，培育文化创意产业等新兴产业，着力增强城区经济核心竞争力和发展后劲。会展经济龙头作用增强，2011年，琶洲地区共举办各类展会138场，展览面积673.6万平方米，同比分别增长19.0%、25.9%。全年实现增加值37.27亿元，增长16.3%。依托会展业的辐射效应，总部经济聚集效应凸显，区认定总部企业增至85家，实现增加值214.4亿元，增长14.6%。在战略性发展平台方面，建设琶洲会展总部功能区、城市新中轴线南段高端服务业功能区、白鹅潭现代商贸功能区、海珠科技产业基地等四大战略性发展平台，着力增强城区经济发展集聚力和辐射力。12月，由区发展改革局牵头完成《海珠区推进琶洲会展总部功能区建设具体工作方案》《海珠区推进城市新中轴线南段高端服务业功能区建设具体工作方案》《海珠区推进白鹅潭现代商贸功能区建设具体工作方案》草拟工作并报区审批。

“退二进三”工作 拟订《海珠区加快推进产业转型升级实施方案》，明确产业升级方向。海珠区列入“退二”计划企业有95家，预计将腾出总用地面积约280万平方米。截至2011年底，五羊本田、广重、广纸等70家企业已关停或迁出，累计已腾出用地面积约136万平方米。

医药卫生体制改革 成立区医药卫生改革工作领导小组，召开全区深化医药卫生体制改革大会，明确医药卫生改革工作方向。下发《海珠区医药卫生体制改革近期重点实施方案》等6个配套性文件，制定《海珠区加快推进基层医疗卫生机构综合改革任务分工表》。如期完成基层医疗卫生机构综合改革五项重点工作任务，即管理体制改革、人事制度改革、分配制度改革、药品采购配送制度改革、补偿机制改革。

节能减排工作 完成2010年节能工作考核。组织区内节能项目申报省、市重点节能项目，申报2011年广东省低碳发展专项资金等，鼓励企业节能减排。对全区机关、社团单位进行能源消耗状况调查，开展组织以“节能我行动、低碳新生活”为主题的宣传活动和低碳体验日，面向区机关和街道发放宣传节能低碳海报共600余份。向市上报全球气候变化与低碳产业公共服务平台、高浓度氨氮废水高效去除技术及产业化应用等6个项目。

扶贫工作 制定《海珠区支援新疆疏附县项目实施工作方案》，组织11个企业与新疆疏附县签订合作意向。广东和藤医药科技股份公司在新疆注册成立喀什分公司，其总投资3000万元的鹰嘴豆种植与新产品产业化项目成为海珠区第一个落户该县的合作项目。共拨出12万元经费，旧电脑10台，支持化州长歧镇南岭村改善学校教

2011年9月8日，区发展改革局向市发展改革委介绍海珠区节能项目推进情况。（区发展改革局供稿）

学设备和购置新桌椅，引进企业利用该村荒弃田地建设南岭绿色生态农业产业园，扶持贫困户开展养鸡、养鱼、种植有机米等种养业。拨出8万元经费支持从化温泉镇南平村的扶贫项目。

【重大项目建设工作】 **重点项目建设** 抓好六大领域（三大服务业功能区建设、“三旧”改造项目、产业类项目、社会民生项目、基础设施项目、财政性投资项目）重大项目以及全区80亿元以上重点项目的实施建设。争取省、市现代服务业发展引导专项、生物科技产业专项、战略性新兴产业发展专项、教育设施配套费专项、公安派出所专项和居委会配套费专项等各类扶持资金，累计获得扶持资金4415万元。落实市财政关于战略性基础设施重点项目海珠科技创意中心的1亿元扶持资金。

项目审批管理及重大项目储备 草拟《海珠区财政性资金投资项目管理暂行办法》。全年全区纳入区财政性投资计划项目138个，总投资43.3亿元，总建设规模113万平方米；共完成社会投资备案项目34个，总投资496.1亿元，总建设规模1792.26万平方米。引导项目向高端、绿色、创新方向发展，指导广州T.I.T纺织服装创意园（二号园区）、广州国际纺织交易中心、琶洲村经济留用地项目规划定位发展现代服务业；否决石溪工业厂房改造、凤和布匹市场2个项目的原有建设定位，引导高端化发展。注重提高项目储备质量，按照“储备一批、申报一批、建设一批、投产一批”要求，储备80个重大项目。

落实市重点建设项目计划目标责任制 完成《海珠区党政领导班子成员联系重点企业制度，切实开展帮扶活动工作方案》草拟工作并报区审核。配合区领导定期组织召开重点建设项目专题对接会、企业座谈会等，主动走访企业，及时将最新政策法规和各类绿色通道服务贯彻落实到位，支持企业申报海珠区重点总部企业、工业科技奖励，解决其生产和经营管理过程中遇到的实际问题，协助广州联合交易园区、中交集团南方总部基地等9个项目纳入市重点项目计划，享受绿色通道服务。加强对企业的统计督导，确保完成年度投资指标任务。

招商引资 做好第14届中国留学人员广州科技交流会“新广州 新商机”推介会签约项目的组织落实工作，加快推进我区13个签约项目落地建设。其中，南丰（中国）琶洲展贸项目、纺织面料行业战略合作项目等6个项目已开工建设，中国电器科学研究院广州总部、广东电网公司生产调度总部基地等4个项目正抓紧前期筹建工作，创维集团华南区总部暨广州研发中心、安徽省人民政府驻广州办事处暨徽商大厦等3个项目处于选址阶段。

【民生福利工程建设】 2011年，区发展改革局批复改善校舍安全和教学硬件的项目总投资4.76亿元。推进社区卫生服务中心业务用房基层医疗服务机构建设，批复社区卫生服务中心、区级医院建设立项8000万元。安排社区管理立项7000万元，市政基础设施立项1.2亿元。协助各街道探索社区管理服务创新建设。在立项审批等方面积极支持街道创新建设。其中，南华西街创建全市首个老城区“街坊会所”，让居民群众享有“五星级”会所服务；海幢街结合环境综合改造，在区内率先建立流动商贩疏导区（试点）；沙园街试点采取整合社区职能、人员、场地等三项资源，提升社区服务普惠化、专业化、多元化、便捷化等四项服务效能。华洲街试点通过整理场地及机构、理顺街道—村社管理体系和打造社区服务特色品牌等方式，稳步推进管理服务机构改革。

【市场价格行为规范化建设】 **价格监督检查** 2011年共查处价格违法案件51件，查处价格违法所得4416728.9元。在广交会期间对区内三星级以下（含三星级）以及非星级宾馆、酒店共36家旅业单位进行检查。与市物价局联合开展商品房销售明码标价专项整治行动。采取现场查看收费许可证、原始凭证、相关账簿等形式，检查行政街道收费情况。以“创文”迎“国检”为契机，对区内停车场、商场等进行检查，对价格违法行为取证登记和及时处理。对2010年教育收费专项检查违法案件进行处理，对区内22间学校（幼儿园）开展教育收费专项检查。组织人员对区疾控中心及区内社区医疗卫生机构进行检查。对百佳超市、三和百货等区内大型超市、各粮油批发市场及街道零售商店等进行突击检查，及时、有效制止哄抬食盐价格违法行为。开展对9间药店“由田继夫”产品的销售情况进行检查，以实地购买实施摸查，索取有关票证作为执法证据。在节日期间，对重点区域、重点行业、重点品种的价格进行检查，重阳节期间，对广州塔的入塔收费、塔内第65层餐厅、第107、108层设置的饮料售卖点、纪念品销售点及停车场收费进行巡检。严肃处理价格举报投诉案件，全年共受理价格举报232件，已处理221件，其余11件在跟踪处理中，办结回复率100%。已处理的221宗举报投诉中，交通运输类（停车场收费投诉）127宗，占57.5%；房地产及物业管理类13宗，占5.9%；教育收费类15宗，占6.8%；粮食价格类7宗，占3.1%；药品及医疗服务类5宗，占2.3%；其他举报投诉54宗，占24.4%。严肃查处不悬挂收费公示牌以及停车超标准收费的停车场，其中滨江中海社区停车场，作为不悬挂收费公示牌以及超标准收费的价格违法典型，对其处以罚款20000元的行政处罚。配合完成洪德居小区物业管理公司因调升物业管理费而引起的价格纠纷。投入经费5万元，制作安装社区价费公示牌297块，让群众了解涉及民生的最新收费标准。

价格监管 对区内学校、医院等行政事业性收费单位开展收费年审工作，共审查部门52个，行政事业性收费项目68项，涉及金额2.35亿元。加强对经营服务性企业的收费管理，加强对停车场、民办学历教育收费标准等审核，核发各类收费许可证、收费证明189个。全区已建设35家平价商店和平价农副产品专营区。

价格认证 全年共受理各类物品价格鉴定案件1554宗，鉴定总金额3003.62万元。区价格认证中心被省评为“2010—2011年度价格认证机构规范化建设达标单位”。

【粮食保障和经济动员工作】 **粮食管理工作** 定期、不定期对区内粮油批发市场、超市、经营业户的经营台账和粮油质量进行检查，打击各种扰乱粮食市场秩序的违法违规行为。开展包括社会粮食供需平衡调查等调查，按时保质完成粮食流通统计工作。加强粮食预警监测分析，保证海珠区粮油市场供应和价格基本稳定。2011年共审核、发放市内粮食准运证17个，发放（南洲路）粮食准运证161个。大力推进广州市粮油食杂批发采购贸易中心项目，促进南洲路三大粮油批发市场的升级。在广州食品博览会上开设瑞宝粮仓、岭南穗粮专区。瑞宝粮油批发园区的升级改造纳入广州市粮食流通业“十二五”规划重点项目之一。

国民经济动员工作 研究编制《广州市海珠区国民经济动员“十二五”规划》。在原有物资保障队伍基础上，增加组建指挥组、商业保障组、生产保障组等9支队伍。推荐军用物资应急采购供应商。组织辖区内军民通用装备相关企业开展以装备制造业为主的调查。

【金融创新试点】 2011年8月，成立区金融办，培育、规范金融业发展，健全金融公共服务平台，促进企业转制上市。截至12月底，有广州珠江啤酒股份有限公司、广州杰赛科技股份有限公司、保利房地产（集团）股份有限公司、珠光控股集团有限公司、恒大集团等5家上市企业。海珠区金融保险业实现增加值17.58亿元，同比增长6.2%。委托广东金融学院开展海珠区金融业课题研究工作。开展小额贷款公司试点工作。广州市海珠华银小额贷款有限公司于8月17日正式开业运营，成为海珠区首家获批的小额贷款公司，是全市10家获批开业的小额贷款公司中，注册资本最大、材料审批速度最快、治理结构最完善的公司之一，截至12月底，该公司累计投放贷款54笔，贷款余额20748万元，实现账面利润377.07万元。广州市海珠俊轩小额贷款有限责任公司已通过市金融办开业验收。为规范小额贷款公司监督管理，提高监管工作的质量和效率，结合海珠区实际，区发展改革局草拟了《海珠区小额贷款公司监督管理暂行办法》。

（吴颖静）

水务　农业

【水环境综合治理成果】 **海珠湖** 海珠湖于2010年3月29日动工，2011年9月30日正式对外开放。海珠湖位于广州新中轴线南段，东临新光快速路，西邻广州大道南，北靠新滘南路，南邻环城高速路、南洲路。海珠湖规划用地面积2248.3亩，其中湖心区1422.6亩（水面面积795亩，陆地面积627.6亩），绿化配套用地825.7亩，与石榴岗河、大围涌、大塘涌、上冲涌、杨湾涌、西碌涌6条河涌构成的“一湖六脉”格局。

石榴岗河 石榴岗河位于海珠区中部，汇集多条河涌于珠江后航道，主河道长5.7公里，集水面积

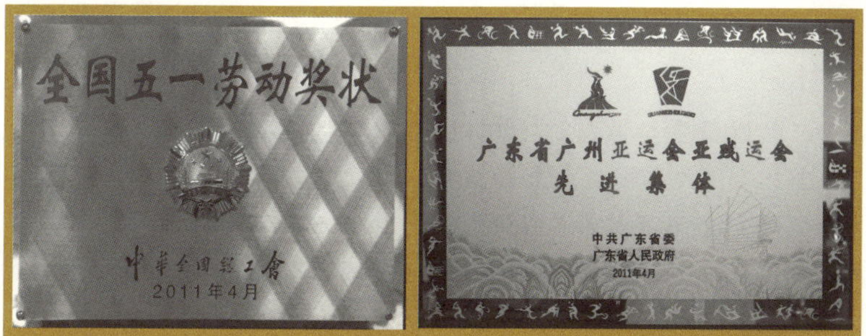

2011 年，区水务农业局荣获“全国五一劳动奖状”和“广东省广州亚运亚残运会先进集体”荣誉称号。

17.5 平方公里，河道宽 25—160 米，与黄埔涌、海珠涌、北濠涌等组成海珠区的骨干水系。石榴岗河综合整治工程整治范围为东起石榴岗水闸，西至后滘涌与淋沙涌，全长 2.7 公里，主要建设内容包括堤岸建设、景观绿化、河道清於等。在确保水安全的前提下，基本采用和保持河涌的生态堤岸形式。整治后，石榴岗河水质良好，基础设施初具规模，沿河边建有广东省一号绿道。是年，石榴岗河升级改造工程完成新光景观节点和游船码头建设，附属配套工程已进场施工。

黄埔古村南城河综合整治工程

2010 年 8 月 12 日，为配合黄埔古村古港历史文化区保护建设，恢复古护城河萦绕黄埔古村景观，再现“黄埔”岭南古村落的古村遗韵和水乡风情，将南城河打造成为具有岭南古村文化韵味的靓丽滨水休闲景观带，启动黄埔古村南城河综合整治工程。该工程位于海珠区琶洲岛的东部，东临珠江后航道、南面黄埔涌口、西临环城高速公路、北靠新港东路。工程建设主要内容包括南城河河道水系连通以及水闸、泵站、游船码头、跨涌桥梁等。工程设计标准为河道治理按 20 年一遇防洪排涝标准，外江水闸按 200 年一遇防洪排涝标准，等级为 1 级。截至 2011 年底，该工程一期进度为 80%。

【水环境综合治理工程征地拆迁】 2011 年，海珠区治水工程征地拆迁新增任务共 5 项：黄埔古村南城河综合整治工程、黄基支涌连通工程、黄埔村涌水闸工程、新洲路防汛应急抢险工程、新洲渔轮厂危闸站汛前抢险工程。征地拆迁新增任务中，共签订协议 102 份，涉及拆迁面积约 6971.87 平方米，永久借地面积约 9501.08 平方米，补偿金额约 2097.84 万元。治水工程房屋修缮签订协议 29 份，补偿金额约 338.47 万元；截污施工房屋修缮签订协议 21 份，补偿金额约 96.68 万元。

【水环境综合治理规划方案】 2011 年，开展石榴岗河、海珠涌、黄埔涌（含黄基支涌）、赤岗涌概念性规划实施方案及万亩果园湿地概念性实施方案。完成黄埔涌南岸共和围排涝规划及海珠涌排涝规划。编制完成海珠区雨洪调蓄区水动力数模技术论证报告。果树保护区内 22 条河涌（含 6 座水闸和一座泵站）综合整治工程、南城河整治二期工程、石榴岗河水闸及石榴岗河疏浚工程已完成项目建议书，海珠涌东水闸和西泵站完成可行性研究报告。

【“三防”】 2011 年，海珠区累计启动防御暴雨应急一级响应 2 次、二级响应 4 次、三级响应 21 次，抗击台风应急四级响应 4 次，区三防办向成员单位下发传真 2550 份，发送三防信息 39458 条。于是年 3 月下发《关于做好 2011 年水利工程防洪安全责任书签订工作的通知》，并按层级管理的要求，共签订防洪安全责任书 38 份。成功防御了“7·15”、“10·13”等强降水自然灾害。“7·15”强降水，海珠区录得 111.3 毫米降雨量，全区接到水浸报告 4 处，水浸深度 0.5 米以内。“10·13”强降水，根据广东省气象台发布，从 13 上午 8 点到 14 日上午的 8 点，24 小时内海珠区录得全省最大雨量 319.8 毫米，属于特大暴雨，为 1951 年有记录以来的最高数值；导致赤岗 1 号大院、双塔路华快隧道、金雅苑地下车库等受浸点严重。

【农村经济】 2011 年，海珠区农村经济稳步发展，总收入 340030 万元。经济收入以第三产业为主，共 277479 万元，占总收入 81.6%；第二产业和第一产业次之，分别为 49101 万元和 13450 万元，占总收入 14.4% 和 4.0%。全区蔬菜种植面积 2500 亩，全年产量约 5400 吨，产值约 1890 万元；水果种植面积 1.09 万亩，全年产量约 4500 吨，产值约 2700 万元；生猪饲养场 2 户，存栏共 51 头；家禽饲养场 37 户，存栏共 24205 只，存养犬只约 10800 只。

【珠江禁渔政策落实】 区水农局于2011年4月对区内禁渔期受影响的渔民进行摸查，并向渔民发放禁渔期补贴；是年6月10日顺利完成第四届广东“休渔放生节”广州分会场暨2011年广州市渔业增殖放流活动。

【水生野生动物行政许可检查】 区水农局于2011年5月13日完成海珠区水生野生动物行政许可的检查和初审的交接工作，分别检查、审核水生野生动物经营利用企业27家、水生野生动物驯养繁殖企业或个人6家。

【农经管理】 2011年1—4月，海珠区8个街道所辖20个经济联合社、229个经济合作社，除官洲经济联合社及其所属4个经济合作社因整体异地搬迁而暂缓换届选举外，均在全面审计基础上进行换届选举。审计结果表明，尚未发现各经济联合社、经济合作社有严重违法违规问题。稳步推进农村财务电算化工作，完成全区全部经济联合社、经济合作社共268套账套数据初始化录入工作，并全面试运行。

【重大动物疫病防控】 2011年，区水农局 完成全年禽流感抗体检测计划，共检测鸡血清137份，鸭血清35份，合格率92%，完成全年新城疫抗体检测，共检鸡血清109份，合格率86%。免疫注射禽流感疫苗共48920只次，新城疫48484只次，生猪口蹄疫等免疫注射共6064头次，猪瘟6286头次，蓝耳病免疫5951头次。进行产地检疫生猪6603头，家禽43342只，免疫犬只10522只，驻点检疫动物产品共6267吨。全年我区未出现重大动物疫病和畜禽产品质量安全事故。

【农产品质量安全监督】 2011年，区水农局共检测农药残留蔬菜样本4451个，在田蔬菜和农贸市场蔬菜农残实时监控样本2100个，合格率均为99.5%。全年委托市农业标准与监测中心对我区部分农产品进行监测，包括猪肝、鸡肉、蔬菜等共700份，合格率100%；鲜鱼50份，合格率92%。对辖区内6家冷库抽样4批次，共采样猪样品99份进行药残瘦肉精检测，合格率100%。针对河南“瘦肉精”事件的专项检查，4月抽检12家次动物产品经营企业样品44份，进行实验室“瘦肉精”检测，合格率100%。

【农业和水行政执法】 2011年，区水农局发出责令停止水事违法行为通知书58份，查处水事违法案件29宗。全年出动139次676人次，对区辖内相关企业进行监督检查。查处违规使用过期药品的动物诊所8例，没收过期药品145盒；查处不符合动物诊疗条件的动物诊疗单位6家，分别发出《责令改正通知书》责令其限期整改。全年出动23次108人次，派发资料728份，专项检查辖区内4个经济联合社64户饲养场（户）3878头违规饲养存栏生猪，清理违规饲养生猪饲养场（户）59户，清走生猪6000多头。

【“创文”迎检及安全生产】 2011年，区水农局制定《“创文”期间河涌现场巡查方案》《2011年度调水补水实施方案》，共巡查河涌2000多人次。专门成立5个巡查小组，加大对河涌沿岸绿化管养、警示牌缺损等情况的巡查力度，并积极协调开展水上保洁。重视对农产品和动物疫情的监控，确保公共卫生和食品安全。

【“双到”扶贫】 2011年，区水农局共出动16批57人次对化州市平定镇沙坡村、从化市温泉镇密石村开展帮扶工作，举办专家培训，派发7500只鸡苗、2000棵树苗、300株优良甜西柚果苗等农业生产资料，帮助修建疏通排水沟，组织“文化下乡”活动，向村学校捐赠学习用品。

【安全生产工作】 2011年，区水农局通过开展“安全生产月”、“安全生产年”活动和完成有限空间作业场所职业危害等专项整治工作，加强施工现场检查整改，共出动检查100人次，发出整改通知单26份，安全生产工作态势良好。

【专题学习活动】 区水农局认真组织廉政风险预警防范机制建设、特约廉政监察员启动仪式、廉政准则学习、纪律教育月等各项重大专题活动。在全市水务系统“廉洁在我心，做执行制度的表率”主题演讲比赛中，获得三等奖。开展公民道德学习月、干部学法、市民文明行为教育等活动，转变党员干部机关服务意识，提高工作效率，努力建设服务性机关。开展政研工作，在“幸福海珠红段子”征集比赛中获得优秀奖。

【办理信访、人大建议、政协提案】 2011年，区水农局共收到信访件203件，按时回告率100%。

承办区人大建议、政协提案和区政府督办事项18件，办复率100%。

（贺 可）

质量技术监督

【概况】 2011年，区质监局大力开展质量强区活动，着力强化质量安全监管，全面建设法治廉洁质监，保安全、促发展、求实效，为推动科学发展、促进社会和谐提供质量和安全保障，为辖区经济发展做出积极贡献。

【质量监督】 2011年，海珠区工业产品生产许可证获证企业101家，比上年减少13家；3C认证产品生产企业30家，比上年减少3家。全区获得各种管理体系认证的企业有434家、共469张证书，其中获得质量管理体系认证企业325家、获得环境管理体系认证企业83家、获得职业健康安全管理体系认证企业61家。检查工业企业154家，完成工业产品监督抽查不合格产品后处理任务37批次。接收11家企业的生产许可证受理材料；办理企业委托备案0家；办理72家获证企业的生产许可证年审，年审完成率100%；对10家许可证获证生产企业进行年审抽查（实地检查）。大力开展“质量强区”工作，成立海珠区“质量强区”工作领导小组，召开“质量强区”工作动员大会和领导小组成员会议，制发《关于开展“质量强区”活动的意见》《海珠区实施以质取胜战略推进产业升级的方案》等配套文件，“开展‘质量强区’活动”首次被写入政府工作报告，设立区政府质量奖、名牌产品奖及卓越绩效管理鼓励奖。

2011年5月20日，区质监局在沙园街广重社区举行“5·20”世界计量日宣传活动。（曾光摄）

【标准化监管】 2011年，办理企业产品标准备案339条，其中新增30条、修订308条、废止1条；办理企业产品执行标准登记共104家1281条，其中变更333条、新增469条、注销标准479条；上报采标4家企业17个产品，完成年度任务105%；完成4家企业申报标准化良好行为，完成年度任务200%。辖区企事业单位承担的国家专业标准化技术委员会（TC/SC/WG）秘书处数量8个，占全市数量的21%，参与国家行业标准制修订36项，专利转化为标准3项。组织企业参加标准标识培训班3期，80人次参加、比上年增长75%。完成17家企业19个产品的纯标识不合格后处理工作，后处理完成率和整改复查率100%。制发《海珠区实施标准化战略意见》《海珠区服务业标准化工作计划（2011—2015）》《海珠区实施标准化战略专项资金使用细则》等文件，明确建设以会展业、商贸业、旅游观光业、科技服务业为主线的城市标准化体系，建立区标准化战略联席会议制度。

【食品安全监管】 2011年，海珠区有食品等获证企业118家，其中食品生产企业97家、食品添加剂企业5家、食品相关产品企业11家、化妆品企业5家。食品生产加工范围涉及25类食品54个品种，以大米、烧腊肉制品、面包糕点、饮料等品种为主，企业主要分布在瑞宝、南石头、华洲、南洲、江海等街道。利用区政府下拨的食品安全监督专项经费，重点对乳制品、肉制品、饮料、大米和糕点等进行抽样检验，全年共抽查产品138批次，企业覆盖率95%，经检验合格89批次、不合格5批次，被检产品总合格率为95%。集中开展“打击食品非法添加和滥用食品添加剂”、“打击地沟油”、“打击瘦肉精”、“乳制品整治”、“清查塑化剂”、加强酒类监管等19个专项行动，对米面制品、速冻食品、河粉、食用油、肉制品、饮料、调味料、蜜饯、茶叶、罐头、豆制品、干货分装和酒13大类重点食品开展专项整治。与104家食品生产企业签订质量安全承诺书，全年对6家不落实质量安全主体责任的食品生产企业依照《食品安全法》等相关法规予以处罚。组织3次食品安全进社区宣传周活动，开展集中培训6批次620人次。

【计量监管】 2011年，出动执法人员1693人次，检查企业423家，检查计量器具15709台（件），强检率98%，发出整改通知书40份；抽查商品量356批次，合格率97%；集中开展集贸市场、定量包装商品、瓶装液化气、餐饮业和节假日期间计量等各类专项整治11次；核查计量投诉30起，立案查处计量违法案件23宗。简易工况法于是年6月1日正式在上线推行，区质监局配合省、市质监局完成对辖区内5家安检机构的简易工况法扩项评审；全年安检机构进行18次监督检查，检查计量器具165台（件），强检合格率100%，检查检测报告180余份。以辖区内4家重点能耗单位为突破口，开展测量管理体系认证、计量保证与计量合格确认，是年有3家企业通过能源计量保证体系确认，广州电视台政务之窗栏目专题报道珠江啤酒集团开展节能降耗的经验。4月，计量建标行政许可权限下放，至年末共开展13个计量标准证书的发放工作，完成8人次计量检定员的扩项受理工作。

【特种设备安全监察】 2011年，海珠区特种设备使用单位1528家，特种设备总数14453台，其中电梯9128台、锅炉210台、起重机械1612台、压力容器3481台、游乐设施22台。区质监局出动人员518人次，检查使用单位166家，特种设备定检率99%，完成重点监控单位检查12家，发出安全指令书74份，完成使用登记268份，查处七宗违法案件，处理投诉举报51宗，拆除土锅炉4台、简易电梯2台，未发生特种设备一般及以上事故。开展小型锅炉专项整治，出动1000余人次，检查相关企业298家，经核实确认为30L以上的锅炉共62台，发出指令书50份，拆除设备2家，整改完毕60家（其中5家已办证），捣毁无生产许可证非法加工锅炉窝点1家，扣押锅炉炉胆10个、锅炉半成品14台。对4家有违规行为的维保单位进行立案查处。针对广州塔和琶州会展电梯使用安全问题受社会关注度高的特点，联合区安全监管局，召集使用单位、维保单位、检验机构、应急专家召开电梯安全分析会，消除安全隐患。在广百新一城广场、中大布匹市场举办两期"电梯安全知识进社区"宣传活动，与百家特种设备使用单位签订"五个承诺"责任书。

【行政执法】 2011年，区质监局受理12365投诉热线举报个案96宗，处理96宗，提供咨询服务200余次，受理各类案源及审查立案74宗，组织案审会13次，审结案件72宗，发出行政处罚告知书70份，出动执法人员1952人次，检查生产加工场所458家，立案查处各类行政案件83宗（其中大案要案3宗）。联合区整规、工商、公安、科信及知识产权等部门，对南洲街、瑞宝街、南石头街等重点区域，粤景、和丰、南天等重点市场，电线电缆、服装等重点产品进行重点整治，共查处制假案件4宗，其中1宗移送公安机关处理，追究当事人刑事责任；组织开展化妆品及洗涤用品、食品添加剂相关化工产品、消防相关产品、絮用纤维产品、家用电器、防伪标识产品、粮油批发市场、瓶装液化气、宾馆酒楼、家电下乡能效标识等12个专项检查。全力开展打击食品违法添加和滥用食品添加剂专项整治，共出动执法人员288人次，检查食品生产企业76家；通过节假日、夜间突击检查等形式，严厉查处2家涉嫌滥用食品添加剂的食品生产企业，没收涉案的生产设备。严肃查处大案要案，对使用回收面包作为原料生产面包的广州市新甜主义食品有限公司作出最严厉的行政处罚；查处1宗未取得生产许可证擅自生产制冷设备配件的案件；联合公安机关查处一宗涉嫌生产假冒"怡宝"公司名称的饮用水包装瓶案件。建立信息通报制度，每季度向区整规办及18个街道通报所在区域无证窝点及违法生产行为查处情况。联合区整规办举办2期街道协管员培训班，参训协管员100人次。

【队伍建设及后勤保障】 2011年，区质监局开展党员承诺和"我为组织建一言"活动，以支部为单位召开"加快转型升级、建设幸福广州"专题组织生活会，总支对全体党员进行民主评议，评选表彰一批优秀党员。举办庆祝建党90周年活动，赴遵义、百色接受革命传统教育，开展上门对口扶贫。组织10次专题业务学习，鼓励干部在职继续教育，在读研究生6名，安排26名干部外出参加各类业务培训，组织中层干部到对口兄弟单位考察学习。开展岗前、任前廉政教育，与各科室负责人签订党风廉政责任书，明确"一岗双责"；落实两卡制度、行风监督员制度和处级干部分片联系街道制度，全面了解工作人员勤政廉政情况；开展纪律教育，注重廉政文化建设，全年共发布廉政舆情12期。注重保障中心工作，更新执法装备，购置执法用车；注重改善办公环境，严格执行节假日应急安全值守制度。

（黄丽红）

食品药品监督管理

【概况】 区食品药品监管局成立于2005年1月12日，2010年4月22日该局从实行市垂直管理调整为海珠区人民政府管理。主要承担辖区内餐饮服务食品安全、保健食品、化妆品、药品、医疗器械监督管理职能和食品安全综合协调职能内设11个职能科室，下属事业单位广州市药品检验所二分所。2011年4月14日，该局正式承接餐饮服务环节监管职责。

【餐饮服务监管交接】 2011年，区食品药品监管局做好职责承接工作，及时调整餐饮服务信息系统，对职能移交前卫生部门在餐饮服务执法中一直使用的卫生执法文书进行归类、筛查，整理了50多种文书，分类印制、备用；解决执法工具、办公设备及车辆问题，与区卫生局沟通，商定随职能划转的人员和必要的执法工具、办公设备及车辆；在餐饮监管人员未完全到位的情况下，该局抽调人员及时补位，并组织餐饮服务监管法律法规和工作流程培训，在最短时间内培养一批餐饮监管业务骨干，没有出现因职能移交而造成业务停办，确保监管工作连续性。

【行政执法】 2011年，区食品药品监管局坚持稽查打假与规范管理相结合、源头治理与终端监管相结合、专项整治与日常监管相结合，积极牵头做好网格化监管。结合“四品一械”（餐饮服务食品、保健食品、化妆品、药品、医疗器械）网格化监管，进一步理顺和优化海珠区食品药品网格化监管布局。以辖区行政街道为单位，规划责任网格和片区，立足于构建一个“统一领导、依法监管、各负其责”的网络体系，实现无缝隙监管。依托网格化监管模式，做到日常监管科学到位，应急事件处理迅速妥善，案件查处得力，监管成效显著。2011年共出动执法人员4555人次，检查餐饮服务单位2548间次、“三品一械”（药品、保健食品、化妆品、医疗器械）生产经营使用企业950家次，发出监督意见书356份，作出当场行政处罚123宗，立案查处各类违法行为240宗，结案125宗。及时回复上级交办案件、协查案件58宗。处理餐饮服务食物中毒事故5宗，排除食物中毒事故2宗，处理餐饮服务食物中毒事故1宗。3250间餐饮单位实行量化分级管理，量化管理率达96.6%。

【行政许可】 2011年，区食品药品监管局修订和完善门店销售医疗器械行政许可工作流程、餐饮服务单位食品安全稽查工作流程。组织人员全面梳理法律法规和行政许可流程，着手建设政府服务网上办理工程，并通过该局网站等途径向社会公开，依法公示行政许可事项，增加行政许可透明度。加快审批速度，将需要和不需要到现场检查的行政许可事项审批时间分别在控制15个工作日和10个工作日内，比规定的审批时间缩短5个工作日，切实减轻企业经济负担。2011年发放餐饮服务许可证1771张（其中临证144张）；办理药品零售企业新办7家，变更128家，换证41家，补发2家，注销20家；受理医疗器械经营企业新开办申请70家，换证36家，变更68家次，注销6家。

【创文迎检】 2011年，区食品药品监管局成立区创文食品药品安全专项整治工作领导小组，以《全

2011年4月13日，区长姚奕生（右二）、方锦群副区长（右三）到区食品药品监管局调研。 （陈荷映摄）

国文明城市测评体系（2011年版）》为标准，以《测评操作手册》为导向，将食品、药品安全两大专项的创文迎检工作任务分解下达到区各牵头单位、责任单位。各责任单位均成立创文工作领导小组，并结合各自职能制定具体实施方案，对照区创文食品药品安全专项整治工作方案，重点打击无证照生产经营行为，组织各类专项行动53次，出动人员22145人次，检查食品药品企业35634多家，取缔451家，派发宣传资料18万余份，违法行为得到有效遏制。该局联合街道开展“关注食品药品安全，创建全国文明城市”宣传活动，在2011年8月集中开展3场宣传咨询活动，采取派发宣传资料与知识竞赛相结合，真假药材辨认介绍与大型精美宣传画报、标语、横额相结合，投诉与法律咨询相结合的宣传方式，广泛深入宣传食品药品安全知识。

【食品药品安全整治】 2011年，区食品药品监管局点线结合，突出重点，深入开展食品药品专项整治。

食品非法添加和滥用食品添加剂整治 针对媒体曝光的“瘦肉精”、“牛肉膏”等食品添加剂引发的食品安全问题，区食品药品监管局对辖内药品生产企业和批发企业开展全面排查，严禁药品生产经营企业向食品生产经营单位销售国家公布的“严禁用于食品和饲料加工”药品，以餐饮服务中制售火锅餐、中餐（含中西式糕点、烧卤熟肉）和饮品店为检查重点，通过海珠区餐饮服务许可信息平台发送添加剂专项整治信息，迅速传达到全区所有餐饮单位，督促餐饮单位对本单位索票索证制度和添加剂“五专”管理情况开展自查，对食品中添加和使用非食用物质，以及不规范使用食品添加剂的行为进行自纠，对自制火锅底料、自制饮料、自制调味料的餐饮服务单位严格落实食品添加剂备案制度。

食品安全监督检查 在109、110届广交会、龙舟赛、琶洲会展经济论坛、中高考期间、秋季开学前分别组织餐饮食品安全及学校食堂等专项检查，规范餐饮服务行为，确保接待和集中用餐安全。及时调查核实举报投诉，开展“塑化剂”、“地沟油”、“不合格一次性筷子”、“死田鸡”、味千拉面店及餐饮服务单位涉碱水产品、学校食堂、集体食堂、建筑工地和工厂食堂食品安全等专项检查等专项整治行动，严防流入餐饮服务环节。组织开展华洲街瀛洲生态公园、黄埔古港周边食品安全专项整治等，规范餐饮单位经营行为，打击无证餐饮服务点档，提升城市绿道周边餐饮服务食品安全水平。

侵权和制假售假专项行动 对已通报发现的问题产品进行拉网式检查，加强对利用互联网发布虚假药品信息、非法销售药品、销售非药品冒充药品等违法行为的整治；加强对生产、经营、使用特殊用途化妆品的企业的整治；开展保健食品委托生产专项整治，严厉打击保健食品违法添加行为，集中优势兵力，取缔3个无证无照经营窝点，有力震慑假冒违法行为，收到良好的社会效果。

美沙酮维持治疗点专项检查 针对某医院社区药物维持治疗门诊美沙酮口服液流失事件，防患于未然，立即组织人员对辖内的美沙酮维持治疗点开展专项检查，保障海珠区美沙酮维持治疗点各项工作按照规章制度正常开展。

疫苗经营企业专项检查 针对是年初社会舆论对疫苗产品质量的热切关注，组织开展疫苗经营企业专项检查，确保海珠区辖内的疫苗经营企业均能按照法律法规合法经营，保障疫苗产品的质量安全。

珠三角区域药监稽查联合打假专项行动 按照上级统一部署，联合企业对辖区内的南泰、长江等批发市场及康乐村等城中村的“三品一械”经营企业进行检查，严厉打击仿冒阿胶、采乐、米非司酮、安必仙、阿莫仙等知名品牌的行为。

医疗器械经营企业规范经营专项整治 采取拉网式检查加大执法力度等措施，有效规范海珠区医疗器械经营行业中存在的私自降低经营条件、私自变更仓库地址等常见违法行为。共检查医疗器械经营企业155家次，处理违法违规行为32件，立案32宗次，罚没金额29多万元。

查处挂靠、走票行为 对药品批发企业重点检查其是否有出租出借《药品经营许可证》，有无挂靠经营等违法行为，查处挂靠经营企业2家、出租出借《药品经营许可证》批发企业1家。

【宣传教育及优化服务】 2011年，区食品药品监管局做好宣传教育工作，优化机关服务水平。与市食品药品监管局、街道联合举办“关注食品药品安全 创建全国文明城市”、“全国安全用药月”等宣传活动；编印《关注食品药品安全创建全国文明城市》宣传小册子，通过海珠区青年志愿者协会在辖区内的幸福小屋派发给群众。以街道居委会宣传橱窗为平台，张贴食品药品安全宣传单张；利用社区中心和居委会等基层力量广泛开展入户宣讲，发放食品药品宣传品，加大食品药品安全知识知晓深度和覆盖广度。发动药品企业开展诚信宣传活动，拓宽食品药品安全宣传渠道。组织发动辖内优秀药品企业到社区进行健康咨询、名优产品推介和产品使用指导等多种形式的宣传，提高公众安全合理用药的意识。加强与街道联系和沟通，采取集中上门、现场咨询、现场指导、现场办理的方式，提供受理、审核、签发的一站式服务，帮助餐饮服务单位办理《餐饮服务许可证》，提升服务水平，提高海珠区餐饮服务单位的持证率。落实“首问责任制”，对群众的来电来访热情有礼，按规范做好询问记录，及时处理，及时回复，全年受理群众投诉329宗，回复率100%。

【药品技术监督】 2011年，区食品药品监管局下属市药品检验所二分所共完成海珠区日常监督抽检任务389批次，其中，药品296批次，保健食品44批次，化妆品29批次，医疗器械20批次，完成上级下达任务380批次的102%，发现不合格药品12批，不验79批次，发现不合格4批次，合格率为94.9%；委托检验收入92.5万元，是上年同期的3倍。该所还开展各项科研工作，承担的广东药检系统科技支撑项目《麒麟丸质量标准研究》顺利通过专家验收结题；与广东药学院合作的《化妆品中违法添加酚类雌激素的快速筛查检测技术开发》获省科技厅“2011年广东省第一批产业技术研究与开发资金计划项目”资助。

（陈荷映）

2011年3月10日，召开2011年海珠区统计工作会议。

（王子健摄）

统 计

【概况】 2011年，区统计局以提高统计数据质量为核心，推进统计方法改革，加强统计队伍建设，以服务统计基层基础建设为己任，组织人口普查工作，加强对海珠区经济运行和社会发展的统计监测，全面完成各项统计工作任务。

【人口普查工作】 2011年，按照《广州市第六次全国人口普查方案》统一部署，海珠区第六次全国人口普查工作进入数据处理和汇总阶段。为适应光电录入需要，区统计局采取集中录入方式，专门组织普查表抄录培训，指导普查员规范抄写光电录入卡，避免光电录入过程中的再生性错误。组织各普查区普查员带备普查表统一到该局进行录入。对普查表抄写或填报不规范导致无法录入的，要求普查员重新抄写。该局分成4个工作组，对录入过程进行严格把关，确保录入质量。通过努力，海珠区人口普查工作取得阶段性的成绩，共普查人口213万人，填报、录入普查表近100万张。该局向全区发布《第六次全国人口普查主要数据公报》，公布人口普查的初步成果。同时对人口数据进行分析，为海珠区委、区政府决策提供参考。

【专业统计和专项调查】 2011年，区统计局严格执行国家、省、市统计报表制度，以数据质量为中心，全面完成上年统计年报和2011年定期报表工作；按时完成地区生产总值2011年年度核算及全区经济运行情况分析、各季度核算及经济发展预测等工作；有序开展城镇劳动力调查、万户调查、住户调查、城市和农村居民住户调查各项工作。

【企业调查核实】 2011年，区统计局加强基本单位摸查和名录库动态维护工作，要求各街道及时登记辖区内新增基本单位，每月向该局报送。该局每月到各街道进行抽查，抽查结果按季度进行汇总，提高各街道对基本单位调查工作的重视程度，针对新落成、新开业的写字楼、商业区，要求做到及时发现、及时上门、及时登记，以确保统计数据的全面性和准确性。经过调查核实，全年海珠区新增基本单位2409个。

【统计咨询服务】 2011年，区统计局编印《"十一五"期间海珠区国民经济和社会发展统计资料》《2010年海珠区国民经济统计资料》《国民经济和社会发展统计公报》《统计月报》《快速统计资料》等统计资料手册，反映年度、月度、"十一五"期间以及改革开放以来海珠区经济发展状况，向区委、区政府及全区各职能部门、街道印发。《海珠区2010年及"十一五"期间国民经济和社会发展统计公报》于全区两会期间向全体人大代表和政协委员印发。配合区政府办组织季度全区协税护税经济统计分析会议，召集区内工商、税务、财政、发改、经贸等经济部门，集中研究海珠区经济热点和重点问题，为区经济发展提出对策和建议。做好上年度以及2011年全区经济和各行业运行情况分析，积极撰写统计分析文章，发挥统计为区委、区政府宏观决策和管理服务作用，全年共撰写统计调研分析文章25篇，在《海珠经济社会参考》和统计信息网上刊登。其中，《科学发展奏华章——从统计数字看海珠区"十一五"发展成就》一文在区委办调研专刊《情况反映》上刊登，且获2010年广州市优秀统计调研文章一等奖；《从GDP视角探析海珠高端产业发展思路》一文在区委办调研专刊《情况反映》上作为贯彻落实区第十一次党代会会议精神调研文章刊登。加强对企业的统计服务，深入广州塔、吉盛伟邦、T. I. T纺织服装创意园等多个重点企业进行调研，了解企业生产经营状况，并提供统计业务指导。

【统计法制建设】 2011年，区统计局制定普法工作计划，预留普法工作经费，开展多种形式的普法活动。在海珠统计信息网中设置"统计法规"专栏，向社会公众发布统计法律法规；利用社区宣传栏、宣传橱窗等媒介宣传新统计法，全区共出版统计法制宣传栏20期，张贴统计相关海报100多张；向统计调查对象印发统计法宣传资料，并进行有关条文的学习和讲解，全年印发统计法宣传手册6000多份；汇编《海珠区统计违法典型案例通报》，共印制6000多份，向全区统计调查对象派发。6—10月，开展统计执法大检查，共发出《统计检查查询书》22份，责令有关企业对检查中发现问题提出书面答复，并进行整改；对违法情节相对较重的5家企业进行立案查处，其中对3家企业处以罚款，2家企业处以通报批评。

【街道统计建设】 2011年，区统计局就全区街道统计力量配置、办公场所及设备、统计工作规范、统计队伍管理和人员培训、统计经费保障和信息化建设等方面进行专题调研，摸清街道统计工作现状，分析存在问题，形成专题报告向区政府汇报。区政府增加180万元统计经费作为各街道开展统计工作专项费用，并召开区政府常务会议专题研究，要求在人力、物力上为街道统计提供条件。

【"一套表"和联网直报】 2011年，区统计局通过加强组织领导，加强工作机制建立、加强直报能力建设、加强业务培训指导等措施，积极稳妥推进我区"四大工程"试点第一阶段工作，取得良好成效。

【统计建设】 2011年，区统计局组织全区统计从业资格证培训，参加统计从业资格证新领培训的基层统计人员123人，统计人员继续教育培训128人。开展"深化服务促发展"和创先争优活动等主题实践活动，创建"学习型、创新型、服务型"机关，强化统计职业道德教育。组织区统计局成立15周年纪念活动，动员和激励年青一代统计人员投身于统计四大工程建设，不断增强服务意识、效率意识和责任意识，打造一支思想素质高、工作能力强、业务技能精的统计干部队伍。

（陈巧琳）

审　计

【概况】 2011年，区审计局认真履行审计职责，对重点部门、重点资金以及社会关心、群众关注的重点事项进行审计监督，为促进海珠区经济快速健康发展做出贡献。

2011年12月28日，区审计局召开第八届特约审计员换届大会。（吴彬摄）

全年完成26个审计项目，查出违规金额1652万元，管理不规范资金16430万元，应上交财政1652万元，应调账处理602万元，已上交财政1589万元，已调账处理551万元。

【重要会议】 4月18日，区审计局召开全区2011年度经济责任审计工作联席会议，区委常委、组织部长伍第政、副区长毕锐明出席会议。会议总结2010年经审工作，确定2011年经审项目计划。联席会议成员单位对审计发现的问题、审计计划及实施办法提出意见和建议。

【预算执行审计】 2011年，区审计局按照以预算执行审计为重点，规范预算管理，结合市同级审的工作要求，对区财政局具体组织2010年财政预算执行情况及其他财政收支情况、区地方税务局税收征管情况进行审计；同时开展区城管执法分局、区委老干部局和区文联3个部门预算执行情况审计。本级预算执行审计及财政收支审计工作受到上级审计机关及区人大、区政府的肯定。

【经济责任审计】 坚持“积极稳妥、量力而行、提高质量、防范风险”原则，加强党政领导干部同步审计，加大任中经济责任审计力度，利用结合审，发挥审计的潜力，创新经济责任审计方式，在原有审计程序基础上增加审计对接环节（被审计领导干部应负责任与当事人对接），有效推进审计进度，提高审计效率。是年，区审计局共完成11个党政领导干部经济责任审计项目，查出违规金额1317万元，管理不规范金额2771万元，界定领导责任6个，涉及金额130万元。审计提出的意见和建议均得到被审计单位和个人采纳。

【专项审计调查】 2011年，区审计局配合审计署、省审计厅和市审计局重点工作任务，共完成社会关注、群众反映大的热点问题专项审计和审计调查7项。其中，年初署定项目2个，省定项目2个。开展因公出国经费审计调查，审计调查表明出国经费使用能按照规定审批，尚未发现超预算组团情况；开展校安工程跟踪审计，重点围绕规划建设方案执行情况及工程项目基建程序进行审计调查；开展区第一人民医院收费项目专项审计调查；开展区慈善会2011“广东扶贫济困日”活动捐赠资金物资审计，并延伸区财政局、区民政局及扶贫资金使用街道，确保扶贫资金专款专用，及时准确地将有关数据报送给上级审计部门，就审计过程中发现的问题及时要求相关部门落实整改；开展区2007年1月至2009年6月环卫专项经费收支情况审计调查，通过对区城管局及其下属单位和9个环监所的环卫专项资金使用情况抽查，督促和指导有关部门对所发现的问题进行整改；开展区2010年度亚运资金分配、管理、使用情况专项审计调查，发现的部分单位个别专项资金未能专款专用，立即要求被审计单位立即进行纠正，同时对未被抽查的单位发出自查自纠通知，确保资金规范使用；开展新港街道办事处财务收支审计调查，督促被审计单位及时采纳审计建议并积极整改。

【临时交办任务】 区审计局落实区委区政府关于推进万亩果园征地工作的整体部署，发挥审计参谋作用，派出一名审计干部配合工作组开展征地工作；派出一名审计干部参加省审计厅赴佛山市本级债务审计组，此项目获得省厅优秀项目奖，所在的审计组亦获得审计署及省审计厅嘉奖；派员参加由区财政局牵头组织的对区第二人民医院等单位的资金使用情况（包括各项结余资金）的检查和对政府采购政策执行情况的专项检查；派员参加配合区亚运公共交通现金补贴发放专项监督检查；配合区总工会组织的对工会经费使用情况的检查工作和凤阳街道办事处的创文迎检工作等。

【规范化建设】　区审计局以开展机关服务年活动为契机，不断加强自身建设，推进规范化管理。加强审计队伍建设，派出审计干部参加审计署、省审计厅和市审计局组织的市（地）和县级审计局长培训班、全省审计机关审计项目主审人员业务培训、《新审计准则》（八号令）培训、税务风险与内部审计实务培训班等，全年参加各类业务培训达60人次。加强机关制度建设，在现有审计工作纪律、审计人员职业道德、审计执法过错责任追究制度等规章制度基础上，制定《海珠区统计工作质量考核办法（试行）》《海珠区审计局审计项目管理规定（试行）》，通过竞争上岗、民主推荐等方式，先后推荐处级领导干部1人，提拔科级干部1人。加强廉政建设，制定《海珠区审计局关于加强廉政风险预警防范机制建设的实施方案》，对重要岗位和决策换届进行廉政风险排查和分析，定期组织审计干部学习《廉政准则》、《党内监督条例》、《纪律处分条例》、审计“八不准”等规定，进一步提高审计干部防范廉政风险意识和能力。加强审计工作服务与协调，坚持审计回访制度，强化沟通与交流；加强对基层的服务工作，落实整改措施。加强审计信息宣传，撰写各类调研文章7篇，其中，《浅谈财政审计一体化条件下部门预算执行审计中存在的问题及对策》一文荣获市审计协会优秀论文三等奖，全年报送各类信息32篇，被有关部门和单位采纳21篇。

（李　榕）

安全生产监督管理

【概况】　2011年，海珠区安全生产监督管理工作紧密结合创建全国文明城市的要求，开展安全生产年各项活动，确保全区安全生产形势稳定。全区共发生工矿商贸企业（含建筑）生产安全事故4起、死亡4人，无发生较大及以上事故。亿元GDP生产安全事故死亡率为0.004，工矿商贸就业人员10万人生产安全事故死亡率0.906，分别比上年下降42.86%和29.60%。

【安全生产“一岗双责”】　2011年，为贯彻落实广东省委、省政府和广州市委、市政府《关于进一步加强安全生产工作的意见》，海珠区委专门召开常委（扩大）会议，研究落实党政领导干部安全生产“一岗双责”制度，将分管安全生产工作由原来的副区长调整为常务副区长，进一步加强对全区安全生产工作的组织领导。并制定《海珠区关于进一步加强安全生产工作的决定》，从安全生产体制机制等各个方面进一步加强海珠区的安全生产工作，并把领导干部安全生产“一岗双责”履职情况作为干部考核的重要依据，强化各级领导干部安全生产责任落实。

【安全生产隐患治理】　2011年，区安全监管局开展消防和安全生产专项整治工作，强化对建设工地、危险化学品、船舶修造、特种设备以及商场超市、宾馆酒楼、娱乐场所、网吧、大型专业市场等人员密集场所的安全整治。吸取番禺区“6·17”船舶爆炸事故的教训，在6月开展为期一个月的安全生产大检查。配合创建全国文明城市工作，对全区建筑、危化、修造船、人员密集场所等重点单位进行重新核查，确定全区重点单位294家，组织全面排查，确保每个单位都符合创建要求。部署开展国庆、春节前安全生产大检查活动，确保重大节假日全区的安全。全年累计出动1100次，排查生产经营单位4311家，消除各种事故隐患10321处。

2011年4月27日，召开海珠区2011年安全生产工作会议。

（张泽宣摄）

【执法监察】 2011年，区安全监管局通过实行日常化、常态化的执法监察活动，对各重点时段和重点领域安全生产非法违法行为进行有效查处。全年立案查处安全生产非法违法案件2387宗，罚款630万元，分别比上年增长98.92%和14.55%。加大与各街道联合执法力度，全年累计联合执法行动2129次，比上年增长119.48%。加强对建设工地、学校、特种设备以及各人员密集场所安全整治，确保全区各重点行业和领域的安全。

【宣传教育】 2011年，区安全监管局继续推进主要负责人网上免费培训，以执法促培训，建立定期通报制度，促进网上免费培训工作开展，全年共完成主要负责人培训960名，完成主要负责人再培训300名，完成安全主任培训100名、再培训1200名。开展安全生产月活动，利用图片、标语、横幅、宣传片、宣讲、咨询等宣传形式以及开展执法警示和隐患排查等活动，共派发各类宣传资料近20000份，举办咨询日活动13场，播放安全生产宣传片6次，开展安全生产大宣讲活动8次，排查企业425家，消除各种安全隐患524处，在全区营造浓厚的安全生产氛围。

【企业安全生产标准化建设】 2011年，区安全监管局组织召开全区规模以上企业安全生产标准化工作会议，全面部署企业安全生产标准化工作。落实有关人员深入企业做好解释沟通工作，宣传有关规定以及安全生产法律法规。借助执法监察手段，对不自觉或经劝导仍不开展建设的企业依法进行处罚。全年共推进137家企业开展安全生产标准化建设。

【安全生产应急救援建设】 2011年，区安全监管局初步建立海珠区安全生产应急救援演练平台，每季度组织开展一次安全生产应急救援模拟演练，以不断提高海珠区安全生产应急救援能力和水平。抓好高危行业安全生产应急预案备案工作，全年累计完成187家危化行业等重点单位的安全生产应急预案备案工作。

【民主评议行政执法】 2011年，区安全监管局制定民主评议行政执法工作实施方案，成立以局主要领导为组长、分管领导为副组长、各科室负责人为组员的民主评议行政执法工作领导小组，召开动员大会进行动员和部署，并通过宣传橱窗、网站等途径开辟“民主评议”专题宣传栏扩大群众参与面。以召开行政相对人座谈会、行政执法互检、回访、走访企业以及区行评团成员明察暗访等多种形式，对群众提出的“多组织一些安全生产讲座活动”、“建议开通危化品企业QQ群，以便于交流和联系”、“希望安监部门针对社会多派发宣传单张，多与媒体部门合作宣传”等9条意见和建议，迅速组织整改和落实，确保群众的意见、建议以及合理诉求项项得到落实，使民主评议行政执法工作真正收到实效。

（张泽宣）

经济贸易

【概况】 2011年，海珠区完成工业总产值249.38亿元，比上年增长10.1%。社会消费品零售总额559.98亿元，比上年增长16.5%。实际使用外资1.46亿美元，比上年增长12.7%；海关出口15.42亿美元，比上年增长17.9%。

是年，区经贸局以转变经济发展方式为主线，推进产业转型升级，发展以现代服务业为主导的现代产业体系，促进工商贸经济又好又快发展；营造良好的交通运输和盐酒市场经营秩序，落实扶贫开发工作任务。

【会展经济】 2011年，海珠区推进《广州市海珠区扶持会展业发展的若干意见》的实施，奖励广州笔克主建展览服务有限公司等4家2010年度新注册、迁入展览企业14.6万元；给予广州益武国际展览有限公司等7家企业租场补贴78.8万元。联合商务部国际贸易经济合作研究院、中国会展经济研究会举办2011广州（海珠）会展经济论坛暨2011年度中国会展经济研讨会，商务部副部长王超等领导和国内外会展业知名人士、知名展览公司代表等500多人参加，会上海珠区获得“国际展都”称号。成立琶洲会展经济促进会，聘请中国会展经济研究会会长袁再青等一批业界资深人士担任顾问。向国家商标局申请注册“琶洲”和“pazhou”商标。完善会展期间停车、餐饮等配套服务，第109届、第110届广交会期间共增设临时停车位7565个。加强对新办展会、中小型展会的培育和服务。琶洲地区商务配套逐步完善，广交会威斯汀酒店开业，南丰汇环球展贸中心封顶，南丰国际会展中心以及南丰朗豪和保利世贸洲际等五星级酒店建设加快。全年会展业实现增加值37.27亿元，比上年增长16.3%，高出GDP增速4.1个百分点。琶洲地区全年举办展会138场，展览面积673.6万平方米，分别增长19.0%、25.9%，其中10万平方米大展12场，约占全国1/4。全区共有广州益武国际展览有限公司等3家会展企业加入国际展览联盟（UFI），中国国际塑料橡胶工业展览会等5个展会获得UFI认证。除了“世界第一展”——广交会外，中国广州国际家具博览会成为国内第二大规模的展览；广州国际照明展览会办展规模同比扩容50%，跃居全球第二大照明展；广州国际美容美发化妆用品进出口博览会办展规模居世界第二。中国（广州）国际建筑装饰博览会、琳琅沛丽亚洲皮革展、广州国际美容美发化妆用品进出口博览会等也发展成为有国际影响力的知名展会。

【总部经济】　2011年，区经贸局起草《关于进一步加强招商引资促进产业转型升级的指导意见》等系列扶持政策加大招商力度。新认定广州美的制冷产品销售有限公司等14家企业为2010年度区重点企业，奖励广州海运（集团）有限公司等20家企业资金536万元，奖励香格里拉大酒店（广州琶洲）有限公司等38家企业152个区属学校义务教育优质学位。海珠区重点企业增至85家，该批企业2011年实现增加值214.40亿元，比上年增长14.6%，比全区GDP增速高出2.4个百分点，占全区GDP达24.6%。广东苏宁电器有限公司等25家企业入选广州市首批总部企业，入选数在各区中居第三。提前全面完成市下达海珠区的招商引资任务。新批准外商投资项目57个，合同外资25，406万美元，同比增长156.4%，完成全年任务的121.0%。实际外资14，624万美元，同比增长12.7%，完成全年任务的105.3%。引进世界500强投资项目2个。借助“新广州—新商机”系列推介会和2011广州（海珠·琶洲）会展经济论坛平台，完成28个总投资额760.6亿元的重点项目签约。欧派家居、鼎尚股份、东凌实业、从兴电子、星河湾实业、广铝集团、远大置业、良业照明等8家大型企业在琶洲分别拍得地块用于发展总部经济。

【创意产业】　2011年，海珠区预认定广州轻工双鱼体育时尚创意产业园为第四家区创意产业基地。广州T.I.T纺织服装创意园成为全市乃至全省“退二进三”工作标杆项目。太古仓码头创意产业园的国际葡萄酒采购中心、品牌展示库、太古仓电影库、游艇俱乐部、南粤嘉园大酒楼等业态已对外营业。珠影文化创意产业园已引入广东时尚置业有限公司合作开发营运。珠江·琶醍啤酒文化创意艺术区投入营业，建设有旅游观光码头、露天无烟烧烤酒吧、啤酒文化休闲广场等。广州包装印刷文化创意产业园、广州轻工双鱼体育时尚创意产业园一期工程基本完工。ING文化谷创意园抓紧筹建。

【现代商贸业】　2011年，海珠区一批现代展贸专业市场加快建设，全区专业市场由传统批发市场向现代展贸市场升级改造、整合提升。广骏二手车市场和宝利捷旧机动车交易市场成为“二手车交易市场升级改造示范工程”试点，珠江国际纺织城主体商业裙楼纺织品展贸中心试业，中大布市电子商务平台项目通过验收，中大布市现代轻纺服务中心启动招商工作，华南（国际）鞋业展贸中心部分试业，南天国际酒店用品市场抓紧调整建筑密度。广州市炳胜饮食有限公司和广州南粤嘉宴饮食有限公司顺利通过国家五钻级酒家等级评审，至此海珠区共有10家国家五钻级酒家、6家广州市百佳餐饮企业。扩大江南西商圈打造宝业路美食街，花城往事岭南美食文化园区申报广州市重点项目，填补海珠区美食园区空白。开展“农超对接”工作，引导4家连锁超市13家门店开设“农超对接”专区，配合供销社规划设立9家“农超对接”专门店。开展“双进工程”（便民进社区、服务进家庭），引进连锁和品牌经营，推进“10分钟幸福生活圈”建设。沙园榕景社区申报广州市社区商业示范社区。做好家电下乡、家电以旧换新工作，全年共审核家电以旧换新资料38.52万宗，审核补贴金额约1.10亿元。

【外经外贸】　2011年，海珠区有129家企业申请各类专项扶持资金1397万元，区经贸局组织近1000家次企业参加在波兰、印尼等地举办的63场经贸活动。发动12家企业21个项目在境外投资，投资额比去年同期翻了一番。40家企业在第110届广交会申请到143个展位，出口总成交额1.69亿美元。

南天国际酒店用品批发市场成为全市第一家进驻广交会的专业批发市场。14家劳动密集型加工贸易企业关停、转营和外迁，扶持17家加工贸易企业就地转型升级，3家企业设立研发中心。全区一般贸易出口11.74亿美元，增长17.6%，占出口总额的76.1%。加工贸易出口额3.47亿美元，增长12.0%，占总出口额的23.9%。服务外包登记合同额8518万美元，比上年增长2.3倍，其中离岸合同1947万美元，比上年增长5.0倍；合同执行额5296万美元，比上年增长2.5倍，其中离岸执行额1136万美元，比上年增长4.6倍。

【产业转移】 2011年，海珠区列入广州市“退二进三”计划的95家企业中已迁出68家。如珠啤集团将部分产能迁至梅州一期生产基地；广东万里马投资实业有限公司将生产迁往东莞市长安镇；广州市万宝冰箱有限公司迁往从化市鳌头镇万宝工业园，原厂址平整完毕移交市土地开发中心。出台《海珠区加快解决退二进三项目办理证照有关问题工作方案》，建立“退二进三”项目审核制度，成为全市首个出台相关政策的区县。花城往事岭南美食文化园、广州包装印刷文化创意产业园等两个项目已通过审批。广州T.I.T国际纺织城科贸园确定了合生创展集团为项目的投资者，并于6月4日举行揭牌仪式。广州联合交易园区进行原状升级改造工程。

【产业升级】 2011年，海珠区26家企业签订清洁生产承诺书，顺利通过广州市清洁生产年度考核，广州百事可乐饮料有限公司等3家企业获评“广州市清洁生产优秀企业”称号。广州奥桑味精食品有限公司等4家区重点耗能企业全部通过广州市年度节能考核。召开全区电力迎峰度夏工作会议，争取、保证辖区最大用电指标。调整全区优保企业和A类企业名单，最大限度地减轻缺电对电网安全和经济发展的影响。中山大学国家大学科技园被认定为2011年广州市中小企业创业示范基地，广州医药工业研究院的广州生物医药研发“一站式”技术服务示范平台和广州金域医学检验中心的生物医药卫生检测公共服务平台被认定为2011年广州市中小企业公共技术服务示范平台。广州木雕家具工艺厂、广东省木偶艺术剧院有限公司、广州双鱼体育用品集团有限公司等3家企业被认定为2011年“广州老字号”，占本年全市入选“广州老字号”企业数15.8%。海珠区共有“广州老字号”企业13家。

2011年1月19—31日，海珠区圆满完成春运琶洲异地候乘点组织保障工作。 （区春运办摄）

【交通运输管理】 2011年，海珠区新开通13条城中村中小巴线路，覆盖赤沙、大塘、沥滘、瑞宝等城中村。中小巴线路增至29条，实现20个城中村及21个地铁站的无缝衔接。挖掘辖内资源建设公共停车场，全年新增停车场53个，泊位5960个。加大道路交通秩序整治和宣传力度，牵头成立整治道路交通秩序专业执法队，配合交警开展“五类车”等整治专项行动，共查扣非法营运车辆364台，其他客货运违章案件158宗，取缔黑票（站）点10个，查处“五类车”违章行为3.31万宗。组织2011年琶洲异地候乘点春运旅客运输、亚运公共交通现金补贴发放工作，安全疏运旅客34.9万人、发放亚运公共交通现金补贴6693万元。

【食盐与酒类专卖管理】 2011年，区经贸局引导、督促酒类经营商户持证经营，为酒类经营商户办理酒类零售许可证申请933份，变更71份，换证131份，年审1332份。举办销毁假冒伪劣食盐和酒类产品暨打假成果图片展，公开销毁58吨假盐、8900瓶假酒，接待300多人次群众咨询。建立起从专业批发市场、士多店、批发零售店等流通环节，到各餐馆、酒吧等消费场所，以及生产加工假冒盐酒的出租屋窝点的全程监管体系，持续加大打击力度，全年捣毁假盐、假酒窝点及仓库3个，查获假酒7219瓶、没收假酒6323瓶，假盐23.69吨。

（陈劲研、郑海翔）

整顿规范市场经济秩序

【概况】 2011年，区整规办组织召开海珠区整规、打假和食品安全工作会议，推进区政府与街道、职能部门分别签订《整治无证照、打假、食品安全工作责任书》，落实任务和责任。定期召开联席会议，强化部门之间的工作联动，形成工作合力；落实年度考核责任制度，对获得整规、打假、食品安全考核优秀的单位予以表彰。是年，区整规办获得市卷烟打假先进集体、区爱国卫生运动先进集体、区创建全国文明城市工作积极贡献单位、区工会规范建设达标单位等荣誉。

【整规市场秩序】 2011年，区整规办以查处无证照经营行为为手段，全力规范海珠区市场经济秩序。先后开展整治小洲村万亩果园、黄埔古村古港综合行动，“春雷”重点整治专项行动，废旧金属收购业整治行动，整治赤岗街无证经营食肆专项行动，整治江海街无证照五金加工店专项行动，查处无证照经营诊所、查处涉嫌无照扰民餐饮店、查处无证照绿豆饼加工厂等一系列专项行动。结合“创文”开展无证照生产经营场所专项整治工作，推进重点地区、重点行业、重点市场的整规工作。全区共出动执法人员22551人次，检查各类经济组织38717户次，引导办证照130532户，取缔无证照2119户，清理关闭“五小”行业856户，立案查处无证照经营1382宗，罚没1684.71万元，发放《临时经营场所使用证明》8476份，向前置部门发告知函938份。

2011年12月15日，市对海珠区2011年度整治无证无照生产经营工作进行检查考核。 （区整规办供稿）

【打假行动】 2011年，区整规办加大对重点区域、重点市场的整治力度，开展重点产品专项打假行动，有效遏制规模性、区域性的制售储运假冒伪劣产品问题。根据国家统一部署，开展为期8个多月的“双打”行动，重点整治新闻出版业、文化娱乐业、高新技术产业等重点领域，有效净化市场环境。开展服装生产企业、“三品一械”、音像图书市场、专业批发市场、散装酒类市场、卷烟市场春秋季等各类专项打假行动，并通过以打促建，为下一步顺利开展全区性打假工作奠定基础。同时，加大打假宣传力度，举办海珠区打假业务知识培训班、海珠区2011年“3·15”国际消费者权益日主题宣传咨询活动，举行销毁假冒伪劣食盐和酒类产品暨打假成果图片展等活动。

【食品安全管理】 2011年，区整规办印发《海珠区2011年食品安全整顿工作安排》，详细列举11项主要任务，明确各环节各阶段的整顿目标，落实责任单位和责任人员，把食品安全整顿工作放在突出和首要的位置抓好。在全区范围内开展食品安全综合治理专项行动；开展严厉打击食品非法添加和滥用食品添加剂专项整治行动；组织“地沟油”专项检查，制定《海珠区查处“地沟油”专项行动工作方案》，严肃查处“地沟油”加工窝点，规范餐厨废弃物管理；深入开展问题乳制品清查专项行动；积极开展食品行业无证经营专项整治，确保辖区食品安全。

（陈燕灵）

供销社

【概况】 2011年，区供销社抓好再生资源社区回收网络和农超对接平价商店建设，加强社有资产经营管理。全年经营总额8960万元，收入619万元，利润69万元。2009—2011年连续三年获得全市系统区、县级市供销社业务工作考核综合一等奖。

【再生资源回收网络建设】 至2011年底，海珠区共升级改造3个分拣中心、35个街道回收站，新建175个社区便民回收点。由分拣中心、街道回收站、社区便民回收点组成的回收网络基本覆盖全区18个街道，为再生资源社区回收与居民生活垃圾分类回收有效对接打下基础。在再生资源管理上，以街道为平台，推行“供销社与街共同管站、站管点”和由龙头企业整合小站点管理模式，同时在社区设立便民回收点，并引导回收网点与有关单位签订回收服务合约，推动社区回收与垃圾分类回收有效对接。

【回收站点整治】 2011年，区供销社会同区综治办等有关部门重点整治主要道路回收站点无证经营、消防隐患、安全隐患及噪音扰民等，共出动执法车辆达118车次、人员350多人次，检查回收站点800多家，派发检查通知160多份、清理取缔回收站点86家。通过整治，全区回收站点无证经营、证照不符等情况明显减少，占道经营、消防、安全、卫生情况得到较好改善。

【回收行业人员规范化培训】 2011年，区供销社联同市再生资源行业协会、琶洲街、南洲街及森雅再生资源公司在琶洲街、南洲街组织辖内的回收行业从业人员进行规范化培训。共培训从业人员186人，派发相关教材800多份。通过培训，增强从业人员遵纪守法意识和社会责任感，有效减少非法收购、占道经营、噪音扰民等违法违规现象的发生。

【再生资源宣传】 2011年，区供销社与区委党校联合举办两期“再生资源与广州市创建文明城市关系”专题讲座，为区委党校科级任职培训班、处级干部进修班、中青年干部培训班近150名公务员授课；与市供销总社、区教育局、沙园街在北大附中校园联合举办以“节约资源、绿色环保、从小做起”为主题的海珠区再生资源回收利用宣传教育进校园活动，提高中小学生节约资源、垃圾分类、环境保护、资源循环利用意识。

【到期物业公开招租】 2011年，区供销社坚持对到期物业进行公开招租，减少中间环节，增加透明度，确保社有物业保值增值。通过对新港中路320号、敦和路76号首层、石溪冲边大街18号、敦和路78号201房和301房进行公开招租，年租金从原来的143万元增加到525万元，比上年同期增加267%。完成对敦和路1号首层、仑头村中约直街7号等4处物业接收工作。通过努力，全社物业租金由原来每年370多万元提升至900多万元。

【社有物业管理】 2011年，区供销社成立以社主任为组长、各职能科室负责人参加的消防安全和安全生产领导小组，加强对社有物业的巡查，每月一次安全例检，重大节日必检。对存在安全隐患限期整改，并由专人负责，确保落实，全年实现全社物业零事故。对历史用房和用地，按照“明晰产权，保

2011年12月7日，区供销社联合区教育局、沙园街等单位开展《再生资源进校园》公益宣传活动。 （邹捷摄）

障权益”原则，以市场化运作通过与市场资金对接的方式，吸引社会各方参与合作，在原有的历史手续基础上争取补办历史用房、用地的确权手续，实现多方共赢，确保集体资产保值增值。

【农超对接平价商店】 2011年5月18日，海珠区首间农超对接平价商店——供销社沙园农超对接综合商店顺利开业，通过农超对接模式减少流通环节，降价农副产品价格，为社区居民提供质优价廉、安全放心商品的同时，也帮助农户解决农副产品销售难题。至年底，全区开办10间农超对接平价商店，提前超额1间完成市下达任务。

（黄荣宗）

2011年4月18日，海珠资产经营公司举行海俊物业公司总经理竞岗选聘大会。 （海珠资产经营公司供稿）

资产经营

【概况】 2011年，海珠资产经营公司经营总收入为6555万元，同比增长2.63％。其中，主营业务（租金和管理费）收入4011万元、同比增长11.45%，销售收入2199万元、同比下降3.9％，净利润437万元、同比增长37.56％。上缴资产占用费378.12万元。

【经营思路调整】 一是集中管理。该公司成立由领导班子、业务部和属下企业主要业务骨干组成的物业经营联合会审小组，负责统一对招竞租物业出租价格、招竞租形式、租赁合同等因素予以全面审核。二是公开竞租。根据《海珠区国资系统物业经营管理办法》对所有物业进行分类，除政策性安排物业外，公开招租类物业全部按最新市场价格统一调整合同定价，其他物业依照相关规定进行相应调整；商业类物业一律按照“举牌竞租、锤子定价”招租原则，租金收入在原基础上大幅提升。三是动态管理。重新梳理所有物业租赁合同，按到期日排序，实行滚动式动态管理，全年新签和续签租赁合同近400份。四是盘活资产。盘活纸厂肉菜市场、石岗路物业、同福市场、新港中路等共2137多平方米空置物业；与区供销社合作，将跃进市场整体出租改为“农超对接”平价销售网点，提高物业使用价值。五是开源节支。收回福兴大厦地下停车场、细岗停车场、昌龙苑和前进路商铺、嘉仕花园和珠啤小区等物业进行自主经营和管理，年度总收入增加近百万元，在管小区增加到13个，在管物业建筑面积42.22万平方米，住商户4200户。市海俊物业管理有限公司通过重新调配岗位、收回转租物业直接出租、收回部分外包服务项目等多项措施开展节支活动，缓解人力资源成本增加带来的经营成本压力，是年利润同比增长4.1倍，实现扭亏为盈。六是保质保值。区人民防空工程构件厂积极拓展业务、提高产品质量和售后服务水平，全年签订工程项目合同14个，合同累计金额达1020万元。七是整合资源。将岐兴市场、二龙市场和洪德七巷市场并入堑口市场统一管理，将广州市海珠市场中心合署办公室属下市场由6间整合为3间，降低经营成本。八是加强预算。以公开招标和公开筹资方式，完成堑口市场内部装饰、昌岗西路4号危房重建、金龙大厦两台电梯改造、历史遗留细岗停车场消防安装等多个工程项目，工程成本全部控制在预算范围内。

【内部管理强化】 一是补充完善内部管理制度，制定《合同文件资料管理制度》《车辆管理制度》《公开招租管理制度》等制度；汇编《物业消防检查台账》《物业信息台账》《物业租赁合同台账》和《物业租金登记台账》等4个监督检查台账，做到账物相符，账账相连，确保国有资产阳光经营，阳光交易，阳光理财。二是实施管理人员竞争上岗制度，通过选拔与竞聘，海珠资产经营有限公司本部选出两名新的副总经理；区人民防空工程构件厂和市海俊物业管理有限公司分别选聘1名副厂长、1名总经理和2名副总经理。在工资制度改革方面，重新制定肉菜市场场长、区人民防空工程构件厂和市海俊物业管理有限公司三个二级单位的工资方案，按照“定岗定薪，岗变薪变”的原则，规范和统一工资标准。三是消防安全检查实施“六分模式”，即分类分时检查、分组分片包干、分层分级负责，将安全责任层层落实，确保全年零安全事故目标。

【历史遗留问题处理】 一是解决小港市场19名退休人员和原成珠酒家赤岗分店员工群访事件；支付和归还区饮食服务公司拖欠2名供货商的货款和借款；通过助残方式，一次性补偿福兴大厦一拆迁户30多万元，解决多年拆迁信访重案；处理南华地块临迁、诉讼费问题；认真协调沙地直街20个拆迁户回迁事宜。全年办理产权证61个。二是清理历史债权债务，全年减少债务452.9万元，收回债权46.6万元；追回历史欠租5.5万元和8.26万元拖欠物业管理费；清理应收账款117万元。三是向26家税务“零申报”小型企业发出同意歇业通知书，办理完税并歇业公司20家。四是完善档案管理，将所有档案资料按单位、分区域、分类型排放。全年接待查阅档案资料共152人次，出具有关证明128人次；4月，在区档案工作会议上作档案管理和利用工作经验介绍。市江南合署办公室对南华地块历史资料按户进行梳理归类，为处理历史遗留问题提供第一手资料。五是重点整理拆迁安置房、周转房物业合同608个，完成465个。

【党建与企业文化】 2011年，该公司企业党总支发展7名入党积极分子入党；完成企业领导班子和领导人员2010年度履职和党风廉政建设情况综合考评；组织参观中共三大会议纪念馆和纪念辛亥革命一百年图片展。1月，成立公司团支部，参加春运琶洲转运点志愿服务和五四青年节拓展活动等。4月，完成工会换届改选，完善工会组织构架，组织慰问属下企业劳模、困难党员、重病职工和退休孤寡职工等200多人次；参加“广东扶贫济困日”捐款活动，筹集1.732万元慈善款；向区总工会为109名困难职工申请济难基金等慰问金3.74万元。8—11月，承办海珠湖商标征集及专家评审活动，取得良好社会效应。

（曾淑平）

城市建设与管理

城市规划管理

【概况】 市规划局海珠分局成立于2002年4月。2010年机构改革，该局由原来的市、区双重管理调整为由市规划局垂直管理。2011年11月21日市规划局将部分行政审批事项下放各分局办理。该局内设办公室、规划用地科、建筑规划管理科、市政规划管理科、监督检查科。下属事业单位为区规划编制研究中心。

【城市规划管理】 2011年，市规划局海珠分局共办结各类业务案件392宗，其中用地规划类案件18宗，建筑管理类案件203宗，监督检查类案件171宗。

【规划编制】 2011年，市规划局海珠分局配合市规划局开展广州市万亩果园湿地规划设计方案国际竞赛，协助市规划编研中心制作竞赛文件、召开发布会，协调区政府和街道、村社提供现状情况资料，组织设计单位踏勘现场和座谈会议等，推进万亩果园湿地规划竞赛的顺利开展。结合广州万亩果园湿地规划国际竞赛的成果及万亩果园湿地征用总体方案，完成《万亩果园内历史用地摸查》成果和万亩果园征地涉及留用地深化方案，为推进万亩果园的保护和征收提供基础信息。初步完成《海珠区龙骧大街优秀历史建筑保护更新规划》编制工作，明确龙骧大街优秀历史建筑的保护措施和发展策略，引导优秀历史建筑保护更新工作的实施。深化并完善《海珠区“十二五”时期城市空间布局研究》，通过对海珠区空间发展过程的回顾和空间发展的新背景与趋势的评析，思考空间发展存在的问题，确定发展的定位和思路，为海珠区“十二五”时期城市空间布局和发展提供依据。

【历史文化名城保护】 2011年，市规划局海珠分局完成《广州市历史文化保护区保护规划》、《广州市文物保护单位潘氏大院保护规划》和《同福路骑楼街保护规划》成果审查；参与历史文化名城名镇名村迎检工作，陪同住房城乡建设部、国家文物局联合检查组、省检查组到太古仓、大元帅府、黄埔古村进行历史文化保护情况检查。

【严控违法建设】 2011年，市规划局海珠分局为实施批后管理实施长效管理制度，与相关职能部门执行定期巡查制度、工作例会制度和联合执法制度。会同区城管执法分局、区国土房管分局和有关街道对辖区内重点地段、城中村地区、小洲村等历史文化保护区域进行巡查，发现违法建设和违法用地及时予以制止。针对城中村改造村民违法抢建、历史文化古村（小洲村、黄埔村）保护等问题召开规划城管执法工作例会，研究有效控制举措；对重大违法建设行为，会同城管、国土、街道等相关部门联合执法强制拆除。是年，参与联合执法30多次，共拆除违法建设8.08万平方米，提供违法建设定性意见12宗。

【规划服务】 2011年，市规划局海珠分局支持市、区重点项目建设。定期开展重点项目主动走访活动，建立重点项目联系人制度，加强与建设单位的沟通，通过采取提前介入，靠前指导，实时跟进，优先推进、领导督办的举措，提高案件审批效率。高效办理官洲国际生物岛华侨安置房工程、沥滘污水处理厂二期工程、广州联合交易园建设工程、珠影文化创意园等市、区重点项目的规划审批。积极为相关部门提供规划服务，为区国资局管辖的国有资产建设项目的规划发展提供建议，协调区科技园琶洲科技创意中心重点项目与重点地区规划衔接。

【信访维稳】 2011年，市规划局海珠分局从源头预防和减少不和谐因素。排查辖区内涉及城乡规划管理的苗头性、倾向性的不稳定因素，建立台账、明确办结时限。实施周三局领导接访制度，该局领导接待群众来访、处理群众信访中提出的问题。加强与市规划局相关处室的沟通协调和区相关部门的协作联动，共同研究重点案件的解决办法。对群体性信访事件，发挥熟悉基层优势，做好群众说服工作，有效化解矛盾纠纷。现场配合处理江南苑裙楼、雅郡花园、光大花园、沥滘星晖小区、江燕路万城小商品城等群体性信访事件。是年共办结群众信访、信访转办函202宗。

【队伍建设】 2011年，市规划局海珠分局组织开展“五个一，五争创”活动，增强党员干部干事创业的信心和能力。开展民主评议党员工作，组织开展庆祝建党90周年系列活动，参加市规划局组织的“红歌演唱会”。召开以“严肃换届纪律保证换届清气正”为主题的党员干部民主生活会、“以加快转型升级、建设幸福广州”为主题的组织生活会、以“坚持以人为本执政为民理念，发扬密切联系群众优良作风”为主题的领导班子专题民主生活会，实事求是查找在作风建设、服务群众方面存在的问题，提出具体整改意见。

【机构改革】 2011年，市规划局海珠分局按照市规划局关于机构改革的要求和部署，依照三定方案调整内设机构，充实业务科室经办人员和部分中层干部，为承接好市规划局下放的事权提供组织保障。采取包括完善业务、政务案件交换机制，规范业务案件办理流程，加强档案管理，窗口建设等多项措施，确保市规划局下放的事权接得住、办得好，做到零差错。以市规划局的规章制度为标准进一步完善各项规章制度，实现用制度管人、管事的管理机制，保障事权改革工作的顺利推进和各项工作依法依规运行。

【专项治理】 2011年，市规划局海珠分局开展工程建设领域突出问题，项目手续完善工作专项治理。对海珠区内列入工程建设领域突出问题整改范围的工程进行逐一排查，对涉及需要整改的建设单位发出整改通知书，督促建设单位依法补办规划许可手续并依法进行处理，主动与需要整改的建设单位沟通协调，提供相关业务咨询和协助。

【“三旧”改造】 2011年，市规划局海珠分局配合区更新改造办开展完善历史用地手续的前期工作及“三大重点地区”的城中村改造规划编制工作，完成旧厂房及18个村社合共482个“三旧”地块的规划核查工作。引导广州港集团、广东省纺织集团和珠江电影集团遵循“修旧如旧”的原则，对太古仓码头、纺织机械厂和珠江制片厂的旧工业建筑进行更新利用。建设太古仓文化艺术创意区、T. I. T国际服装创意园及珠影文化创意园。配合区更新改造办开展沥滘村城中村改造规划的编制工作。

【校安工程】 2011年，市规划局海珠分局支持校安工程项目建设，积极协助推进辖区内中小学校舍安全工程建设工作，完成后乐园街小学、昌岗中路小学、海珠商务职业学校、中山大学附属中学、南武中学等方案审批。

【民生规划服务】 2011年，市规划局海珠分局制定海珠区旧住宅楼扩建电梯的审批流程，在符合规划管理程序规定和技术准则的前提下，针对各案不同情况，灵活处理。是年共受理21宗旧楼加建电梯案件，已审批19宗，审批率超过90%。

【“创文”工作】 2011年，市规划局海珠分局围绕“创文”迎“国检”工作，配合相关部门组织开展主干道广告牌整治、环境保护整治、书报摊亭综合整治、无证照生产经营场所整治等各类整治工作，协同街道办事处推进各项整治和治理工作，提供规划指导意见和相关信息、资料。开展创建文明城市志愿活动，支援琶洲街开展创文工作，迎接全国文明城市复检。

（戴颖科）

建设园林

【概况】 海珠区建设和园林绿化局（简称区建设园林局）设党政办公室、招投标管理办公室等8个内设机构，下设区市政工程项目建设中心、区市政设施维护管理中心等事业单位。根据区办公用房调整安排，从2011年5月12日起，区建设和园林绿化局从宝岗大道龙骧大街2号搬至海珠区新港中路472号办公。

【道路及配套设施建设】 2011年，区建设园林局推进道路建设8项，天桥建设5项。其中，道路建设包括逸景路（广州大道南－瑞康路）一期工程、新港东路延长线（琶洲村－新洲路）工程、环岛路（石岗路－大干围）工程、环岛路（大干围－南洲路）工程、赤岗涌路（新港东路－双塔路）工程、珠江后航道滨水地区景观工程、凤康路（逸景路—新滘路）和凤浦路的前期准备工作。至年末，共贯通道路长度7.5公里，逸景路和新港东路延长线基本完工。天桥建设方面，南洲路—大干围路口天桥、工业大道—石岗路口天桥、珠江御景湾天桥等3座天桥基本完工，南泰路—珠江医院天桥、南洲北路跨瑞宝涌桥等2座天桥完成施工前准备工作。

【园林绿化建设】 2011年，区建设园林局完成昌岗路达镖国际中心门前、工业大道市第41中学门前等多处地铁建设后遗留地块的绿化改造，完成建基路、碧映路、江南大道、南田路等道路行道树补植工作。修复和完善新滘路、新港东路、东晓路等道路中间绿化带隔离网，改善绿化景观效果。结合公园升级改造打造生态文化亮点，完成亚运志愿者公园前期准备工作，拆

2011年7月25日，市城乡建委到海珠区视察道路建设情况。
（黄敏烨摄）

除海印公园原游乐场及周边围墙，摆放“水上人家”雕塑。

【绿道建设】 2011年，区建设园林局结合海珠湖建设、社区综合整治等工程，完成54公里绿道建设，超额完成市年初下达建设绿道45公里的任务，加上2010年完成的66.7公里绿道，提前一年完成区绿道网长远规划提出的“3年建设绿道114公里”目标，建成绿道网总里程达120.7公里。配合绿道景观节点建设，完成石榴岗河、小洲艺术村、小洲驿站等5项园林绿化景观项目。4月，海珠区绿道建设工作获得广州市“2010年度绿道网建设工作金奖”称号，是广州市6个老城区中唯一获得此殊荣的行政区。

【“水浸街”治理】 2011年，区建设园林局实施大塘桥南新街、南洲路振海片区、南泰路泰宁后街片区、江南大道南侨港片区、岐兴横巷片区等5个水浸街治理项目。接到暴雨预警信号40起，发生大暴雨30起、台风20起，共调动应急抢险人员约1700人次，出动应急抢险机械540台班参与应急抢险工作，有效解决民主直街、南边大街、岐兴南横等11个内涝点的抢险工作。

【社区综合整治】 2011年，区建设园林局推进4项社区整治项目，完成沙园街广重社区综合整治、纯阳观周边社区综合整治、江南中街办事处周边道路整治等3项社区整治工作，推进南华西街龙武里社区综合整治前期工作。其中，沙园社区广重社区综合整治工程结合社区创新管理，采取街、局共建模式，完成对社区内建筑物外立面整饰、三线下地、道路及排水改造、文化广场建设、招牌广告改造、社区景观提升等整治内容，有效改善社区的整体人居环境。

【市政设施及园林绿化维护管理】 2011年，区建设园林局先后制定《海珠区社会化养护街道情况月度评比实施细则》《海珠区绿化养护管理细则》《海珠区城市绿化养护评分标准》《海珠区绿道网运营管理方案（试行）》等4项制度，明确市政设施、园林绿化、绿道设施的管理责任和养护单位考核标准，为精细化管理建立制度基础。与市社科院合作，开展市政、绿化精细化管养模式课题调研，从资金来源、管理革新、技术改良等多方面探索市政、绿化新模式，为下一步实施精细化管理决策提供决策依据。完成市政设施专项维修、急修工程166项，维修、修复道路面积约3.28万平方米，循环清疏排水管约180公里，更换井盖724个。完成绿化抢险约293宗，处理枯危树约66株。8月19日，新成立区公园管理中心，强化对老公园的业务指导以及新建公园的日常管理。以海珠湖作为主会场，开展年度全民义务植树活动，促进全民植绿、护绿、爱绿文明风尚的形成。在创文期间形成网格化督查机制，有效确保各种创文问题及时解决。该局成立督导组、宣传组、资料组、城市绿化组、市政设施组、安全生产检查组等多个专业小组，从创文督办到宣传报道，从资料收集到业务监督环环紧扣，确保不遗漏管理漏洞。

【房地产开发管理】 2011年，区建设园林局完成50个开发企业项目手册备案工作，督促未送检开发单位及时办理备案。对区辖闲置和停建工地开展巡查，重点加强管理。参与区辖房地产公建配套设施摸查，及时处理房地产开发过程中出现的公建配套、永久水电，房地产发展商与施工单位与业主纠纷等情况。

【招投标管理】 2011年，区建设园林局制定《海珠区建设和园林绿化局小额建设工程施工及中介服务项目发包实施意见》《海珠区建设和园林绿化局小额建设项目企业库管理办法》《海珠区建设和园林绿化局建设项目企业库随机抽取流程》等，建立房屋建筑、市政公用工程、园林绿化工程等11个企业库，对局小额建设工程施工及中介服务实行随机抽取确定，堵塞管理漏洞。牵头对海珠区历年工程招投标存在问题进行调研，提出整改建议，修订《海珠区小型建设工程施工招标管理规定》和《海珠区政府所属单位公开选择招标代理单位的规定》，进一步规范区内招投标活动。是年完成82宗招投标项目，项目招标率（包括公开招标、邀请招标）100%，总投资额为44132.329万元；完成区内96项工程招标代理随机抽取，完成8项局小额建设项目的企业库随机抽取。收到3宗对招标代理服务工作失误的投诉，经查核申诉理由全部不成立，经书面回复做好解释工作后，没有出现申诉人重复投诉现象。

【建筑工程管理】 2011年，区建设园林局严格落实建设工地日常巡查制、定期安全大检查制、进场材料检测制、不良行为处罚制等制度，以确保海珠区建设工程质量安全处于受控状态。共监督工程196项，建筑面积626.33万平方米，检查发现质量安全隐患3672宗，发出《整改通知书》2049份、《停工通知书》13份，对有关单位和个人实行动态扣分153人次，上报不良行为5宗，行政处罚4宗，罚款31万元，没有发生质量安全事故。做好迎亚运工程竣工验收工作，通过召开业务培训班、印发工作指南等方式，指导建设单位、施工单位、监理单位等办理竣工验收手续，同时采用选取第三方检测单位抽查办法，核实各项工程的实际完成量及质量，确保竣工验收工作的准确性和权威性。

【行政审批、备案工作】 2011年，区建设园林局结合“简政强区”工作要求，完成与市城乡建委、市交委、市城管委以及市林业园林局有关行政审批、备案事项的衔接，完善相关办事流程和审批程序。全年共完成547宗行政审批、行政备案业务，其中包括98宗城市道路挖掘审批、31宗城市道路临时占用审批、11宗城市临时排水许可证核发、31总排水接驳、66宗项目手册年检、46宗施工许可证核发、41宗竣工验收备案办理、137宗夜间施工许可、4宗建设工程行政处罚、82宗砍伐、迁移、修剪绿化审批，审批和备案均符合相关法律、法规，未发生投诉事件和不服提起行政复议案件。

【信访投诉处理工作】 全年共处理电话热线投诉211宗，市、区转办件及群众来信件490宗，群众来访14宗，处理率99%。

（黄敏烨）

城市更新改造

【“三旧”改造方案编制】 2011，区更新改造办按照“科学规划，稳妥推进”思路，编制《广州市海珠区“三旧”改造专项规划（2010—2020）》，明确“三旧”改造基本原则、总体思路和目标步骤。按照市“三旧”办《关于开展九大功能区城中村改造方案编制工作的通知》要求，组织编写《广州市新中轴南段地区城中村总体改造规划》和《广州市琶洲地区城中村总体改造规划》。制定《广州新城市中轴线南段地区核心区开发建设工作方案》及《中轴线南段土地储备用地征收拆迁方案》，组织编写《海珠区新城市中轴线南段拆迁安置区（大干围）规划设计》、《新港路以北启动地块规划设计方案》，全力推进中轴线南段的开发建设。

【完善历史用地手续】 完善历史用地手续是国家给予广东省的优惠政策，是“三旧”改造政策核心之一，对促进节约集约用地、盘活存量土地、解决历史留用地欠账等问题有着重要意义，为城中村升级改造，产业结构转型升级提供坚实保障。经核查，海珠区需完善历史用地手续土地面积约为3172亩，涉及17条城中村和3个旧厂单位，至2011年底，已完成勘测定界工作，相关资料全部上报市“三旧”办。

【标图建库】 2011年，区更新改造办为全面掌握“三旧”改造用地情况和改造工作动态，在2010年数据摸查和标图建库基础上，按照“实事求是，定期调整，可增可减，动态监管”原则，重点对全区“三旧”改造数据进行深入摸查和认真修改。根据省国土厅《关于建立“三旧”改造地块标图建库动态调整机制的通知》，每半年对本辖区范围内符合“三旧”改造条件的地块进行标图建库动态调整。截至2011年底，海珠区共有624个“三旧”改造地块，总面积约为25.8平方公里，占可建设用地面积1/3。其中，旧村改造地块188个、15.5平方公里；旧

2011年4月26日，区更新改造办召开团支部成立大会。
（区更新改造办供稿）

城改造地块为50个、约为2.8平方公里，旧厂房改造地块为386个、约为7.5平方公里。

【改造模式探索】 2011年，区更新改造办在实践中探索出三种改造模式：一是对环境“脏乱差”、层次较低或无保留价值的建筑实施成片拆除重建，做到内涵更新、产业升级、层次提升。二是对富有历史文化内涵的古村落、旧城区和工业遗产等实施选择性保护开发和抽疏整治，做到三个保留：文化脉络保留、城市（古村）肌理保留、建筑风貌保留。三是对主要观光景点及交通节点周边的建筑物进行成片拆除，改造为公共绿地、休闲公园及文化广场等“城市客厅”，为群众提供更多文化休闲空间。改造后，城市面貌和居民生活品质得到改善，进一步挖掘城市的人文内涵，实现产业转型升级，促进城市、经济、社会的可持续发展。

【“城中村”改造】 2011年，琶洲村改造顺利推进，形成特色鲜明的“政府主导、市场运作、村民自愿、多方共赢”改造模式。沥滘村“城中村”改造方案通过市“三旧”办改造工作领导小组会议审核。新市头、赤沙、土华、桂田村等“城中村”改造方案正在加紧修改。黄埔古村一期改造采取历史文化古村落保护性开发模式，以“抽疏保旧、完善配套、适度开发、商业运作”改造思路进行抽疏整治和保护性开发，按照“原形制、原结构、原材料、原工艺技术”原则整饰修复。黄埔古村保护改造项目建设范围约18.60公顷，一期改造面积约6公顷，投入约5亿元，整个项目包括“市政建设、立面整饰、景观绿化、古建筑修缮、水利河道整治”五大工程，共整饰房屋立面约12万平方米；建设2个公园、7个水体以及10处绿化小景共6000多平方米；修缮古建筑9栋，新建博物馆1座，新建门楼1座；并进行水系连通、堤岸整治、码头、桥梁及水闸泵站建设。改造后的黄埔古村重焕光彩，千年古村落的历史文化风貌得到保护和挖掘，村民的生活居住环境得到明显改善，在村内景区正式经营后，依托黄埔村的旅游产业，村域经济的层次和规模也将得到提升，实现可持续发展。

【旧厂房改造】 2011年，区更新改造办采取拆除重建、修旧如旧等改造模式，通过“退二进三”、“修笼换鸟”等方式，大力推进旧厂房改造。截至2011年底，有14个旧厂房项目通过市“三旧”办审批，41个旧厂房项目完成改造或正在申请改造，盘活存量建设用地248.71万平方米。广州T.I.T纺织服装创意园前身为广州纺织机械厂，占地面积约9.34公顷，园区内建筑多为20世纪五六十年代工业厂房，是广州市旧工业厂区典型代表之一。该项目遵循“修旧如旧，建新如故”的则，最大限度保留园区老工业厂区有价值的原始建筑体貌特征及原生态环境，同时以服饰、时装、创意、文化、艺术为主题，对园区各部分物业的使用功能进行重新规划，成为广州“民企、名模、名师、名牌”高度集聚的服装文化创意园区。中交集团是世界五百强企业，项目位于海珠区沥滘振兴大街14、16、18号，总占地面积约16.73万平方米，规划总建筑面积约52万平方米，总投资约37亿。根据广州市的产业发展及城市建设战略目标，中交集团通过“退二进三”、“三旧”改造，拟将原厂房改建为“生态、环保、节能”的现代商务园区和现代服务业集聚区。广州联合交易园前身为华南缝纫机厂和五羊本田（广州）分公司，占地面积约15万公顷，通过将原来的旧厂房建设成为以大宗商品现货集合竞价电子交易为核心，多种交易模式的现代商贸服务业集聚园区。项目一期将于2012年5月竣工开园。

【旧城区改造】 2011年，区更新办改造大力推进海珠区旧城区改造，一是争取市的资金对广州塔周边地区进行道路、绿化和灯光升级改造，打造出优美的城市环境。二是推动南华西一期旧城改造项目、草芳围—南华西二期、海珠桥南广场、广州渔轮厂宿舍区及新洲小学等多个改造项目。其中南华西一期回迁房已建成，住户已回迁。南华西二期和草芳围项目已上报改造方案到市“三旧”办，渔轮厂宿舍区、海珠桥南广场的同庆居委项目已通过第一轮征询。共完成35.7公顷，涉及2190户的旧城项目的摸查和第一轮征询工作。

（周　倩）

环境保护

【概况】 2011年，海珠区继续深入开展环境综合整治，加大环境执法力度，加强环境监督管理，城区环境质量持续改善，环境安全得到有效保障，公众环境意识明显提高，区政府荣获“广州市亚运空气污染综合整治优秀集体”称号。

【大气环境质量】 2011年，海珠区空气质量年均值二氧化硫0.035mg/m³，氮氧化物0.061 mg/m³，可吸入颗粒物0.077 mg/m³，全部优于国家二级标准。

【水环境质量】 2011年，海珠区地表水水质稳中好转，全区河涌水质同期综合污染指数下降66%，部分河涌在一定时段达到Ⅴ类水标准，海珠湖经过综合整治基本达到Ⅳ类水标准。

【声环境质量】 2011年，海珠区声环境质量保持稳定，交通干线噪声和城市区域环境噪声全部采用国家重新认证的新点位，交通干线噪声平均值为68.9dB（A），城市区域环境噪声平均值为57.6dB（A），均优于国家标准。

【水环境综合整治】 2011年，区环保局开展河涌整治执法行动59次，出动执法人员3350人次，清理印染漂染洗水等违法排污小作坊168家，下发《清查印染漂染洗水小作坊督办函》41份、责令停止违法排污行为通知书106份。开展珠江后航道工业园区综合整治，全年共查处存在违法行为企业398家。全力保障饮用水安全，严格执行《广州市饮用水源保护区区划》，定期开展饮用水源地环境风险排查和环境整治工作，消除饮用水源地的环境安全隐患。

【空气污染综合整治】 2011年，区环保局开展空气污染综合整治，继续巩固烟尘控制区建设成果，控制区内共有锅炉31台、茶炉3台、大灶482台，烟尘、烟色排放达标率为100%。进一步控制挥发性有机物排放，辖区内纳入《珠江三角洲工业挥发性有机化合物（VOC）排放重点企业监管名单》的红棉化工厂、双井印刷厂、一江化工厂等3家VOC排放企业全部实现停业（关闭），22家加油站油气回收工作全部完成。制订下发《海珠区2011年秸秆、落叶禁烧工作方案》，做好华南快速沿线和万亩果园周边地区禁烧垃圾落叶监管工作。

【环境管理】 2011年，区环保局加强建设项目环境管理，严格执行环境影响评价制度和环保“三同时”制度，严把环保审批关。实行建设项目网上审批，按时汇总、上报审批情况和污染物排放总量情况。全年勘察建设项目670个，审批环评文件241份，审批竣工环保验收申请247份，否决不符合环保规定的建设项目240个，否决率36.8%。

【环境综合整治】 2011年，区环保局从严执法、增大监督监测频次，抓好工程减排、结构减排、监管减排，超额完成2011年市下达的主要污染物总量减排任务。市下达的小洲染织厂燃煤锅炉改造、沥滘电镀厂关停、杨协成（广州）食品饮料公司搬迁等3个减排项目全部完成。完成广州新源饮料有限公司污水处理设施实施改造，完成COD工程减排工作；广州摩托集团华南缝纫机公司实现停产关闭；珠江管业科技公司中水回用治理工程等3个减排项目。全区新增削减化学需氧量29.18吨，二氧化硫22.7吨，氨氮0.1吨，氮氧化物68吨，均完成市政府下达的减排指标任务，其中化学需氧量完成市下达任务的154%。

【环境监督执法】 2011年，区环保局推进环境综合整治工作，先后开展餐饮业污染整治执法、工业企业重金属污染执法、清理印染漂染洗水违法排污小作坊环境综合执法行动共计224次，出动执法人员14306人次。全年共立案查处环境违法行为743宗，作出行政处罚决定495宗，清理印染漂染洗水等违法排污小作坊168家，申请法院强制执行117宗。

2011 年 4 月 23 日，区环保局主办的 2011 年度海珠区“世界地球日”环保工艺美术大赛在晓园中学举行。（徐琳摄）

2011 年 12 月 28 日，区环保局召开海珠区废油脂专项整治工作会议。（莫蔚莹摄）

【环境信访】 2011 年，区环保局进一步完善分级管理、领导包案、环境信访家访等环境信访查处机制，推进环境信访平台建设。环境信访件办结速度快，现场查处率连续保持 100%，化解一批难点、重点环境信访问题。全年环境信访共 1981 件，其中饮食业投诉总量 683 件，比上年下降 37.8%。

【环境监测与科研】 2011 年，区环保局完成年度环境监测常规、指令性工作任务，全年共获得环境状况数据 3348 个，河涌整治水质监测数据 1404 个，污染源综合监控数据 7804 个，并对环境质量和污染源状况进行分析、评价和预测，编写《环境监测年鉴》《海珠区五年环境质量报告书》。区环境监测站顺利通过标准化建设验收，各项指标均优于东部地区三级站的建设标准要求。完成区政府承诺的十件民生实事之一，免费为区内 500 户家庭检测室内空气中甲醛、苯、氨、总挥发性有机物，并现场解答居民关心的环境监测、室内装饰污染防治等环保问题。

【环境宣传与教育】 2011 年，海珠区成功创建 4 所省级绿色学校、4 个市级绿色社区和 6 所市级绿色学校，区环保局被评为“广东省绿色学校创建活动先进单位”。仑头村被省环保厅推荐参评国家环保生态示范村。充分利用报纸杂志和门户网站深入开展环保宣传，省委政策研究室专题调研并刊发《广州海珠区创新环境管理工作的经验和启示》，对全省基层环境管理工作起到示范作用。《广州信息》、《每天快报》分别对海珠区餐饮业油烟综合整治试点工作及“退二”工作表示充分肯定。把生态文明建设知识纳入学校教育体系，全区中小学环境教育率 100%；新建环保宣传栏 30 个，印发宣传海报、宣传册近万份，在世界地球日举行全区中小学生环保美术创作大赛，在“六五”世界环境日开展群众性环境保护教育宣传。9 月 25 日下午，由区环保局等承办的 2011 年广州市“环保进万家”社区环保宣传活动启动仪式在海珠区金穗雅园社区举行。

【餐饮业油烟整治】 2011 年，区环保局以万国广场、燕汇广场和广百新一城三个商业广场共计 38 家餐饮企业为试点开展餐饮业油烟综合整治标准化管理。试点餐饮企业全部安装油烟在线监控仪并部分加装最新的油烟气体传感器，24 小时监测油烟排放浓度；督促餐饮单位及时更新油烟治理设施并与专业公司签订集中委托运营管理合同，定期清洗维护，提高油烟去除率；通过亮证经营、统一标识牌、签订环境守法承诺书等，让经营者自觉接受市民监督，从多方面探索餐饮业环境管理升级模式，努力为市餐饮业油烟监管创出新经验。

（莫蔚莹）

城市管理

2011 年 1 月 21 日，区城管局开展“美化羊城，喜迎新春”清洁卫生行动。（区城管局供稿）

【概况】 2011 年，海珠区城市管理围绕“大城管、细服务”目标要求，巩固和发展亚运城市管理和城市环境面貌大变成果，加快推进城市管理工作从“治脏、治乱、治差”向“做细、做优、做靓”转型升级。海珠区被评为“2011 年度广州市城市管理先进区”，区城管办获得“2011 年度广州市城市管理组织协调奖”，区城管局被评为“2011 年度广州市城市管理先进单位”。

【城市管理】 **交通秩序专项整治** 海珠区成立专项行动领导小组，出动“五类车”专业整治队、打击非法营运联合执法队，继续保持交通秩序专项整治高压态势。加强宣传发动，邀请新闻媒体对海珠区开展的专项整治行动进行全程跟踪采访报道，展示海珠区整治道路交通秩序的决心和信心；注重疏导，新开通 8 条公交线路，完善公交线网和地铁接驳线路，打压非法营运空间，辖区主干道通行能力进一步提高。2011 年共查扣“五类车”21042 辆，其中，改装车、黄包车、电瓶车 15907 辆，两轮摩托车 1393 辆，三轮摩托车 3742 辆。

流动商贩规范管理 按照疏堵结合原则，把华洲街瀛洲大道南部快线桥下水果市场、瑞宝街江晓路皇胜食府东侧闲置地块、海幢街同福中路前进大街、官洲街赤沙路西约等 4 个地点作为规范管理试点区域。其中，华洲水果市场结合绿道整治，共投入 60 多万元建设经费，分三个区域（水果品尝区、销售区、停车区）进行升级改造，成为海珠区绿道旅游又一个亮点；同福中路前进大街有效地安置周边困难居民就业。

户外广告招牌综合整治 加强对已规范整治路段户外广告招牌、横幅、拱门等临时户外广告设置的监管，2011 年共拆除新违法户外广告 800 多块、3800 多平方米。

“里子工程”整治 实施环境改善“里子工程”整治项目，把整治工作从主干道沿线延伸到内街巷、城中村、社区，重点解决社区房屋里面、路面破损、“三线”乱拉挂、自行车停放、雨篷设置、下水道等日常生活难题。海珠区累计投入专项资金 290 万多元，对滨江等 8 个街道 13 个项目进行整治，取得良好效果。

“三线”整治 根据广州市城管委有关要求，海珠区开展以南华西街龙武里社区和沙园街广重社区为试点的三线整治工程。对沙园（广重）社区实施线路下地，南华西（龙武里）社区采用线槽套管包封，并以此逐步推进全区三线整治工作，改变旧社区三线拉挂混乱的面貌。

井盖设施管理 成立应急抢险队伍，确保发生险情后在规定时间内奔赴现场进行抢险，并明确区建设部门作为井盖处理的“保底”部门，解决权属不明井盖急修问题。组织井盖设施监管单位和井盖设施权属单位完善专业巡查、维修登记、事故报告、突发事件处理等制度。运用区城市管理监控指挥中心（12319 专线）群众投诉联动机制，及时督办、处理和通报井盖设施管理案件。将井盖设施管理纳入城市管理目标综合考核，定期对权属单位的井盖设施进行检查，确保井盖管养责任落实，致力解决群众关心的井盖管理问题。

城管投诉处理 提高 12319 群众投诉案件办理标准，抓案件办结率、群众满意率，创文迎国检期间充分发挥区城市管理监控指挥中心即时调度作用。2011年共接市转办案件16371宗，回复16130宗，回复率98.5%；区转办案件7973宗，回复7822宗，回复率98.1%。通过视频监控摄像头，对辖区内城市管理存在的问题，通过无线电对讲机系统，指挥调度责任单位4936次，并跟踪督办整改，进一步提高城市管理工作效率。

【市容环境卫生】 **创文清洁行动** 区城管局加强督办巡查，负责环境卫生突发事件处置，环卫基础设施投放，爱卫病媒防制消杀，以及路面、公厕、吊装点等保洁质量巡查工作，抓好督办、整改、落实。加大环卫保洁力度，主干道落实16小时巡回清扫保洁；确保专人管理公厕落实19小时保洁，非专人管理公厕落实16小时保洁。将主干道绿化带应急纳入保洁范围，延长环卫保洁时间，对昌岗路、江南大道、新港路等主干道进行每天一次的冲洗。创文迎国检期间成立巡检工作小组，确保问题及时发现和解决在一线。

爱国卫生运动 组织以"清洁海珠，美化家园"、"除害防病保健康"、"周末卫生日"为主题的广场宣传咨询、社区论坛等活动，宣传爱卫工作的重要意义、除害防病具体措施。发挥爱卫志愿服务队、创星志愿宣传队、爱卫消杀突击队、流动人员卫生宣传队等多支志愿服务队伍，深入社区开展爱卫志愿宣传和服务。2011年4月，响应广州市爱国卫生统一行动日的号召，海珠区在瑞宝街南洲北路好信广场开展以"清洁城乡、健康广州"为主题的爱国卫生清洁日中心点活动，全区各街道各设分点同时开展。全区参与清洁人员约5万多人，清洁面积约40多万平方米，消杀喷洒内街巷、下水道8万多米、绿化带1500多个、沙井2万多平方米，派发灭蚊片40多万片，垃圾分类、爱国卫生，除四害宣传资料9万多份。

控烟宣传 加大控烟宣传力度，2011年共派发"禁烟标志"3万多份，控烟台牌500多个，控烟宣传海报3000多份。组织各街道辖内中小学、幼儿园、医院、商场等8个单位参与2011年广州市无烟单位申报工作。5月，在宝岗大道广百新一城广场开展以"履行烟草控制框架公约，依法控烟，共享健康"为主题的第24个"世界无烟日"宣传咨询中心店活动及联合执法检查系列活动，累计派发控烟宣传资料15000多份，接受群众咨询9000多人次，粘贴控烟标志3000多张，出墙报、粘贴海报100多期，受教育群众达2万多人次。

创星级卫生街道 坚持"检查在街道、责任在部门"工作原则，实行捆绑式创建工作机制，进一步强化部门、街道创建星级卫生街道合力。2011年18个街道成功创建"广州市一星级卫生街道"，其中南华西街、素社街、沙园街、滨江街、海幢街、江南中街、昌岗街、新港街、龙凤街等9个街道获"广州市二星级卫生街道"称号。

垃圾分类工作 成立以区分管领导任组长的海珠区推进垃圾工作领导小组，制定《2011年海珠区生活垃圾分类处理工作计划和实施方案》，区政府安排落实650万元垃圾分类专项资金。从2011年4月起逐步在南华西街和沙园街全范围、区内机关食堂以及市场先行推广实施垃圾分类工作，设计出5条运输路线将各行政街市场厨余垃圾分别运往市城管委指定的垃圾收集处理点。在南华西街试行"垃圾不落地"试点工作，在人民桥底设置区内首座厨余垃圾处理站。加大宣传力度，组织各街道领导和相关工作人员参加的垃圾分类知识培训，联合团区委成立一支60人垃圾分类宣传志愿者队伍，深入街道开展宣传活动。全年投入宣传经费约20万元，派发宣传资料18多万份，宣传海报7593份，设置宣传橱窗83个，开展各种社会宣传活动近在200次。组织开展管理人员

2011年3月29日，区城管局举办《城市生活垃圾分类管理暂行规定》学习培训班。 （区城管局供稿）

培训994人次、环卫工人培训1164人次，向各行政街、中小学派发垃圾分类桶共计2980个。是年，全区生活垃圾清运总量比2010年减少35636吨，平均每天减少97吨，年度减量率达6%；全区102个农贸市场已有67个铺开厨余垃圾分类工作，南华西街和沙园街的厨余垃圾分类率达30%。

日常机械化保洁 全年安排机扫车5690台次，水车3861台次，行驶共27.4万公里，对全区300万平方米的主、次干道进行机扫和冲洗保洁；安排垃圾运输车58380台次，运输里程557.1万公里，清运垃圾45.9万多吨，确保垃圾日产日清。

【环卫设施建设】 2011年，更新主干道果皮箱近700个、翻新环卫工具房20间；向街道划拨果皮箱1000个、环卫保洁车900辆、塑料垃圾桶900个。新增小洲绿道公厕、赤沙电房旁公厕、纺织厂宿舍公厕等3座公厕，其中纺织厂宿舍公厕成为海珠区解决居民楼内无厕所的首个成功案例，较好地解决居民"如厕难"问题。

【市容环卫保障】 **花市及焰火晚会** 为保持花市及焰火晚会场地干净整洁，花市设置30座次流动公厕，出动环卫工人300人次、4台铲车、10台洒水车、12台次垃圾运输车，清运约80吨垃圾；两处烟花燃放点共设置流动公厕26座流动公厕，出动环卫工人90人、2台扫路车，清运垃圾10吨。

琶洲春运环卫设施保障 为确保做好琶洲异地候乘点及周边的环卫设施保障工作，在现场增设14座流动公厕及配备217个塑料垃圾桶；在场馆内的固定公厕配备卷纸、洗手液等用品，为归乡旅客提供贴心服务；每天安排约140个环卫工人在现场进行保洁工作，共清运垃圾54吨。

春秋两季交易会环卫保障 在广交会期间共投入保洁人员约4800人次，增加投入保洁车110辆，应急增加660升塑料垃圾桶52个，增加收运袋装垃圾小汽车1辆，出动扫路车和洒水车各30台次，做到垃圾日产日清。

龙舟邀请赛保洁服务 在活动现场增设流动公厕26座，660升塑料垃圾桶50个；在原有基础上增加45名环卫工人负责现场保洁工作。

横渡珠江活动环卫保障工作 在活动现场增设流动公厕25座，660升塑料垃圾桶50个；在原有基础上增加40多名环卫工人负责现场保洁工作。

【余泥渣土排放管理】 区城管局余泥渣土排放管理所对全区主干道路面实施快速巡查，不定期与市、区城管综合执法机关开展联合行动，有效地遏制余泥违章行为。2011年共计出动余泥监督员约3386人次，驻守监督余泥排放工地38个，检查余泥运输车辆约4万车次，制止无余泥运输资质车辆进入工地26辆次，制止车辆超装不密闭285宗、车厢冲洗不净41宗，办理建筑废弃物排放证手续33宗，临时排放复函手续3宗，核准排放建筑废弃物868223立方米，收缴处置费2604669元；办理受纳手续2宗，受纳建筑废弃物76444立方米；对散体物料运输公司进行运输登记48宗次。

【权益保护】 按政策法规补发环卫车队部分职工的住房补贴，及时发放环卫工人潮湿加班费，派出调研组分头到局属单位、发包公司调研环卫工人队伍现状，重点对环卫工人的切身利益、福利待遇、"五险"、环卫津贴、高温补贴等情况进行检查，定期抽查26家保洁公司环卫工人的工资单，有效维护环卫工人合法权益。

（陈泳杏、梁志勇）

国土资源和房屋管理

【概况】 2011年，市国土房管局海珠区分局强化土地房屋管理在城市建设发展中的引领、保障和服务作用，提高土地房屋管理的规范化、精细化和信息化水平，以保护资源、保障发展、服务民生为抓手，积极主动服务，严格规范管理，为实现"三个重大突破"贡献力量，各项重点工作取得新突破。

是年9月，该分局属下事业单位海珠区保障性住房管理中心正式成立。

【土地储备】 2011年，市国土房管局海珠区分局贯彻落实"多个池子蓄水"、"市区联动、以区为主"的土地储备新机制，重点推进当年需完成的储备项目，完成19公顷土地储备任务。全力推进琶洲C区、新中轴线南段地区新港中路以北、大干围安置区地块、海珠湖以南地块的征储工作，并办理相关用地手续，为下一步实施征储打好基础。

【黄埔古村改造】 2011年，市国

2011年9月23日，广州市海珠区保障住房管理中心挂牌。

（赖天柱摄）

土房管局海珠区分局为破解黄埔古村全面实施改造缺乏资金支持僵局，在琶洲村土地出让过程中，与受让方保利集团签订附加条款，约定由保利公司出资3亿元用于黄埔古村改造，统筹引领市场资金作为高规划、高标准保护黄埔古村的保障，促成黄埔古村改造项目的迅速启动；为推进黄埔古村动迁工作，以公房的和谐动迁为示范和突破口，推动黄埔古村项目整体的高效动迁，为黄埔古村的保护、建设打下基础。

【土地利用保护】 **万亩果园湿地保护** 按照市、区工作部署，市国土房管局海珠区分局迅速开展保护模式调研和现状摸查，制订湿地保护区“只征不转”实施意见和留用地指标兑现工作方案，起草《广州市海珠区生态湿地保护方案》。推进用地手续办理工作，迅速启动并全力推进该项目的用地报批工作。积极争取国土资源部原则同意对万亩果园内集体农用地实行“只征不转”，通过建设湿地保护区的方式对万亩果园实行特殊保护。按集中连片、有利于保护区景观规划设计、不征收建设用地、与土地利用总体规划和城市规划衔接、避免与“三旧”改造相重复五项原则划定万亩果园湿地拟征地及配套用地范围，为下一步开展征地工作打下良好基础。

重点项目征地拆迁 市国土房管局海珠区分局继续推进海珠湖二期、官洲国际生物岛等重点项目的征地拆迁工作。官洲国际生物岛征地工作已经进入侨房拆迁阶段。广州海事法院项目已签订征地拆迁协议。

留用地历史欠账兑现 根据市政府工作要求，海珠区成立以区领导任组长的协调小组，负责统筹、解决辖内农村留用地历史欠账问题。建立留用地指标台账管理，对相关5个村完成历史留用地欠账兑现意向摸查和抵扣历史用地核查，制订“一村一策”解决方案，获区政府同意后实施。进一步核对九大功能区留用地指标兑现情况，协助“三旧”改造部门核实2007至2009年违法用地和“三旧”改造范围内的历史用地情况，为用违法用地和历史用地抵扣留用地欠账指标做好充分准备。

基本农田保护、用地报批和闲置土地处理 市国土房管局海珠区分局强化对区内耕地保有量和基本农田保护面积管理，逐级完成5个经济联社、33个合作社3480户社员的基本农田保护责任书签订工作，完成市国土房管局提出的“基本农田签约到户”任务，并对执行情况进行监督落实，扎实推进“保发展保红线”工程。加快推进海珠湖工程（湖心一区）、省第二批扩大内需项目等用地报批工作。加强闲置土地管理，完成市国土房管局下达的45宗房地产项目闲置土地调查，收取土地闲置费约462.62万元。

【住房保障】 2011年，海珠区21282户在册的低收入住房困难家庭分别以不同的方式全部得到解决或按本人意愿得到妥善处理。其中，纳入住房保障体系的低收入住房困难家庭21059户，保障户数和覆盖面位居全市前列。市国土房管局海珠区分局结合海珠区实际状况，采取向拆迁危改地块要房源和向“三旧”改造项目的村民租房源两种新思路，于10月31日前全部完成筹集1500套保障性住房目标任务：通过琶洲村“城中村”改造安置房项目筹集公共租赁住房1065套，通过南华西危破房改造（一期）项目和官洲国际生物岛华侨安置房项目筹集拆迁安置房435套。

【危房改造】 2011年，海珠区完成南华西危改（一期）项目。该项目用于安置105户选择回购被拆迁群众的限价回购房顺利竣工并通过规划验收，于9月9日，举行该项目限价回购房剪彩仪式暨选房动员会。通过公开看房、公证选房等程序，94%的回购拆迁户签订购房合同。该项目是全市三大旧城改造试点项目中首个建好原址限价回购房的项目，是市委、市政府推动旧城改造、优化人居环境的重大举措和民生工程。推进小连片危改项目，组织对素社街万寿北等6个地块进行初步摸查，拟选定改造条件比较成熟的素社街万寿北地块和同福中路堑口地块作为连片危破房改造项目和落实保障性住房的建设项目。对辖内可进行小连片危改的同福西路兴隆新街5号之一及宝岗大道武功巷等7个直管公房区域进行梳理，拟列入2012年危改计划并争取落实危改资金的出资渠道。

【违法用地整治】 2011年，市国土房管局海珠区分局开展卫片执法检查工作，共组织528次土地巡查，出动巡查人员1527人次。其中，对违法用地进行实地核查80次，立案查处9宗，作出行政处罚9宗。海珠区上年度卫片执法图斑中的违法用地已整改复绿完毕，并通过国土资源部和省政府验收。创新土地执法巡查工作机制，将动态巡查与定点观察、普遍巡查与重点抽查、主动巡查与鼓励举报、区片责任与团结协作有机结合，切实做到对违法用地的早发现、早制止、早报告。联合土地执法共同责任制单位，严格落实属地责任，有效推进刚性执法。通过采取对全区新当选的经济联合社“两委”成员进行土地执法知识讲座，将印制的土地执法监察政策宣传手册发至各街道、村社和广大群众，制作专题宣传板报发放各村，在违法用地多发区域树立警示标志牌等方式，加大宣传力度，营造良好的土地执法氛围。

【房屋安全管理】 2011年，市国土房管局海珠区分局强化房屋安全管理，建立直管房日常巡查制度，于4月开展全面消防安全大检查，共摸查在管房屋3246栋，对发现问题立即开展整治，并督促房屋使用人整改。完成房屋安全普查和零散危破房改造，制定《市国土房管局海珠区分局2011年度房屋安全普查工作方案》，组织街道进行房屋安全普查培训，完成年度房屋安全普查工作任务。制定《房屋安全修缮管理制度》，组织房屋治理，完成上级部门布置的2006—2009年存量危房的改造任务。全年共完成各类鉴定案件298宗、约10.42万平方米。其中危险房屋鉴定135宗、约3.44万平方米。

【产权管理】 2011年，市国土房管局海珠区分局完成各类业务发证54279宗，同比增加7.07%。其中，存量房交易发证13722宗，存量房登记发证（含集体房产、土地登记发证）34460宗，增量房转移登记发证6097宗。实现各种税费收入6.99亿元，同比增长36.62%，其中，实现税收6.55亿元，同比增长43.75%。开展土地登记规范化和土地权属争议调处检查，集中检查土地登记窗口、服务、流程、档案等情况，完善管理制度，规范登记行为。按照上级的统一部署制定《海珠区集体土地登记确权发证工作方案》，成立领导小组办公室，做好宣传动员，为集体土地细化登记工作做好准备。全年审查集体土地登记案件31宗。

【测绘管理】 2011年，市国土房管局海珠区分局完成经济合作社一级土地登记测绘总量30.8%，面积约10.31平方公里。配合和保障海珠区“三旧”改造工作，局属区测绘所完成土华、北山等村面积约459万平方米的房屋现状测量及数据确认；完成面积约70万平方米的历史建筑核查；完成图斑377个，面积约3090亩的完善历史用地范围界线提取；完成旧村21宗、旧厂房13宗的土地勘测定界权属调查。做好万亩果园湿地项目征地相关测绘工作以及高效完成2010年度卫片监测图斑372个，面积约5260亩的实地勘测及内业套图工作。

【物业及租赁管理】 2011年，市国土房管局海珠区分局开展“海珠区优秀物业服务经理”评选活动，鼓励物业服务从业人员争先创优，提高服务水平。牵头完成2011年上、下半年海珠区物业服务经理执业信用考核工作，向存在问题的物业服务经理发出《处理意见书》，并抓好后续整改工作。组织召开2011年优秀物业服务经理经验交流会，建立物业管理工作互动沟通的平台。贯彻落实广州市和谐物业幸福小区评选工作精神，结合物业小区巡查和物业服务经理执业信用考核工作和现场检查的方式对自愿申报的物业小区进行评选。依法依规指导、调处聚德花园、名粤广场、宏宇广场、洪德居、宝岗大厦、光大花园等物业纠纷，有效控制和化解小区矛盾，维护社会和谐。完善出租屋信息实时采集制度，共收集物业小区出租屋信息10700多条信息，房地产中介信息12400多条，形成“区房屋租赁所—街道出租屋管理服务中心—

物业小区（中介公司）”三级信息处理机制。

【创文工作】 2011年，市国土房管局海珠区分局配合做好广州市申报全国文明城市工作，制定《海珠区物业小区巡查和物业服务经理执业信用考核工作方案》，组织召开海珠区物业行业创文动员工作大会和迎国检冲刺动员大会，督促物业服务企业配合街道等部门做好创文迎国检冲刺工作。组织创文专项检查工作，安排工作人员在一定期限内不定时深入小区了解掌握各物业服务企业的服务情况、小区管理状况等，发现问题及时进行现场督办整改；结合物业纠纷调处、物业服务行业检查等日常工作，将创文的工作要求传达到各个小区、各个物业服务企业；在租赁管理中强化创文意识，加强对流动人员和外国人房屋租赁管理，防范和杜绝出租屋安全隐患。

【事权下放】 2011年，市国土房管局海珠区分局按照市、区事权改革要求，抓紧制定实施方案和各项措施，做好人员培训、系统安装及权限设置等筹备工作，主动做好对接，强化硬件、充实软件，保证接得住、做得好。已初步完成事权下放对接工作。从6月28日起，“建设项目用地预审报告核发”、“一手房初始登记后的分户确权”等11项事权由该分局办理。

【信息化建设】 2011年，市国土房管局海珠区分局以国土、房屋业务管理为主线，以数据整合为核心，集成海珠区用地红线、土地利用规划、历年土地利用现状、历年卫星影像、农村土地登记、“二调”成果等基础数据，实现数据的共建共享和高效利用，建立以地籍测绘和房地产档案为核心的“地—楼—房”数据库，已于9月14日顺利通过专家验收组验收。

【地质灾害治理】 2011年，市国土房管局海珠区分局加强防范工作，制定海珠区2011年地质灾害防治方案，编制地质灾害应急预案。认真推进《广州市海珠区突发性地质灾害应急预案》工作的落实；健全海珠区地质灾害和三防指挥部、应急抢险救援工作队伍。积极推进地质灾害隐患点的治理工作。完成红棉小学挡土墙的抢险工作，节约政府资金100多万元。推进官洲街仑头村山岗地质灾害及新滘中学土华校区教学楼后坡与土华公园后山坡地质灾害的治理工作。

（黄利娜）

城管执法

【概况】 2011年，区城管执法分局内设四科一室（办公室、行政执法科、政策法规培训科、政工科、监察科），下设六个直属中队（督察中队、直属一中队、直属二中队、直属三中队、万亩果林保护区中队、女子特勤中队），驻街执法队19个（含会展中心执法队）。是年12月6日迁入宝岗大道1号办公。

【工作机制创新】 2011年，区城管执法分局执法工作重心下移，坚持日常执法工作由街道属地管理，大型执法活动由区统筹协调的工作机制，推进区街执法工作发展。建立琶洲会展中心大型展览市、区执法力量共同保障工作制度。健全夜间施工值班制度，从各街道执法队抽调人员组成全区夜间巡查队。建立执法工作月通报制度，每月对全区各街道的执法工作进行评比打分，全区通报。组织全区街道领导干部城管综合执法业务培训班，提高执法业务整体水平。健全全方位监督机制和协同办案机制，在全市系统内首创“直属中队—执法科—监察科（联合街道纪工委）”三级督办工作机制，区、街在重大问题上协同办案，堵塞执法漏洞。

【环境综合整治】 2011年，区城管执法分局以创建文明城市迎检工作为重点，成立该局“创文”组织机构和综合巡检队伍，到一线进行执法巡检。组建城管志愿者服务队伍，开展海珠区“流动商贩乱摆卖劝导式执法暨文明秩序千街万巷劝导志愿服务行动”，创建工作成效明显。开展整治广州塔广场周边区域“六乱”专项行动、海珠区地铁出入口市容环境“畅通”专项整治行动、海珠湖公园环境综合整治等20余项专项执法行动，解决“六乱”热点、难点问题。对琶洲春运异地候乘、交易会等大型活动举行期间周边市容环境进行保障，切实维护窗口地区城市形象。坚持开展市容环境日常巡查督办工作，推进街道属地管理工作职责落实。全年共组织市容环境执法整治行动256次，出动执法力量20156人次，教育、整治乱摆卖11023宗，整改占道经营4365宗，清理乱拉挂横幅1125宗、乱堆放2320宗、乱张贴11203宗。其中利用城市管理语音宣传告知系统共查处乱张贴1354宗，罚款处理205宗。

【查控违法建设】 2011年，区城管执法分局落实查控违法建设网格化管理、“零报告”、投诉监督和快速处置“四项机制”，使全区违法建设得到遏制。建立健全“动员自拆为主，强制拆除为铺”的新方法，在查处小洲村果林违法乱搭建饮食店档工作中，区领导、该局领导走村入户，动员自拆，化解对抗情绪，最终在83天内完成清拆任务。10月成立海珠区查控违法建设工作领导小组，落实区一级领导班子挂点街道督导机制，制定《海珠区集中查处违法建设专项行动工作方案》，在全区开展严查严控违法建设专项行动，市挂牌督办18宗3304平方米在建违法建设提前15天全部完成拆除任务，没有出现一宗暴力抗法群体性事件。加强违法户外广告监管，防止辖内新设置违法户外广告和招牌情况的发生。全年共清拆各类违法建设460宗61921平方米，制止新建违法建设31宗4649平方米，拆除违法户外广告招牌259宗2739平方米。

【建筑施工管理】 2011年，区城管执法分局与区余泥渣土排放管理所建立长效联动机制，对区内出泥工地进行动态管理，从重查处建筑废弃物运输排放过程违法行为。组织区建设园林局、区安全监管局、区余泥所、区交警大队，对无准运证及超装、超载余泥等违法行为进行联合执法，开展建筑废弃物运输和排放专项整治行动，规范运输排放秩序。与区建设园林局建立信息共享沟通机制，制止无证施工违法行为。加大对工地违规夜间施工的查处，组织机关科室、直属中队进行夜间施工专项执法检查，对违规工地多次召开协调会，责令联合交易园、中山医学第二附属医院工地停工整改，符合规定才能恢复施工，为市民提供良好的生活环境。全年共检查在建工地1780个次，对在建工地各种违法、违规行为立案查处438宗。

【信访维稳】 2011年，区城管执法分局明确信访工作责任人，定期召开信访工作会议，听取信访工作汇报，及时研究解决工作中出现问题。对重大信访案件实行领导包案制度。全年办理市区转办34宗重大信访案件，全部办结回复。制定应急预案，根据人员调整情况及时更新应急梯队人员名单，对应急性任务做到快速反应、合理指挥调度。遇到维稳事件，及时、审慎处理。全年共办理各类投诉案件7918宗，同比下降41.3%，全年未发生因信访投诉处理不当而造成重大维稳事件的情况。

【行政执法规范】 2011年，区城管执法分局抓执法前培训，开展《广州市城市生活垃圾分类管理暂行规定》、《广州市城市管理综合执法细则》等规章的学习，强化队员业务素质；制订《查处违法建设执法流程》《查处“六乱”违法行为执法流程》《查处违法建设行政强制措施实施办法》等规范性材料，细化程序，确保规范执法。抓执法中监督，实施行政处罚自由裁量权，成立专项检查督导小组，对立案案件进行三级审核，保证案件全面符合自由裁量权的标准；落实案件会审制度，确保公平公正。抓执法后效果，加强督察工作机制，成立以该局纪委书记为专员的督察工作委员会，整合纪检监察和城管督查职能，加大效能监察力度。全年申请法院强制执行案件29宗。全年立案3768宗，人均立案21宗，办理各类行政处罚案件2137宗，完成区下达的指标任务，行政执法规范到位。

【队伍建设】 2011年，区城管执法分局召开班子党员领导干部民主生活会，开展“五个一、五争创”创先争优等活动，“城管队员进校园、城管执法大家谈”创先争优主题活动设计方案获区“优秀奖”，全年获市区各类表彰共75人次。组建女子特勤中队，充实执法力量。规范选任干部程序，开展竞争上岗。开展岗位廉政风险防范调研、征文

2011年10月20日，区城管执法分局举办2011年街道城市管理综合执法业务培训班。（龚平摄）

和案例编写活动，查找新风险点20个。开展“以人为本、执政为民”主题纪律教育学习月活动，与区检察院建立预防职务犯罪联系人制度，组织干部到区法院旁听腐败案件庭审。坚持中层干部述职述廉制度，全年开展廉政谈话70人次。修订完善制度54项，新制定4项，并汇编成册。抓重大项目监督，全年没有发现有违反城管“五项禁令”现象、违法乱纪，贪污受贿现象。

（肖焕欣）

供　电

【概况】　海珠供电局供电范围包括广州市海珠区、黄埔区长洲岛（包括大学城）及番禺区新造北片，供电面积105平方公里。供电客户60.1947万户。2011年，海珠供电局秉承广州供电局“对广东电网公司负责、为广州经济社会发展服务”的宗旨，贯彻“以客户为尊、以客户为先、以客户为中心”的服务理念，为该地区的经济发展、社会稳定和人民生活的改善发挥积极作用。

【主要生产经营技术指标】　2011年，海珠供电局供电网建设有很大发展，变电站从14座增加到22座，现有220千伏变电站5座，总容量为2760兆伏安；110千伏变电站17座，总容量为2022兆伏安。10kV馈线459回、架空线路250.79公里、10千伏电缆2070.8公里、公用变压器3207台。2011年供电可靠率99.976%。全口径用户年平均停电时间2.0989小时，平均停电次数0.5411次。综合电压合格率99.899%。2011年售电量508139.83万千瓦时，比上年468263.16万千瓦时增长8.52%，基本上解决供电“卡脖子”问题。

【创先争优】　海珠供电局结合企业中心工作，深入开展为民服务创先争优活动。坚持从群众最关注的地方做起，下大力气重点解决供电稳定、配网“卡脖子”、抢修复电、业扩报装等方面存在的问题。利用科技手段，研制电子表用户电费预充值系统，方便居民缴费，提升客服水平。根据不同企业、群众对电力的需求，成立以党员为骨干的服务小分队，深入开展“七走进”活动：走进边远农村，帮助解决用电问题，服务“三农”；走进社区，倾听用户需求；走进高校，开展用电隐患排查；走进医院，保障医院可靠用电，真诚服务；走进企业，协调企业用电；走进困难家庭，慰问和帮扶群众；走进孙中山大元帅府纪念馆，支持文化场馆用电。共计开展“七走进”活动109场次，收到来自客户的锦旗5面、表扬信或感谢信5封，有效提高电力供应能力，切实保障民生用电，提升客户满意水平，促进社会和谐稳定。

【优质服务】　2011年，海珠供电局认真兑现广东电网公司优质服务“十项承诺”。以科技进步推动服务创新，不断深化营配一体化建设，实现供电服务数字化、可视化管理，促进供电可靠性和优质服务水平的提高。遥抄系统在复电方面实现与MIS系统的对接，开创自动复电功能。为进一步加强客户停电管理，海珠供电局通过预安排停电管理、复电快速响应、停电监督考核三大管理手段，建立起快速复电反应机制。为提高优质服务水平，开展营销服务班组优化调整，构建以客户需求为驱动的工作模式，并对营业大厅窗口进行功能整合。推行优质服务常态化管理，深入海珠区各大型住宅小区开展“万家灯火 南网情深”用电宣传及供电服务需求调查，首创开展用电实名制业务。接待客户咨询、投诉坚持首问责任制。进一步完善代收电费业务，实现“随时随地实时”通过

2011年6月23日，海珠供电局举行电费充值业务启动仪式。

（海珠供电局供稿）

银行划扣电费。大力推进电子表预充值系统的开发和应用工作，向海珠区居民提供一种全新的电费缴纳方式。24 小时营业厅正常运作。开创便民服务新举措，率先研发“电子电费充值卡”，为客户提供更贴心的服务。

【企业文化】 2011 年，海珠供电局重视企业文化发展，努力打造“和谐、务实、服务、创新”的企业品牌形象。开展“亮丽海珠，SHOW SHOW 幸福”风采展示大赛、“安康杯”活动。坚持开办合唱培训班、书画班、太极班、桥牌学习班、健身舞班等。积极参与广州供电局举办的纪念建党 90 周年红歌比赛，取得南片区第二名；参与团健杯篮球比赛，获得争优组冠军。举办新闻写作与摄影培训班。举办“安全文化展示厅”启动仪式暨“幸福家庭安全体验日”活动，广泛宣传安全文化，树立安全意识。定期向职工派发健康教育书籍，做好员工关爱工作。多次组织全体职工为海珠区困难家庭捐款，组织多次慰问活动，促进海珠区社会和谐发展。

（黄凯昕）

供　水

【概况】 是市自来水公司属下的一个对外服务窗口单位。服务范围东至长洲岛、西至大基头、北起滨江路、南至官洲岛，供水面积 116 平方公里，供水管线长约 123.94 万公里。主要负责辖区内的用户水表管理、抄收计费；供水管网的管理、维修、保养，以及用户报装用水等业务。

2011 年，海珠供水管理所全面加强营抄管理，着力开展小区核查、违章用水稽查及配水管理三主动工作，取得一定成效。产销差得到有效遏制，配水日常管理进一步加强，基础管理强化，结合精细化管理的实施，供水信息技术水平进一步提升。

【主要生产经营指标】 2011 年，海珠供水管理所售水量年度计划 20740 万吨，实际完成 20841 万吨；销售收入年度计划为 33636 万元，实际完成 33990 万元；水费回收率年度计划为 97.5%，实绩 98.36%；污水费回收率年度计划为 96%，实绩 96.63%；管网水水质各项指标合格率均为 100%。

【精细化管理】 海珠供水管理所于 2009 年 10 月正式启动以用户终端水质保障和优质客户服务为目标的精细化管理试点工作，成立了精细化管理项目领导小组，按照分片分块模式实施，转变企业管理方式，内部挖潜，堵塞漏洞，向管理要效益，增强企业社会责任，提升服务民生实力。

从 2011 年 6 月起，精细化管理全面推行，将该所辖下 8 片 33 块供水范围整合成 3 大片，成立东片、中片、西片三个客户服务中心，每个块区设 3—4 名客户服务代表。108 名客户服务代表为海珠区 257 个社区、46.8 万只水表、51.1 万个用户提供营业抄收管理、水质管理、二次供水管理、配水管理、供水服务“五位一体”的专业服务，平均每平方公里或 6000 户就有一名专业“用水管家”。客户服务代表长期驻守供水服务一线，从复查复抄到欠费催缴、从二次保洁监督到水质巡检、从供水设施巡查到突发事件应急处置，客服代表自觉履行“服务前移”职责，成效显著。是年热线工单完成率达 99.6%；年平均水费回收率达 98.8%，户数率为 97.57%；全年发生 DN400 及以上管网爆漏 36 宗，同比减少 32 宗；管网水质合格率 100%。

（高　茜）

2011 年 6 月 8 日，海珠供水管理所全面实施精细化管理。（高茜摄）

邮 政

【概况】 南区邮政局是直属广州市邮政局的二级机构，辖下五个邮政支局（昌岗支局、会展支局、芳村大道东支局、江南大道支局、逸景支局）以及一个世界最高邮局——空中邮局，共有25个自办网点、6个代办网点。截至2011年，南区邮政局辖下有22个网点被省邮政公司授予“星级规范营业窗口”的网点，其中五星级网点2个，四星级网点1个，三星级网点6个，二星级网点13个。昌岗支局被授予省级青年文明号。

2011年，南区邮政局围绕“实现三个转变，打牢五大基础，提升五大效能”和“服务民生”、“切入文化产业”的重要战略指引，认真执行市邮政局“深化转型升级、强化经营创新、优化企业管理”的总体思路，坚定“走质量效益的路子、走创新发展的路子、走融合发展的路子”。

【服务范围】 南区邮政局服务范围为广州市的海珠区、原芳村区、番禺区大学城区域，主要为本地政府机构，企事业单位、居民以及庞大的外来工群体提供普遍邮政服务。

【服务与管理】 在第109届、110届广交会上，南区邮政局员工以“站在国门的优质邮政服务”为理念，向来自国内、国外的众多参展商展现邮政人的风采，良好的信誉，快捷的效率，贴心的服务，赢得来宾们的好评，《中国邮政报》多次报道南区邮政在广交会的优质服务。

南区邮政局于2010年在广州塔第107层建成世界最高的邮局——空中邮局。2011年，南区邮政局以“策划＋创意”理念，成功开展广州塔的中小学生书信节项目，联合市教育局、市邮政局、共同在广州塔举办启动仪式，并在一楼游客通道设立“幸福长廊”展示书信节作品，成功探索邮政切入旅游观光产业的崭新模式，同时向世界游客展示广州邮政的特色服务。

南区邮政局与省农业厅联手，将农产品直接对接社区，启动“农邮对接——把优质农产品邮到千家万户”惠民工程，打造“绿色邮政＋绿色食品”的便民利民“绿色生活便民服务站”。省委常委、常务副省长肖志恒亲自到南区邮政下属的江南西、石榴岗绿色生活便民服务站视察，对农邮对接模式予以充分肯定。“绿色生活便民服务站”受到社区居民的普遍欢迎，使邮政成为客户心中的好伙伴、好邻居、好助手。

（罗育红）

2011年4月15日，南区邮政局为第109届广交会客商提供服务。
（南区邮政局供稿）

电 信

【概况】 2011年，中国电信股份有限公司广州海珠区分公司（简称海珠电信）积极转变发展方式，深化企业转型，实施聚焦客户的信息化创新战略，加快推进全业务高效运营，较好完成全年经营目标，实现企业全业务规模效益发展的新突破。全年实现经营收入11.09亿元，比上年增长1900万元。全区移动用户规模突破35.3万户，宽带用户规模达36.9万户，直接推动海珠区的信息化建设。

【光纤宽带网络建设】 2011年，

海珠电信持续推进网络基础设施优化建设，实施接入网络光纤化。对于已建区域加快“光进铜退（光纤替代铜缆）”网络改造，完成区内131个节点的宽带提速，12M以上带宽能力区域达到83.75%；对新建商业楼宇和园区全面采用光纤网络覆盖，直接实施光纤到楼（FTTB）、光纤到办公室（FTTO），完成156栋楼宇的深度光覆盖建设，基本实现对海珠区商务楼宇的全面光覆盖；对符合条件的住宅小区直接实施光纤到楼（FTTB）、光纤到户（FTTH），在海珠区16个小区实施FTTH薄覆盖改造，新建成FTTH光纤小区18个，覆盖约5万个用户。以“互联网时代的移动通信”为核心定位夯实移动网络基础，通过412个C网基站、1516个室分系统的优化配置，使海珠电信的3G服务网络覆盖完备、上网速度快、通话音质高，为中高端企业、家庭及个人客户群提供了无所不在的移动互联网应用和便捷话音沟通服务。

2011年6月25日，广州市重点工程中国电信广州云计算数据中心举行奠基仪式。（苏理摄）

【推动3G发展】　相对于传统2G业务，中国电信3G业务上网速度更快，服务质量更高，并有多种丰富优质的应用供用户随意选择，包括无线宽带、天翼视讯（在线影音）、全球眼（无线视频监控）、综合办公（无线办公）、爱音乐（全曲音乐下载）、189邮箱（手机号就是邮箱号，可以推送电子邮件）、天翼Live（移动即时通信）等海量应用服务。3G业务的发展更加注重客户体验，创造条件让用户现场体现搭载在安卓操作系统上的数十万应用程序及其价值。

根据海珠区域家庭客户群庞大的特点，海珠电信网格经理上门服务，通知客户到网格驻点现场体验3G应用，让近11万个用户用上3G手机。关注临街商铺内过百万从业者的通信需求，客户经理走进商铺，邀请店员“玩3G”，为店员开通3G手机，得到用户的高度认可。2011年，海珠电信3G用户规模已达14.3万户，成为电信业务发展的新亮点。

【推动“信息海珠”建设】　海珠电信作为区域信息化建设的主力军，积极实践国家信息化发展战略。针对政务、教育、物流、医疗卫生、食品制造、中小企业等行业，依托中国电信覆盖最全、用户最多、质量最好的3G网络，推出了政务e通、家校通、物流e通、旺铺助手等20多项行业信息化应用，并通过与各级政府部门、企事业单位共同开展各项行业信息化应用系统建设，将“信息海珠”建设覆盖到各行各业。其中，金域医学检验中心通过定制化的定位终端，将串号扫描集成到无线上网卡中，实现随时随地的样本收集及数据分析，提高了检验效率。皇上皇肉食制品厂通过移动终端进行商品信息采集、传输和应用处理，实现对食品安全的远程监控和对产品运输的指挥调度。海幢街道办事处、广州半岛游艇俱乐部、展丰物业等客户使用“天翼对讲机”，提升了通信效率。“家校通”充分利用中国电信有线和无线网络的优势，面向中小学校园，幼儿园，通过建立具备信息发布、智能胸卡、安全监控等功能的综合信息服务平台，有效解决“校园治安监控难”、“危机事件防范难”、“小孩现状了解难”问题，2011年，签约公办学校11所、民办学校14所，总体用户规模12000户。旺铺助手、发票在线等应用产品让海珠区广大中小商户把握商机，并大大节省经营成本。

【强化营销服务】 2011年，海珠电信在光覆盖商业楼宇开展“拨号光纤——楼宇风暴”活动，组织客户经理与网络支撑人员结对走访客户，为客户介绍光纤接入上传快、传输稳定、安全性高的优点。网络支撑人员的全程跟进，及时解决资源建设、装机及光纤升速问题，提升客户感知。在社区开设网格经理驻点，为客户提供业务咨询、宽带续约、手机业务体验办理等便民服务。在具备光纤资源的中高档楼盘，通过“电影进社区”、“快乐家庭”亲子歌唱节、喜乐游园会等形式多样的社区活动，向用户详细介绍光纤通信、3G业务的优势，让用户现场体验高清互联网视听、天翼3G手机等新产品；并提供包含宽带、3G、互联网电视等服务的全方位通信需求解决方案，让居民以优惠的价格享受优质的通信服务。全面铺开社会服务网点拓展。通过对海珠区内电信服务网点的摸查，在重点商圈、交通要点设立合作厅及电信业务专营店，在人流密集区域开设天翼3G店，在“城中村”、社区开设代理店，提供宽带业务办理、天翼手机销售、空中充值等便民服务。至年末，区内有合作厅/专营店24家、天翼3G店38家、代理店562家，实现区内社会服务网点的广度、深度覆盖。海珠电信还通过每月的网点培训，持续提升各网点的服务能力。

【通信线路整治】 2011年，海珠电信针对无证宽带经营者申请一条宽带线路后，私自共享出多条线路进行经营，同一ID（用户名、账号）有多个用户同时使用，导致不良言论或不雅信息在网上传播的信息安全隐患，以规范经营、防范和监管信息安全为基础，统一收编和管控开放性社区、“城中村”宽带，整治上网混乱的状况。是年完成对原赤沙、石溪、下渡等7个村范围的共享宽带收编，让1.5万户居民享受更高速、稳定、安全的宽带服务。针对开放性社区、“城中村”通信线路乱拉乱搭所带来的消防安全隐患，在收编过程中对无证宽带运营商违规铺设的线路进行整治，并拆除线路上悬挂的各种、杂乱无章不实宣传广告，还原整洁、良好的小区环境和村容村貌。

（万　芮）

教科文卫体

广州市海珠区申报义务教育规范化
学校终期督导验收总结报告会

第六届中国社区
全国示范社区卫生服务中心
中华人民共和国卫生部
二〇一一年

广东省第五届群众音乐

教　育

【概况】　2011年，海珠区有公立中小学、幼儿园119所，其中：中学26所（含市属市第六中学、市旅游商务职业学校，区属职业中学海珠商务职业学校）、小学72所（含特殊教育学校启能学校）、幼儿园21所（含其他部门办幼儿园10所）。民办学校共308所，其中中等职业学校2所，中小学30所，幼儿园154所，托儿所6所，培训机构116所。全区中小学、幼儿园在校学生约17.09万人。

【教育投入】　2011年，海珠区教育经费投入约16.1亿元，比上年增长35.55%。区财政投入5086万元发放教师住房维修和物业管理补贴，进一步提高教师福利待遇。继续提高区内中小学生人均公用经费划拨标准，中小学预算内外生人均公用经费划拨标准分别为635元和380元。是年，区教育系统新报纳入区固定资产投资计划项目58项，财政投入资金35387万元。

【校舍安全工程建设】　2011年，海珠区纳入省、市重点督办的中小学校舍安全工程有23所学校35个项目，规划改造总面积37755平方米。至年底，开工率100%，竣工面积27828平方米，竣工率73.71%，完成省、市制定的2011年校安工程开工率100%、竣工率60%的建设目标。

【党建】　2011年，隶属区教育局党委管理的学校党委有4个，党总支有11个，党支部有100个，党员3246名。其中，在职党员2133人，占65.71%；离退休党员1113名，占34.29%。区教育系统党建工作扎实推进创建先进基层党组织、争做优秀共产党员活动等主题实践活动和建党90周年庆祝活动，对29个教育系统先进基层党组织、138名教育系统优秀共产党员、20名教育系统优秀党务工作者进行表彰。

【人事】　2011年，区教育局完成中学届满换届工作。新一届中学领导班子任期五年，对个别小学校领导班子进行补充调整。加强对名校长、名教师培养管理工作力度，制订《海珠区“名校长、名教师”管理及考核暂行办法》，并与中山大学合作举办中学教育专家型教师（校长）高级研修班。组织申报市第二批名校长和名教师，获市认定名校长2人，名教师4人。名校长是市第四十一中学何树声、区实验小学陈卫红；名教师是市第五中学陈艳华、市南武中学牛应林、区同福中路第一小学罗夕花、区教育发展中心林玉莹。继续到国家重点院校现场公招优秀教育人才和公开招聘教职员工，共公招教职员89人，其中研究生学历8人，本科学历81人，中高级职称22人。

【教育信息化】　2011年，区教育局继续加强教育科研建设和网络安全管理。实施海珠区依托教育信息化促进区域教育均衡发展方案，开展政务公开和信息发布工作；重新规划改造教育网络，升级改造校园网络，教育区域网络环境从100兆光纤升级到1000兆光纤，大大提升网络访问速度。进一步应用初中综合评价管理系统、小学升初中综合管理系统、教育质量监控网上阅卷系统等多个平台。海珠区原4所“教育e时代”应用实验学校扩展为20所广东省现代技术实验学校，作为推进教育均衡发展实施工作试点单位，促进全区教育信息化均衡发展跨上新台阶。建设60多个网络优秀课程，深入推进“教育e时代”网上家长学校、心理健康辅导等平台在全区的应用。

【普通公立中学教育】　2011年，海珠区有公立中学24所（含市第六中学）：完全中学7所、高级中学1所（市第九十五中学撤并入海珠实验中学）、初级中学16所；共771个教学班。在校中学生36282人：初中生22040人，高中生14242人。教职员工3109人，其中高级教师523人，初中一级教师872人，高中一级教师373人，初中二级教师409人，高中二级教师204人，占76.58%。全区公立中学总占地面积495914平方米（含市六中68005平方米），校园建筑面积403142平方米（含市第六中学57841平方米）。区内8所公立初中为初中质量监控评卷点，投入90万元为学校改善563台评卷专用计算机设备情况。积极做好高中布局调整，努力推进市第九十七中学申报示范高中，做好海珠实验中学和市第七十六中学（岭南画派纪念中学）高中独立批招生工作。市第九十七中学在金碧校区招收高一新生；市培才高级中学于11月通过省高中教学水平评估；海珠实验中学于12月通过省一级学校评估，区属省一级学校以上高中占高中学校总数71.4%。积极推进市第五中学等5所学校的广东省“提升500所普通高中学校办学水平”专项工作。

海珠区中考和高考成绩继续保持稳步提升趋势。全区10686名考生参加高中阶段学校招生考试，在全市中考平均分比上年下降0.02分情况下，区平均分比去年增加2.06分，高分段考生大幅增加。高考各条线上线率逆势上升，其中，本科实际上线1831人（市预测目标1248人），专A实际上线2906人（市预测目标2089人）。第一批重点本科上线率3.87%，第二批本科上线率44.54%，第三批大专A线上线率70.69%，第三批大专B线上线率91.17%。

【公立小学教育】 2011年，海珠区有公立小学71所（不含区启能学校），1312个教学班，在校小学生53131人。小学教职工2991人，其中中学高级教师5人，小学高级教师2048人，小学一级教师570人，占87.70%。全区公立小学占地面积566134平方米，校舍建筑面积438044平方米。对部分公立小学进行布局调整：滨江中路小学与滨江中路第一小学合并，并接收华标涛景湾配套校区，命名为区大元帅府小学；区宝贤大街小学并入区宝玉直小学宝岗校区，招生服务地段保持不变；区宝玉直小学光大校区独立开办，命名为区宝玉直实验小学，招生服务地段与上年基本一致。

【民办教育】 2011年，海珠区有民办中小学30所，其中高级中学1所，初中11所，完全中学3所，小学15所。民办中学324个教学班，在校生21890人；民办小学622个教学班，在校生27685人。此外，还有2所民办职业学校，44个教学班，在校生1409人；区属民办培训学校116所，在校生约6.7万。海珠区进一步规范审批行为，完善民办教育机构审批制度。通过加强各类民办教育机构招生广告和简章备案，规范各类民办教育机构办学行为；协同工商行政管理部门依法清理和取缔无证办学行为。

【幼儿教育】 2011年，海珠区新增区一级幼儿园3所，新增达标幼儿园2所。全区共有幼儿园（含托儿所）181所，1763个教学班，在园幼儿40284人，教职工5135人，专任教师2454人。其中：公立幼儿园21所（含其他部门办的公立园10所），民办幼儿园154所，民办托儿所6所。海珠区继续推进幼儿园评估工作，共完成4所幼儿园的区一级幼儿园评估（复评）、13所幼儿园的达标幼儿园评估以及2所幼儿园的综合督导评估。11月，海珠区穗华幼儿园通过省一级幼儿园评估；12月，区光大同福幼儿园通过省一级幼儿园复评。

【特殊教育】 2011年，海珠区形成以区启能学校为康复教育主基地、以随班就读和特教班为主体、以送教上门为补充的特殊教育发展格局。全区有特殊教育学校1所，设有特教班小学3所；设有随班就读小学55所、中学23所，对无法到校学习的26名特殊学生开展送教上门。全区有义务教育阶段特殊学生637人，实现轻度弱智儿童入学率100%，“三残”（智残、体残、肢残）儿童入学率97%。

【德育教育】 2011年，海珠区有

2011年4月8日，区教育局在市第五中学举行海珠区首届特殊教育工作总结表彰大会。（区教育局供稿）

4所市心理健康教育示范学校。全区中小学均设有心理咨询室，配备专兼职心理辅导员。区教育局拨出专款20万元，在市蓝天中学建设二级心理咨询站——海珠区未成年人心理咨询与援助中心；同时设立区少年宫、区教育实践基地、市第九十七中学、市第七十八中学、市南武中学、区培红小学、区滨江西路第一小学以及前进路小学等8个区未成年人心理咨询与援助中心（学校）分部。4月，在市第九十五中学召开以“加强班级文化，提高德育实效”为主题的中小学德育工作会议；11月，在北大附中广州实验学校召开以“加强德育科研 提高德育实效”为主题的德育工作经验交流暨省德育课题开题会，同时印发《海珠区中小学德育工作经验材料汇编》。是年，区教育局印发《关于进一步加强海珠区教师职业道德建设的意见》，发动各校开展师德大讨论和教师参与省教育厅组织的“以身立教，为人师表”的主题师德征文活动。继续组织开展中小学德育评估。区昌岗东路小学成为首批广东省德育示范学校；市第四十一中学、区实验小学、区昌岗中路小学于11月通过市德育示范学校评估. 继续加强中小学家长学校建设，促进家长学校规范管理。市第五中学、市第九十八中学、市第三十三中学、区万松园小学、区宝玉直实验小学、区滨江西路第一小学等6所学校被评为“广州市中小学百所优秀家长学校”。

【团队教育】 2011年，区教育局结合广州市创建全国文明城市统一部署，启动“创建国家文明城市”齐参与，少年先锋在行动——海珠区少先队员爱护环境社会实践系列活动。组织52所中小学举办以庆祝建党90周年为主题的区第三届中小学生诵读中华经典美文表演大赛，选送4所学校参加市第三届中小学生诵读中华经典美文表演大赛，其中市第五中学、区昌岗中路小学分别获中小学组一等奖，市第九十七中学、北大附中广州实验学校小学部获三等奖，区教育局获优秀组织奖。组织区内70多所学校参加“在党旗下成长”书画摄影征文比赛。组织22所学校参加2011年海珠区中学生法治演讲比赛，选送2名学生参加市的比赛，其中市第五中学学生赵亮获一等奖（第二名）并代表市参加省的比赛，市第九十七中学学生欧阳允健获三等奖。与邓世昌纪念馆联合举办爱国主义教育图片巡回展览，并开展征文活动。与大元帅府纪念馆、区文博中心联合举办以近代革命、广州城市建设、民风民俗、海珠区地方史等为主题的巡回展览，送到区内各中小学展览。组织高中学校学生举行成人宣誓仪式。

【安全教育】 2011年，区教育局继续健全和完善教育系统内部各项安全管理教育制度。指导和督促各校园抓好校内安全保卫工作，为12个校区安装校内视频监控系统，完善安全设施；排查和整改校园内部各类安全隐患，重点对民办学校和住宿生的校园进行检查监督；加大对全区校车的监管力度，落实校车驾驶员持证上岗制度、校车管理人员及驾驶员培训学习制度、校车安全性能检测制度等，做好校车行驶记录仪的安装和调试工作，建立校车违章定期通报制度。建立法制副校长（法制辅导员）工作和培训制度，印发《法制副校长工作手册》和《中小学法制辅导员读本》，定期组织学习培训；开展聘任校园法律顾问工作，实施法制宣传教育，为学校和广大师生提供法律咨询服务和法律援助，举办法律讲座300多次、提供法律咨询1000多次、提供法律意见及建议200多条。坚持校园安全主任持证上岗制度，联合安监部门组织培训，近200人已取得省初级安全主任证书；继续加强学生安全教育，在北大附中广州实验学校、赤岗中学举办两期消防安全应急演练培训和演习，全区所有学校派人进行现场观摩学习。开展海珠区“平安校园”创建评估工作，评出区“平安校园”优秀学校30所。市第四十一中学被评为广东省安全文明校园，市第四十九中学、市第七十六中学、市蓝天中学、市绿翠中学、区聚德东小学通过广州市安全文明校园评估。

【体育教育】 2011年，区教育局做好小学升初中体育艺术特长生招生文件宣传解释和特长生审批工作。市第五中学、市绿翠中学、区晓港湾小学、区万松园小学被省体育局、省教育厅命名为“2009—2011年度广东省体育特色学校”；市江南中学、市绿翠中学、区客村小学、区万松园小学、区江南新村

2011 年 11 月 30 日，区教育局在宝岗体育场举办 2011 年海珠区中小学生运动会田径比赛。（区教育局供稿）

第一小学、区江南新村第二小学、区宝玉直小学、区后乐园街小学被市体育局、市教育局命名为“2009—2011 年度广州市学校体育场馆向社会开放示范单位”。是年，海珠区学校参加各级各类竞赛，获得国家级比赛奖励 14 项，市级比赛获奖 26 项。

【卫生教育】 2011 年，区教育局与区食药局、卫生局等职能部门多次开展联合检查，督导区内学校的饭堂食品、饮用水、课室卫生、传染病防控、窝沟封闭、控烟等工作。开展除“四害”爱国卫生运动，创建清洁文明校园环境。在广州市率先开展“食品安全管理员”培训工作，加强学校食堂卫生保障。落实健康教育工作，保证开齐开足课时。开展“六病”防治教育，切实增强青少年体质健康。开展爱滋病教育工作，市第九十七中学作为广东省的唯一代表参加在河南郑州召开的全国艾滋病教育工作会议并介绍经验。截至 10 月，海珠区共有托幼机构新生无预防接种证 373 人（占 3.13%），补证 373 人；小学新生无预防接种证 3583 人（占 17.60%），补证 3583 人；初中新生 10858 人无预防接种证 676 人（占 6.23%），补证 676 人。卡介苗、脊灰、乙肝、百白破、白破、麻疹、乙脑、甲肝、流脑 A 和流脑 A + C 这 10 种疫苗应补种 8520 剂次，已补种 8186 剂次，补种率 96.1%，首剂补种率均超过 95%。

【艺术教育】 2011 年，区教育局举办海珠区第三届学校艺术团展演活动。有 65 间中小学参加，数量为历届之最。通过选拔，11 支中小学艺术团队在市第三届中小学艺术团展演活动中获得 26 个一等奖、7 个二等奖的历史最佳成绩。区昌岗中路小学艺术团以全市总分第一被评为“示范艺术团”。举办 2011 年“海燕杯”海珠区青少年书画比赛，有 104 间学校、633 名学生参加；举办主题为“美丽的广州我的家”海珠区第六届“陶趣杯”学校陶艺比赛，有 60 间学校、358 名学生参加。

【非物质文化遗产项目】 2011 年，海珠区正式启动非物质文化遗产项目。区教育局、区文广新局及相关项目传承人实地走访市第七十六中学（岭南画派纪念中学）、区昌岗东路小学、区大元帅府小学、区培红小学、区滨江西路第一小学等 5 所非物质文化遗产传承单位；制定印发《海珠区非物质文化遗产进校园活动实施方案》，并下拨专项经费帮助学校开展项目。

【科技教育】 2011 年，区教育局开展活动科技教育。3 月至 6 月，举办以“科学引领生活，创建幸福海珠”为主题的 2011 年广州市海珠区“小海豚”科技节，以培养青少年的科学创新精神和实践能力，提高青少年的科技素质。5 月 15 日，组织 500 多名学生参加在区少年宫小海燕剧场举办的“太空·海洋·生活”海洋科普讲座，中国科学院南海海洋研究所热带海洋环境国家重点实验室研究院唐丹玲教授引导孩子们了解海洋生态对自然灾害（台风、海啸、地震、沙尘暴、赤潮等）的影响，普及环保理念。9 月 29 日，在市第六中学举行院士报告会，中国工程院院士、广州市科协主席周福霖与 1000 多名学生交流成长心得。

（邓永权）

科技　信息化

【概况】 海珠区科技和信息化局（简称区科信局）成立于 2009 年 12 月 31 日，挂广州市海珠区知识产权局牌子，为区人民政府工作部门。2011 年 4 月，区科信局从宝岗大道龙骧大街 28 号 3 楼搬迁至广州大道南 999 号 9 楼。区科信局设3个内设机构：办公室（挂海珠区地震办公室牌子）、科技业务科（与知识产权科合署）、信息化发展科（挂区无线电管理办公室牌子）。

【科技创新和科技项目】 截至2011年底，海珠区共认定高新技术企业56家，民营科技企业136家；组织辖内企业申报国家、省、市科技项目256项（其中省部产学研结合项目23项）。申报并通过企业研发费用税前扣除项目220项（涉及企业研发费总额3.48亿元）。2011年，海珠区11家单位获广东省科学技术奖。4月18日，华南首家区域性检测与认证产业联盟在海珠区成立，132个省级以上检测与认证平台合作、总价值超10亿元的19812台（套）检测仪器设备支撑、近50家门类齐全的检测与认证机构参与，已初步形成检测与认证的高端产业集群。

【知识产权】 2011年，海珠区完成省知识产权试点区域验收考核。组织区内企业220人次参加专利"灭零倍增"专题培训，成功促进区域内8家企业实现专利申请"灭零"、4家企业实现专利申请"倍增"，奖励资金19.2万元。区科信局与区少年宫联合举办青少年创新大赛，共产生发明作品类奖65项、论文类奖41项、科幻画类奖131项、优秀科技辅导员奖10项，17个单位获科技实践奖、11个单位获优秀组织奖。配合省知识产权局参加第109届、第110届"广交会"驻会执法，共参与处理知识产权涉嫌侵权案289件，涉及专利权数182个；配合市知识产权局参加在琶洲会展中心举办的"国际玩具展"、"国际婴童用品展"等展会执法，处理案件147宗，涉及专利数141个；配合区整规办开展"双打"行动，共参加打假专项和执法17次，出动人员169人次，处理涉嫌案件363宗；至12月，海珠区专利申请量共计2118件，比上年增长14.0%，其中发明专利申请量占专利申请总量40.4%，位居全市区县第三；专利授权量共计1530件，比上年增长26.3%，其中发明专利授权量占专利授权总量28.4%，位居全市区县第二。在首届广州市专利奖评选和表彰活动中，区域单位中山大学获"专利创造贡献奖"及凭借专利"一种数字家庭网络媒体格式转码装置"获"专利优秀奖"，广东省昆虫研究所凭"一种灭杀红火蚁的药剂和方法"获"专利优秀奖"，广州杰赛科技股份有限公司获"专利实施效益奖"。

区科信局坚持每周五下午业务培训制度，提高干部职工综合素质。（吴小莹摄）

【信息化建设】 2011年，海珠区初步构建智慧城区应用新体系。以社区管理为重点，信息化手段为依托，探索智慧社区管理创新思路。制定《社区管理信息化提升工程示范项目建设方案》，搭建社区服务管理信息平台，整理70项服务事项纳入社区平台建设；组织区内有关企业成功申报市"智慧社区"科技项目。以资源整合利用为重点，启动电子政务与云计算系统建设和地理信息系统（GIS）平台建设工作。加强全区政务网络管理和建设，制定《海珠区公众信息网考评问题整改任务分解表》，督导各相关责任单位完成整改工作。全年区公众信息网总共发布信息9538条，其中要情动态639条，部门信息1561条，街道信息6497条，通知公告211条。做好全区综合工作平台（OA）系统工作。截至12月，平台共有注册单位96个，注册用户4485人。共发送通知15969份、拟文376份、收文办理4037份。为全区76个部门申请数字证书，注册电子公章146个。做好全区政务网建设工作，共投入资金850万元，光纤网络覆盖到全区各局委办、18条街道、257个居委会。

【视频建设】 2011年，海珠区全面推进视频监控系统建设。落实"1个社区、1个监控点、1个标示牌"检查要求，扩大视频监控点和标识牌的覆盖面。实现全区114

所中小学内部视频监控覆盖率达100%，全区114所学校和190余所幼儿园门口及周边视频监控覆盖率达100%；协助赤岗街、沙园街解决工作难题，追加1000多万元解决社会力量参与共建公共区域监控点短缺资金问题；加强视频监控系统的应用管理和资源共享的推广，实现良好社会效应。全年利用视频监控系统收集视频信息线索1605条，比上年增长10.61%，破获刑事案件545件，占破获刑事案件9.79%，比上年增长13.31%、16.13%，破获治安案件275件，比上年增长19.57%，抓获犯罪嫌疑人1086人；完成市委和市政府两套视频会议系统的建设工作。

【防震救灾】 2011年，海珠区自主设计制作地震应急，在日本9.0级大地震后，区地震办协调广州方圆公关公司公布应急包热线电话，安排专人接待前来订购或电话咨询和预订的机团单位和市民，共售出地震应急包1890套。编制海珠区防震减灾事业“十二五”发展规划，委托专家编制海珠区“十二五”防震减灾规划，在全市区县中率先定稿印发实施。成立区地震应急专家组，从省、市、区地震部门和供气、供电、电信等领域遴选14名专家，为突发地震灾害事件处置和地震应急管理工作提供决策建议、专业咨询、理论指导和技术支持。根据区地震工作领导小组结构、任务和人员的变化情况，及时更新区地震应急卡相关内容，并印发有关单位领导和具体工作人员人手一份，随身携带，用于指导突发性地震灾害的应急处理。

【科普工作】 2011年，海珠区印发《海珠区科普计划项目申报指南》，共收到申报书61份，共立项50个项目，支持经费265.41万元；印发《海珠区科普计划项目申报、立项、结题等有关程序及表格》，详细介绍从申报到结题验收的一系列程序和注意事项；组织各申报单位对项目有关情况进行检查并填写上报检查表，推动立项项目如期实施；借助“海珠讲坛”为平台，在区会议文化活动中心举办题为“低碳经济与海珠区可持续发展”的科普专题讲座；选取海珠区两大具有典型代表性的科普基地——陈李济中药博物馆、珠江—英博国际啤酒博物馆开展海珠区科普一日游活动；开展“小海豚”科技节、健康讲座、科普展览、科普咨询等涉及教育、卫生、农业、文化、街道等多个领域的科普宣传活动。

（周泳恩）

科技产业基地

【概况】 2011年，区科技产业基地琶洲、敦和、大干围三个园区建筑面积共9.1万平方米，共有246家企业入驻，入驻率接近100%。入驻企业完成技工贸总收入24.47亿元，同比增长20%；工业总产值13.73亿元，同比增长27%；应缴税费1.32亿元，同比增长33%；就业总人数8353人。园区内有9家科技企业共12个项目获得省、市、区科技项目立项，8家企业共12个项目获得省、市、区科技项目资金共622万元支持，5家企业申请专利共23项。

【基地自身发展】 2011年，区科技产业基地全年总收入4082.5万元，其中租赁收入2664.9万元，外贸业务收入1199.5万元；总支出3771.5万元，其中经营费支出2170万支出1032万元（含上交国资占用费400万元）；净利润311万元。

【中大科技综合楼项目转让】 区科技产业基地办公室于2010年7月28日与中山大学签订海珠中大科技综合楼项目终止合作协议书。2011年，该办委托广州产权交易所，依法以公开市场方式转让持有的中山大学科技园管理有限公司40%股权，并收齐全部股份转让款。

【琶洲科技创意中心项目】 经区政府同意，区科技产业基地对原广州精工电子有限公司租赁的琶洲园区厂房进行改造，筹备建设琶洲科技创意中心。2011年初，琶洲科技创意中心项目正式立项，并被纳入市2011年度重点工程项目，建设规模约5万多平方米，总投资约为3.5亿元。是年获得政府划拨的启动资金2000万元，已由区发改局批准立项，并取得用地批准书及财政评审号。

【科技服务】 2011年，区科技产业基地继续发挥科技企业孵化器功能，提升科技服务水平。全年累计为园区企业提供各项服务共753项（次），其中基础服务460项，人力资源服务227项，组织举办交流培训等活动14次，专项服务38项（次），其中为9家园区企业申报2012年专利奖励，为5家园区企业申报认定市民营科技企业，4家园区企业申报认定“双软”企业，

2011年1月13日，区科技产业基地举办成立13周年庆暨2011年迎春座谈会，对2010年发展良好的园区企业进行表彰。（何晶晶摄）

2家园区企业申报认定高新技术企业，4家企业申报区级科技计划项目，6家园区企业申报孵化器发展专项资金项目。

【重要活动】 2011年1月5日，区人大常委会副主任老炳坚等到区科技产业基地调研。3月18日，科技部火炬中心隋志强处长到敦和园区参观指导。4月26日，区科技产业基地召开区纪委派驻纪检组长到任大会。5月20日，市知识产权局副局长丁力等到区科技产业基地参观考察。6月22日，市科技和信息化局、区科信局领导到琶洲园区就建设华南检测认证现代服务业园区项目进行调研。6月24日，市高新技术创业服务中心主任冯梦党等人到区科技产业基地参观指导工作。8月3日，市政协主席林元和在邓伟强、陈建华、黄翔、罗光华等区领导陪同下莅临琶洲园区广州金域医学检验中心有限公司视察。8月8日，副市长贡儿珍、市政府副秘书长赵南先以及市有关职能部门领导在黄信仪、罗光华等区领导陪同下到琶洲园区广州金域医学检验中心有限公司调研。10月14日，新疆维吾尔自治区人民政府史大刚副主席、陈靖、许观斌副秘书长和有关部门领导在副市长贡儿珍、副区长方锦群、省经信委、省外经贸厅相关领导陪同下考察琶洲园区广州金域医学检验中心有限公司。11月3日，徐咏虹、刘捷、罗光华等区领导到琶洲园区调研。12月9日，西藏林芝地区工业和信息化局局长唐拥军在区长助理陆传刚陪同下到区科技产业基地参观考察。

【特色活动】 2011年1月13日，区科技产业基地召开成立13周年庆暨2011年迎春座谈会。4月28日，为庆祝“五一”国际劳动节，区科技产业基地工会在南海西樵山组织全体员工登山比赛。

（邓　雯）

文化广电新闻出版旅游

【概况】 2011年，区文广新局把握广州市建设“文化强市”和“世界文化名城”的良好机遇，促进“和谐文化”建设，推动区文化产业、旅游业良性发展，为打造“文化名区、幸福海珠”作出新的贡献。

【文化馆（站）评估定级】 2011年，区文化馆在第三次全国文化馆评估定级工作中，保持“国家一级馆”称号。12月9日，区迎接广东省第九次文化站评估定级检查组实地检查，赤岗街等15个文化站被评定为“省特级文化站”，其中瑞宝、南洲、新港、南石头、官洲等街5个文化站从一级站晋级到特级站；江南中街、凤阳街等3个文化站被评定为“省一级文化站”，其中江海街文化站由二级站晋级到一级站。

【公共文化服务体系建设】 2011年，市、区共划拨257万元用于社区文化室管理人员和设施维护。区文广新局制定《海珠区文化站（室）管理细则》《公建配套文化设施管理细则》。2月24日起，区图书馆开始正式实施“广州地区公共图书馆通借通还项目”，实现与市属14所图书馆通借通还。7月，瑞宝街图书分馆正式开放，区图书馆分馆达到9个。开通科普信息服务平台，向区内群众发布服务短信逾12万条，5月，区图书馆被评为“广州市社会科学普及基地”。在全市区级图书馆中率先启用数字报刊阅读机，提供1000种报纸、2000种杂志的即时在线浏览服务。区图书馆全年进馆人数约70万人次，文献借还数量达14万多册次，与上年相比分别增加48.9%和8.8%。

【群众文化活动】 2011年，区文广新局组织首届广东社区文化节闭幕式、庆祝建党90周年大型群众

2011年8月19日，首届广东社区文化节闭幕式在大元帅府广场举行，海珠区荣获优秀组织奖。（区文广新局供稿）

文化活动、纪念辛亥革命一百周年系列活动、广州市文艺家下基层进社区活动开幕式等各类文艺演出50多场，广场放映60余场，书法摄影展览10余次，流动展览、海珠街坊讲坛、亲子活动坊等公益文化活动约70次，参与及受惠群众近80万人次。举办各类培训班200多个，培训学员9000多人次。5月29日，海珠区选送的女子3人组合荣获广东省第十届“百歌颂中华”歌咏活动组合类银奖。7月10日，区流行舞基地Speed街舞团在代表全球最高水平的专业街舞齐舞比赛Japan Dance Delight（JDD）中国赛区决赛中荣获亚军。11月27日，男女声二重唱《千年珠水谣》获广东省第五届群众音乐舞蹈花会金奖。11月，海珠区因书法、美术项目入选文化部2011—2013年度“中国民间文化艺术之乡”名单。

【文化资源保护】 2011年，海珠区古琴艺术（岭南派）被评为联合国科教文组织优秀实践名册项目。象牙雕刻、广州榄雕、广绣、岭南盆景技艺、小柴胡制剂方法、小凤饼制作工艺等6个项目入选第四批省级非物质文化遗产名录。广东岭南古琴艺术馆（海珠区非物质文化遗产展示厅）建成开放。在全市率先开展“非物质文化遗产进校园”传承活动，全市6所示范学校均在海珠区，分别是昌岗东路小学、市第七十六中学、大元帅府小学、培红小学、滨江西路第一小学、广州美术学院木雕实验室，开展岭南古琴艺术、广彩瓷烧制技艺、广州咸水歌、岭南盆景、岭南木偶、广式硬木家具、广州木雕的特色教学工作。评定公布首批海珠区级文物保护单位7处，分别是：梁氏大宗祠、李雍别墅、潘氏家庙、黎氏宗祠、康帅府、三圣宫、仑头社稷之神祭坛。开展海珠区全国第三次文物普查摄像工作，完成全部132个文物点的拍摄以及摄像资料的后期制作工作。潘氏大院保护规划设计完成专家审定。成立海珠区博物馆之友协会，编辑出版《走进黄埔村》、《诗情画意溯流源》、《岭南画派与辛亥革命——海珠区纪念辛亥革命100周年》等文博书籍。全国目前唯一一座孙中山戎装雕像在大元帅府广场落成。十香园修缮保护二期工程第三标竣工，对一期及周边范围内园林景观完成升级改造，至此十香园二期工程全部完成。该馆常年开设“诗情画意溯流源——隔山画派及岭南画派先师纪念展”，举办特展《纪念赵少昂诞辰105周年艺术展》、《十香雅韵，岭南一脉——春睡、春潮画会联展》等，2011年共接待游客约7.6万人次。

【首届广东岭南古琴音乐会】 海珠区是古琴艺术（岭南派）流传的主要地区之一。2011年10月28日，首届广东岭南古琴音乐会暨岭南古琴艺术馆揭幕仪式在海珠区举行，吸引粤港澳以及日本的古琴名家前来交流探索。该音乐会将每两年举办一次，与珠三角咸水歌歌会、岭南书画艺术节共同构成海珠区文化活动三大品牌。

【文化产业及文化市场监管】 2011年，区文广新局为广州T.I.T纺织服装创意园争取到省下拨380万元专项支持资金，为该园二期发展奠定基础。指导成立区歌舞娱乐专业委员会，全区17家歌舞娱乐企业全部成为会员单位。制定《海珠区2011—2015年游艺娱乐场所审批实施方案》、2012年新增网吧计划，修订《海珠区互联网上网服务营业场所2010—2012年布局规划》。认真推进区机关正版化软件工作。圆满完成创文迎国检工作任务，全区网吧专项测评保持不失分。制作《互联网上网服务营业场所行为规范》演示片派发到全区网吧，得到市文广新局肯定，并在全市范围内推广与应用。2011年共查处盗版制品仓库12个，收缴非法出版物、音像制品11.51万本（张），拆除违规安装的卫星天线3套，取缔非法出版物经营店档12家，立案查处违法案件29宗，2名非法经营出版物嫌疑人被移送公安机关。

【旅游】 2011年，区文广新局组织广州塔、珠江啤酒博物馆、十香园纪念馆、邓世昌纪念馆、潘鹤雕塑艺术园等旅游景区参加创建国家A级旅游景区工作，十香园纪念馆、邓世昌纪念馆、潘鹤雕塑艺术园创3A工作已通过市A级景区评定委员会检查。6家星级酒店顺利通过旅游饭店评星复核，广州申浪国际旅行社有限公司、广州北方畅游国际旅行社有限公司被市旅游局评为2011年度广州地区诚信旅行社。以创建国家A级景区为契机，全面推进区内景区配套服务设施建设。珠江啤酒博物馆大堂厕所通过评审成为海珠区首个景区四星级厕所。优化提升旅游发展环境，完成海珠湖第一期工程的标识牌、黄埔古港古村旅游导视系统项目。

“聚焦新环岛 万人游海珠”活动 6月26日，海珠区委、区政府与市旅游局共同主办的“聚焦新环岛 万人游海珠”活动在孙中山大元帅府广场正式启动。活动历时半年，每周六组织市民免费组团游玩文化（十香园纪念馆—潘鹤雕塑艺术园—黄埔古港古村历史文化景区）、生态（石榴岗河—海珠湖—龙潭果树公园—小洲村绿道）、博物馆（邓世昌纪念馆—陈李济中药博物馆—珠江啤酒博物馆）、宗教文化（基督教河南堂—海幢寺—纯阳观）、创意产业（太古仓码头—T. I. T创意园—广州塔—小洲村）5条旅游线路。约1.3万人参加该项活动。

“新海珠 新江南”海珠十大新名片评选 活动从6月26日启动，78万人次参与网络投票和景点实地投票，经过网上征名以及专家论证和文艺界代表认同，12月19日，海珠十大新名片在珠江·琶醍啤酒文化创意艺术区正式公布：双塔辉映（广州塔、赤岗塔）、漱珠朝斗（纯阳观）、珠漪琶醍（珠江·琶醍啤酒文化创意艺术区）、古港丝路（黄埔古港古村历史文化景区）、太古听涛（太古仓）、岭南画源（十香园纪念馆）、帅府高风（孙中山大元帅府）、珠湖叠翠（万亩果林，包括小洲村、海珠湖两个核心景点）、琶洲展都（琶洲国际会展中心）、绿轴霓裳（T. I. T创意园）。

（李玉立）

卫 生

【概况】 2011年，海珠区属医疗单位原有13间，包括医疗机构10间，区疾病预防控制中心、区卫生监督所、区卫生学校各1间。基层医疗卫生机构综合改革后，10间医疗机构中保留4间，其他转型为素社街、沙园街、昌岗街、凤阳街、江南中街、滨江街、龙凤街、江海街、南洲街、赤岗街、新港街、南华西街、瑞宝街、海幢街社区卫生服务中心等14间社区卫生服务中心。

是年，区卫生局从区情出发，科学制定海珠区深化医药卫生体制改革方案，着力落实各项改革措施，推进基层医疗卫生机构综合改革、基层医疗卫生服务体系建设和基本公共卫生服务均等化，切实做到惠民生、促发展。

【基层医疗卫生机构综合改革】 一是管理体制改革落实到位。坚持公益性导向，对区属医疗机构进行科学的调整设置，至5月31日，核准18个社区卫生服务中心为公益一类事业单位，核定人员编制1007名。改革后保留和重点建设区第一人民医院、区妇幼保健院、区中医医院和区口腔医院，其他区属医疗机构转型为14间社区卫生服务中心。二是人事制度改革全面

2011年1月28日，海珠区召开深化医药卫生体制改革工作会议。
（区卫生局供稿）

完成。至年底，完成区政府举办的14间社区卫生服务中心的岗位设置、竞聘上岗、806人的人员首聘及纳入转型的原区属医疗机构离退休人员共854人的分流安置工作，同步理顺解决区属集体所有制单位及人员历史遗留问题。三是分配制度改革全面推进。完善绩效考核机制，初步实行绩效工资制度，建立健全科学合理的内部分配激励机制，有效调动广大医务人员的积极性。四是基本药物制度全面实施。区政府举办的14间社区卫生服务机构全面实施国家基本药物制度，并实行零差率销售，2011年，全区基层医疗卫生机构人均门诊药品费用同比下降3.33%，每床住院日均药品费用同比下降9.31%，群众用药负担明显减轻。五是多渠道补偿机制初步建立。2011年区财政落实对机构基本建设和设备购置经费、基本公共卫生服务等经常性收支差额补助经费7471万元。区政府举办的14间社区卫生服务机构全部实施一般诊疗费收费项目调整，并纳入基本医保、公费医疗支付范围，同时实行收支两条线管理。

【基层医疗卫生服务体系建设】 一是加快社区卫生服务信息化建设。2011年初制定《海珠区卫生系统信息化建设规划》，组织开发社区卫生服务信息系统，在龙凤街、新港街、素社街社区卫生服务中心三个试点正式投入试运行。二是深化社区卫生服务内涵建设。进一步完善社区卫生网格化服务模式，全年随访293598人次，建立家庭病床706张，开展家庭病床巡诊6276人次，家庭出诊7167人次。滨江街社区卫生服务中心荣获首批“全国示范社区卫生服务中心”称号。江海街、龙凤街社区卫生服务中心荣获“全省示范社区卫生服务中心”。龙凤街社区卫生服务中心荣获“中国社区卫生协会优秀实践基地”称号。在市卫生局委托第三方独立实施的“2011年广州市居民社区卫生服务满意度调查”中，居民对海珠区社区卫生服务的满意度达98.34%，位居全市第一。

【基本公共卫生服务】 2011年全区基本公共卫生服务经费达到30元/人/年。重点落实广州市社区基本公共卫生服务包，免费为居民提供9大项28子项基本公共卫生服务。开展卫生进社区活动，为6类重点人群135049名群众提供免费健康体检服务。组织17次全区性健康教育活动，受惠群众近26万人次。全区累计建立健康档案1020241份，高血压、糖尿病患者累计建档104569份。为65岁及以上老年人累计建档115656份，建档率96.52%。继续实施为全区15岁以下儿童免费补种乙肝疫苗、为全区贫困孕产妇住院分娩提供医疗补助、为全区育龄妇女孕前和孕早期补服叶酸等重大公共卫生服务项目，全区共补种乙肝疫苗86188剂次，完成率达108%。启动为全区适龄儿童免费实施窝沟封闭项目，为全区99间小学2831人免费实行了窝沟封闭。1月，海珠区以全市第一名的好成绩顺利通过2011年基本公共卫生服务市级绩效考评，实现四连冠。

【疾病预防控制和卫生应急工作】 全区报告甲、乙类传染病比上年同期下降1.54%。认真落实国家扩大免疫规划工作，全区儿童计划免疫建卡率达100%，儿童“六苗”接种率98.55%。开展0－3岁脊髓灰质炎疫苗强化免疫活动，共接种119349人次。进一步完善全区健康教育网络软硬件建设，营造良好宣传氛围，社区健康教育专责人员健康教育业务知识培训率达100%，居民健康知识知晓率达85.18%，健康行为形成率达75.34%。3月，成立区卫生局突发公共卫生事件应急办公室，制定《“十二五”突发公共卫生事件应急体系建设规划》，全年完成卫生应急任务89件。11月，区卫生局荣获“2011年广州市消防应急演练先进集体”称号。应对突发公共卫生事件能力不断提高。全区妇幼保健工作成绩突出，7月27日顺利通过国家“两个规划”终期达标评估。2011年，全区户籍人口孕产妇保健系统管理率97.48%，7岁以下儿童保健管理率99.71%，户籍人口孕产妇死亡率为36.02/10万，婴儿死亡率3.60‰。规范婚前医学检查工作，免费婚检6081人，为6746名特困育龄妇女实行“一站式”免费妇检服务。规范开展全区免费产前出生缺陷医学筛查工作，为12578人次提供了医学筛查服务。

【医疗服务和中医工作】 区卫生局深入开展“医疗质量万里行”活动，强化医疗质量管理，确保医疗安全。结合开展“三好一满意”（服务好、质量好、医德好、群众满意）、“民主评议政风行风”及“优质护理服务示范工程”等活动，狠抓医务人员“三基三严”（基本理论、基本知识、基本技能；严格要求、严谨态度、严肃作风）训练和岗位练兵，提高服务水平，改善服务态度，为群众提供高效、优质的医疗服务。11 月 8 日，制定《区中医药事业发展规划（2011—2015）》，加强中医“名院、名医、名科”建设，石溪中医医院糖尿病专科被评为“广州市中医名科”。着力推进 3 间国医馆建设，11 月 24 日，首间国医馆已建成开业。推进中医适宜技术进社区，积极开展中医“治未病”工程，全面提升中医服务水平。积极开展继续教育和医学科研工作，获区科技计划项目立项 26 项，申报 2012 年度广州市医药卫生科技项目 9 项。举办各种学术交流会、培训班 36 期，共培训 5333 人次。

【卫生监督执法工作】 3 月，区卫生局成立卫生监督科，完成餐饮业、食堂等消费环节食品安全监管职能移交。重点推进公共场所卫生监督量化分级管理，完成全区 1760 间公共场所的量化评级工作，管理覆盖率 100%。加大医疗卫生、学校卫生、职业卫生和放射卫生监管力度。开展打击非法行医专项行动 47 次，保障群众就医安全。完成春节、国庆等重大节假日和第 109、110 届广交会等重大活动的卫生保障任务。共出动执法人员 7225 人次，监督检查餐饮服务单位 1039 间次（餐饮服务监管职能于 4 月 13 日移交给区食药局）、公共场所 11435 间次、学校 524 间次、医疗机构 654 间次、传染病防治监督 1145 间次，下达《卫生监督意见书》1660 份，罚款 21.7 万元，查处无证经营店档 341 间次，取缔无证行医点档 207 间次，查处非法医疗侵害案件 7 宗，处理及时率和结案率均为 100%。

【“创文”工作】 区卫生局以医疗机构窗口服务、公共场所卫生为重点，切实落实各项“创文”指标，圆满完成“创文”工作任务。该局获“海珠区创建全国文明城市突出贡献单位”称号。区卫监所、区疾控中心、区一医院、区新滘医院被评为“海珠区创建全国文明城市积极贡献单位”。区一医院内科、区中医院晓港社区卫生服务站、区疾控中心健教科获省卫生系统“青年文明号”称号。打造了一批“文明窗口”示范点、“行业标兵”模范岗、卫生文明优质服务品牌。

【党建和行风建设】 区卫生局结合深化医疗卫生体制改革和纪念建党 90 周年，于 6 月 24 日举办区卫生系统纪念建党 90 周年大会暨文艺汇演；发挥党组织的战斗堡垒作用和党员的先锋模范作用，以“固本强基创先进、岗位奉献争优秀、全力以赴促医改”为主题，深入开展创先争优系列活动。加强学习型党组织建设，不断完善领导干部学习培训机制与考核激励机制，举办 2 期海珠卫生讲坛，培训 160 人次，不断提升机关干部和基层领导的工作能力。抓好党风廉政建设责任制，开展“三好一满意”、“民主评议政风行风”等活动。推进医药购销领域商业贿赂专项治理工作，健全治理商业贿赂的长效机制。抓好信访、维稳综治、消防和安全生产工作，维护社会稳定。

（周　获）

体　育

【概况】 2011 年，海珠区以成功举办广州亚运会藤球比赛为契机，加快发展体育事业。是年，组织参加省、市体育活动 14 项，组织该区特色体育活动 11 项，直接参加人数达 7 万人次。

海珠区体育代表团参加市第十五届运动会，取得该区参加市运会历史最好成绩，获得总分 5741.625 分，比上届多得 1198.375 分，居总分榜第四名；

2011 年 6 月 13 日，召开参加广州市第十五届运动会海珠区体育代表团成立大会。 （孙晓江摄）

金牌177.88枚，比上届多得45.38枚，居金牌榜第五名；银牌76枚，铜牌66枚；大球三项总分奖第一名，小球三项总分奖第二名，陆上三项总分奖第四名，水上三项总分奖第四名，体育道德风尚奖，突出贡献奖二等奖。完成区委、区政府下达的指标任务，取得运动成绩和精神文明的双丰收，为海珠区赢得了荣誉。

加大全民健身路径建设，更换20条健身路径，新建10条健身路径。建设6片篮球场、20张乒乓球台和1个健身广场。全区社区体育面积57万平方米，市属区属体育面积14.8万平方米，学校体育面积82万平方米，人均公共体育面积达1.6平方米（按户籍人口计算）。

【群众体育活动】 2011年，海珠区坚持创新性、参与性、趣味性的统一，组织开展具有海珠特色的丰富多彩的全民健身活动。

"市长杯"羽毛球系列大赛 共有105支队伍近千人参加，历时两个月多月。

"市长杯"乒乓球百姓系列和谐赛 "市长杯"乒乓球百姓系列和谐赛是该区品牌赛事，共77支队伍参加比赛。

全民健身活动日 2011年8月8日是全国第三个全民健身日。为响应"每天锻炼一小时，健康生活一辈子"活动主题，在广重文化广场举办"传承亚运，和谐共赏"2011年海珠区全民健身日活动。组织居民进行柔力球、踢毽子和健身操表演。开展背篓接毽、抱夹篮球、圆心靶掷贝、呼啦圈跳绳等多种趣味体育活动，吸引大批群众踊跃参加。

纪念亚运成功举办一周年 在海珠体育中心举办纪念广州成功举办第16届亚洲运动会一周年全民健身展示系列活动。全区28支代表队492人参加秋季职工趣味运动会。运动会分团体和个人项目。团体项目有六人三足、男女混合拔河，个人项目有双人跳绳跑、双人踢毽、二人三足勇闯关、一心二用等。

城区群众体育活动 2011年参加和举办区级以上群众体育活动有：参加2011年广州市元旦万人健步行活动、广州市群体工作者迎春体育比赛、第五届"市长杯"广州市大中小学校羽毛球赛总决赛、2011年广州国际龙舟邀请赛、广东省第四届老年气排球赛、广州市第三届"市长杯"乒乓球百姓系列和谐赛比赛、2011年"市长杯"广州市男女混合团体羽毛球赛总决赛、2011年广州横渡珠江活动、2011年阳光体育全国青少年体育俱乐部比赛、2011年广东省传统武术（套路）锦标赛、2011年广州市金秋登山活动、广东省首届百街千镇乒乓球赛广州赛区比赛、广州市国民体质监测活动、广东省绿道健身社会体育指导员培训班（自行车）。承办2011广东省（太极拳、柔力球、羽毛球）一级社会体育指导员培训班。举办"传承亚运 和谐共享"2011年海珠区机关足球赛、第五届"市长杯"2011年广州市大中小学校羽毛球赛暨海珠区中小学校羽毛球锦标赛、2011年海珠区三级社会体育指导员培训班、广州市第三届"市长杯"乒乓球百姓系列和谐赛·2011海珠区预选赛、全民齐参与，争办世锦赛——第五届"市长杯"2011年广州市业余羽毛球系列大赛男女混合团体赛海珠区预选赛、全国百城健身气功交流展示系列活动海珠区大会暨海珠区健身气功展演、2011年海珠区全民健身日活动、海珠区第二十二届老年人运动会、海珠区秋季职工运动会。

【龙舟竞渡】 2011年广州国际龙舟邀请赛6月12日在珠江广州大桥至海印桥之间河段举行。该区共派出13艘龙舟参赛和表演：上涌1号队和上涌2号队分获传统龙第三和第四名；联星南箕队和上涌队分获彩龙一等奖；龙潭村1号队、龙潭村2号队、联星庄头队分获彩龙二等奖。上涌3号队、上涌4号队、龙潭村3号队、龙潭村4号队分获彩龙三等奖。

【横渡珠江活动】 7月16日，2011年广州横渡珠江活动在中大码头举行。该区通过严格测试和体检，选派100名辖区内的居民群众游泳爱好者代表海珠区参加，全体运动员安全、顺利完成横渡。

【创文活动】 开展创文宣传，张贴创文宣传公益画108张，制作30幅创文喷画和墙报。利用LED电子屏幕播放创文宣传短片，强化宣传效果。开展禁烟活动，安排工作人员在场馆内巡查，劝阻在禁烟区吸烟的市民。加强卫生保洁，不定期做好场馆保洁工作。加大惠民便民措施，在场馆开通6条无障碍通道、4个无障碍车位，增设1台无障碍电梯，修建20个无障碍厕所蹲位，为残疾人进入场馆锻炼提供方便。对场馆设备设施进行改造升级。投入182万元资金对宝岗体育场篮球场更新改造、跑道塑胶面层翻新，购置新的起跑器、跳高架、调高竹、跳高垫等器材。投入10多万元资金更新游泳场的热水淋浴设备，增加供水量，为锻炼的市民提供便利的淋浴条件。

【竞技体育】 2011年，海珠区运动员在市级以上各项比赛中，共获金牌307.88枚、银牌181枚、铜牌146枚、第四名105个，第五名81个。该区培养输送的体操运动员吴柳芳获世界杯根特站比赛平衡木冠军、自由体操亚军和高低杠季军，在世界杯克罗地亚站比赛中获高低杠亚军、平衡木亚军，在2011年全国体操锦标赛中获团体季军。花样游泳运动员罗启章获亚洲青年锦标赛少年组集体自选项目冠军，全国青少年锦标赛少年组集体组合第一名；陈彦获亚洲青年锦标赛少年组单人自选和集体自选两个第一；巫竞妍获亚洲青年锦标赛少年组集体自选和全国青少年锦标赛少年组集体组合冠军。体操运动员吴小明参加全国青年锦标赛获团体第一。高尔夫球运动员关汝晴获2011汇丰青少年冠军赛总决赛C组第一、中国青少年公开赛D组第一名、广东省青少年锦标赛团体第一名；陈钰琳获广东青少年公开赛E组第一名；马烨钊获广东省青少年锦标赛高尔夫球第一名；潘善参加广东省青少年锦标赛高尔夫球团体第一名。张璁润获全国少年锦标赛10岁组象棋第一名。足球运动员龙文灏、陈富海、马俊亮、湛梓健、林良铭、杜志辉、项文俊、李智衡、何子霖、黎宇扬、邓演霖获全国青少年联赛少年甲组（15岁以下）南区决赛U15第一名；彭邵熊代表广州恒大参加中甲联赛成功冲超；叶伟超代表广东省参加"第三十三界省港杯足球赛"获冠军；黄小蔓、蔡文倩代表广州市参加广东省第十三届运动会足球赛获得女子组冠军。航海模型运动员周智勇参加世界锦标赛获F2－C第一名和全国锦标赛F4＋F2第一名；林永涛在航海模型全国锦标赛获ECO－MONO－1第一名。谭芷晴获广东省青少年锦标赛蹦床女子团体第一名。廖泓然参加乒乓球广东省青少年锦标赛获的团体第一名。体操运动员塔音嘎获广东省青少年锦标赛青年组全能冠军；卢卓灵获广东省青少年锦标赛乙组体操团体第一；范燕燕获广东省青少年锦标赛自由体操、平衡木两个第一。跳水运动员胡宇康参加广东省青少年锦标赛获儿童组5米跳台、1米板两个第一；宾悦琪获广东省青少年锦标赛儿童组1米板、5米跳台双第一。陈楷彬参加广东省青少年锦标赛获武术套路甲组南拳第一。羽毛球运动员苏瀚森在广东省青少年锦标赛上获乙组男团冠军；黄芷滢在广东省青少年锦标赛上获羽毛球乙组女团、女双两个第一名；王子宏获广东省青少年锦标赛丙组男团第一名；关天颖获广东省青少年冠军赛羽毛球乙组女双冠军。围棋选手林荃欣获广东省青少年锦标赛14岁组第一名。何鸿威获广东省青少年锦标赛4×100米自由泳接力，4×100米混合泳接力两个第一，参加广东省青少年冠军赛获100米仰泳第一名。黄嘉茵参加广东省青少年锦标赛获甲组女子单人皮艇团体对抗赛第一名。足球运动员钟稚刚、谢梓峰、湛梓健、林良铭、黎宇扬、杜志辉、马俊亮、邓演霖、龙文灏、陈富海、项文俊、李智衡参加广东省青少年锦标赛夺得第一名。射击运动员杜颖怡参加广东省青少年锦标赛获甲组10米气步枪40发团体第一名。花样游泳运动员巫竞妍参加亚洲青年锦标赛获少年组双人自选亚军；罗启章亚洲青年锦标赛获花样游泳少年组双人自选第二名；击剑运动员李杨参加全国少年赛获重剑个人第二名；花样游泳运动员陈彦获全国青少年锦标赛少年组双人第二名；周智勇参加世界锦标赛获航海模型F4－A第二名，参加全国锦标赛获得航海模型C6＋C2第二名；符晓俊、关浩津、陈锦超、刘海东、胡扬扬等五名运动员在第七届全国城市运动会上分别获足球男子甲组和男子乙组的第二名；吴小明获第七届全国城市运动会体操男子团体第二名；足球运动员叶伟超、彭绍雄参加全国第十一届运动会获足球比赛亚军；赛艇运动员刘月月在第七届全国城市运动会上获赛艇项目女子轻量级2000米四人双桨比赛中第二名；乒乓球运动员廖泓然获广东省青少年锦标赛青少年组单打第二名；卢卓灵获广东省青少年锦标赛乙组平衡木亚军；杨成涛获广东省青少年锦标赛儿童组1米板第二名；王淑贤获广东省青少年锦标赛儿童组5米跳台、1米板两个第二名；棒球运动员潘文彬、李新雄、谢伟祥参加全国锦标赛成人组分获第二名；羽毛球运动员黄芷滢参加全国少年甲组赛，获14岁女双第二名；谢沛瑜参加广东省青少年锦标赛获羽毛球甲组女团第二，女双第二；黄芷滢参加广东省青少年锦标赛获羽毛球乙组女单第二名，女双第二名；羽毛球杨晓雨广东省青少年锦标赛丙组女团亚军；何咏欣获广东省青少年锦标赛羽毛球丙组女团第二名；王子宏获广东省青少年锦标赛羽毛球丙组男双第二名；关汝晴参加全国青少年锦标赛，获甲C组高尔夫球第二，参加全国青少年精英挑战赛获D组第二名，参加广东省青少年锦标赛获高尔夫球个人亚军；张骢润参加广东省青少年锦标赛获象棋10岁第二名；足球运动员龙文灏、湛梓健、杜志辉、李智衡、马俊亮、黎宇扬、林良铭参加曼联青少年超级杯赛U15组获得亚军；黄钜津、符晓俊参加广东省第十三届运动会足球赛获男子组亚军。赛艇运动员刘月月参加全国锦标赛，获得公开组女子轻量级2000米四人双桨第三；参加全国青少年联赛少年足球甲组总决赛，黎宇扬、陈富海、龙文灏、马俊亮、李智衡、林良铭、叶德杭、湛梓健获得第三名；麦洁雯获全国U－18联赛女子足球第三名；花样游泳运动员黄燊琳参加全国青少年锦标赛获少年组节奏游第三名；在航海模型全国锦标赛上，李志良获SR－03.5第三名，林永涛获ECO－TEAM第三名，黄兆林获ECO－TEAM第三名；在羽毛球全国少年乙组赛中，陈浩铭、王泽分获双打第三名，冯雪颖获乙组女团第三名，关天颖、瞿钰滢分获乙组女团第三名，冯雪颖、关天颖分获乙组女双第三名，苏瀚森获乙组单打第三名；陈文德获广东省青少年锦标赛武术散打甲组第三名；汤琦琦获广东省青少年锦标赛武术套路乙组南刀、南棍第三名；在羽毛球广东省青少年锦标赛中，伍嘉茵获乙组女双第三名，陈浩铭获丙组和乙组男双两个第三名，谢沛瑜获甲组女双第三名，王子宏获乙组男双第三名，关天颖获乙组女单第三名；关汝晴获得广东青少年公开赛高尔夫球C组第三名；广东省青少年锦标赛李嘉浩获象棋8岁组第三名；李宗文参加广东省青少年锦标赛甲组400米混合泳获第三名；何鸿威获广东省青少年冠军赛乙组200米仰泳第三名。（详见下表）

表11　2011年海珠区运动员参加国家级以上比赛成绩一览表

名次 运动项目	一	二	三	四	五	六	七	八	总计
世界杯根特站	1	1	1						3
世界杯克罗地亚站		2							2
世界锦标赛航海模型比赛	1	1							2
亚洲青年锦标赛花样游泳比赛	4	2							6
全国第十一届运动会足球比赛		1		1			1		3
2011汇丰青少年冠军赛总决赛高尔夫球比赛	1				1				2
中国足球甲级联赛	1								1
全国锦标赛航海模型比赛	2	1	3						6
全国锦标赛体操比赛			1						1
全国锦标赛棒球比赛		3							3
全国锦标赛游泳比赛				1	1				2
全国锦标赛赛艇比赛			1						1
全国锦标赛武术套路比赛				1					1
全国锦标赛水球比赛						1			1
全国青年锦标赛体操比赛	1			1					2
全国青年锦标赛羽毛球比赛					1				1
全国青少年锦标赛花样游泳比赛	2	1	1						4
全国青少年锦标赛高尔夫球比赛		1		1	1		1		4

续 表

名次 运动项目	一	二	三	四	五	六	七	八	总计
全国青少年锦标赛击剑比赛							1		1
全国青少年锦标赛武术套路比赛							1		1
全国少年锦标赛象棋比赛	1								1
全国少年锦标赛击剑比赛				1					1
全国少年赛击剑比赛		1			1				2
全国青少年精英挑战赛高尔夫球比赛		1							1
曼联青少年超级杯赛（足球）		7							7
全国青少年联赛少年甲组（15 岁以下）南区决赛（足球）	11								11
中国青少年公开赛高尔夫球比赛	1			1					2
全国少年甲组赛羽毛球比赛		1							1
全国少年乙组赛（羽毛球）			8	2	1				11
全国青少年联赛少年甲组总决赛（足球）			8						8
全国 U－18 联赛（足球）			1						1
全国优胜者杯足球赛			1						1
全国重点城市联合会射击比赛				1					1
“我爱祖国海疆”航模全国赛	1	2	1						4
第六届全国青少年击剑锦标赛					1	1	1		3
2011 年粤港澳击剑公开赛			1						1
中国中学生 U16 足球锦标赛	1								1
全国青少年未来之星阳光体育节五人制足球比赛		1							1
全国青少年青岛双星名人校园夏令营足球比赛	1								1
第 24 届“宝狮莱杯”全国速度轮滑锦标赛		1							1
第八届“舒华杯”全国公路轮滑锦标赛	1								1
全国单排轮滑球锦标赛				1		1			2
“乐羊羊杯”第九届中小学生花样轮滑锦标赛			2	1					3
中国广州武术公开赛暨第三届幼儿武术嘉年华	14	13	4						31
第 26 届全国花样轮滑锦标赛			1						1
“华御资本杯”全国业余青少年击剑锦标赛			1	2	1				4
第七届全国城市运动会赛艇比赛		1							1
第七届全国城市运动会足球比赛		2							2
第七届全国城市运动会体操比赛		1							1

续　表

名次 运动项目	一	二	三	四	五	六	七	八	总计
第七届全国城市运动会武术比赛				1					1
全国冠军赛水球比赛						1			1
全国冠军赛羽毛球比赛							2		2
合　计	44	44	35	15	8	4	7	0	157

表 12　2011 年海珠区运动员参加省级比赛成绩一览表

名次 运动项目	一	二	三	四	五	六	七	八	总计
广东青少年公开赛高尔夫球比赛	1		1	1			1		4
广东省青少年锦标赛蹦床比赛	1								1
广东省青少年锦标赛乒乓球比赛	1	1							2
广东省青少年锦标赛体操比赛	4	1		1	2	2		1	11
广东省青少年锦标赛田径比赛				1		1			2
广东省青少年锦标赛跳水比赛	4	3		1		2	1		11
广东省青少年锦标赛武术套路比赛	1		1				1		3
广东省青少年锦标赛武术散打比赛			1						1
广东省青少年锦标赛羽毛球比赛	4	7	2	2				1	16
广东省青少年锦标赛围棋比赛	1								1
广东省青少年锦标赛游泳比赛	2		1	2		1			6
广东省青少年锦标赛皮划艇比赛	1								1
广东省青少年锦标赛足球比赛	12								12
广东省青少年锦标赛射击比赛	1						1		2
广东省青少年锦标赛高尔夫球比赛		1		1					2
广东省青少年锦标赛象棋比赛		1	1	3	1			1	7
广东省青少年锦标赛曲棍球比赛				2					2
广东省青少年冠军赛高尔夫球比赛	3								3
广东省青少年冠军赛羽毛球比赛	1		2	1	1	1		1	7
广东省青少年冠军赛游泳比赛	1		1		1	1			4
广东省第二届高中篮球联赛		1							1
中国体育彩票杯广东省体育传统项目学校男子足球锦标赛		1							1

续 表

名次 运动项目	一	二	三	四	五	六	七	八	总计
广东省跆拳道精英赛			1	1	4				6
广东省第三届体育大会花样轮滑比赛	1								1
广东省花样轮滑锦标赛	2	1							3
广东省公路速度轮滑公开赛	1	1							2
广东省中学生乒乓球锦标赛	1	1				1			3
广东省小学生国际象棋锦标赛				2					2
广东省传统武术（套路）锦标赛		3	2		1				6
“华鼎杯”粤港澳击剑公开赛		1	5	4	1	2	4	2	19
第三十三届省港杯足球赛	1								1
广东省第十三届运动会足球赛	2	1							3
广东省传统武术公开赛	3	14	7						24
广东省小学生国际象棋锦标赛				2					2
广东省花样轮滑锦标赛	10	4	5						19
广东省青少年象棋锦标赛	1								1
2011—2012 年粤闽港澳学界埠际足球赛（澳门）	1								1
合计	61	42	30	24	11	11	8	6	193

表 13　2011 年海珠区运动员参加市级比赛成绩一览表

名次 运动项目	一	二	三	四	五	六	七	八	总计
广州市第十五届运动会	177.88	76	66	60	52	45			476.88
广州市中学生乒乓球锦标赛			2				1		3
第五届“市长杯”广州市大中小学校羽毛球赛			2			1			3
广州市体育传统项目学校羽毛球赛		2	2	2	2				8
广州市体育传统项目学校篮球赛	2		1						3
广州市体育传统项目学校排球赛	2								2
广州市航海模型锦标赛	1	1	1						3
广州市中小学生轮滑锦标赛	2	2	1						5
广州市长杯青少年校园足球联赛	2								2
广州市三棋锦标赛		1					1		2

续 表

名次 运动项目	一	二	三	四	五	六	七	八	总计
广州市中学生田径运动会	2	2	1						5
广州市中小学生乒乓球锦标赛			1		2	1	1		5
广州市“达能杯”足球赛		1		1					2
广州市青少年武术公开赛	3	5			2				10
广州市篮球锦标赛		1							1
广州市“清水濠杯”中小学围棋锦标赛			1					1	2
广州市国际象棋锦标赛	2	2	2	1	1				8
广州市中小学轮滑运动会	2								2
广州市青少年棒球冠军赛					1				1
广州市中小学生象棋锦标赛	2	1	1						4
广州市小学生象棋锦标赛		1		1					2
广州市小学生校际象棋锦标赛	4								4
广州市中学生游泳运动会	1			1	2	1			5
合 计	202.88	95	81	66	62	48	3	1	558.88

【体育传统项目学校】 **第四十九中学** 传统项目是篮球、击剑。教练员4人，参训学生54人，每周训练2次。正规篮球场5个。该校参加2011年第六届全国青少年击剑锦标赛获少年乙组女子重剑团体第五名，获少年乙组男子重剑团体第六名，获儿童甲组女子重剑团体第七名。2011年粤港澳击剑公开赛获男子重剑团体第三名。参加区中学生篮球赛，女子队获冠军，男子队获第四名。向伟伦体校输送1名学生，向区体校输送2名学生。

第五中学 传统项目是田径、游泳、羽毛球、足球、篮球、乒乓球、网球。田径教练员2人，参训学生25人，每周训练2次；篮球教练员5人，参训学生67人，每周训练男篮1次、女篮2次；羽毛球教练1人，参训学生20人，每周训练2次；游泳教练1人，参训学生21人，每周训练5次；足球教练3人，参训学生65人，每周训练4次。拥有1个400米标准田径场，1个20×50米标准室外游泳池；4个14×26米室外篮球场，4个小型半场，1个篮球馆；5个室内羽毛球场，4个室外羽毛球场；7人制足球场1个，11人制足球场1个；室内乒乓球室4个，乒乓球桌20张。该校学生参加省第二届高中篮球联赛，获女子组第二名；参加市中学生乒乓球锦标赛，获初中女子团体第三名；参加第五届“市长杯”广州市大中小学校羽毛球赛，获高中女团第三名；参加市长杯青少年校园足球联赛，获初中组第一名，高中组获第一名，参加2011—2012年粤闽港澳学界埠际足球赛（澳门）获第一名，参加“动向杯”两岸五地（梧州）青少年足球邀请赛获优胜奖，参加中国中学生U16足球锦标赛（番禺）获第一名，参加全国青少年未来之星阳光体育节五人制足球比赛获二等奖，参加中国体育彩票杯广东省体育传统项目学校男子足球锦标赛获第二名，参加全国青少年青岛双星名人校园夏令营足球比赛获初中组第一名；参加区中学生篮球锦标赛获高中组冠、亚军。参加“佳得乐”三人篮球赛获海珠赛区季军，参加区中学生篮球赛获高中女子组冠军、初中女子组第二名；参加区中小学生乒乓球锦标赛，获初中女子团体冠军；参加区田径比赛名称，获高中乙组团体第一名，高中甲组男子团体第二名，高中甲组女子团体第三名；参加区中学生游泳锦标赛，获高中团体第三名。单项共2个第一名，11个第二名，7个第三名；参加第六届“市长杯”广州市大中小学校羽毛球赛海珠区赛，获高中男团第一名，初中男团第二名，包揽高中男单、初中男单前三名；参加区中小学生校园足球赛获初中组总冠军。向上级部门输送1名学生。

第四十二中学 传统体育项目是田径、游泳、羽毛球、跆拳道、航模。跆拳道教练1人，参训学生72人，每周训练2次；游泳教练2人，参训学生15人，每周训练3次；田径教练2人，参训学生30人，每周训练3次；羽毛球教练2人，参训学生13人，每周训练2次。有1个300平方米跆拳道馆；有300平方米的半露天游泳池1个，有200米长跑道1条、100米长直道1条，羽毛球场运动场4个，训练场3个，面积共500平方米。该校学生参加区游泳比赛获4×50米自由泳接力第三名；女子初中组50米自由泳第三名，50米蛙泳第二名，100米蛙泳第二名，50米蝶泳第三名。高中男子组100米自由泳第二名，50米仰泳第三名，100米仰泳第三名，50米蛙泳第三名。参加区田径比赛，获高中甲组男子跳高第一名，初中女子组跳高第一名，高中男子4×100米接力赛第一名。初中女子铅球第三名，高中甲组400米第三名，高中甲组女子三级跳远第三名。参加广东省跆拳道精英赛，获少年男子组第三名；参加市游泳比赛获蛙泳第二名。

第七十六中学 传统体育项目是轮滑、体操、艺术体操。游泳教练1人，参训学生8人，每周训练1次；足球教练2人，参训学生14人，每周训练3次；田径教练2人，参训学生30人，每周训练3次；轮滑教练3人，参训学生44人，每周训练2－3次。有两个标准的篮球场地，接近200米的4条跑道环形田径训练场，教学楼架空层约300平方米花岗岩地板轮滑训练场。该校培养的轮滑选手王文欣参加广东省第三届体育大会花样轮滑比赛双人滑获第一名，参加广东省花样轮滑锦标赛双人滑双排轮，获第一名；轮滑选手毕剑华参加第24届“宝狮莱杯”全国速度轮滑锦标赛青年男子500米计时赛获第二名，参加第八届“舒华杯”全国公路轮滑锦标赛青年男子500米计时赛获第一名，参加广东省体育大会速度轮滑比赛青年男子组3000米接力赛获第一名，参加广东省公路速度轮滑公开赛男子乙组3000米淘汰赛获第二名，参加广东省公路速度轮滑公开赛男子乙组3000米计时赛获第一名。该校学生参加广州市中小学生轮滑锦标赛速度轮滑，获团体第三名，参加广州市中学生轮滑锦标赛，获男子组第一名、女子组第二名。参加海珠区中学生田径运动会二类场地，获男子高中组团体第三名，女子高中组团体第三名。参加海珠区中小学生足球锦标赛，获高中组第三名。

七十八中学 传统体育项目是定向越野、篮球、乒乓球。定向越野教练3人，参训学生20人，每周训练3小时；有200米环形跑道2条，篮球场5个，足球场1个，羽毛球场10片。

九十七中学 传统项目是田径、击剑、排球、乒乓球、围棋。乒乓球教练员2人，参训学生10人，每周训练2次；田径教练员1人，参训学生10人，每周训练2次；排球教练员2人，参训学生30人，每周训练3次；击剑教练员1人，参训学生10人，每周训练2次；篮球教练员1人，参训学生24人，每周训练2次；围棋教练员1人，参训学生5人，每周训练1次；羽毛球教练员1人，参训学生10人，每周训练1次。拥有2个标准篮球场，有击剑专用道，排球场3个，200米田径场，乒乓球场600平方米。该校学生参加省中学生乒乓球锦标赛获双打第二名、团体第一名；参加广州市三棋锦标赛获团体第二名；参加市运动会获男排第二名、女排第三名；参加广州市中小学乒乓球比赛获男子单打第一、第二名，男子团体第二名；参加市中小学击剑比赛，获初中组男子佩剑团体第二名，女子佩剑第三名，男子花剑个人第三名，男子佩剑第三名，初中组女子佩剑个人第三名。参加区三棋锦标赛，获女子个人第三名；参加区中小学生篮球比赛，获高中组男子第二名；参加区乒乓球比赛，获男子团体冠军，女子团体第二名，男子单打分别获第一、二名；参加区第八届中小学羽毛球锦标赛，获高中男子团体第三名，初中女子单打第三名。

江南中学 传统项目是田径、足球、武术、中国象棋、轮滑。田径、足球、武术、中国象棋、轮滑教练员10人，参训学生150人，每周训练3次；拥有足球场1块，2个篮球场，排球场2块，200米田径场1个。2011年向上级体育部门输送体育特长生11人。该校学生参加参加区田径运动会，获初中女子甲组团体总分第二名；参加区中学生校园足球联赛，获初中男子组第三名；参加区三棋锦标赛，获中国象棋团体第一名，男子个人第一名，女子个人第一名；参加“乐羊羊杯”第九届中小学生花样轮滑锦标赛获团体总分第三名，获女子中学组1个第三名；参加“南湖乐园杯”广东省花样轮滑锦标赛获一等奖1个，二等奖1个；参加广州市中学生田径运动会女子初中甲组400米获第一名，女子初中甲组4×400米接力获第二名；参加广东省传统武术（套路）锦标赛获3个二等奖、1个三等奖、1个第三名。

第四十一中学 传统项目是游泳、乒乓球、击剑、足球、毽球。击剑教练员1人，参训学生18人，每周训练2次；乒乓球教练员2人，参训学生21人，每周训练1次；游泳教练1人，参训学生13人，每周训练1次；足球教练1人，参训学生16人，每周训练1次；毽球教练1人，参训学生12人，每周训练1次。拥有一个25×15米的游泳池；一个60×45米的小型足球场（七人制）；可同时摆放12张乒乓球台的室内体育馆。该校学生参加“华御资本杯”全国业余青少年击剑锦标赛，获男子重剑儿童甲组团体第三名。参加市第十五届运动会击剑比赛，获甲组男子重剑团体第二名。参加“华鼎杯”粤港澳击剑公开赛，获少年乙组男子重剑个人比赛2个第三名，1个第五名。获少儿童甲组女子重剑个人比赛1个第三名。获少年乙组男子团体重剑比赛第二名，获少年乙组女子团体重剑比赛团体第三名，获儿童甲组男子重剑比赛第三名。参加市中学生游泳运动会获男子初中甲组A50蛙泳第一名。参加区中小学生乒乓球赛，获初中男子团体第三名，男子单打第三名。参加区中学生游泳锦标赛，获初中组女子50米仰泳第三名，100米仰泳第二名，男子50米仰泳第三名，100米自由泳第三名，男子个人混合泳第一名、100米蛙泳第二名，男子50米蛙泳第三名，男子50米蝶泳第二名，50米仰泳第二名，男子4X50米接力第二名。获区中学生游泳锦标赛初中组团体第二名。

南武中学 传统项目是田径、羽毛球、游泳、足球、乒乓球。足球教练员2人，参训学生12人，每周训练5次；羽毛球教练员2人，参训学生25人，每周训练5次；田径教练员2人，参训学生43人，每周训练5次；游泳教练员2人，参训学生26人，每周训练5次；乒乓球教练员1人，参训学生15人，每周训练4次。拥有羽毛球场6个，乒乓球场地3个，200米运动场2个。该校学生参加区中学生足球赛获女子组第一名，参加区中学生羽毛球赛获初中组男、女团体第一名，高中组获男子团体第二名；参加区中学生游泳锦标赛获初中组第一名，高中组第二名；参加区中学生田径赛获初中女子组第一名、男子组第一名，高中女子组第一名、男子组第一名。参加市第十五届运动会足球赛获女子组第二名；参加市传统项目学校羽毛球赛获初中组男子团体第二名，女子团体第三名，参加市大中小学校羽毛球赛获初中组女子团体第一名；参加市中学生游泳比赛获初中组第三名。向区业余体校输送运动员17名。

第五十二中学 传统项目是棒球、足球、网球。棒球教练2人，参训学生20人，每周训练5次。足球教练1人，参训学生54人，每周训练2次。网球教练2人，参训学生12人，每周训练2次。拥有内设一个棒球场、一个七人制足球场的200米跑道运动场。一个校外网球场。该校学生参加区网球锦标赛，获男子第三名，参加区网球锦标赛，获女子双打第一、第二、第三名，获团体总分第二名。

绿翠中学 传统项目是田径、羽毛球、海模、篮球、足球。海模教练员1人，参训学生20人，每周训练3次；足球教练2人，参训学生42人，每周训练4次；篮球教练2人，参训学生18人，每周训练5次；羽毛球教练1人，参训学生18人，每周训练5次；跆拳道教练2人，参训学生30人，每周训练4次。拥有1个200米的塑胶跑道的标准田径训练场；跆拳道馆一间，面积500平方米；独立的航模教室一间；2个标准塑胶羽毛球场，2个塑胶单打羽毛球馆，面积约1200平方米。该校学生参加区篮球赛女子篮球队获初中组第三名；参加广州市航海模型锦标赛，MONO项目，获初中组第一、第二、第三名；参加“我爱祖国海疆”全国赛，纸承重船比赛中，获1个一等奖，1个二等奖，遥控船比赛中，获1个二等奖，1个三等奖；参加市中学生田径运动会，获初中甲组男子团体第三名，乙组女子团体第一名，初中乙组第二名。

第六中学珠江中学 传统项目是游泳、网球。游泳教练2人，参训学生8人，每周训练3次。网球教练2人，参训学生6人，每周训练3次。利用六中场地开展训练。参加广州市中学生游泳运动会比赛，获得初中乙组A100米蛙泳第二名。参加区第四届中学生网球锦标赛，获中学组团体第二名，获中学乙组男子单打第一名一个，中学乙组男子单打第二名一个，中学乙组男子双打第一名两个。

滨江中路第一小学（大元帅府小学） 传统项目是羽毛球。教练员2人，参训学生30人，每周训练4次；拥有5个露天羽毛球场。该校学生参加市大中小学生学校羽毛球赛总决赛，获女子团体第六名，参加市学校室外羽毛球赛混合赛，获团体第一名。参加广州市体育传统项目学校羽毛球赛，获女子团体第六名。参加区第六届中小学校羽毛球锦标赛，获男子团体第三名，女子团体第二名。

赤岗小学 传统体育项目是毽球。毽球教练1人，参训学生24人，每周训练9次；有田径教练2人，参训学生25人，每周训练9次。有150米环形跑道，100米直道，3个正规的毽球场。该校学生参加区小学生中国象棋比赛，分获甲乙丙丁四个组的第二名，围棋获区比赛丁组第二名。

凤江小学 传统体育项目是乒乓球、田径。乒乓球教练4人，参训学生35人，每周训练5次；田径教练4人，参训学生35人，每周训练5次。有200平方米，12张球台的乒乓球室1个，有一个占地900平方米的操场。参加2011年区中小学生乒乓球锦标赛，获女子甲组团体第三名，男子乙组团体第二名，女子乙组团体第三名。

菩提路小学 传统体育项目是田径。乒乓球教练5人，参训学生30人，每周训练4次。本校区有4条80米直道，2个篮球场。沙园校区有160米不规则园跑道。参加区中小学生田径运动会，获小学组总分第一名。参加广州市体育传统项目小学田径赛，获三个第二名，一个第三名。向上一级体育部门输送4名田径运动员。

昌岗中路小学 传统体育项目是田径。田径教练2人，参训学生45人，每周训练5次。有60米直道和150米环形跑道。

江南新村第一小学 传统项目是足球。教练员3人，参训学生50人，每周训练4次；拥有1个56×33米人造草足球场。

后乐园街小学 传统项目是足球。教练员4人，参训学生83人，每周训练5次；拥有一个30×50米的足球场，一个15×28米的篮球场。该校学生参加区校园足球联赛，2001年组足球A队获冠军，B队获第四名，2002年组足球队获区校园足球联赛冠军，2000年组足球队获区“达能杯”足球赛第一名。

晓港湾小学 传统项目是轮滑。花样轮滑及田径教练员1人，参训学生150人，每周训练6次；拥有1个篮球场，该校学生参加市中小学生花样轮滑锦标赛获团体冠军。向市花样轮滑队输送2名队员。

汇源大街小学 传统项目是毽球。毽球教练员1人，参训学生35人，每周训练8次；拥有3个毽球场。

梅园西路小学 传统项目是篮球。篮球教练员2人，参训学生100人，每周训练5次；拥有2个室外篮球场。该校学生参加市篮球传统项目学校比赛，获男子篮球队第一名，女子篮球队获第一名；参加区小学生篮球比赛，男子组获第一名，女子组获第三名。

海富小学 传统项目是中国象棋。教练员1人，参训学生24人，每周训练2次；拥有1个60平方米的训练室。该校学生代表参加市小学生象棋锦标赛，获团体第二名；参加区小学生象棋锦标赛，获乙组团体第三名，丙组团体第三名。

晓港东马路小学 传统项目是足球。足球教练员2人，参训学生32人，每周训练4次；拥有1个标准的7人制50×35米足球场。

新港路小学 传统项目是艺术体操。教练3人，参训学生25人，每周训练5次。有100米环形塑胶跑道。

培红小学 传统项目是武术。武术教练1人，参训学生18人，每周训练3次；田径教练1人，参训学生27人，每周训练4次。100米塑胶跑道1条，60平方米武术室1个。该校学生参加省传统武术公开赛，获小学组集体项目三等奖，3人获一等奖，12人获二等奖，2人获24式太极拳二等奖，3人获少年规定拳三等奖，2人获小学组国家规定长拳三等奖，1人获国家规定南拳三等奖。参加中国广州武术公开赛暨第三届幼儿武术嘉年华，获小学组集体项目一等奖，10人获一等奖，4人获甲组初级拳术一等奖，2人获二等奖，9人获乙组初级拳术二等奖，2人获甲组24式太极拳三等奖，2人获乙组自选长拳一等奖，1人获甲组传统南拳二等奖，1人获甲组自选南拳二等奖，2人获三等奖。参加市青少年武术公开赛，有3人获小组一等奖，5人获二等奖。参加区小学生运动会，获2个第一，2个第三，2个第四。向区业余体校输送4名运动员。

东风小学 传统项目是篮球。教练员3人，参训乒乓球学生35人，每周训练4次，参训篮球学生25人，每周训练4次，参训田径学生25人，每周训练4次。各项目长场地设施较齐全。该校学生参加市篮球锦标赛获男子团体市第二名；参加市乒乓球赛获男子乙组团体第三名。参加区乒乓球锦标赛获1个第二名，3个第三名。向上级体育部门输送运动员4人。

前进路小学 传统项目是足球。足球教练4人，参训学生60人，每周训练4次；游泳教练员1人，参训学生30人，每周训练4次；田径教练2人，参训学生20人，每周训练3次；拥有一个30×50米人造草皮场，一个60米跑道。该校学生参加市“清水濠杯”中小学围棋锦标赛，获1个第三名。参加区中小学围棋锦标赛，获2个第一名，1个第三名；参加“六一”杯足球赛获第一名，校园足球01年组第三名；参加区小学生游泳锦标赛获1个第一名，4个第三名。向上级体育部门输送运动员4名。

新港中路小学 传统项目是击剑。教练员1人，参训学生50人，每周训练4次；拥有1个约200平方米的室内击剑训练场。该校学生参加市第十五届青少年运动会击剑比赛，单项成绩获1个第三名，团体成绩获1个第一名。

海联路小学 传统项目是国际象棋。教练员2人，参训学生56人，每周训练4次．拥有1个90平方米的棋类训练室。该校学生参加市国际象棋锦标赛，获2个团体亚军，1个团体季军；个人奖获2个冠军，1个季军；参加第十五届市运会，获1个团体亚军、1个团体第三名、总团体亚军。个人奖获1个亚军；参加市校际赛，个人奖获1个冠军；参加市分龄赛，获2个冠军、2个亚军、2个第三名。向伟伦体校输送运动员1名。

镇泰实验小学 传统项目是羽毛球。教练员1人，参训学生36人，每周训练6次；拥有1个室内羽毛球场和2个室外羽毛球场。该校学生参加海珠区羽毛球比赛获女子团体第三名。

万松园小学 传统项目是游泳、乒乓球。游泳教练员2人，参训学生60人，每周训练9次。轮滑教练1人，参训学生50人，每周训练5次。有8×25米室内恒温游泳池1个，25×25米室外泳池1个，8×20米室内泳池1个。室内乒乓球室1个，30×40米运动场1个。该校学生参加第26届全国花样轮滑锦标赛获团体第三名；参加省花样轮滑锦标赛，10人获一等奖，4人获二等奖，5人获三等奖；参加市中小学轮滑运动会，获团体舞一等奖，队列滑一等奖；参加市中小学花样轮滑锦标赛获队列滑团体第一名，自由滑第二名；参加区小学生游泳锦标赛获团体第三名。向市游泳管理中心输送1名运动员。

怡乐路小学 传统项目是棒球。教练员2人，参训学生21人，每周训练5次；田径教练2人（同棒球教练），参训学生15人，每周训练2次。拥有150米的环形跑道，篮球场1个、羽毛球场2个。该校学生参加区级运动会，获3个第一名，3个第二名，2个第三名。

红棉小学 传统项目是围棋。教练员5人，参训学生共120人，每周训练4次；拥有60米跑道2条，篮球场4个，两间围棋室。该校学生参加市小学生围棋锦标赛，获1个团体第二名，2个团体第三名；参加区小学生乒乓球比赛获团体总分第二名；参加区小学生网球比赛获得团体总分第二名；参加区小学生围棋锦标赛获1个团体第一名，1个团体第三名，1个第二名。

北山小学 传统项目是排球。教练员2人，参训学生70人，每周训练2次；拥有2个标准的排球场。该校学生参加市小学生传统项目排球赛男女分获第一名。

实验小学 传统体育项目是田径、羽毛球。教练4人，参训学生50人，每周训练8次。有2个标准室内羽毛球馆。参加区中小学生羽毛球锦标赛，获女子团体第一名，男子团体第二名。向区体育部门输送5名运动员。

同福中路第一小学 传统项目是中国象棋、乒乓球。田径教练员1人，参训学生18人，每周训练4次；游泳教练员1人，参训学生20人，每周训练4次；乒乓球教练员1人，参训学生25人，每周训练4次；中国象棋教练员1人，参训学生30人，每周训练4次。拥有50米塑胶跑道2个，45平方米象棋室1间，120平方米室内乒乓球室1间，25×6米水道游泳池3条。参加区中小学生乒乓球锦标赛获女子甲组第二名、男子甲组第三名、男子乙组第三名。参加区中小学生象棋锦标赛获甲组第一名、乙组第一名、丙组第一名、丁组第一名；参加2011年广州市中小学生象棋锦标赛获甲组第二名、乙组第一名、丙组第一名、丁组第三名；参加省青少年象棋锦标赛获团体总分第一名；参加市第十五届运动会象棋赛团体总分第二名；参加市小学生校际象棋赛团体总分第一名、甲组第一名、乙组第一名、丙组第一名；参市中小学生乒乓球锦标赛获女子甲组第三名。参市第十五届青少年运功会乒乓球赛获女子乙组第三名。

宝玉直街小学 传统体育项目是游泳。教练5人，参训学生羽毛球36人，游泳28人，每周训练5次；篮球22人、田径8人、三棋23人，每周训练3次，1个半室内（25×15米）游泳池，1个室外（3条200米环形橡胶跑道附4条60米直跑道）田径场，2个室外水泥地篮球，1个室内羽毛球馆3个球场。该校学生参加2012年区三棋赛获围棋小学丁组团体第三名。

江南新村第二小学 传统项目是体操、足球。体操教练员2人（区业余体校教练），参训学生30人，每周训练6次；足球教练员3人，参训学生100人，每周训练5次。200米环形足球场1个，9米×25米室内游泳池1个。该校学生参加市第十五届运动会，获团体总分第一名，金牌第一；参加区“达能杯”足球锦标赛，获00年组第二名。参加区小学生游泳锦标赛获团体总分第一名。向上级输送12名运动员。

卫国尧纪念小学 传统项目是篮球。教练2人，参训学生30人，每周训练8次。有1个420平方米篮球场。

大江苑小学 传统项目是足球。教练员3人，参训学生25人，每周训练4次。一个30米×20米不规则三合土场。该校学生参加区围棋锦标赛获甲、乙、丙组团体总分第一名，丁组第二名。

客村小学 传统项目是田径。教练2人，参训学生20人，每周训练5次；有1个200米环形跑道塑胶田径场，占地约2500平方米。

（罗英华　肖曙光　陈喜全）

街道

赤岗街

【概况】　赤岗街面积5.5平方公里，设22个社区居委会。至2011年末，全街户籍人口89410人，流动人口49291人。

【“创文”和城管工作】　2011年，赤岗街整治“六乱”，改善环境卫生，提升居民文明素质、满意度，完善《赤岗街创文网格化管理责任包干方案》，率先制定《赤岗街创建全国文明城市工作考评奖惩方案》，设协调、督导、五小、外围、城管、交通、入户7个工作小组、123个小分队全天16小时蹲点社区，18小时把守执勤定点，成立40人广州塔周边区域城市管理特勤队，投入140万元、1.8万人228次整治“六乱”“五小”等，2.3万群众参与活动，举行58场次主题活动，上门派发宣传资料9.6万份、宣传品7.6万份，征集居民意见和建议298条，100%限时督办处理完毕。

【地区经济】　2011年，赤岗地区各行业收入合计303亿元，同比增长18.8%，位列全区第二。追收回街道历史欠款402万元。建立协税护税长效工作机制，联合国税、地税、工商、出租屋管理等部门开展协税护税行动28次，共代征国税464万元、地税53.9万元。办理经营证照共2756份，查处无证照经营335家。处理劳资纠纷27宗，涉及劳动者160人，调处率100%，追发劳动者工资35万元。开展“大企业走访”、“送服务进企业”等活动，为广州天心药业股份有限公司、广州杰赛科技股份有限公司在环境卫生、治安联防、办证等方面提供优质服务。配合T. I. T纺织创意园的改造建设和品牌创建工作，为园区企业提供优质服务。在全区推动产业转型升级现场点评会上做经验介绍。推动“珠影文化创意产业园”项目建设。

【信访维稳和综合治理】　2011年，赤岗街强化中心分流指派、指挥调度、检查督办的作用；规范调处工作流程，完善规章制度，日清月结，有案可查，推进22个社区综治工作站建设，举办8次“街道书记、主任大接访”活动，落实领导包案负责制，促进案件100%办结。安排专项资金慰问132人（次），用真情感化重信重访对象。全年信访294件（次），95%信访案件由该街最终办结，实行“零报告”制度。坚持“快速反应、多种手段、协同作战”，化解和调处矛盾纠纷。共调处纠纷65件，调解率、成功率100%。联合行动86次整治辖内娱乐场所、酒店、网吧、购物中心、汽车修理厂等重点场所，整治“五类车”行动115次，收缴非法营运三轮车1129辆。加大消防检查力度，举办培训班39期，检查生产企业678家，行政处罚86家，整治隐患551项，整改率100%。加大治安整治力度，推进“无毒社区”，2011年辖区刑事案件立案561宗，比上年下降4.2%，破获各类刑事案件482起，查处各类治安行政案1907起，打掉违法犯罪团伙16个，居民群众对治安状况满意度提升。

【民政事务】　2011年，赤岗街以“改善民生、增强群众幸福感”“优质服务、提升群众满意度”为理念，以社区群众冷暖为首位。公开招聘8名大学生加入社区专职队伍。优化社区公建配套，投入经费23多万元为社区居委会更换电脑、空调设备。印发7.8万张社区居委会“便民服务卡”。完成22个社区居委会“两委”换届选举。“青年地带”社工站为辖区青少年及家庭提供专业、多元化社工服务，受到居民群众的欢迎。慰问帮扶残疾人、重病患者3635人次，出资8000元为27名残疾人体检，为687名残疾人更换新证，免费为居民进行白内障筛查364人次。落实40万元为低保、三无孤老、特困户救助，为207人办理廉租房、租赁住房补贴、经济适用房申请，加强“星光老年之家”建设，为1230名社会退管老年人免费进行健康检查，为1260名老年人办理老年社会保障卡。举行赤岗地区招聘会5场，提供3695个岗位，举办下岗失业人员培训班6次共培训476人次，为1222名灵活就业人员办理社保补贴，为62名“40至50岁”就业困难人员安排公益性就业岗位，就业人数2055人，就业率98.68%。妥善处置“10·13”特大暴雨等灾害，保证居民群众生命财产安全。慰问176户优抚对象，发放慰问金、慰问品11万元。为部队输送8名新兵，完成征兵任务。民兵高炮训练成绩四个基本建设达标，武装工作稳步推进。无偿献血1714人次，完成任务101%。

【计划生育】　2011年，赤岗街“以人为本、和谐计生”理念，有17个社区居委会获市“两无”（街道无政策外多孩出生、居委无政策外出生）达标居委，辖区55个机团单位全部达标。该街被评为市

2011年6月27日，赤岗街举办建党90周年文艺汇演。（梁仕南摄）

"两无"活动达标街、区计生系统保险工作先进集体。出动工作人员1.1万人（38次）进行专项清查行动，清查出租屋、商铺1.6万多间，清查已婚育龄妇女4799人，新建育龄卡142张，信息通报和反馈361人。举办业务培训班28次，培训人员456人（次），计生专职人员全部持证上岗。加强计生信息录入和核查，杜绝漏卡现象，全年共核录流动人口全员信息46022条，户籍全员信息维护核录78156条。宣传展板15期共285.副，派发宣传5.7万张，免费发放计生避孕药具2.1万多件，群众咨询4.3万多人（次），举办"关爱女孩"、"世界人口日"、计生讲座、广场宣传咨询等活动23次，查环查孕环境、1.9万人（次）。新生婴儿随访1298人（次）、四术随访535人（次）。幸福工程募捐10.9万元，慰问重病贫困妇女12人共3.4万元，慰问独生子女特困家庭240户，群众满意率达93.5%。

【社区文化】 2011年，赤岗街文化活动中心增设和谐职工家园，投入30台电脑作电子阅览，增加3个社区文化室，通过"省特级文化站"复评考核；举办赤岗街"庆祝中国共产党成立90周年图片展览"、"建党90周年红色电影进社区"活动，协同元邦明月园、丽园雅庭小区"贺中秋、迎国庆业主同欢活动日"游园活动；"羊城之夏"青少年乒乓球赛；举办乒乓球班、书法班、钢琴班、小提琴班、古筝、长笛班、语言艺术班、手工班、声乐班、特色班——智慧豆豆心理辅导班、语言艺术班；参加"市长杯羽毛球赛海珠区赛中老年组"获第一名、中年组获第二名；中老年组代表海珠区参加市比赛获第二名；在小区更换重新安装3条、新增2条健身路径。南贤、客村、鸿运、七星岗，珠江帝景4个社区创建广东省第四批城市体育先进社区。

【党群工作】 2011年，赤岗街党工委以民主集中制、决策程序、创新党建工作模式，开展地区单位党建共建、楼宇党建工作。完善"赤岗街党建网"，组织"关爱困难党员"扶贫助困活动、春节和"七一"期间为198名困难党员送慰问金和慰问品5.6万元。举办"纪念建党90周年文艺汇演"、"党员参与创文志愿服务"活动。开展廉政纪律教育活动，实行竞争上岗，有4人竞上正副科职位。工会规范化建设成效获区总工会肯定。总工会以"党建带工建"工作基础，积极推进规范化建设和"两个普遍"工作，加大企业工会组建力度，送电影进企业，帮扶慰问困难职工226人次13.8万元，完成社区工联会换届。开展"两新"组织团建、团员教育、志愿服务、"科技活动周"等活动。街妇联切实做好维护辖内妇女儿童权益工作。

【人大选举】 2011年，赤岗街做好人大换届选举工作，开展宣传发动、强化培训督导、严格程序规范，顺利选出24名新一届人大代表。

【扶贫工作】 2011年，赤岗街投入97.7万元、安排2名干部驻从化市温泉镇密石村开展"造血"式扶贫工作，协助完成村委大楼、休闲活动中心、村民文化广场、水果交易市场、小学篮球场、村社垃圾处理系统等基础项目建设，种养业初见规模。投入176.5万元帮扶化州市平定镇沙坡村，帮助372户贫困户913人提前实现脱贫，年人均收入超过4600元，脱贫率达100%。开展送电影、送演出、送书籍等活动，丰富村民文娱生活。

（梁仕南）

新港街

【概况】 新港街位于海珠区中北部，北临珠江，南沿新港路与凤阳街相邻，西与素社、滨江街交界，东与赤岗街相临，总面积3.4平方公里，设14个社区居委会。2011年全街总户数38977户98460人，其中户籍人口20690户76114人。

2011年7月6日，新港街举行“南粤七一纪念奖章”颁发仪式。（范慧义摄）

【“创文”工作】 2011年，新港街将“创文”作为各项工作重中之重，圆满完成各项迎检任务。海洋社区代表广州市接受“国检组”入户调查，过程顺利，成绩优秀，为“创文”成功作出积极贡献。该街坚持党政“一把手”亲自抓，领导班子成员分片包干和网格化管理机制；通过“四个统一”（统一思想认识、统一行动指挥、统一服装装备、统一后勤保障）有力推进创建工作；整合资源，夯实基础，通过“八个发挥”（发挥全街工作人员“主力军”作用、发挥全体居民群众“宣传员”作用、发挥地区机团单位“同盟军”作用、发挥共建单位“兄弟连”作用、发挥辖内中小学生“小先锋”作用、发挥社区党员“督导员”作用、发挥地区民兵“突击队”作用、发挥流动人员“辅助队”的作用）构建“创文”大网络；通过“三化三打造”（环境整治综合化，打造舒适的文明社区；文明宣传立体化，打造热烈的创文氛围；材料审核精细化，打造规范的档案资料）推进备检社区的迎检工作；坚持抓好“七项整治”（环境卫生整治、“六乱”现象整治、户外广告的规范及整治、“五小”店档整治、文明出行规范和整治、市场秩序整治、网吧及娱乐场所整治）让群众分享创建成果。

【经济工作】 2011年，新港街完成非税收入1255.32万元，完成区下达任务的130.83%；征收“两费一税”1655万元。该街开拓社区服务商业点，顺利接管南海海洋研究所32间商铺，与广东轻工职业技术学院合作开发新港西路152号33幢沿街商铺，首次通过对外公开竞租的形式提高商业价值；做好物业维护管理，合理调整铺位租金，实现物业保值增值；抓好协税护税，完成代征协管税款1028万元；完善原工业公司物业的产权变更等。

【计生工作】 2011年，新港街坚持“四个到位”（组织领导到位、清查督促到位、目标考核到位、业务培训到位），做到“四个突破”（基础上有新突破、信息管理上有新突破、依法行政上有新突破、控制政策外生育上有新突破）和“四个提高”（符合政策生育率提高、无政策外生育居委比例提高、信息数据准确性提高、计生干部业务水平提高），计划生育率98.91%。学习新计生统计口径，熟悉省计生系统，加快人口计生信息化建设；落实层级动态管理责任制，经常性督查和阶段性考核结合，夯实计生基层基础工作；落实利益导向机制，确保各项奖励优惠政策落实到位，发放保健费6.3万多元；完善流动人口综合服务管理工作机制，推进流动人口“一盘棋”和基本公共服务均等化进程；加强宣传倡导，营造良好社会环境和舆论氛围；以人为本，全面提升计划生育优质服务水平，全街无计划生育恶性、群体性事件发生，信访结案率100%；开展人口计生基层群众自治工作，推进诚信计生，银禧社区和中大社区分别被评为国家级和市级人口计生基层群众自治示范村（居）。

【社会治安综合治理】 2011年，新港街成功调处辖内重大群体性纠纷11宗，其他矛盾纠纷110宗。全街刑事立案447宗，比上年上升11.2%。其中“两抢”立案17宗，比上年上升30.8%，“两盗”立案56宗，比上年下降3.4%。未发生重大安全生产和消防事故及“黄赌毒”等严重问题。优化综治信访维稳中心软硬件建设，完善工作机制，受理群众上访件47件，办结率100%；完善党代表、人大代表和街领导信访接待日机制，坚持实行不稳定因素每周排查制度，发现信访苗头及时介入，妥善处理，做好重点时期防控工作；加大应急工作投入，配全应急保障物资和装备，加强风险隐患会商，有效预防和处置各类突发事件；加大地区治安工作经费投入，优化警力配置，强化治安防范网络；继续推进平安街区创建活动，加强治安联防组织建设和“五张防范网络”建设；开展6次大型安全生产检查行动，针对新港西路瑞康路口及立新街口等重点地段，开展“五类车”整治行动；开展普法教育、法律援助工作，落实安置帮教等工作。代表海珠区接受省、市综治考核取得优异成绩。

【城市管理】 2011年，新港街巩固亚运及“创文”工作成果，全面提升城市管理科学化、信息化、精细化水平；推进创建星级卫生街道工作，强化街道与卫生、工商、食药监等部门的联动，成功创建广州二星级卫生街道；争取区资金129万元，完成攀桂街、怡乐一巷、新港西路142大院等旧城街巷改造项目，开展户外广告招牌整治；完善除“四害”硬件设施，组织系列清洁行动，对重点地段进行全天候拉网式“六乱”整治；加强整规打假工作，营造优美舒适的市容环境；加大控制“两违”的力度，强化建设工地文明施工管理；争取区支持，购置3台抽水机，培训组建1支应急小分队，及时处理辖内水浸问题；完善城管综合巡查、交办通报制度，发挥12319热线指挥调度职能，提高工作效率。

【社区服务】 2011年，新港街推进社会管理服务创新工作，组织全街工作人员开展专题学习考察，成立“三中心一队”（政务服务中心、综治信访维稳中心、家庭综合服务中心、综合执法队），加快家庭综合服务中心的建设进度，打造银禧社区示范点，并作为区加强社区管理和建设专题现场会的点评点接受检查。落实亚运惠民政策，顺利完成亚运交通现金补贴发放，共计发放389多万元；切实做好慰问帮扶工作，慰问困难家庭116户；扩大社会保险覆盖面，加强就业和劳动保障监察，妥善处理拖欠工资案件43宗，涉及金额66.5万元；为5704名老人办理老人长寿保健金登记；加强退管基础管理服务，接收社会化管理退休人员5587人；依托街道社区卫生服务中心和康园工疗站，做好残疾人工作；抓好社区物业管理工作；顺利完成征兵任务，落实双拥优抚安置政策。

【扶贫开发“双到”工作】 2011年，新港街定点帮扶从化市温泉镇乌土村和化州市文楼镇塘表村，作为海珠区唯一一条街道同时被评为市扶贫开发“双到”工作先进单位和帮扶北部山区发展工作先进单位，乌土村被评为市“双到”工作示范村。以“四个坚持”（坚持科学发展、坚持因地制宜、坚持多方联动、坚持依靠群众）做好扶贫开发“双到”工作，在乌土村投入441万元打造农产品自产自销点、文化活动中心、村民休闲小公园、农家特色小旅馆和水果种植基地的“五个一”帮扶工程。在塘表村开展“种养扶贫”；发挥协作单位区人社局的优势开展就业指导、培训及招聘活动；发动辖内地区单位、企业及当地政府修建篮球场、慰问贫困户等，兴建塘表村竹签厂；建立与村民的信息发布和沟通互动平台，开展重大帮扶项目时广泛征求群众意见，得到充分支持。

【出租屋管理】 2011年，新港街按照“突出重点、兼顾一般”原则，对全街出租屋进行排查，落实分类管理，开展出租屋安全隐患排查等专项整治行动，并采取直接专报、快速反应、从严督办的方式及时解决存在问题；健全信息交换和流动人员信息登记等工作制度，加强与计生、公安等部门联动，强化流动人员和出租屋管理基础工作；整合流动人员登记管理信息资源，在各个社区设立办理便民服务点，利用移动单机版上门采集流动人员信息资料，提高流动人员办证率；抓好“两费一税”征收工作，抓好教育培训，加强队伍管理，提高工作人员管理服务水平。

【党建工作】 2011年，新港街顺利完成社区“两委”换届选举，继续完善楼宇党建工作，发挥楼宇党支部在“创文”等中心工作中的积极作用；召开党员代表会议选举产生出席区第十一次党代会代表11名，完成省、市党代表的推荐工作；开展以纪念建党90周年为主题的“写、看、听、唱、谈、访、奖、学”系列活动；广泛宣传，开展党员公开承诺、领导点评、“五个一、五争创”等活动，深入抓好“创先争优”活动；做好困难党员、患病党员慰问帮扶，发出慰问金、慰问品约26017元；推进党代表工作室建设，开展民主评议党员和发展党员工作，评选出247名优秀党员；发展党员18人，28名预备党员顺利转正。

【群团工作】 2011年，新港街选举产生20名海珠区第十五届人大代表，组织人大代表开展扶贫助残和视察活动，为地区发展建言献策；加强基层工联会建设，开展帮扶困难职工、困难外来务工人员系列活动；加强基层妇联组织建设，做好妇儿维权工作；推进“两新”组织团建工作，新成立团支部13个，加强与地区青年组织、优秀青年的沟通，广泛开展各种青年志愿活动；开展主题科技活动周等活动，继续打造银禧社区科普中心品牌，深入推进社区科普工作。

【地区文化】 2011年，新港街整合地区文化资源，完成省特级文化站的评估工作；组织参加区纪念中国共产党成立90周年群众歌咏活动；组织开展地区足球赛、新港地区美术书画摄影展览、街道干部职工海珠新貌一日游等活动；配合“创文”工作，重点对各网吧、娱乐场所、书店、报刊亭、音像店等进行综合整治，积极做好“扫黄打非”工作。加强对外友好交流工作，代表海珠区接待赞比亚爱国阵线总书记一行到银禧社区参观访问。加强街道信息工作，全年共出版《新港信息》32期，在《海珠信息》、区公众信息网等发布信息692条；健全街道各项制度，编印街道制度汇编，加强服务窗口的规范和管理，推进政务公开。

（符竹筠）

昌岗街

【概况】 昌岗街位于海珠区中心地带，总面积1.96平方公里。下设22个社区居委会，并管理联星经济联合社。2011年常住人口约13万人，其中外来人员约4万人。

2011年，昌岗街着力强化后亚运城市管理，落实维稳和社会综合治理工作，不断改善民生福祉，完成村居“两委”换届、区人大代表换届选举和创文迎“国检”等重点工作，街道各项事业健康快速发展。

【地区经济】 2011年，昌岗街辖区内现代服务业和传统商业蓬勃发展，作为区总部经济载体和重点项目的达镖国际中心进入项目试运营阶段，苏宁电器达镖国际超级旗舰店进驻营业，华忆百货江南店和改造升级项目海冠服装商贸城开始试业，商业氛围更加浓厚。是年，昌岗街“两费一税”征收总额首次突破1000万元大关，达1096万多元，同比增加25.5%，其中，出租屋税比上年增长35.9%；环卫收费收入626万元，比上年增长3.5%；完成非税收入1529.97万元，超出非税收入指标任务329.97万元；完成国税收入约270万元；完成地税收入约386万元。

【城市管理】 2011年，昌岗街重点加强对德怡居服装集市、晓西碎布市场、南昌大街以及晓港地铁D出口周边的“六乱”现象、无证照经营和超占经营行为进行大规模整治。加大拆违控违力度，全年共处理违法建设37宗，现场制止12宗面积2823平方米，限期自行拆除14宗面积1032.6平方米，强行拆除11宗面积99.38平方米，有效遏制违法建设行为。增加便民回收点至14个，完善回收点网络，以一方雅居小区为试点，投入20多万元大力开展垃圾分类推广工作。加强食品卫生安全监督管理，整治无证照经营、非法行医、销售私宰肉以及制假售假行为，全年共查封取缔无证照餐馆经营店档16间，取缔无证牙医店档8间次；查处私宰肉销售点4处，处罚4人；引导公共场所从业人员办理健康证789人。抓好社区环境综合整治，投入约180万元对晓园东、昌岗中、跃进北、海富花园、跃进南、昌岗东等6个社区进行综合整饰。投入约150万元对辖内的市政设施和公共设施进行整治和改造。是年，昌岗街成功通过广州市二星级卫生街道评比考核。

【“创文”工作】 2011年，昌岗街全力组织开展创建全国文明城市工作。着力在日常工作中促进创文工作水平，着力在创文工作中服务居民群众，注重在创建过程中改善社区人居环境、加强城市建设和管理、推进城市公共文明建设、推进创建惠民工程建设，协调区有关部门和全街力量做好月大测、周小测实地迎检工作和入户调查工作。9月，圆满完成晓园东社区入户测评和街道办事处实地检查两项“国检”大考任务。

【人口与计划生育】 2011年，昌岗街深入推进人口计生“两无”创建活动，户籍人口出生643人，政策生育率98.6%，无政策外多孩出生。投入25万元开展“婚育新风进万家”宣传服务活动，对居委会计生阅报栏和宣传栏进行升级改造，购置三台B超一体机。拓展生育关怀行动，发动组织辖内1473人参加免费普查普治活动；442人参与免费婚检；281人参加免费产前出生缺陷医学筛查；对患有重病的4名育龄妇女进行帮扶。开展独生子女父母计划生育奖励工

2011 年 9 月 18 日，区委常委、组织部部长李海洲到昌岗街检查“创文”工作情况。（昌岗街供稿）

作，共审批 553 人，为 13 人办理计划生育家庭特殊金。加大行政执法力度，应征收社会抚养费 11 人，已征收 10 人，征收率 91%。

【惠民工程】 2011 年，昌岗街完成发放亚运公交补贴 460 多万元，惠及 27530 户籍居民、718 名集体户人员和外来暂住人员，发放完成比例全区第一。办理廉租房申请 93 户、经适房申请 265 户；为 275 户办理救济、62 户办理低收入申请，为 12 名困难人员办理重大疾病资助近 3 万元，为救济户、低保户发放物价补贴共 18.314 万元，帮助困难家庭解决燃眉之急。为 258 名重度残疾人办理重残补助 49 万元，为 14 名重症精神病人办理入住精神病院手续，为 268 名重度残疾人办理免费乘车卡，为 41 名残疾人子女及残疾学生办理扶残助学申请，介绍安排 8 名残疾人工作等。开展“四助”活动，筹得善款近 80 万元，共助养 88 名孤、老、残、困人员，慰问 1200 多户残困户。为 101 名 80 岁以上的老人申请免费安装平安钟，为 1339 名 60 岁以上老人办理老人社会保障卡，为 711 名 65 岁老人办理保障卡升级，为 8758 名 70 岁以上老人办理长寿保健金。

【劳动保障】 2011 年，昌岗街抓好退休人员的社会化管理工作，共办理社会化退休生存年审 9579 人，年审率达 97%，重大节日探访十类人员计 3409 人次，到医院慰问因病住院托管人员 218 人，探访慰问复退军人 307 人，军转干 90 人。关怀慰问困难失业人员 83 人，发放慰问金 11900 元。抓好劳动监察工作，全年受理较大劳资纠纷投诉 26 宗，处理群体突发事件 2 宗，其中重大群体突发事件 1 宗，涉及人数 165 人，为劳动者追回拖欠工资 397 万元。加强就业指导和服务，共扶持发展 5 个创业项目，为创业人员办理小额担保贷款 5 人 40 万元，帮助 3176 名失业人员实现再就业，就业率 73%。是年，昌岗街被评为海珠区就业安置工作先进集体，“江南商业街创业基地”被评为“广州市创业（孵化）示范基地”。

【综治维稳】 2011 年，昌岗街建立健全矛盾纠纷排查调处“三级”工作网络，进一步完善人民调解与司法调解、行政调解衔接机制，排查各类信访苗头并及时化解。举办大型群众接访活动 5 次，全年共受理信访及矛盾纠纷 234 宗，调处成功率 98.3%。海外花园二期大楼临水临电问题、达镖国际中心装修工程劳资纠纷、“7·20”宋海生意外死亡事件、广医二院多起医患纠纷案件等历史积案和突发事件都得到解决或有力推进。

【社会治安】 2011 年，昌岗街组织开展“春雷”专项整治行动，出动 2816 人次，检查九类重点场所 663 间次，整治隐患 113 间次，抓获犯罪嫌疑人 9 人。大力扫除辖内“黄、赌、毒”现象，共破获毒品案件 13 宗，强制收戒吸毒人员 34 人，查封 2 家违规经营的桑拿沐足店，查处涉黄涉赌人员 3 人。大力开展道路交通秩序整治工作，暂扣非法营运电动车 198 台、两轮摩托车 23 台、三轮摩托车 19 台。接收社区矫正对象 64 名，经过矫正教育成功解矫的有 35 名，没有发生社区矫正对象脱管现象。全年受理治安案件 747 宗，比上年下降 15.6%。

【消防和安全生产】 2011 年，昌岗街大力开展消防安全“大排查、大整治、大宣传、大培训、大练兵”及“清剿火患”行动。全年共出动 1690 人次开展排查工作，重点对“五小场所”、批发市场、人员密集场所和危化行业进行检查，累计检查单位1129间次，发现不同程度的隐患143处，责令当场整改50处，责令限期整改93处，通过以罚促管措施进一步强化违法当事人的消防安全意识，是年，昌岗街没有发生一起消防安全责任事故。

【出租屋管理】 2011年，昌岗街开展流动人员管理服务“四实”专项行动和“人屋车场”整治。共组织清查行动36次，投入整治力量2880人次，清查出租屋5400间，清查商铺和厂房共850多间，派发宣传资料2.2万多份，查处无证照场所20间，查处违反计划生育5宗，消除消防隐患63处，发出责令限期整改通知书2160张，新登记出租屋1812套，新采集流动人员信息5456人。加强对流动人口集聚场所的管理和服务，为德怡居服装集市流动人员办理居住证2669张。全年注销流动人员信息27786条，现有流动人员信息16405条，信息登记率100%，登记纳管率同比增长1.2%，全年共办理居住证7107张，超额完成全年任务的144%。昌岗街在2011年度流动人员和出租屋服务管理工作考评中获得全区排名第一的好成绩。

【党建工作】 2011年，昌岗街抓好联星经济联合社、28个经济社、居委会“两委”换届工作以及区第十五届人大代表选举工作，换届选举过程总体平稳有序。坚持开展街领导、科室与困难党员“一帮一”结对帮扶工作，共慰问特困党员31人次，“边缘”困难党员28人次。探索在非公经济党组织中开展结对帮扶活动方式，6个非公经济党支部各与一名困难党员结对子开展帮扶活动。为18名困难党员家庭赠送全年南方日报、人民日报等党报党刊。全年新发展党员26名。顺利完成区十一届党代表选举工作。组织开展纪念建党90周年系列活动，走访慰问辖内74位1978年前入党和9位90岁以上老党员。组织辖内111个楼宇党支部的党员配合社会面治安防控，开展“1小时巡逻”活动。昌岗街组队参加海珠区庆祝建党90周年歌咏比赛，荣获街道组金奖第一名。

【社区文化】 2011年，昌岗街组织开展各类地区性文体活动33项，组队参加市区机关乒乓球赛，获得团体第二名；代表海珠区参加广州市第二届“共创文明城——万人同唱文明歌”比赛，荣获银奖第一名；参加区第22届老人运动会，获得太极双扇比赛第一名。推动区域文化品牌建设，举办第16届昌岗地区青少年钢琴演奏比赛，开展书画培训，举办昌岗地区书画展览等。组队参加区总工会组织的“花开春晓、幸福海珠”迎春花会插花比赛活动，选送3个作品参赛，其中创意插花比赛获得特等奖，西式花篮、台式插花比赛获得三等奖。该街科协在2011年街道基层科协的考核中获得全区第一名的好成绩。街道文化站作为省特级文化站，2011年成功通过省第九次复评。

【精神文明建设】 2011年，昌岗街以提高市民素质为导向，加强社会主义核心价值体系建设，围绕“创文”八大主题实践活动和科教、文体、法律、卫生“四进”社区主题实践活动，在各社区轮流组织策划形式多样、内容丰富的“创文”志愿宣传实践活动20多次，开展文明大家谈5次，共派发宣传单张5000余份、创文环保袋5000多个，进一步提高居民群众参与文明城市创建工作的知晓率和积极性。经常性开展文体、科普、公益、扶贫、献血等活动，大力倡导新时期广州人精神和亚运精神，广泛开展社会公德、职业道德、家庭美德建设教育实践活动，促进广大居民群众的思想道德素质的提高。坚持对外开放图书借阅服务，街道图书馆全年借阅人数8000多人次，阅览人数11000多人次，丰富了居民群众的精神文化生活。街道妇联推荐的晓园东社区居民张仲池被评为广东百名现代好丈夫。

【扶贫工作】 2011年，昌岗街继续推进南岭村扶贫“双到”工作，和官洲街道一起，成功促使中山市绿博园花木市场管理有限公司与化州市长岐镇签订“南岭村绿色生态农业产业园”合作项目协议和租赁合同，达成在南岭村建立1000亩绿化基地的合作意向，并已动工兴建。投入18万元继续发展村鱼塘养殖经济，开挖63亩鱼塘，增加村集体的经济收入。组织力量对符合条件的28贫困户申请危破房改造，为南岭村的4间小学更换300套学生桌椅。开展对口帮扶从化市温泉镇南平村工作，选派2名干部驻村专职开展帮扶工作，该街主要领导率班子成员多次到村入户走访调查，投入资金95万元，积极申报和推进村集体扶贫项目建设，南平村“农家休闲中心”、“养鸡场”、“水果交易场”项目已开工建设。在南平村设立“青少年爱心驿站”，组织教师为村里的学生补习功课，开展智力帮扶。该街和区发改局领导带领干部职工（累计500多人次）及企业员工（累计130多人次）多次上门关心慰问双低户、贫困学生以及60岁以上老人，送上各类礼物和慰问金4万多元。截至年底，南平村9户贫困户中已有8户提前实现脱贫目标，村集体经济从上年收入0.54万元大幅提高到16.14万元。

【联星经济联合社】 面积约20平方公里，地处海珠区商业中心地带，北起宝岗大道和江南大道、南至工业大道石岗路段、西抵白鹅谭商圈、东达中山大学北门。2011年，联星经济联合社下属28个经济合作社（分布在区内9个行政街），6家企业，社员约4300人。4月，选举产生新一届联社“两委”班子，其中党委委员7名，社委会成员7名，党委书记、社长林永盛。党委下设5个党支部，至年底共有党员232人，其中正式党员210人，预备党员22人。联星经济联合社地处旧城区和城中村结合处，经济来源以物业租赁为主，同时大力发展商业、专业批发市场、文化创意产业、交通运输、酒店、餐饮、娱乐休闲等。联星经济联合社全年总收入36371万元，各经济社总收入26948万元。其中，社员分配总额13699万元，社会养老医疗保险支出1299万元等。

每年端午节期间，联星经济联合社均组织龙舟竞渡活动。隔山瑶头、南箕、庄头、南村等4个龙船会以历史传统的龙舟探亲接访形式，在隔山瑶头的十香园设龙舟探亲接待境点，在马涌沿线的滨江街、新港街、江南中街、昌岗街、沙园街、龙凤街进行龙舟探亲游龙争艳竞渡活动。活动期间除联社自然村4条龙舟外，还有来自其他兄弟村的龙舟到访马涌，并在马涌上表演。此项群众自发性的龙舟庆典活动历经多年自然形成，并且近年已初具规模，参观的市民达数万人次。

（张小理）

滨江街

【概况】 滨江街位于海珠区北部，东起鸭敦涌，西至江南大道北，南起仲恺路，北达滨江中路珠江堤岸。面积约2.1平方公里，辖内有12个社区居委会，2011年末，全街户籍人口60950人，流动人口14081人。

【“创文”工作】 2011年，滨江街抓主体责任落实，分别与责任片区及辖内机团单位签订“创文”达标责任书。坚持宣传教育先行，调动广大居民参与“创文”的积极性。建立完善周检、三级巡查制度、问责奖惩等各项规章制度，以制度保障创建工作。全年召开创文实地考察迎检工作动员会6次，地区单位创文动员会4次，每月、每周召开工作例会共50多次，开展自检考核评比活动6次，聘请“创文”志愿者5000多人次，发放各类调查问卷5万多份，宣传画册、倡议书5万余份，发放小礼品3万多份，开展专题业务培训30多次，培训人数近3000人次，出色完成历次检查任务。9月，完成中央文明办公共文明指数测评检查组对草芳社区的入户调查工作。

【街道经济】 2011年，滨江街转变增收创收模式，发掘可利用资源，实现物业资产资源利用最大化。以便民惠民利民为宗旨，开展多元化社区服务，为辖区居民提供家政服务、租赁房屋、税务代征等多项服务。强化出租屋和外来人员的管理，“两费一税”以及计生“征超费”等的收缴取得新突破，收到良好的社会效益和经济效益。做好安全检查工作。对所属企业和物业继续强化实施每月一小检、每季一大检的安全常规检查模式与重大节日前的检查模式，确保安全事故零记录，有力地促进经济的平稳发展。

【城市管理】 2011年，滨江街围绕“大城管、细服务”理念，推进网格化、精细化城市管理模式，城市管理水平进一步提升。全年开展整治环境卫生行动41次，清理居民楼屋前屋后及楼道杂物、余泥、垃圾约140吨；清扫檐蓬垃圾约10000多平方米；拆除乱张贴、乱涂写6000多处。开展“六乱”整治行动38次，治理“六乱”现象150多起。处理乱摆卖现象76宗，取缔25宗；整治超占经营180宗，发出整改通知书32份；整治违章招牌广告50多处；维修市政设施破损200多处，清疏市政下水道、排污设施达4000多米，处理相关公共设施损坏事项90多宗。开展爱卫、除四害行动30余次，喷施、投放药物550公斤，消杀外环境16平方公里。开展规范“五小”行业、整规打假、食品安全及无证照整治行动42次，检查和整治辖内商铺2000多家，发出整改函告书80份，引导商铺办证120多家，劝导停业整顿商铺21间，指导存在问题的商铺进行整改约300间次；加大城管执法力度，有效控制“两违”及工地的违规

2011 年 1 月 26 日，滨江街举行"幸福滨江颂升平　党员承诺促和谐"活动。（滨江街供稿）

施工现象，全年共查处违规工地楼盘 18 宗次；积极推进零星建筑余泥收运市场化运作及垃圾分类处理回收试点工作。

【民生事业】　2011 年，滨江街为 668 户（1148 人）申办社会救济金，为 189 户（358 人）办理低收入困难家庭证，为 1650 人次办理医疗救济资助。开展"扶贫助困"活动和"广东扶贫济困日暨广州慈善日"活动，筹善款 15 万多元。通过《信息时报》爱心档案，帮助 150 名贫困学生解决学费问题。办理已享受廉租房实物配租和住房租赁补贴年审 250 多户；为 187 户特困家庭办理廉租住房补贴，为 295 个家庭申办经济适用房。开展"六好"平安和谐社区和宜居社区、无灾害社区创建工作，中海社区被评为广州市"抗灾减灾"示范社区。开展康复进家庭活动。建立残疾人康复档案 1370 个，建档率 100%；配置残疾人基本辅助器具 1259 件，配置率 100%，为 109 人提供全面康复转介服务，有效率 100%。社会就业保障体系覆盖面进一步扩大。全年办理失业登记 1683 人，就业登记 1464 人，"4050"社区就业 1174 人，灵活就业备案人员 499 人，办理社区老年养老保险 973 人，办理居民医保 2926 人，辖区内企业员工劳动用工备案 1500 人，城镇登记失业人员职业培训就业率 80%，就业率 86.99%，是年共举办专场招聘会 2 场，提供岗位 598 个，达成用工协议 314 人。创业带动就业效应逐步显现。滨江街退管所被评为广东省退休人员社会化管理服务示范点。"双到"扶贫工作成效显著。大力扶持村集体经济，拓宽增收渠道。组织地区工商业户和热心人士到化州青山村和从化温泉镇乌石村开展招商引资和慰问活动；邀请专家为村民讲授种植技术，提高农户的种养殖技能。是年，青山村和乌石村均已基本达到脱贫目标。

【社区服务】　2011 年，滨江街推进计生优质服务，有"两无"居委 10 个。全街常住人口政策出生率 98.66%，流动人口政策生育率 98.28%，流动人口已婚育龄妇女节育率 84.44%。全年征收社会抚养费 1403088 元。全年办理独生子女综合保险 196 宗，发放独生子女保健费 4253 宗。办理流动人口计划生育婚育证明 1698 宗、省计生服务证 456 宗、一孩生育登记 156 宗、二孩初审 31 宗、独生子女父母光荣证 158 宗、流动人口生育备案 9 宗。是年受到市 2010 年度人口与计划生育目标管理责任制考核表扬，获得 2011 年度无政策外多孩出生街道称号。顺利完成亚运交通补贴发放任务，其中流动人员亚运交通补贴发放率 64.5%，位列全区第二。深化"人屋"专项治理工作，全年共开展清查行动 55 次，参加人员 1265 人次，派发各类宣传资料 1398 份，排查出租屋 1793 间，新登记出租屋 414 间，整治消防隐患 68 间。全年新登记流动人员 4106 人，新办理居住证 5347 个，居住证续期 1794 个，注销流动人员 3383 人。是年征收"两费一税" 550 万元，比上年增长 32.2%。

【平安建设】　2011 年，滨江街以综治信访维稳中心为平台，以完善维稳常态为突破口，建立"多部门联动、多途径选择、多手段参与"新工作机制，确保地区的和谐稳定。全街设立治安重点防控岗位 509 个，发动防控力量 1952 人，形成"防控下沉，维稳前置"大综治格局。全年共受理各类群众来信来访和矛盾纠纷 28 宗，调解率和成功率 100%；及时有效地处理怡安花园围墙纠纷案、江南大道商铺案、江湾路人行天桥建设群体纠纷等。认真做好安置帮教工作，帮教率 100%，安置率 95%，解矫对象重新犯罪率为零。抓好消防、安全生产工作，维护人民群众生命财产安全。全年共开展大规模的消防、安全生产整治65次，累计出动检查1560人次，检查重点场所856间次，发出整改通知书336份，口头警告70多次，疏通消防通道60多个。是年，滨江街无发生重大火灾事故和人员死亡的安全生产事故。

【党建工作】 2011年，滨江街基层党组织进一步夯实。选出10名出席中共海珠区第十一次代表大会代表。开展“创先争优”主题实践活动，做好党员民主评工作，参加评议党员1588名，评出优秀党员223名。举办纪念建党90周年系列主题活动，对10个先进党组织、50名党员先锋榜样进行表彰，为200名50年以上党龄的老党员颁发“南粤七一纪念奖章”。发挥楼宇党建的先锋模范作用，发动党员志愿者积极参与创建文明城市工作。走访慰问辖区困难党员群众，凝聚党心民心。慰问特困党员25名，边缘困难党员33名，发放慰问金和慰问品共计3万多元。党员队伍进一步壮大，全年发展党员5名。地区党建工作联席会议各项制度更加完善，逐步形成“班子过硬、设施齐全、载体丰富、共建共荣、服务到位”的党建工作新格局。

【队伍建设】 2011年，滨江街开展3轮干部调整交流和竞争上岗及社区“两委”换届选举工作，新提拔科级干部4名，副科级干部3名，轮岗交流干部6名，新选任5名居委会主任。中层干部队伍结构得到明显优化，促进干部队伍整体素质提高。推进党风廉政建设，着力加强换届纪律教育，在换届中没有出现一起拉票贿选、干扰换届的违法违纪行为；在辖内有关医疗机构、派出所开展民主评议政风行风工作；抓好纪律教育学习月活动，严格规范公车管理。积极推进廉政文化建设。7月，会同区纪委、区委宣传部等相关部门联合举办区“纪律教育学习月”咸水歌专场文艺汇演。

【民主法制建设】 2011年，滨江街加强和改进党对人大、政协工作的领导，充分发挥工、青、妇、工商联、侨联、文联、科协等群团组织桥梁和纽带作用。完成滨江街区第十五届人大换届选举工作，其中参加投票选民数39331人，投票率达93.09%，选举产生人大代表20名，全部符合区人大代表的结构比例有关要求。推进“侨友之家”阵地建设，深化“大科普”理念，开展形式多样的科普宣传教育活动。咸水歌文化的保护和传承力度进一步加大，具有滨江特色的咸水歌文化品牌效应正逐步显现。

（肖启斌）

素社街

【概况】 素社街位于海珠区中北部，东临海珠涌，与新港街隔涌相望，南接前进路，西、北与滨江街相邻。面积1.68平方公里，。2011年有常住人口61888人，外来人口13709人。设13个社区居委会。

【社区党建】 2011年，素社街有党员1763名，设15个党总支，104个党支部。全年新发展党员6人。完成两委换届选举工作，全街13个社区党组织中11个实现书记、居委会主任“一身兼”。新产生社区党组织班子共65人，社区党组织班子整体素质明显提高。5月，设立党代表工作室，听民声、察民情、解民困。依托党代表工作室接待、走访群众，编织起一张服务党员群众的“民心网”。深入开展“创先争优”活动，树立以潘耀等35名共产党员为代表的先进典型，并汇编成《党员风采录》。开展“访千家、听民意、解民忧”活动，记民情日记，送暖民服务卡，切实帮助群众解决困难。开展以“素社家园党旗红”为主题的建党90周年“九个一”系列庆祝活动。关爱困难党员，做好春节、“七一”困难党员慰问活动，为22名困难党员办理扶助款申请，登记26名广州市特困党员。

【人大选举】 2011年9月，素社街完成十五届人大代表换届选举，选举产生18名新一届区人大代表，选民参选率超过90%。当选的代表呈现以下特点：一是代表的群众支持率高。得票率80%以上代表占当选代表总数94.1%。二是代表的年龄结构呈现年轻化，本届代表平均年龄42岁，比上一届平均年轻4岁。三是代表的文化水平高、行业分布广。本届代表大专以上学历占88%，其中研究生以上学历2人；代表有公务员、企事业单位的负责人、高校教师、专业技术人员等，覆盖面更广。

【街道经济】 2011年，素社街出租屋管理中心征收“二费一税”425万元，超额完成全年区、街下达的征收任务；环监所实际经济收入达432万元，超额完成街道下达的经济目标；社区中心完成收入466.29万元。全年追收历史债务

446 万元、拆迁临迁费 72.12 万元。完成街道物业 2009—2011 年三年改造计划，形成新的经济增长点。为辖内企业代理营业执照年检 87 宗，代码证换证及年检 43 宗，办理各类营业执照 119 宗、社保证年检 12 宗、卫生证续期 6 宗、食品流通许可证 31 宗、印刷经营许可证 6 宗，引导 18 家企业配合地税、国税部门查账工作。全年举办 2 场专场招聘会，有 62 家企业进场设点招聘，提供工作岗位 2620 个。开展为期两个月的针对失业证办理人员的入户摸查跟踪服务，逐一上门对特困失业人员开展有针对性的帮扶工作。开展创业指导帮扶工作，为 3 人提供小额贷款支持，指导帮扶 26 人成功实现创业，带动就业 50 人。

【“创文”工作】 2011 年，素社街制定“创文”工作方案和迎检方案，落实工作任务“精细化”，实施网格化包干机制。全力整治市容环境，建立长效管理，迎“国检”期间，出动工作人员 1500 人次，组织各社区开展大清洁活动 17 场，铲除乱张贴 4.3 万处，整治无证经营、乱摆卖、占道经营 321 宗。推进旧城社区整治工程，修复居民残破门窗 382 处，为居民住户清拆并新置雨篷 560 多平方米，整饰残破围墙 520 平方米，完成人行道及路面改造 2200 平方米，排水渠明改暗整治 1545.5 米。创新宣传模式，强化市民创文主体意识，制作创文宣传喷画 2000 多平方米，发放创文宣传资料 3.2 万份，印发《向幸福出发》“创文”宣传手册 2 万本，便签 1 万本，设计街道标识围裙、环保袋，到群众家中送“暖民服务卡”。

【城市管理】 2011 年，素社街抓好“后亚运”环境综合整治，申请整治项目 7 个，获批复同意实施 6 个，包括海珠体育中心中路延长线和在海联路桥东三约铺设沥青，郭墩社区的基立下道北 8 号大院，郭墩新街 70－74 号，素社东社区的素社二巷至六巷，素社中社区的郭墩新街 1 号至 24 号、素社一巷至六巷，整治金额达 200 多万元。切实做好“除四害”工作，开展大型病媒生物防制宣传教育集市 5 次，大型上门宣传、排查 16 次，对旧疫点及辐射公共环境范围排查 11 次，派发宣传资料约 2.2 万份，派发灭蚊片 360 多箱，投放毒饵 7800 多斤，反复消杀公共环境 30 多万平方米，消杀机团单位、学校外环境约 16 万平方米，消杀化粪池和沙井 4200 多个，巡回消杀下水道 4200 多米，重点为临近海珠体育中心的海联北、桥东、怡海、海印南社区全面增设毒鼠屋 360 多个，增加四害防护设施 232 处。

【社区服务】2011 年，素社街投入近 17 万元修缮改建金汇居委会办公场地，组织金汇、素社中社区开展“六好”平安和谐社区创建，组织海联北、怡海、海印南、桥东社区开展居务公开民主管理示范社区创建，组织海联北社区开展宜居社区创建。落实社会保障政策，办理社会救济 225 户，低收入困难家庭审批 154 户，合计发放救济金 176 万元，物价补贴 13.4 万元，污水费返还 3.8 万元。落实双特困户住房保障工作，为 589 户低收入困难家庭办理廉租住房年审，发放经济适用房准购证明 514 户，开展公租房申请登记 44 户。做好特困家庭救助关爱工作，为 530 人次患病低保户办理季度药费报销 12.5 万元，为 61 人次困难家庭发放重大疾病医疗救助 18.8 万元、慈善医疗资助 2 万元，为 23 名长期住院的精神病人、孤寡老人解决医疗费用 10.6 万元。春节、中秋节慰问百岁老人、烈军属、社会化退休人员、特困家庭 980 户，发放慰问金 12 万元、慰问品 1580 份。促进残疾人康复就业，为 253 名残疾人办理救济和低收入困难家庭证，为 1012 人次发放 40 万元的重残补助金，推荐 15 名残疾人挂靠到企业就业。为 25 名残疾人配发辅助器具，免费资助白内障患者手术 39 例、低视力助视器验配 94 例、假肢装配 1 例，为 53 名贫困残疾人办理慢性疾病救助卡，为 529 名残疾人办理优惠乘车卡。提升老龄服务和管理水平，为 70 周岁以上老年人发放长寿保健金 153 万元，接收社会化退休人员 6953 人。举办老年人保健知识讲座等系列活动 6 场，为近 7800 名老年人建立健康档案，累计为 95 户老年人安装平安通，为 42 名孤寡、烈属、独居老年人提供居家养老服务。开展广东扶贫济困日暨广州慈善日捐赠活动，共募集善款 20.5 万元。组织实施亚运公共交通现金补贴发放工作，发放 306.45 万元，结余 70.78 万元。完成年度冬季征兵、为部队选送优秀青年任务。

【计生工作】 2011 年，素社街街常住人口出生 451 人，全年征收社会抚养费 62 万元，常住人口实际计划生育率 98%。制定《素社街道人口计生层级动态管理责任制考核办法》，修改完善《素社街道人口与计划生育工作奖惩办法》。加大经费投入，全年本级计生专项经费预算60.3万元，新购置19台高性能电脑，强化计生信息系统的硬件配置。组织4次流动人口专项整治行动，上门清查住户24824户。为18人办理解决一次性计划生育奖励（历史遗留问题），为325人办理城镇独生子女父母计划生育奖励。对4500多名产后、术后、避孕药具使用者、患病等已婚育龄妇女进行随访，为当年生育的300多人送上慰问品，为219名群众报销2.4万元的手术费。组织1152名户籍人口已婚育龄妇女、192名流动人口已婚育龄妇女进行常见病的普查普治。开展免费产前筛查和增补叶酸工作，组织264人参加免费产前筛查，免费筛查率达80.73%，为161名符合免费增补叶酸的对象发放服务卡。组建素社街青少年成长促进中心。基立新村社区被评为全国首批“全国人口和计划生育基层群众自治示范村（居）”。

【流动人口管理】 2011年，素社街通过深化“四实”（即将全部流动人员纳入实有人口、实时登记办证、提供实惠服务、实行到位考核）专项行动，有效提高流动人口和出租屋的纳管水平。加强与辖内房地产中介公司和物业管理公司沟通联系，将辖内隐性出租屋纳入管理，全年新增出租屋备案合同749套，解除出租屋备案合同520套。全年共开展流动人员及出租屋专项整治行动48次，投入人力1300人次，清查流动人员5245人次，新登记流动人员5245人，清查出租屋1023套次。继续加快推进第二阶段居住证制度工作，8月，超额完成全年的办理居住证任务。

【综治信访维稳】 2011年，素社街深化社会治安防控体系建设，推进综治信访维稳中心及工作站的建设和完善。街道综治中心全年受理各类矛盾纠纷事项29宗，成功调处办结率100%，收到感谢信1封、锦旗1面；工作站全年受理各类邻里家庭纠纷48宗，成功调处办结率100%，收到锦旗1面。加强法制科普引导教育，全年举办各类宣传活动36次，印制和派发各类宣传品约1.5万份，宣传单张约3万份，宣传覆盖居民约4.5万人次。定期开展安全生产大检查，出动1095人次，检查各类企事业单位1183家次，发出告知书169份，督促消除各类安全隐患1825处。素社街13个社区已全部建立社区安全账本工作机制。

2012年8月30日，素社街与广东电台联合举办“我们向幸福出发——《直播广东》走进素社家园”群众文化广场活动。（素社街供稿）

【社区文化】 2011年，素社街开展各项文化艺术、体育健身、科普等活动108次，其中综合性大型活动13次，举办各类培训60班（期），展览35次，参加群众约10万人次。8月18日，与南方生活广播电台联合举办“街坊同乐日——创文宣传走进海联北、海印南、怡海、素社东社区系列活动”；8月30日，与广东电台联合举办“我们向幸福出发——《直播广东》走进素社家园”群众文化广场活动。

（邓冰梅）

海幢街

【概况】 海幢街位于海珠区西北部，东与滨江街交界、西与龙凤街毗邻、南接江南中街、北临珠江，总面积1.45平方公里，2011年户籍总人口91904人，其中常住人口66098人。设14个社区居委会。

【党建工作】 2011年，海幢街100个社区楼宇党支部充分发挥基层党组织的战斗堡垒作用和党员的先锋模范作用，积极投身“创文”迎检、社区“两委”和区人大换届选举宣传发动工作。开展“创先争优”活动，“‘小红心’情暖空巢老人心”主题实践活动获得区“创先争优”主题活动设计方案评选大赛三等奖，被市委“创先争优”活动简报及新闻媒体专题报道，成为海珠区“创先争优”

2011 年 4 月 1 日，海幢街开展全市首次社区“两委”委员公开承诺和就职宣誓仪式。 （沈宇峰摄）

活动的特色亮点。落实党风廉政建设责任制，完善对权力和资金的监督制约机制，加强“三公”管理和公务车管理监督工作，印发《海幢街公务用车管理办法（试行）》，公用车辆全部安装北斗星监控系统；开展纪律活动月活动和民主评议政风行风工作，落实“五个严禁、十七个不准和五个一律”的换届纪律要求，营造风清气正的换届环境。

【换届选举】 2011 年，海幢街认真贯彻上级部署要求，准确把握社区“两委”及海珠区换届工作的指导思想和各项政策，精心组织、有序推进，顺利完成各项选举任务。率先在全区推进社区党组织换届选举“双直选”，产生新一届社区党组织成员 90 名、社区居委会成员 98 名，平均参选率达 90% 以上，社区党组织成员与社区居委会成员交叉任职比例为 47.96%。选举产生区第十五届人民代表大会代表 20 名，参选率 85.98%。

【“创文”工作】 2011 年，海幢街加强组织领导和统筹协调，全力以赴做好“创文”迎“国检”各项工作，宝贤社区高标准通过“国检”入户调查，受到上级领导的肯定和群众的好评。实行网格化管理模式，将迎检任务落实到每个部门、每个社区、每个岗位、每个人员，建立街道党政班子领导挂点督导，纪工委、党政办督查、督办，中层干部带班巡查，视频监控系统实时检查的机制，构建常态化管理体系。借迎“国检”的契机，积极争取区政府专项资金支持，对堑口肉菜市场周边的南洲前、堑口南、前进大街、银龙里以及宝贤社区、紫来街等内街巷进行全面整饰，对房屋外立面进行重新粉饰，免费为居民群众更换门窗、雨篷和信报箱、设立晾衣架，更换和添置社区消防设施，对社区进行绿化优化美化。开展十二大项专项整治行动。邀请交警部门对交通志愿者队伍进行专业培训，打造穿戴统一、动作规范、敢管善管的“铁军式”团队；会同交管等部门开展联合执法，重拳整治机动车乱停放等交通秩序问题；会同卫生、食品药品、工商等职能部门开展专项整治，对辖区所有“五小”行业进行地毯式再检查、再整治，重点查处食品卫生问题，开通办证“绿色通道”，确保辖区所有店档持证、亮证经营。率先在全区开展流动商贩疏导区建设试点工作，在前进大街设置流动商贩疏导区，设立 31 个摊位，并引入第三方进行管理和服务，试点工作经验在全区推广，被新闻媒体专题报道。设计并推广全市首副“创文”游戏棋，制作并派发“创文”纸折扇等创文礼品 4 万多份，制作巷口社区介绍牌、大楼大院梯间公告栏牌、围院门楼牌等一大批，组织开展“送戏进社区”、“外来工亲子电影夜”、“鲜花送文明”等系列互动主题活动，做到“每个社区有创文宣传栏、每个路口有创文宣传牌、每个单位有创文宣传栏目、每栋楼宇有创文海报、每家每户有创文宣传资料、每周都有创文主题宣传活动”，全面提升市民对“创文”的知晓率和参与率。

【社会服务】 2011 年，海幢街投入 150 余万元，有效整合街道物业，推进“一队三中心”硬件设施的升级改造，完成家庭综合服务中心、综合执法队和综治信访维稳中心的场地建设。做好低保、低收入申请、续期审核工作，为 1019 名低保、低收入家庭人员办理政府全额资助城镇居民医疗保险。开展广东扶贫济困日暨广州慈善日募捐活动，筹得善款 13 万元。启用残疾人社区康复信息系统，实现全街残疾人康复档案电子化管理，联合社会机构，开展形式多样的助残、扶残活动，全方位关怀残疾人。扎实做好住房保障工作，积极解决低保、低收家庭住房问题。做好老年人长寿金申办受理、信息录入、发放审核等工作，辖区有7437名居民领取老年人长寿金。组织2120人次参加无偿献血活动。完成全年28万元的“小额贷款申请”任务；开展“社区就业岗位培训”；举办“零距离就业，零距离服务”大型招聘会，提供就业岗位2822个；江南大道婚纱商业街创业（孵化）基地通过市级验收。结合街情细化亚运公共交通现金补贴发放方案和措施，发放371.37多万元，实际发放比例为86.72%。做好人口和计划生育工作，辖区计划生育率99.96%，出生率5‰，连续五年获市“两无”活动达标街道称号。以关爱老人为主题的“福星馨苑”社区公园及多功能驿站全面投入服务，成为海珠区“幸福家庭促进计划”一大亮点；开展“春风送温暖”慰问活动及“生育关怀”、“幸福工程”活动，完善利益导向体系，提高计生人群的幸福感。扎实推进帮扶对象化州市赤坎村、从化市石海村的扶贫开发双到工作，动员473名贫困农民到外地务工、经商，村集体收入平均增加15万元，脱贫率100%，贫困户农村合作医疗参保率100%。

【社会稳定】 2011年，海幢街开展“人屋车场”综合治理和“春雷”整治专项行动，加强地区综治委的统筹协调功能，完善快速联动工作机制，处结综治、信访类案件135宗，同比下降28%；劳资纠纷案件24宗，追回金额86万元。做好信访维稳工作，有效稳控解放桥南拆迁遗留问题案、同乐大厦工商银行冷却塔案等重大信访案件，妥善解决宏宇广场AB座物业公司撤场纠纷、御海明珠劳资纠纷等一批矛盾纠纷和群体性突发事件。加大安全生产和消防安全工作力度，确保无重大事故发生。强化流动人员和出租屋管理服务工作，流动人口登记率和出租屋治安责任书签订率均为100%。

【经济发展】 2011年，海幢街对集体物业进行资源重组，盘活闲置物业2535平方米，扩大经济发展的空间。加大各类税费征收力度，完成地税委托代征工作站的整合工作，新增协税户42个，新增服务企业39家。增设停车场3个，完成现有5个“围院式”停车场的续约和调整服务费工作。执行财政统收统支政策，提高财政资金的使用效率和透明度，偿还部分历史遗留债务。健全财务审批制度，实行财务开支“一支笔”审批，坚持重大项目和大额度资金使用提交党政班子集体研究决定原则。全街超额完成年度上缴区财政的任务指标，基本实现财政收支平衡的目标。

（苏　畅）

江南中街

【概况】 江南中街位于海珠区西北部，是海珠区的商业中心，东至前进路与素社街相邻，南以马涌河沿线与昌岗街相望，西至宝岗大道与龙凤街相邻，面积2.882平方公里，2011年有户籍人口69169人。设16个社区居委会。

【城市管理】 2011年，江南中街较好完成“创文”任务。创建市二星级卫生街道工作成绩突出，8大项目全部达A。加强病媒生物防制，开展爱国卫生运动，参与爱卫活动人数近10万人次，清理垃圾杂物、建筑余泥近60吨，落实社区网格化健康教育，积极开展控烟工作。聚龙、万寿社区“三旧”改造顺利通过第一轮公示，转入第二轮公示阶段。增加公共绿地面积300平方米，修补路面2000平方米，新装、维修公共设施近100宗。对怀德对涌周边大排档违法排污行为进行查处整治，饮食服务业单位全面完成清洁能源改造，万国广场成为市饮食环保示范试点。协调解决“迎亚运整饰工程”遗留问题46宗。新增临时汽车保管站2个，缓解江南西停车难问题。全面推行环卫作业管理进社区网格化管理模式，建设示范废品回收站2个，安放临时回收亭6个。

【综治维稳】 2011年，江南中街组织动员社会各界参与群防群治工作，开展“人屋车场”综合治理、重点地区治安整治等基层平安创建活动。推动社会整体防控各项工作朝规范化方向发展，动员1999名社会力量参与社会整体防控，建立固定防控岗位188个。全街案件发案量实现连续5年下降。做好社区矫正，全街67名释解人员实现100%帮教，安置率92.5%，无一人重新犯罪。加强法制宣传教育，开展“法律六进”活动以及举办禁毒、反邪等宣传活动36场次。规范社区综治信访维稳工作站建设，创新信访工作机制，全年信访总量271宗，处结271宗，结案率100%。调处群体性纠纷8宗，成功率100%。调处民间纠纷47宗，成功率97.9%。

【出租屋管理】 2011年，江南中

2011年6月27日，江南中街450名机关党员、退干党员、社区党员和非公企业党员代表参加纪念中国共产党成立。（江南中街供稿）

街实施出租屋和流动人口动态管理，出租屋纳管数量比上年增长2.3%，流动人员登记比上年递长3.1%，全面完成2011年居住证办证任务。推进出租屋捆绑管理服务模式，将出租屋捆绑管理服务扩大到住改商、食品药品安全、“打假”、“打私”、“打传”等，相关工作业务实现无缝对接，行政管理效率效能极大提高。

【社区服务管理】　2011年，江南中街推进家庭综合服务中心建设，拓宽服务体系，提供服务119项，实现老、中、青各个群体全涵盖，接受服务的居民群众累计超2.3万人次，开展家庭探访服务5370户，占有需求服务家庭72%，街坊义工服务累计1.8万多小时。动员社会力量参与社区管理服务，联合NGO机构广东狮子会与赵广军生命热线协会构建“三位一体”社区服务体系，社工义工联动，为社区居民提供全方位服务。整合社区资源，实现社区活动场所共建共享，构建“十分钟服务圈”。

【民生工作】　2011年，江南中街落实再就业目标责任制，开展就业帮扶活动。其中，城镇登记失业人员就业率71.95%，登记失业特困家庭高校毕业生和农转居登记失业人员实现100%就业，“零就业家庭”实现1人以上就业，12个社区成功创建充分就业社区，实现“就业就在家门口”。落实培训券政策，失业人员推荐培训率达80%。开展社区就业资助行动，2127人获得政府资助就业，为失业人员取得社保资助645万元。做好创业带就业工作，新增创业孵化点2个，推荐创业项目3个，累计214名本地居民在创业基地创业，带动就业1253人。加强劳动监察，积极构建和谐劳动关系，调处劳动纠纷15宗，比上年下降31%。

【对口帮扶】　2011年，江南中街做好化州仓背村和从化源湖村对口帮扶工作。投入170万资金用于仓背村扶贫工作，仓背村贫困户人均纯收入达4125元，脱贫率100%。源湖村357万元水利工程项目开始动工，300亩冬季马铃薯种植项目顺利实施，村集体年收入从上年的1.35万元上升到18.35万元，有劳动能力困难家庭全部实现每户有1人以上转移就业，人年均收入超5000元，考核指标全部达标。

【人口与计划生育】　2011年，江南中街以“稳定低生育水平和建设幸福家庭”为重点，注重建章立制，制定信息管理月考核奖励制度、“双查”半月预警预报制度，建卡率、查环查孕率等指标同比有较大提高，减少政策外生育隐患发生，常住人口政策生育率97.45%。深入开展计生帮扶和“关爱女孩”活动，设立预防出生缺陷和叶酸片免费服务点，10个社区创建星级服务室。关心扶助独生子女伤残死亡困难家庭211户，发放慰问金6万多元。

【社区文化】　2011年，江南中街文体队伍参加各类演出比赛评比活动获得多个奖项，其中，在“2011广州地区第二届广东音乐大赛”获金奖；在体育总局健身气功管理中心、省体育局主办的“2011年全国百城健身气功交流展示系列活动海珠区大会暨海珠区健身气功展演”比赛中获展演比赛一等奖；在海珠区纪念中国共产党成立90周年歌咏比赛获银奖。开展“扫黄打非”整治，净化文化出版市场，收缴非法音像制品3000多张。加强网吧日常监督巡查，辖区未出现黑网吧违法经营行为，为未成年人健康成长营造良好环境。

【社区党建】　2011年，江南中街推进社区楼宇党建工作。省、市领导朱明国、张桂芳先后到江南中街视察楼宇党建工作。顺利完成社区“两委”换届工作。组织开展纪念建党90周年系列活动，召开纪念表彰大会，表彰一批先进基层党组织、优秀共产党员、优秀党务工作者。赵广军被评为“全国优秀共产党员”。提升党务公开、政务公开水平，江南中街在全市大会上做党务公开经验介绍。

（吴　慧）

南华西街

【概况】　南华西街位于海珠区西北部，东与海幢街交界，东南与龙凤街毗邻，西北濒临珠江与荔湾区隔江相望，面积1.1平方公里。2011年总户数19080户，总人口51558人，其中户籍人口39714人，外来人口11844人。设12个社区居委会。

【经济工作】　2011年，南华西街继续推进海珠创意产业园的升级改造，改造面积72000平方米。采取多项措施改善园区环境，对整个创意产业园内外重新装修定位，开办停车场、改造电梯；推进招商引企项目，引入160多家科技、创意、现代服务型的企业进入园区生产经营，有效地推进区街经济发展。

【城市管理】　2011年，南华西街抓住推进“创文”契机，实施网格化管理，责任到人。龙武里社区顺利通过“创文”国检组实地考察和档案资料检查。3月，南华西街被市确定为全市垃圾分类工作试点街道，在全市首个推行垃圾不落地模式，建立厨余垃圾处理房，垃圾分类宣传落实到各家各户，促进辖区垃圾分类工作达到市城管委实施生活垃圾减量化指标要求。通过推进南华西危改（一期）项目，实现和谐拆迁，大大改善300多户家庭居住环境，300多户拆迁户实现回迁，该项目成为广州市“三大旧城改造项目”中最成功范例。加强“六乱”整治，取缔无证照经营户64家，拆除新违法建设面积256.99平方米，组织实施流动商贩疏导区（点）设置。推进绿化升级改造，种植树苗1250株，完成滨江西路和抗英纪念公园800平方米绿化带升级改造。

【社区服务】　2011年，南华西街建成独具岭南传统古典风格的街坊会所，面积550平方米，设街坊客厅、长者天地、文物小展厅、红苑、聆听室、志愿者沙龙、家庭怡趣轩、活力营、街坊剧场等10个服务功能区（室），免费为街坊提供家庭服务、老人服务、残疾人服务、青少年服务、社区党员服务等五大系列专项服务。以创建特色家庭服务、个性家庭服务为目标，建成家庭综合服务中心，实施政府购买社会服务，通过招投标，聘请专业的社会服务企业——广州市穗星社会工作服务中心为辖区提供社会服务。建成政务服务中心，面积600多平方米，为群众提供“一站式”办证服务。落实各项惠民政策，共办理415户低保救济，为132户低收入困难家庭办理低收入证。进一步完善住房保障措施，为87户家庭解决廉租住房。推进老年人社会保障工作，为608名老人办理社会保障卡，为84名80岁以上老人安装平安通呼援救助服务。开展创建劳动关系和谐园区（企业）活动，投入5万元支持创业（孵化）基地建设，组织233人参加创业和各类职业培训，开发社区就业岗位205个。是年，全街登记失业2881人，失业人员就业2518人，就业率87.4%。

【扶贫工作】　2011年，南华西街落实广东省“双到”扶贫工作，帮助化州市良光镇东埇村开发25亩鱼塘建设项目，帮助从化市温泉镇龙桥村开发集体经济项目，为村民送医送药，慰问贫困家庭，帮助脱贫。

【社会治安综合治理】　2011年，南华西街发挥综治信访维稳中心维护社会和谐稳定作用，开展社会矛盾排查调处，受理矛盾纠纷案27宗，调处率100%。加强群防群治，实施全天候巡逻监控，发挥辖内单位、围院式管理小区39个视频监控室、497个摄像头多方位监控作用，及时处置突发案件发生。组织普法宣传咨询活动12次，出版普法墙报158期，逐家逐户派发宣传普法单张，有效地提高居民群众法律意识。全面推进“人屋车场”综合治理，优化治安环境。街道成立流动人员社会协同管理服务工作领导小组，创新治安、应急、为民、便民等社区管理模式，签定治安责任书603份；规范出租屋管理，清查核对出租屋29415套次，其中新登记出租屋404套，整治出租屋隐患305处，配备灭火器183个。加强车辆整治，打击非法营运行为，查处非法车辆，收缴电动车185台、三轮摩托车25台；对校园周边店档、旅业、网吧、发廊、棋牌室、废旧金属收购站等重点场所开展专项整治行动。加强安全生产宣传检查监督力度，强化安全生产责任落实，年初，与辖区及属下75个单位签订安全生产、消防安全和交通安全责任状，12个社区居委会分别与辖内150家店铺签订《商铺、单位企业火灾防控

2011年6月20日，南华西街在洲头咀抗英纪念广场举行纪念建党90周年暨共建千户幸福家庭启动仪式。（丘珮摄）

责任书》，明确安全工作责任。重大节日前夕，对全街辖内重点行业、重点企业、重点部位开展地毯式消防安全大检查；安监中队和社区居委会坚持每月滚动巡查50家企业和11个重点人员密集场所、单位。全年查出各项安全隐患108宗，现场立即整改89宗，发出《责令限期改正通知书》19份。12月，启动全国安全社区创建活动，以重点安全项目建设为抓手，建立安全隐患排查整治长效机制，提高辖区安全管理水平，打造平安人居环境。

【人口和计划生育】　2011年，南华西街落实层级动态管理，实施人口和计划生育例会制度，建立奖励机制，量化指标，强化考核。推进计划生育依法行政工作和“人口和计划生育基层群众自治示范社区”创建活动，为1370名育龄妇女免费妇检，妇检率97.7%，其中为500多名育龄妇女提供中山二院免费体检套餐服务。推进星级服务室建设，在巩固已创建七个星级服务室基础上，积极推进鳌洲、厚德、海天三个社区星级服务室创建活动，完善服务规范，提高育龄群众对计生各项服务的满意度。是年，南华西街符合政策生育率99.13%，出生率5.69‰，全面完成区下达的人口与计划生育任务。

【党群工作】　2011年，南华西街有党员1810名，设16个党总支，109个党支部。完成社区“两委”换届工作，社区党总支换届选举采用“双百”（100%采用“双直选”、“竞争选举”）方式；逐步扩大社区居委会直选。3月，在龙武里社区和德和新社区采取直接选举方式，龙武里社区参选率97.75%、德和新社区参选率97.21%，龙武里社区是广州市唯一一个连续四届直接选举的社区居委会。在基层党组织和党员中深化“创先争优”主题活动，开展“党员共建千户幸福家庭”活动，在辖区党员中组建成立10支党员志愿服务队伍，发挥党员在社区建设和为居民群众办实事做好事、为困难群众排忧解难的先锋模范作用。建立50个基层工会，发展工会会员3478人。街道团工委先后组织创文青年志愿者开展社会志愿活动380人次。地区妇联开展培训，开设养生、更年期妇女保健、茶文化、家庭插花、经络等讲座，提高辖区妇女文化素质。

【宣传文化】　2011年，南华西街受到广州市各大新闻媒体正面宣传报道89条，市委《每天快报》刊登信息16条，市委《广州信息》报道4篇，《海珠信息》刊登信息42条（篇），海珠区公众信息网登载信息1056条。结合纪念建党90周年，组织举办各类大型文艺演出16场次，参与群众3万多人次，举办各类文化培训讲座26期。文化作品获得省级奖励1件；市级奖励4件；区级奖励8件。

（梁国华）

龙凤街

【概况】　龙凤街面积2.38平方公里，设19个社区居委会。2011年，有户籍人口45489户79593人，流动人口15108人。

【党建工作】　2011年，龙凤街完成全街19个社区党总支部和16个科室、退干、非公企业党支部换届选举工作。新当选社区党总支委员61名，其中46名由居委专职人员中党员担任，占75.4%；总支委员平均年龄44岁；大专以上文化程度30人，比上届增加5人。社区党组织书记和社区居委会主任“一身兼”19人，平均年龄40岁。新产生27名科室、退干、非公企业党支部委员整体年龄比上届降低，文化素质普遍提高，大专学历以上占92%。全年培养入党积极分子28名，选送参加区发展对象培训班15名，发展新党员16名，预备党员转正17名。组织庆祝建党90周年纪念活动。开展“共谋科学发展、共享幸福龙凤”主题纪念活动。

【廉政建设】 2011年，龙凤街采取领导上党课，组织座谈讨论、观看警示教育片等形式开展党风廉政和各种业务知识培训活动；街主要领导与分管领导、机关各科室、社区党总支签订党风廉政建设责任书，落实“一岗双责”；突出源头防范，完善防治“小金库”的长效管理机制；认真开展街道财务自查自纠工作；严格按照上级要求落实公务用车使用管理。

【经济工作】 2011年，龙凤街规范辖区经济秩序建设，加大对无证照经营行为等打击力度，净化市场环境，促进地区经济又好又快发展。加大经济发展工作力度，挖掘自有物业和潜力，对该街物业进行盘活，提升国有资产的市场经济价值；继续规范辖区停车场经营；抓好办理租赁备案、代办证照、社保年检、挂靠等服务业务；抓好行政性收费工作。

【民政服务】 2011年，龙凤街办理困难家庭社会救济607户1212人，发出救济金494万元；申请政府廉租住房发放补贴33.9万元，保障人口1688人。发放重残专项补助金390人次72万元。发放扶残助学金59人3.32万元。办理精神病人免费服药82人9.8万元。发放辅助器具12人3500元。办理儿童智力训练6人6万元。举办两期残疾车驾驶员安全学习，共180

2011年7月25日，群众向龙凤街送上锦旗和感谢信。（李政广摄）

人次参加。发放残疾车燃油补助费90人1.8万元。收治精神病病人20人。组织精神病人体检400人次。组织精神病人家属培训40人次。发放重残专项补助356人次51万元。开展“四助”活动，发动辖内热心人士捐款3.6万元。为7名患有重大疾病残疾人申请2.2万元困难救助。发放残疾人亚运补助金903人45.25万元。为10名重症精神病人办理免费收治手续。推进3个小区业主委员会工作，处理10个小区的物业纠纷，参与物业小区的物业管理，检查60个小区。通过政府购买服务，建立“不出户即可享受养老服务”居家养老服务理念，扩大居家养老服务覆盖面。

慰问辖内消防队和区武装部，慰问优抚对象56人。按照政策给辖内2名退伍兵办理自谋职业手续。为65人次优抚对象报销医疗费3.6万元。

【人口计生】 2011年，龙凤街户籍人口出生533人，其中一孩出生474人、二孩出生59人，计划生育率99.44%，全街19个社区有15个社区实现无政策外出生。全年共受理和审核符合计划生育奖励的独生子女父母878人；对5户独生子女死亡家庭和11户独生子女伤残家庭进行扶助。

【创建工作】 2011年，龙凤街建立责任田制度，实施片区统筹、条状管理与职能划分、横向联动相结合的管理机制。重点整饰整治金沙社区、昌盛社区及二龙片区道路、花基、宣传栏目、健身路径、居民晾衣架、电线拉挂、自行车停放等多种项目，社区面貌焕然一新。金沙社区接受创文国检组入户调查取得良好成绩。

【综治维稳】 2011年，龙凤街推进“严打”“禁毒”“两抢一盗”等专项整治行动，开展创建安全社区、无毒社区、无邪社区、消防社区活动。完成阶段性的维稳及调处工作。紧急启动突发事件应预案，妥善处理重大事故。3月29日凌晨2点56分左右，辖内同福中路兴隆新街5号民居发生火灾。事故发生后，街道马上组织工作人员封锁现场，协调有关部门做好抢险、疏散工作，妥善安置受灾居民、安抚死者家属，全力以赴救治伤者。快速及时完成环卫公司移交等。

【城市管理】 2011年，龙凤街开展安全生产、消防安全大检查38次，出动人员856人次，排除隐患260宗。加大城管综合执法力度，全年拆除违法户外广告招牌、不规范飘雨篷892宗1900余平方米；整治占道经营656宗、乱摆卖542宗、乱拉挂418宗次、乱搭建2宗次、乱张贴287宗次、乱堆放118宗次。做好整规、打假等工作，落实企业建档制度，开展整规、打假清查行动。全面开展对牲畜屠宰和肉品流动的检查行动，重点对餐饮店档、超市、市场、学校和医院等企事业单位食堂进行监管。

【人大群团工作】 2011年，龙凤街人大联组完成海珠区人大代表换届选举，选举出区十五届人大代表23名，并组织区人大代表开展联组活动，为群众排忧解难。充分发挥工、青、妇、工商联、侨联、文联、科协等群团组织的桥梁纽带作用，团结和动员辖内广大企业家、青年工作者、妇女代表等为建设和谐幸福龙凤建功立业。

【文体活动】 2011年，龙凤街围绕“创文”、创二星级卫生街道、建党90周年为主要内容，组织举办一系列的文艺表演、书画、摄影、话剧、登山、乒乓球比赛、电脑竞赛等群众文化活动，保证月月有活动、期期都精彩。

（李政广）

沙园街

【概况】 沙园街位于海珠区中西部，总面积1.5平方公里，东至宝岗大道与昌岗街相邻，南沿昌岗中路与南石头街相接，西靠珠江与芳村隔江相望，北至宝业路与龙凤街接壤。2011年设社区居委会9个、社区工作站1个，户籍人口63031人，流动人口8038人。

【社区管理服务】 2011年，沙园街围绕“理顺管理机制、完善社区服务体系、优化人力资源配置、提高管理服务效能”中心目标，确保两大保障（组织保障、经费保障）、整合三项资源（职能、人员、场地）、提升四项服务效能（服务普惠化、服务专业化、服务多元化、服务便捷化）。设置“一队三中心”，形成管理、服务、维稳、执法同步运作的工作格局。全年开展社工就业辅导服务约1000多人，其中单亲、特困、低保“4050”失业人员203人，成功就业122人，就业率60%；接受个案服务51人，其中深度辅导个案10人，一般个案辅导41人。全年提供服务39764人次；综合执法队受理信访投诉315宗，按实际办理时间平均提速90%以上。11月，占地1700平方米的沙园街新家庭服务中心投入使用，拓宽了为民服务领域。该街创新工作得到省委副书记朱明国等省、市、区领导充分肯定，创新管理服务建设“一队三中心”的模式在全市推广。

【社区党建】 2011年，沙园街以“强、细、严、实、广”五项措施抓好社区党总支部和居委会换届选举工作。通过组织提名推荐、党员群众联名推荐和个人自我推荐等形式，共选出社区总支部委员49人，其中书记9人；组织开展社区“两委”干部就职宣誓活动；选出出席中共海珠区第十一次代表大会代表12人，如期完成选举任务。组织开展“创先争优”系列活动，在广大党员干部中开展“解难题、送温暖”便民服务和走访慰问活动，对广重文化广场进行升级改造，拓宽群众活动场地，提升社区的文化品位，获得区创先争优主题活动设计方案评选大赛优秀奖。

2011年6月21日，沙园街在广百新一城UME电影城举行“创新管理服务模式，建设幸福和谐沙园——沙园街道纪念中国共产党成立90周年大会”活动。（陆英华摄）

【农村扶贫开发】 2011年，沙园街贯彻“政府主导、社会参与、自力更生、开发扶贫”开发扶贫方针，派驻村干部到化州市同庆镇丰告村和从化温泉镇卫东村进行扶贫开发工作，开展“送政策、送培训、送岗位、送补贴”系列活动，全面完成各项帮扶任务。该街投入丰告村帮扶资金共657.71万元，丰告村178户贫困户年人均纯收入超过2500元，实现脱贫，占有劳动能力贫困户259户的68.73%；卫东村集体经济年收入达到41.18万元，40户贫困户人均年收入5000元以上，提前实现脱贫。

【社区文化】 2011年，沙园街在广重文化广场新建健身路径一条，建立广重社区社区书屋示范点。举办老沙园新生活志愿服务和广场重新装修启用仪式、劳动创造新生活广场活动、健康教育进社区活动、童趣庆六一活动、海珠区残健共建幸福广州活动、好歌献给党群众活动歌咏、红色电影回顾放映、海珠区植绿护绿爱绿进社区活动、广东电视台公共频道“今日我最”文艺活动、传承亚运、和谐共享2011年海珠区全民健身活动、“爱我家、爱沙园”社区服务体验行——中秋广场舞会等70项社区文化活动。参加2011年全国百城健身气功交流展示系列活动海珠区大会暨海珠区健身气功展演比赛夺得冠军，荣获广州市第一届“星光杯”老年人柔力球比赛“集体自选套路”第一名、“规定套路与基本套路”第三名、广州市“百歌颂中华”合唱银奖、广州市“共建文明城”合唱优秀队伍四项荣誉。

【人口计生】 2011年，沙园街人口计生工作坚持“民需为本、民生为重”，被评为区“2011年度人口和计划生育先进集体”，全面完成区下达的各项指标任务。2月，国家人口计生委主任李斌以及参加全国流动人口计生工作会议的各省、市代表视察该街综合管理中心、光大花园“幸福家庭服务中心”，对该街创新管理服务模式，推进流动人口服务均等化工作给予高度评价。奋勇和荔福社区通过广州市人口计生基层群众自治示范村（居）创建活动的评估验收，提前完成市下达25%的创建任务。沙园新村社区被评为广东省的创建点。落实长效避孕节育措施，查环查孕7224人次，查环查孕率97.6%；完成人口信息录入1452条，入库率95%以上；参加免费查病育龄妇女1451人，参加免费婚检634人、出生缺陷筛查1094人。开展人口计生咨询服务活动15场，发放宣传资料1.3万份，举办计生讲座13场，对95户患重病或困难计生家庭进行慰问，发放慰问金共5.3万元。全年发放独生子女保健费8.83万元、储蓄保险11.78万元、计划生育节育奖金0.32万元、扶助金2.1万元，1441人购买独生子女综合保险和储蓄保险。

【城市建设与管理】 2011年，沙园街推进广重社区宜居环境示范社区建设，完成广重文化广场升级改造，翻新粉饰广船、橡胶新村、荔福社区大楼外墙及楼道2万平方米，铺设天面或路面1万平方米，铺设草格砖约600平方米，安装门前晒衣架63套，换拆装雨篷300平方米，安装休闲木凳50张，更换梯灯616盏，装不锈钢公告栏110块，扎拉三线7000米，安装或修补排水管道1000米，更换或新装消防箱300个，清运各社区余泥500立方米，督促64家饮食服务业经营单位100%安装油烟净化设施，清拆违法设置的广告招牌592.84平方米，清拆违章乱搭建100宗共1100平方米，查处偷倒余泥53宗，纠正“六乱”行为2703宗，立案209宗（简易程序立案197宗、一般程序立案12宗），罚款1.68万元，比去年办案数增加89宗，罚款金额增加1.22元，全年组织检查工地120多（个）次，处罚无证施工1宗、夜间施工1宗、违规使用袋装水泥2宗，罚款6.4万元，使工地的文明施工达标率上升至90%，围墙创文宣传广告上画率达到100%。12319专线共受理投诉660宗，办结率100%。同时，积极推进垃圾分类试点工作，辖内80%的单位和居民配备垃圾分类收集容器。经过近半年试点，辖内约60%的居民能够自觉做到垃圾分类，群众垃圾分类意识逐步提升。

【民生保障】 2011年，沙园街坚持民生为重，加大投入，不断提高居民群众幸福感。社区就业管理实现“四个百分百”（即登记失业人员走访率100%，就业困难人员回访率100%，住处采集率100%，网络录入率100%）。办理失业登记1173人次，《就业失业手册》续期509人次，灵活就业参保备案216人次，受理就业失业登记等劳动保障业务咨询达9000人次；举办招聘会4场、小型招聘集市10场，超过2500名失业人员参加，现场落实求职登记的600人；组织近500名参加社区资助的人员和有意申报社区资助人员参加家政等多个岗位培训，全面提升辖内劳动力人群的职业技能和就业竞争力。街道现有失业人员3172人，就业率68%；4050失业人员1369人，就业率62%；特困失业人员19人，就业率94.7%，社区岗位资助1208人。办理老年居民养老保险79人；办理老年居民养老保险生存认证549人；办理城镇居民医疗保险569人，发放医保卡441个；为54名非广州籍在校生办理中小学生续保认证工作；受理居民医保和养老资料变更、停保、退费、核销等业务500人次；受理领取失业保险报到3513人次。办理社会救济特困家庭232户、低收入困难家庭减免证83户，并为困难家庭办理医保卡和有需要的低保、低收入家庭申请市的重大疾病医疗资助；为12508名60岁以上老人办理以及升级审核保障卡，发放70岁以上老人长寿金6086人，为256户的长者、独居、双老、特殊人士、长期患病者安装“平安通”。为贫困重度残疾人办理专项补贴181名，办理贫困精神病人免费门89人、残疾人免费及半价乘车证235名，转介8名症状明显精神病人到精神病院康复治疗。全面实现低收入家庭住房困难户“应保尽保”工作目标，廉租房申请户数704户，经济适用房申请户数578户。完成亚运交通现金补贴发放工作，共发放户籍家庭18100户，集体户368人，发放率99.1%，完成市、区下达的年度献血目标1253人的任务。

【社会治安及综合治理】　2011年，沙园街综合改革扎实推进，综治信访维稳中心不断强化，以治安视频监控系统、围院式管理小区、群防群治组织为基础的“打、防、控”三维一体社会治安综合治理网络管理体系日益完善，辖区内重点区域，重点部位，重点路段实行24小时巡逻、执勤。加大消防安全生产力度，全年没有发生消防、安全生产事故。全街登记出租屋1797栋4342套，100%符合出租条件，签订《计划生育责任书》率100%，全年完成出租屋税费征收361.1万元；对商铺、市场、住宅小区、出租屋等进行地毯式核查，出动1286多人次，车辆80多辆次，清查出租屋934间，商铺1660间次，住宅小区13个，厂区宿舍1个，全年登记流动人员8390人，办理居住证8149个，完成全年任务135.1%，查处无证照经营场所71间次，取缔无证照21个，引导办理证照51户，发放《临时经营场地使用证明》225份；出租屋档案建档率100%；上门派发宣传单张和小册子1826份，限期整改通知823份，催税通知433份，整治“房中房”1间。全街在册社区服刑人员13人，刑释解教46人，帮教率100%，重新犯罪率为零。开展矛盾纠纷专项排查5次，综治信访维稳中心共调处矛盾纠纷23宗，成功调处22宗，成功率96%，受理群众信访件151次（其中网上受理142次，综治信访维稳中心受理9次），全年刑事治安形势保持稳定。

【群众团体】　2011年，沙园街抓好企业和社区工会组织建设，全街有基层工会组织48个，涵盖单位710个，职工人数4085人，工会会员3949人，其中行业工会1个，做到企业增加率与工会组建率、职工增长率与会员入会率的两个同步增长。推进专项工资协议、集体合同工作签订工作，全年已签订集体合同28份，覆盖企业365家，覆盖职工2896人，共为189名职工办理保障计划。组织参加区总工会举办的“花开春晓、幸福海珠”迎春花会的插花比赛，荣获特等奖和二等奖。地区妇联协助区妇儿工委完成妇女儿童发展“十一五”规划终期评估工作。与街道司法所联合推出“周二维权日”等活动，推进妇女维权普法工作。以“两委”选举换届为契机，加强基层妇联组织建设，推动女性参政议政，社区换届后党代表女性有6人，占总人数55%；人大代表4人，占总人数22%。继续开展单身特困母亲、困难儿童的资助活动，争取社会爱心人士的帮助和支援，为40名新入学儿童发放“纾困暖童心”助学金，帮助11户困难家庭的渡过生活难关，社会捐款20000元。建立家庭档案5个，进行长期探访和个性帮扶。组织募捐、义卖等活动，为广重特困家庭谭丽珍筹得资助款项3万元。“幸福广州”沙园街社区志愿服务站于2011年4月成立，全年开展“爱家·爱沙园”、城市文明志愿服务、关爱农民工子女等家庭综合服务体验行系列活动168次，服务人次为4052人/次。街道司法所开展法律宣传活动5次，法律进校园活动8次。街道科协开展节能推广活动共5场，受惠群众1万人次；开展爱牙进社区活动6次，受惠群众500人。5月，在区科信局支持下，投入10万元，在社区综合服务中心门前建立沙园街道社区和谐科普长廊。

（黄少兰）

南石头街

【概况】 南石头街位于海珠区西南部，东与昌岗街接壤，西北与沙园街毗邻，东南与凤阳街交界，南面与瑞宝街毗邻，西南面临珠江。全街总面积5平方公里，有16个社区居委会，8个经济合作社。2011年户籍人口71491人，流动人口35421人。

【城市管理】 2011年，南石头街以“创文”为契机，着重解决城市建设遗留问题，积极推进垃圾分类处理，进一步优化社区环境。一是为南边路29号大院、南边路6号原冷冻机厂宿舍更换排污管道100多米，对沙溪新一街挡土墙坡地进行硬化，对鸡春岗大街、石岗路等7处管道堵塞点进行清疏。二是整治辖内“六乱”现象和“五小”行业，共整治、取缔乱摆乱卖978宗，清拆无证广告、灯箱、招牌158块，驱赶无证摊贩350宗；组织1300多人次清理大小卫生死角47处，清理余泥杂物约550吨，清擦乱张贴42000多张，乱涂写21000多处。三是稳步推进学校、农贸市场和小区等试点区域的生活垃圾分类处理。

【换届选举】 2011年，南石头街秉乘“严肃换届纪律 保证换届风清气正”原则，圆满完成换届选举工作。一是顺利完成16个社区党组织、居委会换届选举工作。选举产生社区党委、党总支部委员73名，大专以上学历40人，占总数的54.79%。其中，社区党委书记、党总支书记平均年龄39岁，本科以上学历7人，大专学历9人，女性9人。二是选举产生海珠区第十一次党代会代表14名，其中，该街辖内非公企业广州橡胶工业制品研究所有限公司党支部书记王慧敏同志当选为中共广州市第十次代表大会代表。三是选举产生海珠区第十五届人大代表21名。全街登记选民总数48593，参加投票的选民34974人，参选率72.77%。

【建党90周年活动】 2011年，南石头街组织开展“弘扬红色文化 建设幸福家园——纪念建党90周年”系列活动。一是6月28日举办纪念建党90周年大会暨“革命红歌大家唱 幸福南石庆华诞”红歌会活动，对4个先进党组织、29名优秀共产党员、20名星级党员和5名优秀党务工作者进行通报表彰。二是邀请区委组织部副部长单文龙为街道、社区全体党员干部作“重温党的历史，真心实意为群众谋福祉”主题授课。三是各党支部开展以“党员群众心连心”为内容的大走访，探望慰问老党员、老干部、困难党员和优秀党员。四是在全街党员中大力开展“庆祝中国共产党建党90周年”等主题征文活动，共征得理论调研文章22篇。

【综治维稳信访工作】 2011年，南石头街将综治维稳信访工作关口前移，发挥16个社区综治信访维稳工作站作用，采取及时发现、及早介入、紧密跟进、事后监督等工作方法，全力维护辖区和谐稳定。一是开展化解信访积案百日行动，组织街道领导、各职能部门信访大接访5次。共受理信访263宗，办结率100%。安置帮教对象54人，社区矫正人员16人，解答法律咨询600件。二是妥善解决南泰市场群众抢购食盐风波、珠江医院多起医患纠纷、万宝冰箱厂劳资纠纷、地铁工地工人拦路讨薪、天海庭业主与开发商、物管间因围墙问题、商铺问题的纠纷、翠城花园9－11栋裙楼装修群体纠纷、石岗码头溺死儿童赔偿纠纷等事件。该街辖内全年刑事案件250宗，治安案件1428宗，比上年下降6.48%。顺意社区综治信访维稳工作站被区推荐参加全市综治维稳“十佳工作站”评选推优。

【民生工作】 2011年，南石头街落实各项惠民政策，共办理社区就业资助4357人，申领广州市社区

2011年6月28日，南石头街在珠江医院文化活动中心礼堂举办“革命红歌大家唱，幸福南石庆华诞——南石头街庆祝建党90周年红歌会”大型合唱活动。 （钟明睿摄）

就业安置费合计6万多元；受理居民养老保险480人，医疗保险767人；分别在益佰广场、怡凯广场召开广州市2011年“零距离”就业社区招聘会，提供社区就业公益性岗位33个；完成小额担保贷款20万和两个创业项目；完成19个星光老人之家的升级达标，加强社会化管理人员的管理与服务，发放低保人员基本医疗费140人；为符合条件的55户家庭申请经济适用住房、32户家庭申请廉租住房；为119名老年人报装平安通；开展辖内户籍70周岁以上老人长寿金申请登记工作，共计21642人次，申领长寿保健金总金114万多元。

【“双到”扶贫工作】 2011年，南石头街先后组织干部21批次、346人次赴对口帮扶化州市杨梅镇和平村、从化市温泉镇新田村开展入户摸查、制订规划、招商引资、基地建设等帮扶工作。为和平村累计投入经费578.48万元，建成70亩橘红种植基地1个、占地30亩鱼塘1个、占地1000平方米养猪场1个、占地1200平方米农贸市场1个，兴修1000多米灌水渠1条，全面完成住房困难户改造任务。投入资金30万帮扶新田村建设养鸡场项目，购买、发放农资入户帮助发展种、养殖业，举办扶贫“双到”工作招聘会，开拓贫困劳动力转移就业渠道，实现考核户年度人均增收1000元。

【计生工作】 2011年，南石头街建立和完善流动人员管理平台，成立流动人口计生协会，形成“一纵”（街道和社区两级管理）、“两横”（流入地与流出地“点对点”协作管理、职能部门联手管理）为骨架，计生协会等社会力量为补充的流动人口管理服务网络。全年常住户籍人口出生826人，政策生育率97.58%；流动人口出生236人，政策生育率为91.10%。全街无政策外多孩出生、“两无”政策外出生的社区达12个，占社区总数的75%。

【流动人员管理】 2011年，南石头街明确“人屋”治理目标，强化重点人群、重点区域管理，深入推进出租屋消防安全检查整治通报、流动人员和出租屋信息采集录入与流动人员居住证的办理、税费征收等工作。全年累计登记出租屋9553套，流动人员26260人，征收税费522.94万元，其中综合税466.53万元，比上年同期同比增幅达12%。

【经济发展】 2011年，南石头街抓住实施“退二进三”战略的良好机遇，围绕加快转变经济发展方式为主线，采取积极改善投资、营商环境、提供服务等促进经济发展措施，利用“退二”后腾出的土地空间引导发展现代服务业。一是开业运营燕汇广场、燕尚潮地商业城、泰锦小商品城、南边路商业楼、燕子岗南路商业综合场所、鸡春岗社员楼商业场所等一批商贸中心。二是完成广州包装印刷文化创意产业园第一期工程，建成印刷博览馆、数码公司与设计中心，轻工集团成员广州包装印刷集团进驻园区。

【党务建设】 2011年，南石头街纸南、庄头、泉塘、石岗4个党总支升格成立社区党委。3—4月，在27个基层党组织深入开展民主评议党员活动，参加评议党员共3015人，占党员人数的95%。5月，接收广州威达高实业有限公司75名退休党员的组织关系。6月，组建成立广州市宏力建筑劳力有限公司党支部。全年新增23名预备党员，19名预备党员转正。

【人大工作】 2011年，南石头街人大联组围绕经济发展、社会治安综合治理、教育、医疗、食品安全卫生等问题，组织人大代表、政协委员深入人民群众中开展调查研究。共开展视察海珠湖、官洲生物岛、黄埔古港等学习调研活动13次，慰问辖内困难群众32人次，提出“尽快打通南泰路断头天桥”、“推进社区围院管理建设”等建议和意见。

【社区文化】 2011年，南石头街申报广东省特级文化站；举办国庆中秋文艺表演活动，粤曲音乐会，“广佛同城、文化先行”南石头街、白坭镇城乡两地书画联展等一系列社区文化活动；该街选送的参赛作品在省市书法摄影展览获2个金奖、2个铜奖、8个优秀奖；在市区书法大赛活动获一等奖3名、二等奖9名、三等奖9名。

【群团工作】 2011年，南石头街新组建工会72间，发展会员3231人，收取工会费33207.30元，工会规范化建设档案整理经验向海珠区推广。团工委新建中车团总支，宏力团支部等两新团组织19个，完成组织格局创新。组织志愿者开展爱心家教、爱心护老、关爱外来工子弟、创文千街万巷劝导活动等多项志愿服务达1000人次，服务人数超过3000人次。妇联接待妇女来信来访20宗，解答率达100%。关工委向14名品学兼优的特困生发放助学金5.7万元。

【武装工作】 2011年，南石头街

超额完成冬季征兵任务；为81名优抚对象发放定补、定恤和优待金达47万元；为5名参越战人员和9名退伍义务兵办理生活补助和自谋职业补偿相关手续；安置2名转业干部；完成148人的人民武装组建任务；16个社区居委民兵营全部达标。

（沈　怡　张秋均）

凤阳街

【概况】　凤阳街位于海珠区中部，面积约为4.5平方公里。辖内有20个社区居委会和五凤、凤和2个经济联社，户籍人口约5万人，流动人口约20万人。2011年，凤阳街继续深化“五位一体”工作机制，保质保量完成创文迎国检工作，圆满完成亚运交通补贴发放；认真做好经济联合社、社区“两委”换届工作，打造与科学发展观相适应的干部队伍。

【创文工作】　2011年，凤阳街把创文作为街道首要工作，从落实创建惠民入手，举全街之力迎接“国考”。通过动员大会、座谈会、通知、短信息、巡检、宣传海报等向全街干部群众传达工作要求，得到辖内单位、村社、小区、中大布场商户及社区群众的大力支持和积极参与，掀起“人人参与创建、你我共享成果”的热潮，形成2000多名创文“常备军”与近万名包括居民、社员及外来人员组成的“生力军”，以实际行动参与创建和支持“国检”。在城市管理、社区服务、民生保障、文化建设及文明礼仪方面坚持落实创建惠民。

【地区党建】　2011年，凤阳街召开纪念中国共产党成立90周年大会。向全街125名50年以上党龄老党员颁发“南粤七一纪念奖章”，向优秀党员颁发荣誉证书，向广大党员赠送幸福书籍，启动读书活动。各基层党组织迅速开展专题组织生活会，强化党员读书活动成效。辖内群众合唱团参加区纪念中国共产党成立90周年群众歌咏活动，荣获街道组金奖。开展民主评议党员活动，121个基层党组织和1555名党员通过民主评议选出优秀党员215名。圆满完成换届选举工作，20个社区、2个经济联社及其属下支部高效完成党组织换届选举。8月份，顺利产生该街10名区第十一届党代表。指导7个到期换届的党组织顺利完成组织调整和换届工作。新成立非公企业广州汇迪投资管理有限公司党支部，发展新党员26人、预备党员转正14人，选送49名发展对象参加党课学习。

【城市管理】　2011年，凤阳街巩固星级卫生街道成果，有针对性地收集日常工作中遇到的各类问题，编写《凤阳街道社区城管专职工作手册》，梳理处理各类疑难问题的成功工作经验和可行性方法，彻底解决城中村中“爆屎渠”、高空抛物、内街小巷卫生死角、破巷无人理等问题，办结“12319”城市管理投诉1839件，回访满意率达98%。优化城中村地区宜居环境，新铺及修补路面2610平方米，铺设及疏通下水道2496米，更换沙井盖152个；完善查控违法建设举报制和责任追究制，建立动态信息沟通机制，形成查控违法建设的合力，清拆违法建设64宗6560平方米；清理违法广告牌、灯箱127块。加强城中村复杂环境的巡查和整治，行动109次，整治占道经营、乱摆乱卖517宗，取缔漂染作坊120间次及无牌烧烤档104摊次，清理“十元店”59间次；建立13个流动商贩疏导点。加快城

2011年6月21日，市检察院检察长王福成（右一）和区委书记邓伟强（左二）等到凤阳街调研。（凤阳街供稿）

中村改造步伐，9月28日五凤联社与广东珠江商贸物流投资有限公司就沙溪片城中村改造正式签订合作意向。

【流动人口服务】 2011年，凤阳街围绕推进流动人员和出租屋综合治理，开展流动人员管理服务“四实”行动、“人屋”清查整治、“推居”以及税费征收等工作。新登记流动人员信息61183人、注销流动人员信息126108人、更新流动人员信息9478人，登记在册出租屋69714套，办理居住证63724张。清查出租屋5619套，流动人员14876人，停租出租屋4487套，与屋主签订治安责任书3972份，发现存在消防隐患的出租屋1921间，存在“房中房”出租屋3套，整治“房中房”出租屋3套，无证照出租屋115套，重污染出租场所13间，无牌黑诊所26间，发出整改通知书2081份，派发宣传资料4765份。严格按照“人来登记、人在走访、人走注销”及“六个100%，一个90%”的要求，做好流动人员和出租屋的核查登记工作。

【地区治安】 2011年，凤阳街安装治安监控探头2500个，通过视频监控网络共抓获嫌疑人160多名，破获刑事案件72宗；始终保持高压整治态势，联合公安、工商、村社等分四片每月不少于5天的集中整治，出动1862人次，检查各类场所8052间次、发出整改通知书2323份，开展“五类车”专项行动143次，查处各类非法营运车辆1394辆。以康乐、鹭江等城中村为突破口，严厉打击“双抢”、“两盗”，地区治安形势不断好转，刑事犯罪立案率大幅下降，85%的社区被评为省“六好”平安和谐社区。

【综治维稳】 2011年，凤阳街接待来电、来访群众8232人，受理矛盾纠纷1327宗，调解成功率97.5%。处理非正常死亡调解案23宗，全部得到妥善处置。立刑事案件612宗，比上年下降3.3%，抓获并处理违法犯罪嫌疑人1263名，其中刑事拘留303人、行政拘留960人。联合有关职能部门开展专项整治行动，保持禁毒严打的高压态势，严厉打击制、贩毒品犯罪，共破获毒品案件38宗，累计吸毒人员送强制戒毒66人，收治服食美沙酮人数15人。

【消防和安全生产】 2011年，凤阳街督促和指导基层单位成立安全生产监督管理办公室和工作小组，构建层级管理网络；落实消防安全综合整治和日常巡查机制，特别元旦、春节、“五一”劳动节、“十一”国庆节前，开展全街性消防整治周行动；落实重特大事故隐患登记、建档跟踪和回访监察制度。开展消防和安全生产检查814次，整改隐患1165处；整治903间违规企业，组织1500人次参加安全培训，编发及派发《凤阳街消防安全检查指南》2000份、“四个能力”消防安全教育光盘300张，开展宣传集市42场，派发宣传资料5万多份。

【计划生育】 2011年，凤阳街以争创优质服务先进街和星级社区人口服务室为契机，狠抓计生优质服务，积极探索服务管理新模式，专门制定《凤阳街人口计生基础工作考核办法》和《居委会计生工作考核细则》，强化计生服务效能；投入80万元加强基层计划生育基础设施建设，营造温馨舒适的服务环境；针对辖内人口特点，开展贴心到位的计生宣传，派发宣传资料近6万多份、短信5万多条，广泛宣传计生政策和生育知识。是年，该街计划生育率97.99%。

【民生工程】 2011年，凤阳街开展“低保户大走访活动”，为社区居民办实事200多件；全街用于扶贫和慈善专款150.4万元，为省扶贫济困日捐款24万元，为困难家庭子女10人读大学筹集6.2万元资助款。完成亚运交通补贴发放，发放金额近527.2万元。为251户困难家庭办理社会救济，为辖内45位老人提供居家养老服务，为在册残障人士1056人提供康复服务；组建创业基地和创业孵化点，有20个团队实现创业，每季度在鹭江举办现场招聘会，帮助1045人再就业，比上年增长6.6%，其中“4050”人员512人。高标准完成“三中心一执法队”构建，将办事处旧址1600多平方用房改造为社区家庭综合服务中心，自筹30万元装修，引入专业社工服务机构，向社区群众提供无偿或低偿的家庭、维老、青少年、就业指导、残疾人康复、科教文体等服务项目，推进工友和谐家园、青少年科普教育基地和慈善超市等服务配套。

【扶贫“双到”】 2011年，凤阳街投入201.75万元对口帮扶从化温泉镇宣星村、化州江湖镇坡心村，帮扶的贫困户已全部达到脱贫考核标准，率先完成宣星村扶贫项目，为村集体经济增收25万元以上；动员辖内温州商会结对帮扶坡心村15名孩子，每人给予2500元资助，解决孩子上学难题。

【精神文明建设】 2011年，凤阳街在办公综合大楼十一层设立职工之家活动中心，内设休闲、茶艺、卡拉OK、健身等多个活动项目，面向全街干部职工全天开放。在各社区积极开展健康教育、卫生知识宣传咨询活动30余场、惠及2万多人；积极开展的卡拉OK大家唱、电影进社区、书画雅集等多项形式多样群众喜闻乐见的各类文化、艺术、体育活动82次、培训46期次、展览6次，参加人数达2.89万多人次，免费写春联等社区文化活动85次、培训50期、展览8次，参加人数28900多人次。

【凤和经济联合社】 面积1.8平方公里，地处中大商圈及广州大道南客村立交周边。以物业租赁及各式成衣加工及服装辅料零售为主。2011年，凤和经济联合社下属共有25个经济合作社，社员约6000人，流动人口约15万人。1—4月，选举产生新一届联社“两委”班子，其中联社党总支部委员7名，联社社委会成员5名，党总支书记伍镜昌，社长车伟开。联社党总支下设5个支部，至年底共有党员231人，其中正式党员223人，预备党员8人。凤和经济联合社全年总收入3000万元，各经济社总收入32000万元。其中，分配社员总额28000万元，老人金56万元，投入社会治安660万元，农村合作医疗支出900万元等。

【五凤经济联合社】 面积约1平方公里，地处海珠区中部，北接新港西路，南连瑞宝村、石溪村，东边与凤和村相连，西至江燕路。2011年，五凤经济联合社下属有14个经济合作社，社员约2000人，流动人口约3.5万人。3月3—30日，选举产生新一届联社“两委”班子，其中联社党总支部委员7名，联社社委会成员5名，党总支书记、社长为张勤锦。联社党总支下设5个支部，至年底共有党员75人，其中正式党员70人，预备党员5人。五凤经济联合社全年总收入5500万元，各经济社总收入23524万元。其中，联社分配社员2400万元，老人金23万元，投入社会治安160万元，农村合作医疗支出450万元等。

（董　静）

瑞宝街

【概况】 瑞宝街位于海珠区西南部，中部是商住小区，东、西部是瑞宝、石溪两个经济联合社。全街面积6.3平方公里，辖内有19个社区居委会、2个经济联合社和31个规划完整、配套设施齐全的商住小区。2011年，全街总人口19.74万人，其中：户籍人口4.95万人，非户籍人口14.79万人。

【地区经济】 2011年，瑞宝街以城中村改造为契机，为大型商贸企业牵线搭桥，占地8000平方米、投资近千万元的石溪红八方印务商贸城动工，占地13.37万平方米的广百海港城等重点项目进入立项阶段。深挖税费资源，严厉打击欠税、偷税、漏税、抗税等行为，拓展社区服务项目，街道各项经济指标稳步提升。是年，“两费一税”征收1750万元，比上年增长13.86%。社区中心收入360万元，同比增长25%。卫生清洁费征收265.4万元，同比增长21.52%。除“四害”管理站收入56.38万元，同比增长26.4%。石溪经济联合社全年经济收入3.1亿元，同比增长6.9%。瑞宝经济联合社全年经济收入2亿元，同比增长9.3%。

【城市管理】 2011年，瑞宝街成立综合整治工作组，实行四级网络管理，初步形成“大城管”格局。全年整治“六乱”近万宗，设立流动摊贩疏导区，文华街烧烤摊等重点整治问题得到有效控制，处理12319城管投诉专线案件1230宗，同比下降6.1%。清拆新违法建设38宗2348.6平方米，清拆历史违法建设及窝棚6宗642平方米，违章广告招牌239宗共1080平方米。查处非法营运“五类车”685台。狠抓污染源企业整治、三防等工作，获得2010年度海珠区环境保护工作突出贡献奖。开展大型卫生清洁行动30多次，清理垃圾400吨。健康教育、病媒防制工作扎实开展，全年无登革热病例发生，被评为海珠区2010－2011年度爱国卫生工作先进单位，顺利通过一星级卫生街道验收检查。理顺截污工程遗留问题，完成复建6.3万平方米。启动环岛路动迁工作。完成全国第一次水利普查工作。

【社会管理】 2011年，瑞宝街抓好落实“六联”机制，注重源头预防和化解信访问题，组织领导公开大接访，共受理、调处信访投诉、各类矛盾纠纷293宗，处理劳资纠纷258宗，追回工资及其他补偿金143万元。少数民族法律援助工作点正式成立并运作，人民调解、安置帮教、社区矫正、普法宣传、法律援助、禁毒管理、防范和打击邪教等工作有序开展。通过“红棉11”行动以及社会面整体防控等工作，维护地区稳定。全年受理治安案件2670宗，比上年下降4.5%。刑事立案537宗，其中抢劫14宗，抢夺9宗，分别比上年下降46.2%和18.2%。2010年度信访维稳责任考核得分名列全区第一。该街派出所保安员肖林春被公安部评为全国十佳保安员，并被全国总工会授予“全国五一劳动奖章”荣誉称号。抓好消防安全、安全生产，重点开展宣传、演练和“清剿火患”工作，共检查店铺、企业1660间，整改隐患307处。出租屋管理服务按照“六个100%、一个90%”工作目标落实综合整治和巡查，全年新登记出租屋1887套、流动人员5万人，办理房屋租赁备案2892宗。

2011年3月24日，瑞宝街通过市工作组验收，获得一星级卫生街道称号。(周邦坤摄)

【社会事务】 2011年，瑞宝街累计发放低保金110万元，办理全民医保2125人，发放医疗救助金等各类款项40多万元，协调解决石溪女社员退休待遇问题。通过组织招聘会等途径累计提供809个就业岗位，新增社区资助就业186人。帮助35户家庭取得廉租房入住资格，受理申请经适房家庭52户。无偿献血工作连续多年圆满完成任务，殡葬、精神康复、敬老助老、慈善事业等工作上新台阶。加大社区建设，投入58万元装修3个居委会办公场所。化州市雅道村“双到”扶贫工作顺利通过省交叉检查，投入416万元推进帮扶工作，雅道村综合农贸市场一期、二期工程、环村道路等重点项目顺利启用，大米加工厂、委托养殖等其他项目稳步推进。

【计划生育】 2011年，瑞宝街加大计生宣传力度，强化计生科技工作管理，积极推行优质服务。各项指标数据均达标，通过省、市、区计生检查。户籍人口和常住人口计划生育率均超过98%，流动人员计划生育率为93.33%。组织流动人口清查20次，上门登记流动人口12.6万人。征收社会抚养费223.21万元。办理咨询和来访案件265宗，信访投诉明显减少。累计办理蓝印户口、农民工积分入户等证件3070件。发放独生子女奖励金等优惠政策款项累计50.6万元。

【精神文明】 2011年，区图书馆瑞宝街分馆和阅览室建成并对外开放。瑞宝街文化市场日常监管和整治常抓不懈，“快乐唱红歌，真情颂党恩”等群众文化活动蓬勃开展。全力推进“创文”攻坚战，坚持力量下沉、网格化管理、责任倒查等有效的工作方式方法，开展环境卫生等专项整治行动以及主题实践活动25次。“创文”宣传、社区材料审核、入户调查、实地考察等迎检工作扎实推进。国检期间，全街干部职工、辅警、治安员、联社人员、社区志愿者等近800人，全力以赴完成创文迎检。

【组织建设】 2011年，瑞宝街组织开展纪念建党90周年系列活动，深入推进创先争优活动，完成联社、社区“两委”换届选举、区十五届人大换届选举、区第十一次党代表大会代表选举等工作。党员教育有力推进，22个站点开机学习率100%。党员队伍继续发展壮大，全年确定入党积极分子14名，新发展党员20名，预备党员按期转正9名。社区楼宇党支部建设进一步推进。广西那思镇驻广州流动党员党支部帮扶工作得到落实。加强党风廉政建设，强化干部队伍建设，建立健全街的各项规章制度，不断完善工作人员考核机制。“一队三中心”建设有序进行。建设节约型机关，高效、优质抓好全街后勤服务，为各项重大工作的开展提供有力的后方支持。

【石溪经济联合社】 面积约2平方公里，地处海珠区西南部，东邻瑞宝村，南频珠江，西联南基村，北与沙溪村接壤。曾获得广州市村镇企业亿元村称号。兴建石溪装饰材料城、东碧酒店、怡凯酒店，大力发展商业经济，开拓实现承包出租厂房仓库的租赁业经济模式，实现集体经济逐年稳步增长。香港著名企业家何善衡多次捐资共2000多万港币投入家乡建设，兴办公益教育事业。2011年，石溪经济联合社下属有7个经济合作社，社员约2400人，流动人口约30000人。3月11日，选举产生新一届联社“两委”班子，其中党总支部委员7名，社委会成员5名，党总支书记、社长王广海。党总支下设3个支部，至年底有党员78人，其中正式党员74人，预备党员4人。石溪经济联合社全年总收入3.6亿元。其中，社员分配1.56亿（人均分配6.5万元），投入社会治安费用约500多万元，农村合作医疗支出约1300多万元等。是年被评为首届广东社区文化节“优秀文化社区”。

【瑞宝经济联合社】 面积2.1平方公里，地处瑞宝街东北部，东接风和村和上冲果树公园，南连瑞宝街道中心城区，西连沙溪村，北接五凤村。2011年，瑞宝经济联合社下属有8个经济合作社，社员约2489人，流动人口约32280人。3月15日选举产生新一届联社“两委”班子，其中党总支部委员5名，社委会成员7名，党总支书记、社长李致祥。党总支下设2个支部，至年底有党员51人，其中正式党员47人，预备党员4人。瑞宝经济联合社全年总收入2.2亿元，各经济社总收入1.9亿元。其中，分配社员1.4亿元（人均：5.6万），老人金41万元，投入社会治安约100万元，农村合作医疗支出180万元等。

（周邦坤）

江海街

【概况】 江海街地处海珠区中部，毗邻琶洲国际会议展览中心，东与官洲街相接，南与华洲街、南洲街相连，西与凤阳街相望，北与赤岗街相邻。总面积约5.3平方公里。现辖17个社区居委会，红卫、桂田经济联合社以及江贝一、二经济社。2011年，辖内户籍人口约2.9万人，居住人口约11万人。

【党建工作】 2011年，江海街在全街35个基层党组织和911名党员中深入开展创先争优活动。完成“两委”换届选举工作，在做好宣传发动、调查摸底、民主推荐、指导选举“四到位”基础上，严格按照选举工作程序，把好人选确定关、选票填写关、唱票计票关，确保17个社区和红卫、桂田联社“两委”换届选举圆满完成。继续推进基层党组织建设，吸收15名预备党员，17名预备党员按期转为正式党员，社区专干党员比例提高到89.5%，共有非公组织党支部12个。

【创文工作】 2011年，江海街加强领导机制建设，确保责任到位，全街划分5个责任片区，实行街道领导包片，责任科室、社区包块包段，专人包点。加强综合环境建设，确保宣传到位，坚持“以点带面，不留死角”原则，对重点整治项目和主干道路实施全天候保洁。加大创文宣传力度，主干道、内街巷、居民楼栋实现创文内容90%覆盖。组织发动志愿者到广州大道南、敦和路口等主要交通路口开展文明出行劝导活动。加强人文环境建设，确保入户调查到位。江海街4次代表海珠区接受广州市公共文明指数测评入户调查。

【换届选举工作】 2011年，江海街完成人大代表换届选举，全街划分8个选区，参加登记的选民16376人，参加投票选举的选民15518人，参选率94.76%。在依法、民主、有序基础上，于9月8日顺利选出17名海珠区第15届人大代表。依法依规完成党代表换届选举，代表全街35个党（总）支部911名党员的105名街道党代会代表，依法选举产生代表江海街参加海珠区第十一次党代表会议的7名代表。

【城市管理】 2011年，江海街开展整治“六乱”行动，坚持从早上7时至晚上12时不间断守点和巡查，确保主、次干道和重要地段基本整治“六乱”，共整治乱摆卖3727宗，乱堆放368宗，占道经营3382宗，乱张贴2907宗，罚款共66700元。有效控制违法建设，共立案上报1宗923平方米，自拆、强拆违法建筑物12宗2680平方米，清拆户外不规范广告招牌、灯箱269宗843平方米。加强环卫保洁管理，辖区内主干道、城中村主要街巷实行14小时保洁，巩固环卫保洁质量；通过以点带面，全面铺开“垃圾分类”工作，实现辖区学校及居民小区全覆盖。

【综治信访维稳】 2011年，江海街加强社会治安综合管理，集中大规模整治行动15次，持续开展“五类车”非法营运整治行动，共取缔、查处三轮车无证销售点和非法拼装点20个，纠正交通违法行为800宗。妥善化解各种不稳定因素，解决聚德花苑业委会重新选聘物业管理公司上访事件、“351”官洲岛拆迁人员聚集上访事件等，共处理劳资纠纷47宗，追讨工资130多万元；受理信访件158件，回复率100%。抓好安全生产和消防安全工作，共整改各类隐患190多间，强制拆除木阁楼35间，开设逃生窗口22处，发出限期整改书330份，签订保证书313份。抓好出租屋综合管理，登记出租屋7536栋38438套，办理居住证34152张，新办理租赁登记备案2342宗，备案率比上年提高37%。

2011年10月26日，江海地区举办书画艺术交流活动。（伍胜威摄）

【人口计生工作】 2011年，江海街整合资源，构建全街“一盘棋”的工作格局，投入计生工作经费120多万元，为部分社区配备流动人口计生专干72人；与辖内单位、社区签订计生目标管理责任书、工作协议书，实现计生管理网格化、规范化。部门联动，重点抓好流动人口计生工作，组织清查活动97次，核查总人数19246人，全年共建新卡36793张。以人为本，提高人口计生优质服务水平，发挥18个计生服务点作用，征收社会抚养费65万元，为109人办理《独生子女父母光荣证》，发放独生子女保健费及一次性奖励金30965元。

【社会民生】 2011年，江海街充分就业社区覆盖率70.59%，实现就业1250人，就业率75%，特困失业人员就业率100%，为301名失业人员办理社区就业资助。完成创建创业（孵化）基地1个，就业指导站1个，创建充分就业社区12个。为辖内180户困难家庭申请低保救济金，为60户困难家庭办理低收入证，为49户新申请经济适用房，为21户新申请办理廉租保障住房。慰问困难家庭175户，发放低保慰问金共26万多元；为235户低保低收家庭发放临时物价补贴41100元。为115名重度及贫困残疾人申请重残金25万多元；为43名符合条件居民办理残疾人证。筹集善款27万多元。设立发放点21个，共为户籍人口发放亚运交通补贴161万多元；为流动人员发放亚运交通补贴165万元。定点帮扶化州市平定镇沙坡村，378户贫困户已实现脱贫，人年均收入超过5000元，脱贫率达到100%目标。

【社会服务】 2011年，江海街为辖内企业提供各类证照咨询和代办服务，增设便民服务项目，共创收150万多元，比上年增长17%；国税代征（代扣）税款130万元；地税税收协管、代征税收650.8万元。出租屋管理实行片长负责制，做到应收尽收，全年征收“两费一税”850万元。接管部分机团单位垃圾费收取，对部分原收费偏低的机团单位的垃圾费进行调整；实施部分小区居民生活垃圾处理费收取，环卫收入450万元。

【地区文化】 2011年，江海街加强文化阵地基础建设，在坚真花园内建成400平方米的文化站分站，文化站总面积1000平方米，达到省一级站标准；加大对17个社区文化室的建设投入。开展社区群众文体活动，举办江海—南石头迎春书画雅集、“创建文明广州，构筑幸福江海”庆祝“五一”国际劳动节文艺演出活动，举办“颂歌献给党”庆祝建党90周年歌咏比赛；开展“优秀电影社区行”活动，为群众免费放映电影20多场次。规范地区文化市场，开展网吧专项整治行动，大力整治音像出版物市场，对辖内11个报刊亭进行巡查，进一步净化江海地区文化市场环境。

【武装、群团建设】 2011年，江海街完善街道武装部和红卫经济联社民兵营“四个基本”建设，选派130多名民兵参加大年初一、国庆节、春运等重大活动执勤。落实好各项优抚政策，发放慰问金

18660元。工会、共青团、妇联工作取得新发展，新建基层工会41个，发展会员2190人，累计收缴工会会费20.12万元，比上年增长40.01%；街道团工委成立非公企业团建联络员队伍、团员志愿者队伍、团支部书记队伍，成立17个非公企业团组织；开展“江海地区妇女维权法制宣传活动”，援助辖内5名特困单亲母亲儿童，慰问特困母亲儿童13名，发放慰问金2万元。

【红卫经济联合社】　面积160万平方米，地处海珠区中部偏东地区。2011年，红卫经济联合社下属有14个经济合作社，社员3622人，流动人口约8万人。2月25日至3月23日，选举产生新一届联社“两委”班子，其中党总支部委员7名，社委会成员7名，党总支书记、社长伍兆伟。党总支下设3个支部，至年底有党员49人，其中正式党员47人，预备党员2人。红卫经济联合社全年总收入2.3亿元。

【桂田经济联合社】　面积11万平方米，地处广州大道南。2011年，桂田经济联合社有社员463人，流动人口约2万人。2月23日至4月8日，选举产生新一届联社“两委”班子，其中党总支部委员3名，社委会成员3名，党支部书记刘民威，社长刘树基。至年底有党员18人，其中正式党员16人，预备党员2人。桂田经济联合社全年总收入1484万元。

（杨铱宁）

南洲街

2011年11月11日，南洲街组织青年志愿者、新广州人志愿者到海珠客运站开展“排队我快乐，礼让我文明”服务活动。（南洲街供稿）

【概况】　南洲街地处广州大道南，新城市中轴线的南端，与番禺大石隔江相望，面积约14.573平方公里，户籍人口约2.4万人，流动人口近20万人。下辖12个社区居委会，3个经济联合社（东风经联社、三滘经联社、沥滘经联社）、44个经济合作社。辖区有世界500强企业1家、省级以上企业3家，大型专业市场7个。2011年，南洲街荣获国家级荣誉（司法所被评为全国先进司法所）1项、市级荣誉17项、区级荣誉36项。

【队伍建设】　2011年，南洲街贯彻落实民主集中制，严格执行议事规则、决策程序，凡是重大项目、人事管理等重要事项均呈党工委集体研究决定，实现决策科学化、民主化。完善公车使用制度，杜绝公车私用、违规用车情况。加强廉政建设，重点抓好岗位风险评估机制，签订廉洁自律承诺书，召开家属廉政恳谈会，举办“中国古今廉政人物事迹展览”，在执法队伍派驻纪检干部，重肃干部队伍廉政风气。开展作风建设年活动，组织城管线工作人员、出租屋管理员、社区中心协税员开展军事化巡逻。通过竞岗、招聘、轮岗用人选人机制，锻造一批作风过硬的基层骨干。基层党建工作实现新突破，开展创先争优活动，成立非公组织党支部12个，完善社区楼宇党支部建设，组织党员参与社区管理，开展先进基层党组织和优秀共产党员标准大讨论、民主评议工作、纪念中国共产党成立90周年活动。完成13名人大代表、8名党代会代表和12个社区居委会的换届选举工作。成立16个非公组织团组织，吸纳新团员120名，定期举办青年论坛。创新流动人口党务工作，核实378名流动党员身份信息，成立“新广州人”党支部，建立新广州人党员综合服务中心，协助12名外来务工党员转入组织关系，发展新党员12名。加强工会基层组织规范化建设和职工慰问帮扶工作，积极开展志愿服务系列活动，加大妇女儿童依法维权工作力度。坚持党管武装，抓好基层武装力量的组织整顿工作，圆满完成年度征兵任务。

【城市管理和“创文”工作】 2011年，南洲街推行城管“113”网格化管理机制（以社区为网格，每个网格配备1名专区执法队员、1名居委城管专干和3名城管协管员），健全城管联动工作机制，成立城管应急督察分队，设置6个主干道城管巡查岗亭，加强日常巡查和突发事件应急处置。成立海珠湖外围综合管理办公室，加强海珠湖外围管理，营造良好旅游环境。增加环卫保洁经费预算，完成保洁公司招标工作，投入30万元购置果皮箱、手推车等工具，加强日常环卫保洁，确保内街巷12小时保洁、主要道路16小时保洁，垃圾日产日清；在12所学校和2个物业管理小区推进垃圾分类回收工作；推进沥滘等流动摊贩疏导区建设工作，开展爱卫行动、创星活动，被正式评定为“广州市一星级卫生街道”。坚持以高压态势开展“违建”、“六乱”、“五类车”、排污小作坊等整治行动，立案查处违建22宗，强拆违建102宗次8964平方米，整治乱摆卖18611宗、占道经营6252宗，查处五类车233台。全力推进环岛路、海事法院征地、街道新办公大楼等重点工程建设，3天快速完成海珠湖南边22间临建清拆工作，改善地区人居环境。推进“创文”工作深入开展，建立街道（联社）领导带班夜巡值守、科室挂钩联系居委会工作机制，完善巡查督办和信息发送制度。“创文”期间组织开展周末清洁活动760次，清理余泥垃圾4000吨，发送“创文”手机短信4075条，张贴宣传海报802张，组织入户宣传活动12场次，派发宣传单张、便民服务卡片3.6万份，开展居民群众意见征询会3场，设立“创文”意见征询点12个，收集群众意见建议264条。

【社会管理服务创新】 2011年，南洲街发挥统战工作在社会管理中的作用，探索新时期统战工作的新思路，成立“工商联新广州人”企业代表联谊会，发展150名小企业主成为会员，建立联谊会QQ群、企讯通信息平台，召开3次座谈会，引导企业代表参与社会管理工作、发动企业员工参与社区建设，增强流动人员对广州的认同感。发展16名综合素质好、具有代表性的会员担任调解员，协助街道调处矛盾纠纷，共同维护地区和谐稳定。成立广州市首个新广州人党支部，加强与新广州人党员的联系沟通，投入30万元在罗马家园筹建250平方米的“新广州人之家”和新广州人党员综合服务中心，打造新广州人就业指导、技能培训、法律维权、关爱帮扶、心理辅导、参与社区管理的服务平台，为新广州人提供开展组织活动的固定场所，引导新广州人参与社会管理。积极优化社区服务水平，成立“三中心一中队”，向机关及社区干部派发400多本《南洲街民情日记》，组织干部听取民意，做好已婚育龄妇女登记、验证和当年出生婴儿登记工作，落实已婚育龄妇女避孕节育措施，是年南洲街户籍人口出生299人，计划生育率97.32%；流动人口出生793人，计划生育率93.82%，7个社区居委会被评为“两无”居委。完成省人口普查抽样变动中选社区的普查工作，办理低保、低收入困难家庭年审54户，发放特困家庭慰问金、重度残疾人专项补助金13万，救助流浪乞讨人员189人，超额完成小额贷款任务，开展居家养老服务，被市社工协评为优级服务部。推进亚运交通补贴和亚运大礼包的派发工作，受到《广州日报》、《南方都市报》等媒体报道。成立占地365平方米的岭南漆画基地和舞蹈基地，完善海珠区图书馆南洲街图书分馆建设，统筹安排潘鹤艺术雕塑园、卫氏大宗祠博物馆、陈李济中药博物馆等向公众开放。成立群众文体活动组织10个，举办电影进社区活动15场，开展文化宣传活动12次。

【社会综合治理】 2011年，南洲街健全综治信访维稳工作网络，成立街道群众工作领导小组及办公室，成立8个专业市场综治维稳工作站，加强矛盾纠纷排查调处，落实稳控措施，降低群体性上访事件的发生率，扎实开展安置帮教、社区矫正工作，力保社会和谐稳定。全年受理群众信访243件，比上年下降33.1%，办结率100%；调处民间纠纷135宗，调处成功率96%；受理劳资纠纷84宗，为涉案工人追回工资238.7万。举办综治专干业务培训4次，强化综治管理队伍人员素质，打击违法犯罪行为，抓好社会治安综合治理。加强消防安全生产、出租屋管理、整规打假、食品安全等专项工作。加大流动人员和出租屋管理力度，实现移动办理居住证服务，采集更新流动人员信息139015条，办理房屋租赁登记7964宗、居住证64408个，征收“两费一税”1662.52万元。加强消防安全教育培训和检查整改，检查各类经营场所、出租屋

5578 间，发出整改通知书 3378 份，对存在消防隐患的 559 间生产经营单位进行简易处罚。开展整规打假、食品安全整治行动 50 次，发放临时场地使用证明 616 个，协助代办个体工商营业执照、卫生许可证 442 个，协助代征税款 1414.18 万元。

【村社事务】 2011 年，南洲街周密部署换届选举工作，严格按照法定程序指导 3 个联社、44 个经济社换届选举工作，依法、公正处理选举中的矛盾纠纷。村社换届选举首次实现“三零”（零上访、零投诉、零纠纷）目标。落实村社“三公开”（社务公开、财务公开、党务公开）工作，实行村社账务一年一审计制度，对 3 个经联社的“三公开”情况和 44 个经济社的社务（财务）公开状况进行逐一检查。举办村社干部就职宣誓大会，举行封闭式的村社干部培训班，提高村社干部的综合素质。指导并全力支持经联社推进“城中村”改造工作，沥滘已与珠江集团签订二期改造方案，并获得市批复。三滘、东风经联社均与保利集团签订改造意向书。

【扶贫工作】 2011 年，南洲街建立扶贫工作长效机制。重点打造橘红种植基地，投入 10 万元作为启动资金，承包 70 亩丘陵山地作为橘红种植基地，种植橘红 2500 棵，联系广药集团包销基地所有橘红果实，为帮扶单位提供稳定的经济来源。大力推进养殖基地建设，发动 3 个经济联社筹集 30 万元，在化州市杨梅镇和平村挖建一个占地 30 亩的鱼塘，投放鱼苗 18000 多条，年产罗非鱼约 7 吨，预计每年可收取租金 3 万多元。兴修水利工程，筹集 4 万元为帮扶单位打捞水浮莲 23 吨，清理堵塞沟渠约 4.7 公里，抢种水稻 310 亩，灌溉花生田 210 亩，注灌鱼塘 150 亩，确保农田丰收。积极促进养猪场建设，发动辖内华南汽贸广场、南天酒店国际用品市场等单位筹资 50 万元在鱼塘边闲置地方建设 1000 平方米的养猪场作为扶贫项目，以集约式出租的形式帮助和平村发展集体经济。

【东风经济联合社】 地处广州大道南和新滘路两侧，原有面积 3.12 平方公里，近年因被征地，面积减为约 1.8 平方公里。辖内有上涌和大塘村桥南 2 个自然村，以种植和生产水果为主，桂味荔枝、糖心菠萝、番石榴、绫橙和鸡心黄皮等名优水果远近闻名。2011 年，东风经济联合社有户籍人口 5793 人，下属 9 个经济合作社现有社员 4500 人，流动人口约 8 万人。3 月 19 日选举产生新一届联社“两委”班子，其中党总支委员 5 名，社委 5 名，党总支书记何志刚，社长黄湛行。党总支下设 3 个支部，至年底有党员 129 人，其中正式党员 125 人，预备党员 4 人。东风经济联合社全年总收入 735 万元，各经济社总收入 4884 万元。其中，下拨分配给社员 216.40 万元，老人金 15.40 万元，投入社会治安 97.40 万元，农村合作医疗支出 217.80 万元等。是年在广州国际龙舟邀请赛上，上涌村龙舟队获传统龙比赛季军和第四名，彩龙竞艳第一、第三等奖；辖内东风小学在广州市乒乓球比赛中获男子团体第三名，女子团体第六名，在广州市篮球比赛中获第二名。东风二小学被评为广东省绿色学校。

【沥滘经济联合社】 面积 4.39 平方公里，地处海珠区南部，广州新城市中轴线南段的滨水区，由沥滘、新鱼、大沙、芒滘 4 个自然村组成。主要靠土地出租、发展仓储业创造收入。曾先后获得市政府颁发的计生工作先进集体、亿元村、民兵基层建设达标先进单位、乡镇企业亿元村、社会治安综合治理工作先进单位、模范村民委员会、计划生育先进村、先进村等奖项。2011 年，沥滘经济联合社下属有 19 个经济合作社，社员约 4620 人，流动人口约 5 万人。3 月 8 日至 4 月 18 日，选举产生新一届联社“两委”班子，其中党总支部委员 5 名，社委会成员 5 名，党总支书记、社长梁志宏。联社党总支下设 5 个支部，至年底共有党员 155 人，其中正式党员 150 人，预备党员 5 人。沥滘经济联合社全年总收入 1.28 亿元，各经济社总收入 8871 万元（含新鱼工业公司）。其中，分配社员人均 1.144 万元，老人金 202 万元，投入社会治安 198 万元，农村合作医疗支出 419 万元等。

【三滘经济联合社】 面积 2 平方公里，地处广州大道南两侧，北接东风村，西邻瑞宝村，东临龙潭村，南与沥滘村接壤。因属下有西滘、池滘、后滘等 3 个自然村，故称“三滘”。辖内有华南鞋业批发城、南洲二手车市场、海珠粤景五金市场、海珠粮油城、后滘景业加工区等，工商业繁荣。2011 年，三滘经济联合社下属有 16 个经济合作社，社员约 4623 人，流动人口约 5 万人。2 月 27 日至 3 月 18 日，选举产生新一届联社“两委”班子，其中联社党总支部委员 7

名，社委会成员5名，党总支书记陈小汉，社长何日明。党总支下设3个支部，至年底共有党员144人，其中正式党员135人，预备党员9人。三滘经联社联社全年总收入902万元，各经济社总收入4817万元。其中，分配社员3214万元，老人金116万元，投入社会治安250万元，农村合作医疗支出832万元等。

（陈斯敏）

琶洲街

【概况】　琶洲街总面积约15.13平方公里，辖黄埔、琶洲、石基3个经济联合社和磨碟沙南、磨碟沙北、琶洲西南、琶洲东北、南园居、雅郡花园、石基、黄埔南、黄埔北、广渔、新洲11个社区委员会。2011年末，户籍人口19714人，流动人口26650人。

【基层党建】　2011年，琶洲街继续在全街范围内推开“支部建在楼宇上”基层党组织组建活动，不断扩大楼宇党支部的覆盖面和影响力，加大对非在职楼宇党支部的培训力度，同时在经费上支持各项支部活动。建立“四项机制”（孵化机制、育苗机制、联动机制、提速机制），积极推进非公党建工作开展，实现规模以上非公企业党组织组建率达到100%。其中广州金域医学检验科技有限公司党支部不断壮大，在区委组织部指导下成立党委。

【社区及经济联社换届】　2011年，琶洲街相继铺开社区、村社换届选举，党代表换届选举，人大代表换届选举工作，4月底完成11个社区居委会以及辖内3个经济联合社、23个经济合作社换届选举工作，琶洲和黄埔经济联合社分别选举产生3名新社委。9月8日，11个选区均一次性完成人大选举工作。通过换届选举，一批年富力强、有管理能力、群众认可度高的人才被选进社区、联社两委，为基层的科学发展提供组织保障；人大代表结构由原来的以村社、院校代表为主转为以总部经济企业代表为主，代表参政议政能力显著提高。

2011年9月25日，广东省第一间专门以剪纸艺术为主题内容的展览馆——韩艳剪纸艺术馆，在黄埔古村有着近200年历史的端生家塾内成立，并被命名为“广州市民间文化传承基地”。　（琶洲街供稿）

【群团工作】　2011年，琶洲街超额完成工会组建数、发展会员数及集体合同签订任务，已组建工会585家，其中独立工会39个，工会联合会18个，覆盖企业528家，会员人数7375人，覆盖职工人数10987人；组建外资企业工会22家。团工委联合关工委经常性地组织各种地区青少年活动，如举办地区篮球邀请赛、到辖内各学校为未成年人举办专题讲座。在11个社区设立法律服务点、妇女维权站和外来人员法律咨询站，建立街、居两级青少年维权网络，开展入户走访、监所探望等帮教活动。

【创文工作】　2011年，琶洲街树立“创建为民、创建惠民”的工作理念，立足民情，改善民生，全面完成创文迎“国检”各项工作任务。组建“文明大使”队伍，统一穿着志愿者服装、统一佩戴志愿者绶带、红袖章及帽子，在各社区、主干道、会展周边地区站岗、提供志愿服务，倡导文明新风尚。在迎“国检”的关键时段全街干部职工全天候在城中村地区和主干道进行“六乱”重点整治和交通秩序维持工作。重点组织违法占道经营、清理乱张贴、拆违、除“四害”等专项行动，共整治拆除非法广告牌336起，乱摆卖860

宗，乱张贴小广告1065宗；新添加鼠谷近2000公斤。全年投入资金180多万元，对群众反映强烈的南园居停车场等问题进行整改维修；积极协调解决黄埔村村民饮水难问题。全年共办理群众投诉和信访148件、整改问题1000多个。

【征地工作】 2011年，琶洲街顺利完成南城河综合整治工程、琶洲一社东村等征地任务。该街领导班子深入村、社与干部沟通、交流，就征地协议多次协调区有关部门、经济联社、经济社召开会议，反复研究，促成双方在征地补偿协议等方面达成一致意见。在此基础上，本着公开透明原则组织召开一社社委会和社员代表会议，对征地投票方式方法进行表决。在规定的时间节点内顺利完成各项征地任务。

【扶贫“双到”工作】 2011年，琶洲街注重在“实”字上做文章，全面推进扶贫开发“双到”工作。采取“公司+农户”经济发展模式积累发展资金，有效驱动“输血”“造血”式经济循环发展；完成35户危破房改造；购置垃圾桶进村，加强入户卫生保洁宣传，完善村公共基础设施和文化娱乐设施，全村环境面貌焕然一新。至是年底，共引资帮扶调马村扶贫开发资金达905.46万元，其中用于帮扶到户资金228.58万元，用于帮扶到村资金676.88万元。全村核实有劳动能力贫困户106户，脱贫率100%。村集体经济收入超过26.2万元，比2009年增收26万元；贫困户人均纯收入6187元，比2009年增收5278元。

【综治维稳】 2011年，琶洲街以“领导大接访”活动为契机，紧密结合创文国检期间的维稳工作，采取领导接访、带案下访、联合办理重点案件、督查督办等工作方式，扎实推进信访维稳工作。琶洲地区治安情况保持稳定，警情、刑事发案数等与同期比较都有较大幅度下降，整治工作成绩显著：全年发生刑事案件249宗，同比下降0.4%，破获刑事案件271宗，同比上升11.5%；双抢案件12宗，同比上升9.09%；两盗案件51宗，同比下降35.44%；发生治安案件512宗，同比下降12.2%。其中刑事拘留114人、治安拘留290人。

【城市管理】 2011年，琶洲街按照“网格管理、责任包干”原则，以黄埔古港古村旅游沿线为重点，加大违法建设查处力度。全年拆除违法建设38宗4881平方米，配合区国土房管局拆除卫星拍摄图斑号的违法用地4000多平方米并进行复绿。加大对新港东路和黄埔、石基两个村口“六乱”整治；在广交会期间，通过开展现场教育、联合整治行动和增加饮食服务配套，有效疏导“六乱”情况，共整治乱摆乱卖3000多宗，整治占道经营750宗。

【社会事务】 2011年，琶洲街投入56万元试运营“琶洲街家庭综合服务中心”，使居民享受到无偿或低偿服务。“广东扶贫济困日”筹集善款18万余元；为277人次申请医疗救助款14万元；利用节假日慰问重病、孤寡老人、五保户等468名，送去慰问金、慰问品约8万元；为1592名老人发放长寿金共54万余元；全年共完成廉租住房申请审批26户，经济适用房申请审批60户；成功申报创业项目4个，创业信息12条，为近300人进行创就业培训，为创业者办理小额贷款56万元。举行2场“零距离”招聘会和2场大型的春秋两季就业岗位招聘会，全年新登记失业人员946人，已就业834人，就业率88.16%。协调有关部门为35名白内障患者进行免费全面检查，顺利通过区创建残疾人“人人享有康复服务”社区的检查。

【计生工作】 2011年，琶洲街深入开展人口计生优质服务工作，全面完成上级下达各项指标任务。该街被评为本年度“两无”街，8个社区被评为“两无”社区。全员流动人口入库率96%以上，户籍人口符合政策生育率96.77%，流动人口符合政策生育率90.27%。“琶洲女性幸福会所”成为区幸福家庭促进计划示范基地之一，全年接待服务女性427人次，免费发放计生药品、药具和宣传册子1021份。新吸纳9个单位加入计生协会，成立5个非公企业计生协会，在3个基层社区创建协会示范点。建立计生家庭帮扶制度落实帮扶专项资金，完善和落实“节育奖”制度，对采取长效节育措施的育龄群众和计划外怀孕自愿落实引产的育龄群众发放节育奖励金，发挥节育奖励的示范带动作用。

【社区服务】 2011年，琶洲街社区服务创收约686万元，比上年增长87.94%；创收利润约502万元，比上年增长63.52%。新增及续签订土地托管协议书14宗，土地托管综合服务费总收入379万元。会展中心两届广交会期间共停放车辆30487台，便民和周边配套服务收入84万元。举办“琶洲工商联2011年联谊会”，组织琶洲分会12

名会员代表参加区工商联第十二次代表大会。对辖内的重点住宅小区、写字楼进行清查登记，共登记新增单位256间；开展整治无证照经营饮食档、废品收购站、医疗场所等行动38次，整治无证照经营场所305间。

【出租屋管理】　2011年，琶洲街严格遵守“人来登记、人走注销、人在更新”原则，对辖内出租屋和流动人员进行有效管理，成效明显。出租屋流动人员纳管率提高到99%，“两费一税”共征收615万元，比上年增加215万元。全年出租屋未发生重大治安、刑事案件和火灾事件，未出现利用出租屋制毒、藏毒、贩毒和进行地下传销及大型造假制假案件，有效提升社区民众的安全感和满意度，出租屋管理工作呈现出良好的发展势头。

【人武工作】　2011年，琶洲街武装工作注重大力开展国防教育和召集广大民兵积极投身于社区两个文明建设，征集兵员、民兵军事训练、四个基本建设、维护社会治安、拥军优属等各项工作，均取得较好成绩。在春运及抗洪涝灾害中，该街民兵、预备役人员发扬不怕苦、不怕累及连续作战的精神，以高度的政治责任感和奉献精神，出色地完成各项急、难、险、重的任务。

【黄埔经济联合社】　面积3平方公里，地处琶洲岛东南面，古代海上丝绸之路起点，清朝时期中国唯一的对外通商口岸。2011年，黄埔经济联合社下属有13个经济合作社，社员股东3129人，流动人口约8775人。上年12月至是年4月30日，选举产生新一届联社“两委”班子，其中党总支部委员5名，社委会成员4名，党总支书记梁就成，社长汤庆维。党总支部下设3个党支部，至年底共有党员82人，其中正式党员79人，预备党员4人。市、区自2010年以来先后投入2亿元财政专项资金和3亿元社会筹集资金进行古村修缮保护和开发建设，黄埔古村保护一期项目已经完成。通过改造，黄埔古村文化得到保护、历史风貌得以恢复，村内道路管网、供电供水、排水排污、卫生保洁、水塘净化等完成升级改造，彻底解决村民用水难问题，同时实现雨污分流和道路升级，彻底清除村里“脏乱差”现象，村集体物业和村民物业价值有较大提升。黄埔经济联合社全年总收入6386万元，社员人均净收入1.7万元。

【琶洲经济联合社】　地处海珠区新港东路琶洲塔公园旁，总体占地75万平方米。2011年，琶洲经济联合社下属有10个经济合作社，社员股东约2864人，由于整村改造复建，无流动人员。上年12月至是年4月30日，选举产生新一届联社“两委”班子，其中党总支部委员5名，党总支书记、社长郑伟华。党总支部下设2个党支部，至年底有党员97人，其中正式党员93人，预备党员4人。琶洲经济联合社自2010年以来进行整村改造，至是年底，复建工作仍在进行中。整村改造带来发展机遇：一是村社不需要经济投入可获20万平方米集体物业。二是为地区发展腾出“空间”。琶洲村改造将按照“一轴四区”功能结构划分，即以商业步行街为中轴，贯穿滨水高尚住宅区、SOHO办公区、村民安置区、商业办公休闲区四大区域，成为集办公、酒店、购物、居住、娱乐、餐饮和滨水休闲活动等为一体的城市综合功能区，商贸与休闲汇集的会展东翼，品质与文化兼具的国际高端城区，彻底改变以往脏、乱、差的城中村环境。三是集体和个人经济收入大幅提高。琶洲经济联合社全年总收入12090.2万元，社员净收入4.03万元。而在城中村改造前，村民个人物业租金平均20元/平方米/月，商业物业租金平均30元/平方米/月，集体物业个人分红为1000－2000元/年。

【石基经济联社】　面积1平方公里，地处琶洲岛东南端，与黄埔村接壤，濒临珠江入海口。2011年，石基经济联社有社员股东1181人。上年12月至是年4月30日，选举产生新一届联社“两委”班子，其中党支部委员3名，党支书记陈智军，社长霍志新。联社设党支部1个，至是年底有党员25人。石基经济联社全年总收入891万元，社员人均净收入为6129元。石基经济联社积极开展旅游开发，全面推进原有市场的升级改造工程，提高村集体物业价值，提升集体收入；主动要求把同安围纳入万亩果园征地范围，并已得到超过50%社员同意，琶洲街将协助、推动同安围征地工作。

（温慧琴）

华洲街

【概况】　华洲街总面积约12.2平方公里，辖龙潭、土华、小洲3个经济联合社和龙潭、土华、小洲、瀛洲4个社区居委会。2011年末，辖内户籍人口17201人，流动人口 21663 人，常住人口 47743 人。

【党建工作】 2011 年，华洲街加强“两新”组织建设，9 月 28 日成立华洲街道社区卫生服务中心党支部。该街在春节和“七一”期间上门慰问 15 户特困党员家庭，送上慰问品和慰问金计 15250 元；为 20 户困难党员向市困难党员扶助基金会申请扶助款，为 32 名困难党员向区困难党员扶助基金会申请扶助款；开展“广东扶贫济日”活动中共筹得善款 9000 多元。全年选送 32 名发展对象参加区委组织部举办的发展对象培训班学习，发展 8 名新党员，办理 7 名预备党员转正手续。

【“两委”换届选举】 2011 年，华洲街完成社区“两委”换届选举，经济联合社和经济合作社“两委”换届选举工作。4 个社区党组织有党员 68 人，选举产生社区党（总）支部委员共 16 名，其中书记 5 名，平均年龄 44 岁。3 个经济联合社党总支有党员 353 名，选举产生党总支委员 21 名，其中书记 3 名，副书记 5 名；平均年龄 48 岁。38 个经济合作社共选出社委会成员 176 名（其中社长 38 名，副社长 22 名），委员中女性 41 名，占 23%。

【人大换届选举】 2011 年，华洲街完成人大换届选举工作。9 月 8 日，共分 6 个选区（43 个投票站），参选单位 41 个，公布选民总数 15915 人，实际参加投票选民 15545 人，参选率 97.68%，选举产生代表 10 名。本次选举民营企业和社区医疗机构代表名额增加。10 月 20 日，该街第四选区进行另行选举产生代表 1 名。合计共选举产生海珠区第十五届人大代表 11 名。

【创文工作】 2011 年，华洲街创新机制开展各项创文工作。全街人员分成 3 大队 11 组 54 个小组，组建 3 个专项迎检组和 1 支应急队伍，对包干区域内的环境卫生、“六乱”、上门宣传等创文工作，并随时动态调整人员快速处理巡查中发现的问题。迎国检期间，每日编印《华洲街道创文工作每日快报》分送至街道班子领导、各科室、联社、社区，以加强信息互通，扫除工作盲点；在主要干道、公共场所制作 60 多幅大型户外创文明公益宣传海报和 200 米创文漫画长廊；在各内街巷巷口张贴创文宣传资料 5000 份；印发《倡议书》、《给居民的一封信》等宣传资料 1.5 万多份；张贴更新创文宣传画 50 张，公益创文广告 8 个。坚持执法队员、城管辅作队员 18 小时值班和街道工作人员定期联合巡查执法；在 5 个综合市场周边等重点地段划定一块区域给流动商贩，以分片包干的形式从早上 7 时到晚上 12 时进行守点；不定期开展联合整治行动，重点对占道经营和乱摆卖进行清理。

2011 年 5 月 6 日，华洲街道召开新任经济联合社、社区“两委”、经济社干部就职宣誓大会。（俞乐摄）

【综治维稳】 2011 年，华洲街接待群众来访 769 人次，来电 316 人次，受理各种矛盾纠纷 287 宗，其中劳资纠纷 85 宗，涉及人数 428 人，追发工资、押金 97.8 万元；司法 9 宗，涉及人数 81 人，涉及金 232.5 万元；综治 1 宗，涉及人数 20 人，涉及金额 30 万元；信访 117 宗；经济纠纷、婚姻、邻里纠纷等 75 宗；办结率为 100%，调处成功率为 98%。

【城市管理】 2011 年，华洲街做好拆违控违工作，全年查处违法建设 340 宗 25992 平方米，拆除在建违法建设 234 宗 7116 平方米，清拆乱搭建及历史违建 65 宗 10817.16 平方米、翻硬地 4 宗 2459 平方米。清查无牌无证“黑诊所”11 次，取缔无证诊所 98 家；普查生活污染源 56 间，工业污染源37间，整改清理污染洗水厂3间，漂染作坊16间；联合整治“五类车”13次，暂扣非法“五类车”136辆；取缔乱摆卖2862宗，占道经营1231宗，清理乱张贴9526多张，乱拉挂281宗，拆除灯箱、招牌广告74个，现场制止偷倒余泥16车。新投入垃圾车130辆，胶质垃圾桶410个，果皮箱40个，胶质垃圾桶100个，玻璃钢垃圾桶750个，塑料垃圾小桶3000个。

【社会事务】　2011年，华洲街做好保障家庭的初审、复审和申报，共为104户270人办理最低生活保障及免费医疗，34名困难家庭子女解决就学问题，办理保障性住房14户。规范社区康复室管理，完善康园工疗站工作细则，共有40户46名残疾人纳入最低生活保障，111人办理免费医疗保险，约71人领取重残金。开展社区改革创新试点工作，成立小洲社区家庭综合服务中心，开展青少年服务、家庭服务、老年人服务、残疾人服务等。落实城镇居民医保、养老保险，累计办理“农转居”养老保险2300人，社区资助保险1979人，办理医疗保险6430人。强化居家养老健康管理服务工作，规范建立老人健康档案，为70周岁及以上老人建立一人一档，跟进小洲村13名自梳女个案服务。

【计划生育】　2011年，华洲街户籍人口出生177人，符合政策生育率96.61%；流动人口出生743人，符合政策生育率96.77%。

【社区服务】　2011年，华洲街开展协税护税工作，有地税代征户60户，引导办理税务登记证协管户204户，代征税款6.5万元；有国税代征户233户，引导办理税务登记证协管户有200户，代征税款17万元，纳入管理共有400户。规范市场经济秩序，共查处7起假冒伪劣商品事件；开展5次打击制售假冒伪劣卷烟专项行动；共清查1600多间无证照生产经营业户，取缔200多户，开具临时场地证明1363户；引导办证940户；加紧对小洲村53间培训画室进行整治，办理证照14间。

【文化建设】　2011年，华洲街加强公共文化服务建设，在龙潭村新建1个报纸亭；图书馆、土华农家书屋的图书和编码全面进行整理和更新；瀛园农家书屋更新书架，并赠送图书300多册。开展社区各项文体活动，举办“浓情元宵”亲子活动、端午赛龙舟、“端午怀古，泼墨挥毫庆党寿”、“情满中秋”社区联欢、“迎国庆”粤剧汇演以及9周年街庆等活动；参加区“好歌献给党—纪念中国共产党成立90周年歌咏活动”、三级社会体育指导员培训、区机关足球赛、区健身气功展演、国际龙舟彩龙邀请赛、区秋季职工运动会等，在瀛洲小学建立广州市首个小学书法培训基地。

【出租屋管理】　2011年，华洲街组织“人屋”专项治理联合行动12次，对流动人员居住密集街区整治96次；累计清查出租屋17112套次，其中排查厂企宿舍、工地工棚等流动人员密集区625处次、排查餐饮场所212处、排查网吧10处、排查发廊等162处、排查废品收购站42处，签订治安责任书5426份，新登记出租屋1238套，注销出租屋486套；新登记流动人员16851人，注销流动人员信息20016人；共核实登记出租屋6912栋、32955套，流动人员35217人。

【龙潭经济联合社】　占地面积约3平方公里，自然资源丰富，河涌密布，古榕荫蔽，有“乐善好施”花岗石古牌坊、纶生白公祠，迎龙桥、汇源桥、利溥桥、康济桥四座古石桥，兴仁书院等文物保护单位。每年农历五月初四举办传统游龙、千人龙舟宴等民间传统“会景”活动，龙潭涌边聚满数千名前来观看“趁景”群众，热闹非凡。2011年，龙潭经济联合社下属有8个经济合作社，社员约4150人，流动人口约30000人。是年选举产生新一届联社“两委”班子，其中党总支部委员7名，社委会成员5名，党总支书记、社长黄锦明。党总支下设2个支部，年底共有党员101人，其中正式党员100人，预备党员1人。龙潭经济联合社全年总收入828万元，各经济社总收入3036万元。

【土华经济联合社】　面积约4.8平方公里，地处琶洲会展中心与广州大学城之间，东南西环高速公路与华南快速干线交汇点。2005年被授予“广东省生态示范村”称号。现有果园4000多亩，生产销售土华石硖龙眼、鸡心黄皮等。“土华”石硖龙眼是广州市第一个水果注册商标。2011年，土华经济联合社下属共有14个经济合作社，社员约6000人，流动人口约十万多人。有达标的市星级农贸市场2个。是年选举产生新一届联社“两委”班子，其中党总支部委员7名，社委会成员7名，党总支书记、社长梁国球。党总支下设6个支部，至年底共有党员144人，其中正式党员141人，预备党员3人。土华经济联合社全年总收入

3751万元，各经济社总收入2613.5万元，联社社员分配从几年前的50元提高到每股100元。土华村总股民数是6648人，总股数8990股，分配890多万元，老人金248万，治安投入154万，卫生环境整治、绿化维护、清渠、治理环境60多万。全年合作医疗报销300多万元，老人金每人每月200元，共支出养老金240多万元。中秋节及春节等重大节日慰问贫困家庭40多人次共支出约3万元。

【小洲经济联合社】　南临大学城、生物岛，四面环水，河网纵横，总面积6750亩，其中，果林面积4340亩，水体面积450亩，是目前岭南广府地区唯一自然景观和人文景观、生态环境保存最完整的水乡，是岭南特色水果的出产地。2011年，被农业部评为中国最有魅力休闲乡村，被海珠区政府评为海珠新名片。下属共有16个经济合作社，社员约6000人，流动人口约3500人。2月20日至3月11日，小洲经济联合社选举产生新一届联社“两委”班子，其中党总支部委员7名，社委会成员5名，党总支书记杨建明，社长简志锋。是年共召开8次全体党员、社员代表大会，广泛听取民意，解决群众关心的热点难点问题，并坚持政务、财务公开，自觉接受群众监督，增强群众对党组织的信心。小洲经济联合社全年总收入580万元，各经济社总收入843万元。全年在医疗、卫生、治安、老人福利等方面支出430万元，其他日常运作开支280万元。

（梁嫦允　谭秀艳　颜秋蓉　邓玉爱）

官洲街

【概况】　官洲街地处海珠区东南部，辖区面积11.42平方公里，下辖赤沙、北山、仑头、官洲4个经济联社和赤沙、北山、仑头、官洲、学院5个社区居委会，人口约11.2万人，其中常住人口约5万人（含户籍人口约2.2万人），流动人口约6.2万人。

2011年，官洲街围绕“打造美丽官洲、平安官洲、和谐官洲、幸福官洲”总体目标，以基层党建为龙头、以城市管理为重点、以社区建设为基础、以社区服务为落脚点，结合自身独特的地理环境，以邻近的琶洲会展地区与周边生物岛、大学城组成的“信息港”为有利条件，加强基础配套设施建设，重点抓好地区信访维稳工作，完善“一队三中心”的建设，积极推进“城中村”改造，不断探索城中村管理新机制。

【基层选举工作】　2011年，官洲街成立选举工作领导小组，制定工作实施方案，领导分片挂点联系，提前排查不稳定因素；做好宣传发动工作，积极争取经济联社、大中专院校、部队、企事业单位大力支持，完成经济联社、社区“两委”换届选举，区第十一次党代会的代表选举，区第十五届人大代表选举等工作。

【基层组织队伍建设】　2011年，官洲街提高干部队伍执行力。强化制度管理，建立健全例会、财务、人事、考核等工作机制，实现内部管理规范化，在重大问题的决策上，坚持贯彻民主集中制原则。加强干部队伍素质建设，抓领导班子的自身表率作用；开展中心组理论学习、纪律教育学习、党风廉政教育等学习活动，组织干部职工业余文娱活动，增强团队凝聚力，提升队伍“软实力”。组织官洲地区龙舟比赛、建党90周年“七一”表彰暨大型文艺演出、“迎国庆、贺中秋”系列文体活动、“赤沙杯”篮球、足球联谊赛、“文艺演出送军营，军营文化进街道”文娱活动和“走进军营”实践活动、“挥毫聚合力，翰墨颂和谐”书画雅集等文娱实践活动。提高联社干部队伍素质，举办培训班，邀请有关领导和专家授课；组织带领联社干

2011年6月24日，官洲街在广州土地房产学校礼堂举办“官洲地区庆祝中国共产党建党90周年”大型文艺汇演。　（陈康明摄）

部到先进地区、兄弟街道学习村社管理的先进经验；搭建联社间沟通平台。增强基层党组织活力，开展“创先争优”、“深化服务促发展”等活动，开展公开承诺活动；认真开展宣廉守廉活动和党员民主评议活动；切实抓好发展党员和非公有经济组织及社会组织建设工作，全年新发展党员8名，新建立非公经济党组织3个。

【城市管理】　2011年，官洲街以“创文”工作为抓手，改善城市综合环境。抓好领导挂点联系工作，落实网格化管理；加大宣传力度，提升居民群众“共建官洲美好环境”的意识；开展“六乱”、道路交通、安全生产、消防安全、违法建设、出租屋管理等专项整治行动。顺利通过创文、创星工作考评，是年3月被评为市一星级卫生街道。强化综治维稳，确保地区和谐稳定。做好社会面维稳工作，确保重点人员在“两会”、选举、创文等敏感时期不脱管；协调仑头隧道地陷、仑头小学施工导致房屋受损等重点信访案件的解决；认真处理辖内劳资纠纷；开展“春雷”重点整治专项行动和“人屋车场”整治。推进“城中村”改造工作。协助经济联社做好“城中村”改造的基础数据的摸查、历史建设的理顺、概念规划的编写及向上申报审批工作，赤沙村改造方案正在市的审批之中，北山村实测工作已完成，仑头村“城中村”改造工作正在推进中。促进官洲经济发展。推进官洲经济联社发展用地（金碧地块）的开发，提高村集体和村民收入；全面启动官洲国际生物岛华侨安置房建设工作；立足区域现有优势，加强汽车销售和服务等产业规划，引导高端业态集聚发展，打响赤沙片区名车名店等地区产业品牌。

【社区管理服务】　2011年，官洲街加大社区建设及保障力度。完善社区服务网络，全面推行社区居家养老服务；为低保收入者争取各项资助补贴，发放助学金共计11.62万元；关注弱势群体，安置32名残疾人员就业。扩大社会保险、社会救济覆盖面。学院社区被评为“宜居社区”，北山社区获得“绿色社区”、“广东省居务公开民主管理示范社区”荣誉。开展“双拥”工作。组织“文艺演出送军营，军营文化进街道”文化活动和“走进军营”实践活动；加强优抚工作，全年共发放优抚金63万余元；做好征兵工作，向部队输送优质新兵，超额完成任务。扎实推进精神文明建设。注重并强化信息宣传工作，加强文化娱乐场所和网吧监管工作。

【亮点工程建设】　2011年，官洲街加强“一队三中心”建设。成立社会管理与服务创新工作领导小组，前往试点街道学习交流，制定《官洲街创新街道和社区基层管理实施方案》，落实办公场地，优化人力资源配置。打造“兰香家庭守护中心”。针对赤沙社区外来人口居多，大中院校相对集中等特点，联合社区医院技术力量，建设“兰香家庭守护中心”，推进“兰香工作室”计生服务特色品牌向赤沙延伸。推行围院“一体化”管理模式。加强围院治安防控系统等工程建设，强化围院式“一体化”组织队伍建设，加大管理力度，确保试点出成效。是年，试点片区社会治安，出租屋管理，计生工作，环卫水平等都有新的提高。加快推进扶贫开发项目工程。选派优秀干部赴化州落实“双到”各项扶贫工作，促成“南岭绿色生态农业产业园”在扶贫点落地，既提高了集体和个人的收入，也解决了当地劳动力就业问题，成为化州扶贫工作的一大亮点。

【赤沙经济联合社】　村界面积3.2平方公里，位于海珠区东南部，东、北面隔黄浦涌与会展中心、黄浦古港相望。2011年，赤沙经济联社下属有12个经济合作社，社员约3106人，流动人口约7.4万人（其中大中专院校师生近2万人）。2月26日至3月13日，选举产生新一届联社“两委”班子，其中联社党总支部委员5名，联社社委会成员7名（其中3名是支部委员），党总支书记黄永泉，社长莫钊伦。联社党总支下设5个支部，至年底共有党员113人，其中正式党员110人，预备党员3人。赤沙经济联合社全年总收入2390万元，各经济社总收入2529万元。其中，村级分配总额为438万元（成人1500元/人，小孩750元/人），社级分配总额为1910万（人均6150元），老人金24万元，投入社会治安78万元，农村合作医疗支出60万元。

【仑头经济联合社】　面积3.06平方公里，东接黄埔、石基和长洲岛，西邻土华村、石榴岗，北与北山村接壤，南临珠江主航道。2011年，仑头经济联社下属有8个经济合作社，社员约4770人，流动人口约6300人。2月22日至3月23日，选举产生新一届联社“两委”班子，其中联社党总支部委员5名，联社社委会成员7名，党总支书记黎智仁，社长黎国航（兼任支部委员和社委成员的2人）。联社党总支下设5个支部，至2011年底共有党员143人，其中正式党员139人，预备党员4人。仑头联社全年总收入约850万元，各经济社总收入约1624 .27万元。其中，分配社员1471万元，老人金56万元，投入社会治安65万元，农村合作医疗支出150万元等。

【北山经济联合社】 面积约2700亩。2011年，北山经济联社下属有4个经济合作社，社员约1720人，流动人口约23000人。2月26日至4月1日，选举产生新一届联社“两委”班子，其中联社党总支部委员5名（其中3人兼任社委成员），联社社委会成员5名（其中3人兼任支委成员），党总支书记莫庆练，社长莫俊健。联社党总支至年底共有党员70人，其中正式党员65人，预备党员5人。北山联社全年总收入369万元，各经济社总收入809万元。其中，分配社员533万元，老人金17万元，投入社会治安71万元，农村合作医疗支出40万元等。

【官洲经济联合社】 面积79636平方米，设有南、北苑两个小区，南苑小区位于仑头陈涌，占地36397平方米；北苑小区位于北山石仔岗，占地43239平方米。官洲经济联合社是海珠区唯一一个全部土地被政府征用，全部村民异地搬迁的行政村。也是海珠区唯一一个全部村民住上电梯洋房实行小区封闭式管理的行政村。2011年，官洲经济联合社下属有4个经济社，在册股民2010人，流动人口约700人。2月1—27日，选举产生新一届联社“两委”班子，其中联社党支部委员5名，联社社委会成员4人，党支部书记陈镇乐、社长陈志辉。至年底共有党员41人，其中正式党员39人，预备党员2人。官洲经济联社全年总收入1379万元，其中，分配社员927万元，老人金20万元，助学金25万元，投入社会治安经费69万元。

（肖　芳）

社会生活

中国(广东)博士后人才交流与科技项目洽谈会
开幕式
2011 5

热烈欢迎海珠区领导来院慰问指导

共谱新华
谢会暨慈善签约捐赠仪式

人口与计划生育

【概况】 2011年，海珠区全面完成省、市下达的各项人口指标任务，全区常住户籍人口出生8104人，政策生育率98.27%，出生率8.52‰，自然增长率为2.4‰，出生人口性别比110.11；居住广州满半年以上的流动人口出生3378人，政策生育率为97.07%。海珠区连续21年全面完成省、市下达的各项指标任务，连续10年获得“广东省人口计生先进集体”称号。海幢街、江海街、南洲街被市通报表扬。南华西街、沙园街、江南中街、琶洲街、赤岗街、瑞宝街被评为区“2011年度人口和计划生育先进集体”；新港街、昌岗街、滨江街、素社街、海幢街、龙凤街、南石头街、凤阳街、江海街、南洲街、华洲街、官洲街受到区表扬；华洲街、官洲街获得“突出贡献奖”；凤阳街、瑞宝街被评为“海珠区计划生育优质服务先进街”。全区31个人口与计划生育综合治理职能部门综合考核均获达标以上。其中，12个部门获优秀单位奖。

【基础工作】 2011年，海珠区创新和落实标准化管理机制，制定《2011年街道人口计生工作主要任务标准要求》，将计划生育统计分析、依法行政、优质服务、信息化建设、流动人口服务管理、宣传教育等基础工作内容具体化、规范化，对街道人口计生日常工作实行标准化管理，有效夯实基层基础工作。强化层级动态管理机制，重新修订街道、居委两级计生工作例会制度，制定《海珠区街道落实人口计生工作例会制度奖惩办法》，进一步促层级动态管理责任制的落实，促使基层基础工作均衡发展。是年全区18个街道全部为无政策外多孩出生街道，184个居委为无政策外出生居委，占全区居委总数的71.6%，同比增加27个。健全人口计生预报预警机制，加强对街道、居委每月日常工作及各项重要指标任务完成情况的监督，促进基层基础工作落到实处。

2011年12月28日，区计划生育协会开展“生育关怀行动”慰问活动。 （张静摄）

【信息化建设】 2011年，海珠区全面做好省人口计生信息系统升级转换工作，共投入200多万元，以高于省要求标准对辖内计生专用计算机进行更新换代，区、街道、居委会三级人口计生网络全部接入省信息系统服务器；对1600多名街道、社区人口计生干部进行新口径和新系统培训，全面更新全员人口信息系统，全区共处理原信息系统中各类不规范数据共5万多条，完成率99%以上。

【流动人口计划生育】 2011年，海珠区进一步落实综合治理单位职责，完善流动人口计划生育“统筹管理、服务均等、信息共享、区域协作”工作机制，构建全区“一盘棋”工作格局，完善人口与计划生育“大综治”格局。大力推进流动人口计划生育公共服务均等化，在确保流动人口免费享受国家规定基本计生技术服务基础上，将免费妇女常见病普查普治、红外线乳腺检查、产前出生缺陷医学筛查、增补叶酸预防神经管缺陷等服务项目惠及流动人口。2月28日，全国加强和创新流动人口服务管理暨全国“一盘棋”机制建设会议在海珠区召开，国家人口计生委主任李斌等与会代表参观沙园街综合管理服务中心、光大社区幸福家庭服务中心和珠江啤酒集团计划生育协会，对海珠区率先推进幸福家庭促进计划、创新流动人口服务管理模式取得的成效给予高度评价。

【计划生育民生工程】 2011年，海珠区全面落实计划生育奖励和计划生育特别扶助政策，计划生育奖励覆盖到中央驻穗、省属单位退休人员。全区共为22800多名独生子女父母兑现计划生育奖励金2970多万元，为840多个独生子女死亡伤残家庭发放特别扶助金240多万元。全面推进优生促进工程，区政府将优生促进工程纳入政府2011年承诺办好的十件民生实事之一，大力推进幸福家庭促进计划，初步构建“政府倡导、部门协作、公共财政支持、群众受益”的优生促进工程体系，实现优生促进工作科学化、规范化、系统化。全区共有6900多人次参加免费婚检，为9000多对新婚夫妇提供生殖健康教育和家庭计划指导，为8200多对新婚夫妇赠送“新婚宝典”大礼包，为12000多人次提供免费产前出生缺陷医学筛查，其中22例确诊为胎儿发育异常的高危对象，在接受专家诊断和优生指导后，自愿选择人工终止妊娠，避免了严重缺陷儿的出生；为2300多名拟怀孕妇女免费增补叶酸。全面推进生育关怀行动，全区共投入约80万元，为31200多名妇女提供常见病普查，进行患病帮扶及臭氧治疗545人次；深入大型流动人口企业、社区举办生殖健康普查、咨询义诊活动、优生优育知识讲座共计13场。投入资金110多万元，对140多个计划生育困难家庭、患病贫困育龄妇女、计划生育贫困母亲等进行慰问和帮扶救助，其中，为14个计划生育特困家庭分别发放慰问金1万元。举办首期“育婴员职业技能培训班”，共为56名低保、低收入妇女提供免费培训，帮助她们上岗就业。

【人口计生文化】 2011年，海珠区建立首批幸福家庭促进示范基地，授予区婚育学校、区流动人口计生宣教服务中心、区妇女健康促进中心、区老年大学、区小海豚科普馆、江南中街男性健康俱乐部、沙园街幸福家庭服务中心、素社街少男少女心灵加油站、滨江婚育文化园、官洲街兰香工作室、琶洲街女性幸福会所、海幢街福星馨苑等12个单位和场所为海珠区幸福家庭促进示范基地，发挥了良好的示范、辐射作用，广泛推进幸福家庭促进计划和各项惠民服务。继续开展社区星级计划生育服务室、街道人口和计划生育优质服务示范所等创建活动。全区共创建星级服务室125个，各街道三分之一的社区均达到星级服务室标准，其中沙园、南华西、官洲等街的星级服务室比例达70%以上；琶洲、官洲、南华西等街道服务所被评为“优质服务示范所”。大力开展婚育新风进万家等计划生育宣传服务活动，全年开展人口计生咨询服务44场，大型文艺演出14场，召开干群座谈会25场，发放宣传品78890份，举办图片展览8场，组织育儿亲亲讲座、青年交流活动、健康讲座等9场，赠送人口计生新年贺卡2000张；制作《海珠，我们幸福的家》、《海珠区幸福家庭促进计划指导手册》、《艺韵—海珠区人口文化作品集》等共5000册，营造浓郁的人口计生文化氛围。

【计划生育群众自治】 2011年，海珠区加大对民营、私企非公有制单位计生协会的建设力度，全区共建立18个非公企业计生协会示范点。继续开展创建示范村（居）活动，全区共有63个社区通过广州市人口计生基层群众自治示范村（居）创建活动评估验收。新港街银禧社区成为第二批国家级创建点，南华西街龙武里社区等13个社区成为广东省创建点。

【重大活动】 1月24日，区召开2011年度人口计生系统迎春座谈会。2月11日，省人口计生委主任张枫到海珠区调研人口计生工作，对区大力推进“幸福家庭促进计划”、拓展生育关怀行动、完善流动人口服务管理以及传播新型人口文化方面给予充分肯定，并为光大社区幸福家庭服务中心和雅郡社区女性幸福会所赠送《人之初》和《成长》等一批书籍。2月18日，广州市通报荣获幸福工程全国组委会十五周年表彰的情况。海珠区辖内的广州珠江啤酒集团有限公司获“爱心奉献单位”称号；区人口计生局局长李斌、广州卷烟二厂生产一部厂长余其昌、广州白云出租汽车集团有限公司计生办主任刘伟娟等3人获“爱心奉献者”荣誉称号；区计生协会副秘书长湛然、昌岗街计生协干部余建嫦等9人获“爱心使者”荣誉称号。2月24日，省委、省政府召开2011年全省人口和计划生育工作电视电话会议。海珠区被授予“广东省2010年度人口与计划生育先进单位”称号。2月28日，全国加强和创新流动人口服务管理暨全国“一盘棋”机制建设会议在海珠区召开。与会代表参观了沙园街综合管理服务中心、光大社区幸福家庭服务中心和珠江啤酒集团。3月16日，区召开2011年人口与计划生育工作会议，通报2010年区人口计生工作情况，并下达2011年人口与计划生育任务书及综合治理责任书。4月6日，市委、市政府召开2011年广州市人口与计划生育工作会议。海珠区获市通报表扬。新港街、滨江街、华洲街、龙凤街获市通报表扬；全区共有16个街道被授予“广州市2010年度无政策外多孩出生街”称号。5月20日，上海市副市长赵雯率领人口计生参观考察团一行45人到海珠区参观考察流动人口计生服务管理工作，参观了沙园街综合管理中心和光大社区幸福家庭服务中心。6月30日，区人口计生局被国家人口计生委评为“2011年度《人口与计划生育》全国宣传发行工作先进集体”。区人口计生局副局长黄绍被评为“2011年度《人口与计划生育》全国宣传工作先进个人”。7月1日，区人口计生局党支部举办“燃情党旗下”——庆祝建党90周年主题活动。7月6—7日，区人口计生局组织部分街道分管领导、人口计生办主任一行21人赴港参观考察。10月27日，区开展集中整治“非医学需要的胎儿性别鉴定和选择性别的人工终止妊娠行为”专项行动，重拳打击“两非”行为。12月9日，市人口计生局局长李文耀一行到海珠区调研了解该区在利用街道家庭综合服务中心平台推进人口计生优质服务工作，以及在推进幸福家庭促进计划，创新计划生育品牌项目等方面情况。

（罗宗良）

人力资源和社会保障

【概况】 2011年，区人力资源和社会保障局设党政办公室、就业促进科等10个内设机构和区军队转业干部安置管理办公室、区人才服务管理办公室等11个直属事业单位。

【劳动就业】 2011年，海珠区城镇登记失业人员累计71415人，成功就业51144人，就业率71.62%；就业困难失业人员31919人，成功就业19904人，就业率62.36%，其中“零就业家庭”1人以上就业15户，就业率100%；特困失业人员279人，就业率97.85%；“农转居”失业人员1498人，就业率67.22%；辖内登记失业的应届高校毕业生就业率91.5%。海珠区连续11年被评为广州市就业工作目标责任制考评先进（优秀）单位。强化企业需求和就业需求对接，采集岗位信息（新增就业岗位）5.48万个。全区189个社区创建成为充分就业社区，创建率73.5%。落实再就业优惠政策，市、区投入专项就业资金1.33亿元，惠及群众3.5万人，其中公益性岗位安置本市户籍失业人员5698人。建立以政策扶持、创业培训、创业服务为主体的“三位一体”促进创业工作机制。指导街道筹建创业基地19个，征集创业项目62个，累计开发创业孵化点39个。开展大学生创业指导进校园活动，大学生创业成功率持续提升。全年开展职业技能培训2.59万人，失业人员培训后就业率79.03%。推进培训券政策实施，组织跨省农民工培训、“双转移”培训和本省籍农村劳动力岗前培训2148人。实施社区岗位技能提升培训计划，培训社区人员及企业在岗职工1767人。

【社会保险】 2011年，海珠区扩大社会保险覆盖面，组织实施《社会保险法》，全区参加社会养老、失业、医疗、工伤、生育保险参保总人数177.95万人次，同比增长10.25%，其中大中专学生参保人数169794人，同比增长63.33%；城镇老年居民养老保险参保人数13988人，同比增长9.36%。提高社保经办能力。推进社保经办“服务下沉，管理上移”工作，逐步促进社保经办服务向“一站式”迈进，实现市下沉至海珠区50项业务“接得住、接得稳”。全年按月领取基本养老金人数和失业救济金人数分别为164417人、6276人，同比分别增长25.51%、21.75%，发放率均100%。

【退管服务】 做好社会化管理退休人员移交接收工作，全年接收社会化管理退休人员累计15.87万人，其中社区管理率96.1%。创建省级示范点5个，市级4A退管服务所19个，所有服务所均达市级4A标准。进一步完善为老关爱服务网络，实现对全区4万多名孤寡、独居等“十类特殊人员”的关爱体系全覆盖，进一步促进退管服务向精细化发展。

【公务员规范管理】 优化公务员队伍结构，组织61个公务员职位面向社会公开招考，录用公务员71人。创新公务员培训模式，组织开展转变经济发展方式基础知识全员培训等培训32期，共培训学员3795人次。开展公务员信息采集和年度统计工作，年度考核机关及参公单位科级及以下公务员3346人，办理各类任免事项1042

人次，抽调人员122人次。

【深化人事制度改革】 规范事业单位公开招聘工作。组织教育、卫生系统等事业单位公开招聘，录用工作人员222人。理顺事业单位岗位设置工作。在区教育、卫生、建设、文化等单位的支持配合下，全面完成岗位设置工作，海珠区279个事业单位共设置9760个岗位，实现岗位管理制度“平稳入轨”。完善事业单位聘用制度。办理调动22人，解聘、辞聘、离职、退休139人，聘任备案269人。推进卫生系统体制改革。指导区卫生系统完成社区卫生服务机构的岗位设置以及进行社区卫生服务机构人员首聘工作，实现改革平稳过渡。

【收入分配制度改革】 推进绩效工资实施工作，制定海珠区公共卫生和基层医疗卫生事业单位绩效工资实施方案。加强公务员津贴补贴规范管理，制定街道公务员规范津贴补贴实施办法，调整机关和参公事业单位节日补贴标准，对海珠区2010年规范公务员津贴补贴以及机关特殊岗位津贴情况进行清理核查。

【人才队伍建设】 加强专业技术人才队伍建设。完善专业技术人员管理机制，办理专业技术资格认定396人、资格确认103人，办理专业技术人员聘用6872人。加强专业技术人员继续教育培训，组织开展事业单位领导岗位管理人员培训，促进培训多元化发展。加强高层次人才队伍建设。注重博士后服务管理，鼓励复大医院申办博士后工作站；参加广东省组织的博交会，为区博士后工作站招纳英才。

2011年6月2日，区劳动人事争议仲裁办召开2011年第二期企业劳动争议预防座谈会。 （区人社局供稿）

注重完善人才梯队建设，指导各单位积极申报“121人才梯队工程”后备人才，完成辖区11名享受国务院特殊津贴专家的年度考核工作。注重加强高层次人才培养，组织举办会展经济高级研修班等。加强高技能人才队伍建设。开展高技能人才摸查工作，摸查出辖内28个企、事业单位中高级技工、技师、高级技师700多名，动态掌握全区高技能人才总体情况以及辖内各产业（行业）人才需求。

【人才管理服务】 创新服务方式，“人才直通车”开进企业，到广州华新集团、金域医学等区属总部企业送政策指导、送业务培训、送就业岗位，为企业和人才提供优质高效“一站式”服务。拓展服务领域，举办人才租赁服务月和大学生暑假实习服务月活动，联合团区委创新实习服务月活动内容，采用供需见面会形式搭建相互交流平台，全面提高实习岗位匹配科学性。提升服务水平，开展人才交流服务和社会化培训工作，接收非广州生源毕业176人，举办会计继续教育等社会化培训班48期，培训学员5000多人次。

【劳动关系协调】 深入企业、社区开展劳动保障法律法规宣传培训活动41场，派发宣传资料3万多份，强化用人单位规范用工意识。推进劳动关系和谐企业、工业园区、示范区创建活动，指导做好集体合同和工资集体协议工作，优化全区劳动用工环境。充分发挥劳动关系三方机制的作用，逐步完善区、街、社区三级劳动关系协调组织网络。全年督促用人单位与8000多名劳动者补签劳动合同、补办用工手续和参保手续，从源头上提高预防劳动纠纷效能。

【劳动保障监察】 推进劳动监察“两网化”建设，对企业实行动态分类管理，对11831家企业进行劳动保障监察，处理各类举报投诉案件1620宗、突发事件132宗（其中30人以上群体性突发事件27宗），突发事件比上年下降34%，为劳动者追还工资、押金等2145万元。加大对违法违规行为的处罚力度，通过开展整治非法使用童工、“春风行动”等专项执法检查活动，对411家用人单位进行行政处罚，依法维护劳动关系和谐稳定。

【劳动争议处理】 开展置换仲裁调解书工作，主动上门办理置换调解书654件，及时消除不稳定因素，依法维护劳资双方合法权益。实行“柔性化”方式加快劳动争议仲裁案件审理，在全市率先开展“巡回仲裁庭”活动，主动为基层企业提供“预约办案、上门办案”服务，处理劳动争议案件3851件，劳动争议案件比上年下降32%，涉案标的1.33亿元，其中以调解撤诉等方式结案占82.8%，劳动仲裁调解效能不断提升。

（许其飞）

民　政

【概况】 2011年，海珠区民政部门以“创新机制、保障民生、发展民主、强化服务、夯实基础”为基本思路，围绕中心工作，创新思路、强化措施、抓好落实，发挥民政在维护社会稳定、实现社会公平、推动社会进步、建设幸福海珠、促进社会和谐中的重要作用，圆满完成各项目标工作任务，为实现全区民政事业发展“十二五”规划各项目标奠定良好的基础。

【社会救助体系】 **低保工作** 2011年广州市低保标准从410元提至480元，低收入困难家庭认证标准从480元提至580元。海珠区全年审核审批低保救济5382户13843人，审核审批新增低保户468户次，审批低保户停救572户次，共发放低保金3805万元，审核审批低收入困难家庭1382户3660人。先后3次发放物价补贴，为2.7万人次低保群众和1.1万人次低收入困难人员发放143.18万元物价补贴。

救灾救济 完善海珠区自然灾害应急预案体系，做好炎热和寒冷天气防御工作，及时启动救灾应急响应，开放庇护场所，发放救灾应急物资，为困难群众提供御寒解暑保障。大力推进综合减灾示范社区创建活动。落实对口扶贫任务，投入200万元帮扶海珠区对口化州市“双到”工作，先后向化州市、从化市等地困难群众赠送一批书桌、电脑等物品。

医疗救助 为低保、低收入、重度残疾人、优抚对象等困难人员办理居民医保8939人次，办理居民医保增员612人次，资助参保费用304.64万元；向市医疗救助基金申请低保、低收入、重度残疾人员医疗资助1105人次，资助金额151.73万元；为低保人员报销基本医疗门诊资助11382人次，资助金额289.37万元。

节日慰问 2011年春节先后发放中央、省、市、区下拨的低保和低收入困难人员慰问金和生活补贴共1036万元，这是海珠区发放慰问金标准最高的一年。是年中秋节还向低保人员、“三无人员”、孤儿等发放节日慰问金49.71万元。

【街道社区服务】 **创新社会服务管理机制** 海珠区18个街道“一队三中心”全部挂牌并逐步开始运作。沙园街和华洲街分别把相关科室和属下事业单位的职能按管理、服务、执法等职能重新划分和整合，组建“一队三中心”。起草《海珠区关于全面推进街道、社区服务管理改革创新的实施意见》《海珠区全面推进“一队三中心”建设工作方案》《海珠区街道家庭综合服务中心建设工作方案》《海珠区建立街道“爱心慈善超市”工作方案》《海珠区各街道社区服务站建设方案》《海珠区街道家庭综合服务中心建设及实施政府购买服务流程规范意见》（试行）等“1+5”文件。

创新服务居民平台 区政府投入940万元资金加大街道服务平台硬件建设，沙园街、华洲街、江南中街等建起家庭综合服务中心，南华西街精心打造“街坊会所”。区政府拨出790万元给街道开展购买服务工作，沙园街、华洲街采取直接向北斗星、穗星社工机构购买服务的方式，结合社区群众需求提供家庭服务、长者服务、青少年服务、残障康复等多种服务项目。江南中街专门成立曙光社会工作服务中心，引进香港资深社工担任培训督导顾问，聘请社工提供专业、系统、广泛的社区服务。

创新社区专职人员管理模式 按照《广州市海珠区社区居委会专职人员管理试行办法》，规范社区居委会专职人员招聘、录取、考核、待遇等。坚持公平、公开、公正原则，面向社会统一招聘社区居委会专职人员，并对新录用人员进行岗前培训。组织专职人员参加全国社会工作者职业水平考试，先后有15人通过初级考试，7人通过中级考试。组织200多名社区居委会主任参加为期4天的全市社会工作员培训和考核，推进海珠区社区居委会专职人员持证上岗工作。安排6批社区居委会主任外出考察学习。

【基层民主建设】 **第四届居委会换届选举** 海珠区257个社区居委会中有14个社区实行直选，共选举新一届社区居委会成员1682名。其中党员1023人，占61%；40岁以下人员占57%；大专以上文化程度占65%。社区支部书记、居委会主任“一身兼”的达到社区总数94%。

社区民主自治 海珠区257个社区居委会实行党务公开、政务公务、居务公开，普遍建立社区居委会和居民代表会议、协商议事会议制度。各社区普遍建立党员、妇女、残疾人、老年人等志愿者组织，引导社区居民和社区单位参与社区建设，社区自我管理、自我教育、自我服务水平逐步提高。逐步厘清街道与社区居委会工作职责，推进社区党组织、社区居委会、社区服务站分工协作、交叉任职、合署办公的社区服务管理新机制，形成以社区服务站为平台，以绩效考核为抓手，管理与服务下沉到社区自治和服务新模式。

示范社区创建 投入83万元对部分社区居委会进行升级改造，配合各类示范社区创建工作。先后有12个社区获广东省“六好”平安和谐社区称号，56个社区命名为“广东省居务公开民主管理示范社区”，南华西街被评为全国社区服务、全国城市社会工作示范街道。

【“双拥”优抚安置】 **“双拥”工作稳步推进** 召开年度区“双拥”工作会议。协调区领导在春节和“八一”期间走访慰问驻穗和驻区部队。宣传民营企业广东科美实业热情拥军、驻区海军91561部队参与广州亚运安保工作纪实和“惠兵工程”情注蓝色军营等先进事迹。组织开展文化拥军、科技拥军等活动，先后向驻区基层单位赠送一批文体器材，丰富和活跃部队文化生活。完成全国双拥办到海珠区检查考察双拥工作的迎检工作，在军地双方的共同努力下，海珠区连续8次获市“双拥标兵区”、第六次获省“双拥模范区”荣誉称号。

优抚政策全面落实 落实各项优待抚恤政策，两次调整优抚对象抚恤补助标准，完成各类优抚对象临时物价补贴发放工作，全年投入优抚经费1560多万元。组织慰问沥滘革命老区、军队离退休干部和重点优抚对象，并向各类优抚对象发放300－500元不等的慰问金。完成356名无军籍职工地方性补贴和新增85名农村籍退役士兵生活补助审定发放工作。上报3处烈士建筑物普查情况。

接收安置按期完成 完成2010年冬季退役士兵、2011年转业士官191人的接收安置工作，发放自谋职业安置补偿金2024万元。召开欢迎退役士兵暨职业技能培训大会。完成12名军队退休干部移交海珠区管理接收工作，实施第一批部分军休老干部住房制度改革。

加强涉军维稳工作 继续对新登记的参战涉核人员进行审核，核定符合条件的56人享受生活补贴，审核军龄视同个人养老保险缴费年限46人，海珠区参战涉核人员580人。建立农村籍退役士兵发放生活补助工作档案，完成60岁和59岁两类人员信息采集、审核和上报工作。各街道加强对无军籍退休职工的服务管理工作，每逢重大节日对各类优抚对象开展走访慰问活动，帮助解决各种实际困难。

【民政基本公共服务】 **社会组织登记管理** 2011年办理民办非企业单位成立登记29个、变更26个、注销8个；社团成立登记3个、变更7个，筹备登记3个。全区现有民办非企业单位409个，社会团体71个。开展社会团体“小金库”专项治理工作，在海珠区登记的社会团体中暂未发现设立“小金库”行为。

社会救助 2011年劝导救助对象932人次，救助护送流浪乞讨

2011年7月25日，召开海珠区“八一”慰问军队离退休干部座谈会。

（区民政局供稿）

人员123人次，保护救助流浪未成人20人次，没有发生一起流浪乞讨人员致伤致残及上访事件。实现海珠区基本无街头流浪乞讨人员目标。

殡葬管理 落实《广州市困难群众基本殡葬服务费用减免试行办法》，为海珠区困难群众办理殡葬服务费用减免手续98宗20多万元。海珠区每年火化率保持100%，获广州市2010年殡葬达标奖和广州市“十一五”期间殡葬管理工作先进单位称号。清明期间接待拜祭群众21.1万人次，没有发生安全事故和骨灰遗失事件。

地名审批 2011年初审地名15宗，为住宅小区、楼群命名12宗，更名5宗，道路初审10宗。牵头制定《关于解决我区道路（街巷）地名历史遗留问题工作实施方案》，指导和规范相关单位和街道开展地名（街巷）历史遗留问题。完成南华西街道办事处和凤阳街道办事处驻地迁移申报工作。

婚姻登记 2011年办理结婚登记9825对，离婚登记1904对，补领结婚证705宗，补领离婚证49宗，登记合格率100%。坚持兑现元旦、“五一”、“十一”、“中秋”等节日办理预约婚姻登记的便民承诺。2011年11月11日为480对新人办理结婚登记。

福利彩票 2011年销售福利彩票2126万元，累计为海珠区筹集社会福利基金425.2万元。申请市福利彩票公益金328万元，资助9家单位，建设15个为老年人、残疾人及困难群众服务的社会福利项目，充分发挥福利彩票在发展社会公益事业中的作用。

慈善募捐 牵头组织开展2011年广东扶贫济困日暨广州慈善日活动，筹集上缴善款750万元。为41名边缘困难群众申请办理市慈善门诊医疗证。开展扶贫、助学、助医、助残等120多人次，提供专项资助金48万元。

老龄事业 2011年向老人赠送慰问金和慰问品合计1100多万元。从7月起扩大长者长寿保健金发放范围，向70—79周岁广州户籍长者发放长寿保健金。同时将80－89周岁长者长寿保健金提高到100元；90—99周岁长者长寿保健金提高到200元；100周岁以上长者长寿保健金提高到300元。全年共为66.74万人次发放长寿保健金3660.82万元。全年办理老年人社会保障卡（优待证）1.77万人次/张，为老年人出行提供方便。立项建设区老人公寓新大楼，该大楼建成后，可接收700多名老人入住，有效缓解海珠区老龄化压力。配合市完成社区居家养老服务评估工作，沙园街、江南中街、南华西街、龙凤街、南洲街的社区居家养老服务部获得优秀。实施“义工关爱空巢老人服务”项目，参与服务义工620多人次。免费为3638名80岁以上老人安装“平安通”呼援服务。在海珠区社会福利院和沙园街建设省居家养老服务示范点，海珠区落实400万元配套资金。组织海珠区福利机构负责人和有关护理人员参加国家民政部组织的“全国养老机构院长培训班”和“全国中高级养老护理员培训班”，6人获得“全国中级养老护理员执业证书”。

（杨海花）

社会经济统计资料

海珠区2011年国民经济和社会发展统计公报

2011年，我区以科学发展观统领全局，紧紧围绕建设“国际展都、广州绿心、文化名区、幸福海珠”这一主题，积极转变经济发展方式，加快建立现代产业体系，全区经济呈现“发展稳健、质量良好、结构优化、民生改善”的发展态势，人民生活水平稳步提高，社会事业和谐稳定。

一、综合

经济总量跃上800亿元台阶。据初步核算，2011年，全区生产总值（GDP）达到872.12亿元，比上年净增142.44亿元，按可比价格计算，同比增长12.2%，GDP增速列广州市六个中心城区首位。其中，第一产业增加值3.24亿元，下降5.1%；第二产业增加值153.63亿元，增长14.4%；第三产业增加值715.25亿元，增长11.8%。三次产业比重为0.4∶17.6∶82.0，第三产业对全区经济增长的贡献率为79.6%，拉动我区经济增长9.4个百分点，是推动我区经济增长的主导力量。

财税收支较快增长。2011年，全区税收总收入121.56亿元，比上年增长13.2%。其中，国税收入45.04亿元，增长2.4%，为区财政贡献收入5.06亿元；地税收入76.52亿元，增长20.7%，为区财政贡献收入20.48亿元。全区财政一般预算收入35.54亿元，按可比口径计算，同比增长23.3%。其中，营业税收入8.28亿元，增长1.7%；企业所得税收入3.56亿元，增长32.6%；增值税收入2.82亿元，增长6.1%。区财政一般预算支出53.45亿元，增长26.3%。

就业形势基本稳定。2011年末，全区实有从业人员46.92万人，比上年增加1.45万人；其中，城镇单位（企业）从业人员21.83万人，增加1.04万人；个体私营企业从业人员24.78万人，增加1.36万人。本年登记失业人员7.14万人；登记失业人员再就业人数5.11万人；失业人员再就业率为71.6%；年末实有登记失业人员1.74万人。

二、农业

农业生产下降。2011年，全区农业总产值5.25亿元，按可比价格计算，比上年下降4.8%。全年蔬菜总产量2.26万吨，下降10.1%；水果产量1.70万吨，下降0.8%；水产品产量4967吨，下降9.4%。

三、工业和建筑业

工业发展稳定。2011年，全区完成工业总产值249.38亿元，同比增长10.1%，其中规模以上工业企业完成产值204.28亿元，增长10.6%。规模以上工业六大支柱行业均保持增长，其中饮料制造业产销两旺，完成产值45.48亿元，增长27.5%，取代“退二”搬迁的造纸业，跃升为我区工业的第一大行业。2011年，我区工业企业经济效益状况良好，全区规模以上工业企业利润总额9.02亿元，增长28.9%。

建筑业产值快速增长。2011年，全区资质四级以上建筑业企业实现产值253.60亿元，比上年增长30.7%，其中建筑工程产值242.20亿元，增长41.0%；安装工程产值7.63亿元，下降56.0%；其他产值3.77亿元，下降23.1%。

四、固定资产投资

固定资产投资保持增长。按法人在地统计口径，2011年全区完成全社会固定资产投资428.61亿元，同比增长10.8%。其中城镇投资207.39亿元，增长4.3%；房地产开发投资221.22亿元，增长17.6%。按项目在地统计口径，全区完成全社会固定资产投资399.65亿元，同比增长28.7%。其中城镇投资214.70亿元，增长12.2%；房地产开发投资184.95亿元，增长55.2%。

五、国内贸易

消费市场繁荣活跃。2011年，全区实现社会消费品零售总额559.98亿元，比上年增长16.5%。其中批发零售贸易业实现零售额488.50亿元，增长15.0%，住宿餐饮业实现零售额71.48亿元，增长28.2%；全区连锁超市零售额56.89亿元，增长16.2%。

商品流通规模不断扩大。2011年，全区实现商品销售总额2372.86亿元，比上年增长33.9%，其中批发额1779.71亿元，增长39.6%；零售额593.15

亿元，增长19.4%；全区年销售额超亿元商业企业有116家，比上年增加7家。

商品市场交易活跃。2011年，全区年成交额超亿元的商品交易市场有13家，年成交额达506.98亿元，比上年增长5.9%。成交额较大的商品类别有针纺织品类和汽车类，其中针纺织品类商品成交额300.61亿元；汽车类商品成交额107.15亿元。

六、总部经济和现代服务业

现代服务业带动作用明显。2011年，全区现代服务业实现增加值450.54亿元，同比增长14.8%，比GDP增速快2.6个百分点，现代服务业占全区GDP的比重达51.7%，拉动全区经济增长7.5个百分点。

总部经济发挥领先作用。全区重点企业增至85家，重点企业实现增加值214.40亿元，增长14.6%，比GDP增速快2.4个百分点，占全区GDP的比重达24.6%。鼎尚股份、欧派家居、东凌实业、从兴电子、广铝集团等分别拍得琶洲地区的地块用于发展总部经济，中交集团南方总部基地也抓紧建设，琶洲和新城市中轴线南段地区总部经济功能初显。

会展业集聚发展。在广交会的带动下，我区上规模会展企业逐步增多并迅速发展，广州市保利锦汉展览公司、中国对外贸易展览公司等会展企业相继进驻我区。目前，全区共有上规模会展企业70多家，琶洲地区逐步形成会展业产业集群。全区会展业实现增加值37.27亿元，增长16.3%，高于全区GDP增速4.1个百分点。

七、对外经济贸易

外资外贸形势良好。2011年，全区新批三资企业项目57个，同比增长14.0%；合同利用外资2.54亿美元，增长1.6倍；实际利用外资1.46亿美元，增长12.7%。全区外贸进出口总额26.97亿美元，增长34.0%。其中进口11.55亿美元，增长63.8%；出口15.42亿美元，增长17.9%。出口目的地前三位的国家（地区）分别为欧盟、东盟和香港，出口额分别为2.78亿美元、2.05亿美元和2.01亿美元，所占比重分别为18.0%、13.3%和13.0%。

八、教育和科技

教育事业持续发展。我区顺利通过市义务教育规范化学校终期督导验收，高考、中考成绩继续位居全市前列。2011年末，全区小学在校生8.08万人，比上年增加0.04万人，小学学龄儿童入学率、小学毕业生升学率均为100%；初中在校学生3.44万人，增加0.05万人，初中毕业生升学率为96.0%；普通高中在校学生1.41万人，减少0.07万人，高中毕业生升学率为93.6%。

科技事业稳步发展。2011年末，我区经评审认定的高新技术企业共有56家、市民营科技企业136家；本年新认定市重点软件企业2家，获广州市首届专利奖5项，争取市以上科技经费4161.79万元，比上年增长48.6%。全区规模以上工业企业高新技术产品产值83.37亿元，比上年增长33.7%；高新技术产品产值占工业总产值的比重达33.4%，比上年提升11.6个百分点。

九、文化、卫生和体育

文化事业稳步发展。我区顺利通过第3次全国文化馆（站）评估定级和省第9次文化站评估定级检查。区文化馆保持“国家一级馆”称号，各街道文化站全部达到省一级站以上标准。成功推出首届“广东岭南古琴音乐会”，与“珠三角咸水歌会”、“岭南书画艺术节”共同构成我区文化活动三大品牌，我区获中国民间文化艺术之乡称号。全年组织文艺活动619次；举办文艺培训班1551次，培训人次79302人次；区图书馆总藏量39.54万册，总流通人次55万人次；组织各类讲座148次，参加人次135173人次。

卫生事业持续发展。2011年末，全区共有各类卫生机构261间，其中医院20间，社区卫生服务中心（站）45间，门诊部38间，卫生所、医务室146间，其他卫生机构12间；拥有医疗床位7179张。全区卫生技术人员11642人，其中执业（助理）医师3949人，注册护士4873人，药师（士）719人。

体育事业扎实推进。2011年度我区以“传承亚运，和谐共享”为主题，参加省、市组织体育活动14项，共获奖项31个。组织10项特色体育活动，推动全民健身运动广泛开展，直接参加人数7万人次。2011年末，我区共有2187名社会体育指导员，其中国家级4人，一级123人，二级135人，三级1925人。辖内共有16个全民健身广场，262片篮球场，全区人均公共体育面积达1.6平方米。经常参加体育锻炼人数占总人口的比例为65%。

十、人民生活和社会保障

户籍人口有所增加。2011年末，全区户籍人口96.72万人，比上年末增加1.47万人。全区人口出生率8.52‰，死亡率6.12‰，自然增长率2.40‰，分别比上年下降0.38、0.19和0.19个千分点。

居民收入水平稳步提高。2011年，我区城镇居民年人均可支配收入为32271元，增长12.2%，其中工资性收入26156元，增长13.7%；城镇居民人均消费性支出25506元，增长10.3%，其中食品支出9075元，增长8.4%，恩格尔系数为35.6%。

民生投入不断增加。按照区委、区政府建设“幸福海珠”的要求，我区不断加大民生和公共事业方面的投入，区财政投入民生和各项公共事业资金占一般预算支出的77.7%，达41.51亿元，增长31.1%。其中教育支出12.74亿元，比2010年增加5.90亿元，增长86.2%；医疗卫生支出2.93亿元，增加0.61亿元，增长26.3%。

社会保障体系不断完善。2011年末，全区各险种参保人数达177.95万人次，比上年增长10.3%。其中参加养老保险283203人，增长5.3%；参加失业保险304178人，增长7.2%；参加工伤保险271767人，增长3.1%；参加生育保险183069人，增长16.1%；参加医疗保险737316人，增长15.2%。

社会福利事业持续发展。2011年末，全区共有社会福利单位18个，床位1813张。全年共为5382户低保户（13843人）发放低保金3805万元；为低保、低收入、重度残疾人、优抚对象等困难人员办理医保8955人次，报销基本医疗门诊资助11382人次，居民最低生活得到基本保障。

十一、安全生产和生态环境

安全生产形势平稳可控，趋于好转。2011年，全区共发生生产安全事故4起、死亡4人，无发生较大及以上事故。亿元GDP生产安全事故死亡率为0.005，比上年下降33.1%；工矿商贸企业从业人员10万人生产安全事故死亡率为0.8582，下降24.1%。

生态宜居环境进一步提升。圆满完成“创文”工作任务，我区成为展示广州国家中心城市形象的亮丽名片。基本完成逸景路、新港东路延长线建设，新建大干围路口等3座人行天桥。海珠湖一期建成对外免费开放，成为广州新的景观名片，共接待游客200多万人次。新建绿道54公里，我区获市绿道网建设工作金奖。清理违法排污小作坊168家，全区河涌水质同期综合污染指数下降66%。

注：1. 本公报各项统计数据，部分数据为快报数。

2. 公报中地区生产总值、各产业产值、增加值绝对数按当年价格计算，增长速度按可比价格计算。

表14　海珠区主要经济指标完成情况

计算单位：亿元

指标名称	本月止累计	同比增长%
1. 生产总值	872.12	12.2
2. 税收收入	121.56	13.2
3. 财政一般预算收入	35.54	23.3
4. 财政一般预算支出	53.45	26.3
5. 工业总产值	249.38	10.1
6. 商品销售总额	2372.86	33.9

续 表

指标名称	本月止累计	同比增长%
7. 社会消费品零售总额	559.98	16.5
8. 固定资产投资额（法人口径）	428.61	10.8
9. 外贸出口总额（亿美元）	15.42	17.9
10. 城市居民月人均可支配收入（元）	2689	12.2

表 15　海珠区生产总值

计算单位：万元

指标名称	2011 年	同比增长（%）	所占比重（%）
生产总值	8721156	12.2	100
第一产业增加值	32376	-5.1	0.4
第二产业增加值	1536272	14.4	17.6
工业	880105	7.4	10.1
建筑业	656167	27.0	7.5
第三产业增加值	7152508	11.8	82.0
交通运输仓储业	801095	9.8	9.2
批发和零售业	1383152	16.7	15.9
住宿和餐饮业	368621	11.1	4.2
金融业	175814	6.2	2.0
房地产业	1161801	7.5	13.3
其他服务业	3262025	12.2	37.4

表 16　财政税收完成情况

计算单位：万元

指标名称	2011 年	同比增长%
一、一般预算收入	355403	23.3
二、一般预算支出	534505	26.3
三、税收总收入	1215574	13.2
1. 国税收入	450404	2.4
2. 地税收入	765170	20.7

表17　全区户籍人口户数、人数

计算单位：个、户、人

街名	社区数	年末总户数	总人口数
合计	257	337066	967243
赤岗街	22	31948	90415
新港街	14	21451	78929
昌岗街	22	28497	83231
江南中街	16	23766	69492
滨江街	12	17669	62051
素社街	13	17859	50911
海幢街	14	22261	65756
南华西街	12	14303	39748
龙凤街	19	28544	79648
沙园街	9	19102	56876
南石头街	16	26125	72028
凤阳街	20	19928	50352
瑞宝街	19	22053	53459
江海街	17	11755	28261
琶洲街	11	7767	19672
南洲街	12	10953	25749
华洲街	4	6616	17476
官洲街	5	6469	23189

表18　农　业

指标名称	单位	2011年	同比增长%
1. 农业总产值	万元	52545	-4.8
2. 蔬菜播种面积	亩	17989	-10.5
蔬菜总产量	吨	22550	-10.1
3. 水果种植面积	亩	16454	-3.9
水果总产量	吨	17023	-0.8
4. 渔业产值	万元	34211	-5.0

表19 工 业

计算单位：万元

指标名称	2011年	同比增长%
工业总产值	2493766	10.1
规模以上工业总产值	2042758	10.6
按行业划分：		
饮料制造业	454798	27.5
医药制造业	302524	27.8
交通运输设备制造业	193905	0.7
农副食品加工业	155787	7.7
通信设备计算机及其他电子设备	153813	25.3
塑料制品业	125175	27.9
规模以上工业中：		
出口产品产值	291283	-8.5
大中型企业	1409317	18.1
三资企业	998213	16.7
高新技术产品产值	833666	33.7
产品销售率（%、百分点）	97.9	-3.0

表20 规模以上工业企业主要经济指标

计算单位：万元

指标名称	2011年	同比增长（%）
企业单位数（户）	95	平
亏损企业（户）	18	平
主营业务收入	2036394	6.9
主营业务成本	1595387	6.2
主营业务税金及附加	38967	26.8
营业费用	157460	-1.3
管理费用	174957	6.3

续　表

指标名称	2011 年	同比增长（%）
利润总额	90237	28.9
#亏损企业亏损额	29560	-23.9
应交增值税	71285	0.4
利税总额	200490	16.7
应收账款	281146	-3.2
产成品存货	62835	-25.3
流动资产合计	1173895	-7.7
固定资产净值	436052	-12.2
资产总计	2119208	-7.7
负债总计	1096227	-14.7
所有者权益	1022981	1.1
工业经济效益综合指数（%、百分点）	210.4	52.2

表 21　工业综合经济效益指数

指标名称	单位	2011 年	同比 ± 百分点
工业综合经济效益指数	%	210.43	52.21
1. 总资产贡献率	%	20.66	10.01
2. 资本保值增值率	%	101.07	-30.75
3. 资产负债率	%	51.73	-4.61
4. 流动资产周转率	%	1.73	0.50
5. 成本费用利润率	%	4.64	2.82
6. 全员劳动生产率	元/人（百分比）	162640	29.76
7. 工业产品销售率	%	97.37	-4.28

表 22 贸易餐饮业

计算单位：万元

指标名称	2011 年	同比增长%
一、商品销售总额	23728615	33.9
1. 批发业	17797147	39.6
2. 零售业	5931468	19.4
二、社会消费品零售总额	5599849	16.5
1. 批发和零售业	4885071	15.0
#连锁超市	568858	16.2
2. 住宿和餐饮业	714778	28.2
三、住宿和餐饮业营业额	904078	29.0
1. 住宿业	227210	28.9
2. 餐饮业	676868	29.1

表 23 固定资产投资与房地产开发

（按法人在地口径统计）

指标名称	计算单位	2011 年	同比增长%
固定资产投资额	万元	4286107	10.8
#房地产开发	万元	2212253	17.6
建安工程投资	万元	2897315	19.5
房地产开发房屋施工面积	平方米	7016057	-10.5
#办公楼	平方米	1191114	24.7
#商业营业用房	平方米	1540378	-29.0
房地产开发新开工面积	平方米	928940	-37.2
商品房待售面积	平方米	350636	-11.9

表 24　固定资产投资与房地产开发

（按项目在地口径统计）

指标名称	计算单位	2011 年	同比增长%
固定资产投资额	万元	3996542	28.7
#房地产开发	万元	1849561	55.2
建安工程投资	万元	2502741	13.6
房地产开发房屋施工面积	平方米	6523071	-12.8
#办公楼	平方米	888371	60.7
#商业营业用房	平方米	1490711	-30.6
房地产开发新开工面积	平方米	878866	-29.3
商品房待售面积	平方米	534319	5.8

表 25　资质四级以上建筑企业生产情况

指标名称	计算单位	2011 年	同比增长%
建筑业总产值	万元	2536018	30.7
# 装饰装修产值	万元	74923	-28.5
1. 建筑工程产值	万元	2422015	41.0
2. 安装工程产值	万元	76293	-56.0
3. 其他产值	万元	37711	-23.1
房屋施工面积	平方米	673427	-88.5
#本年新开工面积	平方米	262324	-87.5
期末从业人数	人	27915	-3.0
#工程技术人员	人	6119	1.6

表 26　限额以上其他服务业企业财务状况

计算单位：个、万元

指标名称	2011 年	同比增长（%）
企业户数	885	-0.8
资产总计	10005408	7.0
负债总计	4968228	20.7
营业收入	1894412	16.1
营业成本	872425	9.0
营业税金及附加	76330	25.4
营业、管理、财务费用合计	711477	19.5
利润总额	327719	40.5

表 27　海珠区科技产业基地经济指标

指标名称	单位	2011 年	同比增长%
入驻企业户数	户	216	-3.6
敦和园区	户	129	-9.2
琶洲园区	户	87	6.1
园区技工贸收入	万元	244690	20.2
敦和园区	万元	53203	6.9
琶洲园区	万元	191487	24.5
企业利润总额	万元	10096	-16.5
敦和园区	万元	2368	333.7
琶洲园区	万元	7728	-33.1
企业税费总额	万元	13203	33.5
敦和园区	万元	3178	20.9
琶洲园区	万元	10025	38.1
本月末职工人数	人	8353	21.5
敦和园区	人	2061	16.1
琶洲园区	人	6292	23.4

表 28　外经、外贸

金额单位：万美元

指标名称	2011 年	同比增长%
海关进出口总值	269739	34.0
海关进口总值	115523	63.8
海关出口总值	154216	17.9
内资企业出口	128824	16.0
外商投资企业出口	25392	28.3
签订项目（合同）个数	57	14.0
合同利用外资	25406	1.6 倍
实际利用外资	14624	12.7

表 29　人民生活

计算单位：元/人

指标名称	2011 年	同比增长%
城市居民月人均可支配收入	2689	12.2
#工薪收入	2180	13.7
城市居民月人均消费支出	2125	10.3
1. 食品	756	8.4
2. 衣着	132	8.8
3. 居住	203	9.0
4. 家庭设备用品及服务	154	32.5
5. 医疗保健	131	14.9
6. 交通和通信	304	4.0
7. 教育文化娱乐服务	355	10.1
8. 其他商品和服务	91	18.1

表 30 最低生活保障与社会捐赠

计算单位：人、万元

指标名称	2011 年	同比增长%
月末城镇居民最低生活保障户数（户）	4454	-1.5
月末城镇居民最低生活保障人数	9172	-4.9
城市居民最低生活保障支出	3801	1.8
城镇居民基本医疗救助支出	289	-34.9
直接接收社会捐赠款数	551	-31.1

表 31 社会保险与失业再就业情况

计算单位：人、人次

指标名称	2011 年	同比增长%
一、社会保险		
各险种参保人数合计	1779533	10.3
养老保险	283203	5.3
失业保险	304178	7.2
工伤保险	271767	3.1
生育保险	183069	16.1
医疗保险	737316	15.2
二、城镇失业和再就业		
本年登记失业人员总数	71415	23.8
#上年末结转	15194	93.1
#本年增加	56221	12.9
其中：就业转失业	33935	107.0
本年登记失业人员就业人数	51144	22.4
期末实有登记失业人数	17416	14.6
其中：长期失业者	10272	63.3

表 32　教　育

指标名称	计算单位	2011 年	同比增长%
1. 各类学校			
普通中学	所	39	-2.5
职业中学	所	3	-25.0
小学	所	86	-2.3
2. 各类学校在校学生数			
普通中学	人	48486	-0.4
职业中学	人	8532	34.8
小学	人	80816	0.4
3. 各类幼儿园			
幼儿园数	所	175	2.3
在园幼儿人数	人	39687	4.4

表 33　卫　生

指标名称	计算单位	2011 年	同比增长%
1. 机构数	个	261	-3.3
2. 实有床位数	张	7179	-1.7
3. 在岗职工人数	人	14861	6.4
卫生技术人员小计	人	11642	3.0
执业（助理）医师	人	3949	1.8
注册护士	人	4873	2.7
药剂人员	人	719	0.7
检验人员	人	749	-3.7
其他	人	1352	13.9

表34 个体、私营企业情况

指标名称	计算单位	2011年	同比增长%
个体、私营户数	户	88656	9.3
个体	户	62557	8.0
#本年开业户数	户	14968	-17.4
私营	户	26099	12.4
#本年开业户数	户	4243	13.2
个体、私营人数	人	247810	5.8
个体	人	94810	1.4
私营	人	153000	8.8
个体、私营注册资金	万元	1755243	35.3
个体	万元	94231	29.6
私营	万元	1661012	35.6

主题索引

说 明

1. 本索引采用主题分析方法，按主题词首字笔画笔顺排列。

2. 本索引主题词后数字表示内容所在页码。同一主题的内容在文中多次出现的，在其款目后用不同页码标注。如“十件民生实事”，于第15页、第24页等处出现。

3. 本索引对大事记及附录等篇不做内容主体分析。

笔画主题索引

八画

九画

图书在版编目（CIP）数据

海珠年鉴．2012/广州市海珠区年鉴编纂委员会编．
—广州：广东经济出版社，2012．12
ISBN　978-7-5454-1709-8

Ⅰ．①海…　Ⅱ．①广…　Ⅲ．①区（城市）—广州市—
2012—年鉴　Ⅳ．①Z526．51

中国版本图书馆 CIP 数据核字（2012）第 300088 号

责任编辑	周　晶
责任技编	许伟斌
封面设计	罗少勇
出版发行	广东经济出版社（广州市环市东路水荫路 11 号 11－12 楼）
印　　刷	广州市迪桦彩印有限公司（广州市天河区棠下荷光一横路 6 号）
开　　本	787mm×1092mm　1/16
印　　张	18．5　插页 48
字　　数	650 千字
版　　次	2012 年 12 月第 1 版
印　　次	2012 年 12 月第 1 次
书　　号	ISBN　978-7-5454-1709-8
定　　价	180．00 元